LA CRITIQUE AU SERVICE DE LA RÉVOLUTION

Du même auteur

Le Roman populaire. Recherches en paralittérature. Montréal: Presses de l'Université du Québec, 1975.

Les Champions des femmes. Examen du discours sur la supériorité des femmes, 1400-1800. Montréal: Presses de l'Université du Québec, 1977.

Glossaire pratique de la critique contemporaine. Montréal: Hurtubise, 1979.

La Parole pamphlétaire, contribution à la typologie des discours modernes. Paris: Payot, 1982.

Critique de la raison sémiotique. Fragment avec pin up. Montréal: Presses de l'Université de Montréal, 1985. Traduction anglaise: *Critique of Semiotic Reason.* With an Introduction by MARIE-CHRISTINE LEPS. New York, Toronto: Legas, 1994.

Ce que l'on dit des Juifs en 1889. Antisémitisme et discours social. Préface de MADELEINE REBÉRIOUX. Paris: Presses de l'Université de Vincennes, 1989.

Le Cru et le Faisandé: sexe, discours social et littérature à la Belle Époque. Bruxelles: Labor, 1986.

Mil huit cent quatre-vingt-neuf: un état du discours social. Longueuil: Le Préambule, 1989.

Le Centenaire de la Révolution. Paris: Documentation française, 1989.

Topographie du socialisme français, 1889-1890. Montréal: Discours social, 1990.

L'Œuvre poétique du Savon du Congo. Paris: Éditions des Cendres, 1992.

L'Utopie collectiviste. Le Grand récit socialiste sous la Deuxième Internationale. Paris: Presses Universitaires de France, 1993.

«Un Juif trahira»: l'espionnage militaire dans la propagande antisémitique, 1886-1894. Montréal: CIADEST, 1994.

Les Idéologies du ressentiment. Montréal: «XYZ» Éditeur, 1995.

La Propagande socialiste: six essais d'analyse du discours. Montréal: Éditions Balzac, 1997.

Colins et le socialisme rationnel. Montréal: Presses de l'Université de Montréal, 1999.

Direction d'ouvrage collectif:

Théorie littéraire, problèmes et perspectives, avec J. BESSIÈRE, D. FOKKEMA et E. KUSHNER. Paris: P.U.F., 1989.

"ACCENT"

LA CRITIQUE AU SERVICE DE LA RÉVOLUTION

...la question de la critique communiste semble avoir été: à quel prix (argumentatif, psychologique, politique) pouvait-on donner tort *à la littérature moderne...*

Marc ANGENOT

PEETERS
VRIN

ISBN 90-429-0806-8 (Peeters Leuven)
ISBN 2-87723-468-1 (Peeters France)

D. 2000/0602/11

TABLE DES MATIÈRES

I.	Introduction	1
II.	La vision communiste du monde	45
III.	La littérature bourgeoise	91
IV.	Le prolétariat et sa littérature	155
V.	Littérature et révolution	177
VI.	Peindre le réel: le réalisme socialiste	205
VII.	Classer, démasquer, dénoncer	233
VIII.	Un marxisme d'intention	275
IX.	Révolutionnaires et précurseurs	295
X.	La croisée des chemins	321
XI.	Renégats, décadents, fascistes et autres réprouvés	339
XII.	Conclusions: Communisme, modernisme et barbarie	363
	Brève chronologie	441
	Bibliographies	419

I

INTRODUCTION

Problématique

J'étudie dans ce livre la critique littéraire communiste des années trente en France — autrement dit, la critique au service de la Révolution (j'écrirai la critique **ASDLR** par abréviation[1]). Au-delà des vastes différences de caractère et de talent, des intérêts et positions particulières des Romain Rolland, Henri Barbusse, Paul Nizan, Louis Aragon, Paul Vaillant-Couturier, Jean Fréville, Georges Sadoul, Pierre Unik, Léon Moussinac, Jean-Richard Bloch et autres critiques et essayistes militants, les uns compagnons de route, les autres membres du parti, qui ont contribué à en fixer les thèses et la phraséologie, et au-delà des directives successives et contradictoires reçues du P.C.F. et des formules dogmatiques imposées par Moscou — au premier chef, le dogme du réalisme socialiste — il s'est mis en place dans le monde communiste français, dans une large mesure spontanément, une sorte de matrice herméneutique collective, issue d'un chapelet d'«évidences» et de quelque chose comme un sentiment de *nécessité*, une «machine» à juger de la littérature. Cette machine allait être, au cours des années de l'entre-deux-guerres, poussée au bout de sa *cohérence* — laquelle allait être aussi la forme accomplie de son sectarisme. Les axiomes du dispositif dont je vais traiter n'étaient pas une chose tout à fait neuve

(1) Abréviation reprise du groupe surréaliste et de sa seconde revue, *Le Surréalisme ASDLR.*

dans l'Europe socialiste: on pourrait voir naître les thèses de cette critique «révolutionnaire» dès les années 1880 dans les «cercles d'art social» qui s'établissent alors en marge des partis ouvriers, mais ce qui s'invente ou se réinvente à la fin des années vingt et trouve son régime d'idées et sa cohérence au cours des années trente, c'est un contre-discours systématique et exclusif qu'on ne peut séparer du Grand Récit communiste-révolutionnaire car il en est l'application ou la transposition — logique trop logique — au domaine de la culture et des lettres.

Il va se mettre ainsi en place une contre-proposition totale, témoignant de la volonté de rejeter politiquement et artistiquement la grande majorité de ce qui se publiait et de créer de toutes pièces une *autre* littérature dont les caractères devaient être l'exact opposé de ce qu'on diagnostiquait de mauvais et de dégénéré dans la littérature «bourgeoise». La matrice dont je parle visait à la fois à décrire et expliquer la «décadence» de l'art «bourgeois», à en montrer les symptômes — fuite devant le «réel», individualisme, formalisme, pessimisme, goût du malsain, exclusivisme des histoires de «coucheries» — qui en faisaient l'expression d'une classe «pourrie», agonisante — et à montrer par anticipation et contraste, ce qu'allait être, ce qu'était déjà la littérature prolétarienne et révolutionnaire — réaliste, édifiante et mobilisatrice pour les masses, optimiste et «saine», confirmée par l'Histoire.

Ce qui m'a d'abord intéressé en préparant ce livre, c'était de comprendre dans le détail la *logique* de cette matrice discursive, d'en conjecturer le mode de formation et les raisons d'être, dans son usage général et commun aux collaborateurs petits et grands de *Monde*, de *Commune*, des pages littéraires de *L'Humanité,* de *Regards* et de *Ce Soir*, des *Cahiers du bolchevisme* et d'une douzaine d'autres revues littéraires des communistes et des compagnons de route entre la fin des années vingt et 1939 — revues que je confronterai aux publications, comme *Littérature internationale, Théâtre international*, produites en français à Moscou.

Sans doute, il y aurait à objecter d'emblée à l'entreprise même: la critique communiste avait, dira-t-on, plus à voir avec la politique qu'avec la littérature et son jugement littéraire a été simplement, en bloc et en détail, «à côté de la plaque». À quoi bon faire, à la fin du vingtième siècle, l'archéologie des erreurs de jugement, des absurdités sectaires issues de l'espérance militante et de grands systèmes aujourd'hui démonétisés? La critique n'en est-elle pas trop facile? Quel intérêt d'apprendre des critiques ASDLR *a contrario* comment il ne faut *pas* aborder la littérature?

Il est vrai que cette critique communiste a *raté* de toutes les manières ce qu'aujourd'hui on nomme le modernisme. À l'égard de Joyce, de Proust, de Mauriac ou de Gide (jusqu'au jour de sa «conversion» et tant qu'il ne reniera pas le bon «camp»), elle a fait preuve d'un philistinisme et d'une stupidité assurés et parfois haineux. À l'inverse, elle a tendu à «encourager» des écrivains militants au maigre talent ou de grands écrivains d'alors que, fort mal à propos, elle jugeait sur la «bonne voie» en raison de la critique qu'elle croyait déceler chez eux du monde bourgeois: ce furent Drieu La Rochelle, Montherlant et Céline qui bénéficièrent surtout de ces approbations. C'est au nom des «masses», de la révolution mondiale imminente, de l'éclatante évidence de l'exploitation et de l'injustice, que la critique ASDLR s'est donné les gants d'*encourager* ces écrivains prometteurs, et de les tancer s'ils traînaient la patte: allons Céline, s'écrie l'un d'eux, c'est l'homme exploité par le capitalisme dans sa phase fasciste que tu peins et c'est lui qui est plongé dans la nuit: va-t-en voir au *Bielomorstroï* — au chantier du Canal Staline — comment naît une humanité régénérée!

À l'égard même du Malraux du *Temps du mépris* et de *L'Espoir*, tout en approuvant en principe ses entreprises romanesques, elle relève trop d'ambivalence, trop de nuances, de la noirceur (trop d'indépendance d'esprit aussi), elle le voudrait plus positif et optimiste: encore un effort!...

Nous pourrions à notre tour faire preuve d'un philistinisme facile en nous bornant à dresser avec soixante-dix ans de recul une anthologie de ces bourdes, de ces jugements délateurs, en épinglant les exemples les plus burlesques de cette herméneutique policière qui dénonçait à tour de bras des œuvres «fascistes», «trotskystes», «réactionnaires» en portant aux nues les premiers produits du stalinisme littéraire et en appuyant — comme le fit Aragon — la doctrine salvatrice du «réalisme socialiste» sur ledit *Bielomorstroï,* preuve concrète de l'humanisme soviétique, ce canal de la Baltique à la Mer Blanche qui fut en fait le premier grand chantier esclavagiste du régime stalinien.

Il me faudra sans doute faire paraître la *fuite en avant* de la critique communiste, du début à la fin des années trente — de plus en plus rigide, dénonciatrice, plus soumise aux décrets de l'appareil moscoutaire, ayant divisé une fois pour toutes le monde en deux camps — celui de la culture, de la paix et de Staline et celui de la bourgeoisie «aux abois» qui se «rangeait» peu à peu dans le camp fasciste, avec ses alliés renégats, les «aventuriers trotskystes-zinoviévistes». Quelque chose qui étend son ombre sur toute la vie intellectuelle de ce siècle se met en place dans ces années trente, dont témoigne au premier chef cette critique littéraire engagée: l'esprit sectaire modernisé, le besoin d'orthodoxie, l'intoxication que procurent les discours de certitude, les bonheurs de la servitude volontaire, la bonne conscience délatrice, l'idolâtrie de choses «séculières» — dans le cas présent, celle du Parti et de l'U.R.S.S. Dogmatique, comme on croit la décrire en un mot, cette critique devint d'ailleurs aussi, au cours de ces années, de plus en plus opportuniste, n'accordant de talent qu'à ceux qui se «rangeaient» du côté de la défense inconditionnelle de l'U.R.S.S. et passant brusquement, en ce qui concerne Gide «renégat», puis Giono et quelques autres, de l'admiration sans borne à la condamnation injurieuse accompagnée de bassesses, diffamations et perfidies.

Cependant, fût-ce avec sa rigidité aveugle dont l'évolution même ne va pas de soi (la rigidité n'est souvent autre chose qu'un *raidissement* contre des apories soupçonnées mais qu'on est incapable de corriger), la critique ASDLR, même en pleine possession de ses défauts, pose un problème (ou plusieurs qui s'enchevêtrent): celui de la possibilité même d'une «explication» socio-historique des textes littéraires et d'une quelconque exigence adressée à ceux-ci d'avoir à témoigner du monde, à y faire des choix, à y chercher une vérité et y proclamer des valeurs. De la possibilité qu'une telle exigence «sociale» et «politique» soit énoncée sans être mortelle pour la pratique moderne des lettres. Il ne faut pas s'y tromper: si le côté dénonciateur, bien-pensant et arrogant et le manichéisme extrême furent particuliers aux communistes, les grands axiomes de la critique que je vais analyser furent *aussi* ceux de tous les critiques d'extrême gauche et des compagnons de route, des romanciers prolétariens, des critiques trotskystes, syndicalistes-révolutionnaires et autres.

Une de mes conclusions au bout de cet ouvrage sera qu'il y a *illisibilité réciproque* entre la formation discursive communiste et l'écriture moderniste et surtout, qu'il est impossible de *résoudre* leur affrontement en optant en faveur de l'une, que, dans le discours social de ce siècle, elles continuent indéfiniment à se regarder en chiens de faïence en s'adressant des objections qu'elles ne peuvent ni éluder ni dépasser (elles peuvent tout au plus feindre de les ignorer). Sans doute au cours de mes analyses, c'est surtout l'aveuglement de la critique «stalinienne» qui sera mis en lumière. *Blindness and Insight* de part et d'autre cependant: le modernisme littéraire comporte une manière «ironique» de déchiffrer le monde qui menace radicalement les grands militantismes et les grandes espérances; tandis que le communisme est l'héritier d'exigences tout aussi *modernes* de déchiffrement d'un monde opaque et scandaleux que la volonté collective des humains pourrait «changer»: il montre aux esthétiques «pures» ce qu'elles comportent inévitablement de complaisance à la déréliction et au désenchantement, il montre à l'écrivain moderne ses contradictions inhérentes. Avec tout son sectarisme, la critique stalinienne est l'héritière d'une exigence de donner à l'art une «mission sociale» qui est vieille, elle aussi, comme la modernité. L'expression de «mission sociale» et la thèse de l'art social furent inventés sous la Monarchie de Juillet par des publicistes saint-simoniens et fouriéristes. Le fouriériste Désiré Laverdant dans sa brochure sur la *Mission sociale de l'art* (1845), en montrant en ... Eugène Sue un rare écrivain digne des temps modernes pour avoir mis son talent au service du Bien, «commet» avec un siècle d'avance la *même* erreur de jugement esthétique et civique (erreur que lui reprocheront deux inconnus, Marx et Engels, dans *La Sainte famille*).

Appuyée sur un «marxisme d'intention» largement ignorant de Marx (celui-ci combiné du reste à Lénine et aux élucubrations de Staline), automandatée pour expliquer toute œuvre par l'«origine de classe» et les «services» intéressés rendus à une classe donnée, dénonçant en toute arrogance militante les «sales besognes» des uns, les «histoires de coucheries» des autres, mais aussi imbue d'une *espérance totale* quant à la «marche ascendante» de l'humanité et à l'apparition imminente d'une *autre* littérature qui allait «balayer» toute la «pourriture» bourgeoise, la critique ASDLR a repris avec plus d'intransigeance que jamais — en haine de tous les éclectismes esthètes — les présupposés d'une critique sociale et historique qui partait du refus de considérer la création artistique comme une sphère indépendante, «dégagée des contingences terrestres», qui lisait le texte comme un «produit social» déterminé et y voyait *ipso facto* un «instrument de domination» pour la classe au pouvoir[2].

Il ne s'agit donc pas pour moi, dans ce «*looking backward*» sur les années trente, d'un travail de pure archéologie, mais, face à des questions qui furent mal posées et à des «solutions» intolérables, il s'agit de *rouvrir le débat* et de chercher à voir si quelqu'enseignement — direct ou *a contrario* — se dégage des erreurs de cette époque affamée de certitudes et d'orthodoxies.

C'est, à mon sentiment, contre cette critique communisante mais *en partant d'elle*, qu'au cours de l'avant-guerre déjà, des esprits aussi différents que Theodor W. Adorno, Walter Benjamin, Ian Mukařovský ou André Malraux vont essayer de penser, chacun selon des voies divergentes, une esthétique historique et critique moins sectaire — pratiquant ainsi un *double écart* à l'endroit des idées dominantes sur l'art et les formes, une dissidence dans ce qui se donnait déjà pour une contre-proposition totale.

À tous ces types de critique «sociale» toutefois, un Viktor Chklovski, porte-parole de l'autonomie du champ artistique, avait opposé à priori la négation de toute pertinence civique ou sociale possible des textes: «l'art, avait-il écrit au début des années vingt dans *La Marche du cheval*, a toujours été autonome par rapport à la vie et sa couleur n'a jamais reflété la couleur du drapeau hissé sur la citadelle».

(2) J. Fréville, préf. à Paul Lafargue, *Critiques*, X. Les références à la Bibliographie primaire à la fin de cet ouvrage se présentent sous la forme: Auteur, *Titre abrévié*, page.

Je me propose donc de reconstruire les présupposés, les critères, les thèmes et les arguments qui sont venus pourvoir la critique ASDLR de «bonnes raisons», de force, de cohérence et de vraisemblance pour ses adeptes, je vais reconstituer les paradigmes implicites qui enserrent ses jugements particuliers. Je m'intéresserai moins, en effet, aux jugements passés sur telle et telle œuvre qu'au *système axiologique et discursif* même dont ces jugements découlent naturellement. J'essayerai ainsi de faire apparaître ce qui a semblé fonder — dans la perspicacité relative et l'aveuglement — l'herméneutique par les «intérêts de classe», herméneutique de l'*illusio* (de la «fausse conscience» constitutive) des créateurs. «Vous n'êtes point ce que vous croyez être, dit le marxiste» — et telle est pour Paul Nizan la condition d'une «efficacité extrême de l'analyse»[3]. Cette herméneutique «sociale» avait une sorte de cohérence et elle a travaillé à la bétonner — en dépit des doutes *in petto* et de la duplicité partielle des hommes qui s'en servaient.

Tout en me concentrant sur un corpus déterminé, je sais qu'il est nécessaire d'immerger cette critique littéraire militante dans la terrible conjoncture des années trente: les refus, les dégoûts, les craintes historiques des critiques ASDLR, même si on peut penser qu'ils les ont poussés vers plus d'aveuglement et d'intolérance, ne manquaient pas de «bonnes raisons». Il serait injuste d'isoler certains jugements rigides, certains rejets hargneux, de l'histoire chaotique de ce temps et de la *topographie* d'une critique journalistique française où dominaient les publications de droite et les chroniqueurs fascisants qui, eux aussi, surpolitisaient le débat littéraire (parfois par le biais d'un apolitisme agressif et dénégateur). Les caractéristiques et l'évolution d'un système discursif ne s'expliquent en effet que dans le discours social global. Sans doute y avait-il alors la *N.R.F.*, *Les Annales*... Mais les *Nouvelles*

(3) *Humanité*, 24.4.1937; 8.

littéraires, les feuilletons du *Temps,* ceux de *L'Écho de Paris,* les chroniques littéraires de la presse culturelle de droite, de *Gringoire* à *Je suis partout,* traitent bel et bien, en gros, la littérature comme les communistes vont reprocher à la «littérature bourgeoise» de fonctionner: à la distinction, au narcissisme de classe, à la dénégation des réalités «politiques», à l'alibi (tout en partageant d'ailleurs avec les communistes la méfiance vis-à-vis de la «recherche» formelle et de l'innovation, recherche que les critiques distingués de l'*Action Française* comme Camille Mauclair qualifient régulièrement de «juive» et de «métèque»).

S'il faut appréhender la critique communiste *topographiquement,* en confrontation polémique avec la critique de la presse culturelle établie, sa brutalité et sa rigidité apparaissent inséparables du fait qu'elle a cru devoir rappeler inlassablement aux critiques «bourgeois» que ces choses — la politique comme destinée, les luttes sociales, la «vie» comme elle disait — existent. Sans dispenser d'analyser ses dogmes, ses aveuglements et ses erreurs, on peut penser que la critique ASDLR redresse le bâton dans l'autre sens pour marquer son légitime refus d'une critique à la fois hédoniste, illusionniste, chauvine et éclectique qui occupait une grande partie du terrain.

Selon Jean-Pierre Morel et Régine Robin, seule une perspective internationale — évidemment centrée sur ce qui se décidait et se tramait à Moscou — permet de comprendre l'invention de l'«esthétique communiste» dans l'entre-deux-guerres. Les livres de J.-P. Morel, *Le roman insupportable*, et de Régine Robin, *Le réalisme socialiste,* procurent du reste avec beaucoup d'érudition et de perspicacité une telle perspective. Cependant, il me semble que, si des mots d'ordre précis furent diffusés en effet par l'Internationale littéraire et si ce furent les appareils politiques qui décidèrent des changements de ligne et les imposèrent, les doctrines ASDLR, les présupposés du commentaire littéraire «social» et «révolutionnaire» ont quelque chose de spontané, de *sui generis,* qu'ils présentent une logique issue de la pratique militante et du volontarisme culturel qui lui est immanent. C'est ce «quelque chose» qui est l'essentiel dans cet ouvrage — l'adaptation du discours ASDLR aux mots d'ordre venus «d'en haut» me semblant digne d'être décrite, il va de soi, mais relativement accessoire.

Le système que je vais analyser forme un commentaire littéraire *atypique à deux égards*: d'une part la distinction classique (faite par Albert Thibaudet) entre une «critique de journaux» et une «critique savante» ne tient pas dans le cas de la critique ASDLR, critique faite à chaud dans une presse militante, mais critique qui se réfère aussi à une «science marxiste» censée lui permettre de juger en dernier recours. Cette prétention à posséder la seule théorie correcte ne veut pas dire que mon corpus contienne beaucoup de travaux théoriques, il s'en faut. Le monde communiste français, où les philosophes militants — Nizan, Friedmann, Politzer, Lefebvre — ne manquaient pas, n'a guère eu souci en tout cas de théoriser la littérature. On est loin et des Russes et des Allemands à cet égard: la critique communiste de langue française reflète ou transpose la médiocrité et la banalité de la réflexion sur la littérature dans le monde francophone d'alors. L'ouvrage de l'époque qui va exposer le plus «théoriquement» le dogme communiste, *Le Réalisme socialiste* d'Aragon, n'est qu'un recueil de conférences dont le propos se situe entre l'approximation lyrique et la polémique simpliste.

D'autre part, le système discursif ASDLR était situé à l'*intersection de deux champs* avec leurs enjeux incommensurables et en conflit, le littéraire et le politique, et il émane d'une «institution totale» en devenir (elle n'atteindra sa perfection, notamment dans le contrôle des lettres, qu'après 1945), le Parti communiste français. Ses caractères et ses idiosyncrasies reflètent ce positionnement intermédiaire.

Mon objet de réflexion peut sembler double ou sembler comporter deux moments distincts si on fétichise la notion de *stalinisation* ou si on tend à en faire une essence. Mon livre porte sur la formation du stalinisme littéraire en France. Mais il comporte aussi, en apparence antérieurement à ce phénomène, l'étude de l'invention collective, à peu près librement menée dès les années vingt, d'une critique «sociale», militante, anti-bourgeoise, révolutionnaire, marxiste d'intention sinon de fait, en attente d'une grande littérature nouvelle, digne d'une conjoncture historique éclairée par la Révolution bolchevique. Or, s'il est certain qu'on peut observer des renforcements sectaires et une soumission de plus en plus totale de l'art et de sa critique à la «ligne» fixée par l'appareil politique — faits qu'on peut englober dans l'idée de «stalinisation» — on constate que tous les éléments et les thèmes de la critique ASDLR qui seront rigidifiés, figés dans les années trente, étaient là antérieurement. *Depuis toujours,* les critiques militants s'étaient enfermés dans une herméneutique, une axiologie qui conduisaient à un refus de l'art moderne et à l'imposition aux lettres d'exigences chimériques et aberrantes et ce, bien avant que Staline ne s'installe comme coryphée de la révolution mondiale — et ils le firent en s'imaginant demeurer dans le libre espace d'une réflexion politique radicale. Un continuum apparaîtra à l'analyse où il est impossible de voir la «stalinisation» comme une intervention extérieure hétérogène ou même comme un réel changement de cours.

C'est bien pourquoi l'analyse de la critique ASDLR demeure *intéressante*: s'il ne s'agissait que d'enregistrer les absurdités de la servitude intellectuelle envers le stalinisme, mon analyse ne ferait que reposer la sempiternelle (quoique moralement pertinente) question de la trahison des clercs et de la «psychologie» censée l'expliquer. Or, les présupposés fondamentaux de la critique ASDLR n'ont nullement été imposés par les bureaucrates de «la dictature du secrétariat» (pour rappeler une formule de Boris Souvarine) et c'est parce qu'ils acceptaient sans réserve ces présupposés que les critiques communistes ont trouvé une certaine justesse dans les mots d'ordre les plus intransigeants et se sont laissé impressionner par les formules les plus sectaires — le plus fondamental de ces présupposés étant que l'art authentique devait être compatible avec l'idée qu'ils avaient du socialisme, qu'il ne pouvait que s'épanouir en symbiose avec le mouvement révolutionnaire, qu'il devait refléter ainsi le «cours de l'histoire». Et plus généralement encore, que toute littérature devait pouvoir être jugée, avec plus ou moins de médiations, au nom d'une positivité civique, qu'elle ne pouvait être cette activité autistique, nécessairement indifférente à la misère du monde, que voyaient avec satisfaction en elle (il était aisé d'expliquer pourquoi!) les esthètes bourgeois.

Or, si la littérature ne pouvait ni moralement ni esthétiquement être indifférente à la misère du monde, il devait être possible de demander à toute œuvre (avec, encore un coup, plus ou moins de longanimité et de largeur d'esprit): que fais-tu pour lutter contre l'injustice et te dresser devant ceux qui en profitent? On rencontre, à ce niveau fondamental du raisonnement, ce que j'appelle une *évidence,* c'est à dire quelque chose de très important en idéologie: une intuition première dont le contraire — *tertium non datur* — pour un groupe donné et dans une conjoncture historique donnée, est simplement *in-tolérable* et donc im-pensable, cette évidence formant la base censée solide à partir de laquelle l'idéologue va essayer de déduire en toute «bonne foi» des théorèmes et des corrélats.

Ceci peut mener loin... Il est vrai que quand on arrive au corrélat des corrélats, qui énonce que l'apologie inconditionnelle du Secrétaire général est une indispensable manifestation d'un art en lutte contre l'injustice du monde, du chemin a déjà été parcouru (et que suivre une telle pente n'était pas fatal!) Il me semble pourtant que le problème fondamental de l'histoire des idées et des «mentalités» revient à comprendre comment un système de pensée se *justifie à chaque pas, comment il s'étend, s'homogénise et se perpétue* — et comment alors «de certitude en certitude et d'idée claire en idée claire, l'esprit peut n'aboutir qu'à l'erreur» (cet aphorisme profond est de Rivarol que nos critiques eussent classé penseur «réactionnaire» par excellence). S'il ne s'agissait que de décrire des textes aveuglement staliniens, mon étude, je le répète, n'aurait d'intérêt que comme celle d'une langue morte. En dépit de cette stalinisation à laquelle se soumet la presse de parti à partir de 1934 environ, il va s'agir au contraire pour moi — essentiellement — de comprendre cette *axiomatique d'évidence condamnant le modernisme littéraire au nom d'une espérance historique totale.*

Le lecteur rencontrera dans l'analyse d'une dizaine d'années de la critique littéraire communiste, à la fois ce problème fondamental et d'autres sujets de surprise, que je juge significatifs mais accessoires. Il s'agit ici de mettre les choses en perspective. Trouver soudain du talent aux écrivains qui rejoignaient les organisations antifascistes, c'est évidemment un peu regrettable, mais, à moins d'exiger d'une critique engagée et militante une improbable objectivité, il ne sera guère nécessaire d'épiloguer sur de tels virages et de tels partis pris. Étudier un système discursif, ce n'est d'ailleurs jamais étudier une cohérence total(itair)e. Même dans un système comme celui que j'aborde où jouent de lourds effets d'orthodoxie et où pèse la dénonciation des «erreurs» des uns et des autres, on peut montrer au cours des analyses, à la fois, une cohérence globale et des points de dissension perpétués. Il n'y a pas lieu de ne traiter que comme des nuances byzantines ce que les agents ont perçu (par une surestimation propre aux grandes passions idéologiques) comme des enjeux décisifs. Certains mots et certains syntagmes («réalisme prolétarien» vs «réalisme socialiste» etc.) ne devinrent l'occasion de ruptures et d'amères polémiques que parce que le système même les avait produits stratégiquement comme essentiels.

Étudier un tel système exige qu'on se rende sensible, au-delà des mots et des *topoï* dont on reconstruit le paradigme, à quelque chose d'autre qui relève de la conjecture sur une pragmatique langagière disparue: il faut parvenir à sentir et à faire sentir — au sens un peu illusionniste de ce mot — ce qui avait alors de la crédibilité, des charmes, une force persuasive, à la limite ce qui représentait des questions «de vie ou de mort» investis dans l'appareillage discursif examiné. Il le faut, si justement l'on veut parvenir à critiquer un tel dispositif et comprendre ses enjeux. Mon étude de la critique révolutionnaire ne vise pourtant à aucun égard à justifier mes conjectures par une certaine psychologie prêtée aux agents, et notamment à spéculer sur leur degré de bonne foi. J'aborderai une fois ou l'autre cette question, qui est inévitable — mais qui demeure largement spéculative cependant, et qui, depuis vingt ans environ, permet à des publicistes nombreux de lamenter «l'insuffisance morale de nombre d'intellectuels» des générations précédentes.[4] Du point de vue d'une réflexion éthico-pratique utile aux «jeunes générations» (qui du reste n'en retiendront que ce qu'elles voudront), il y a quelque chose à apprendre du mauvais exemple de ces intellectuels staliniens des années trente et des années 1945 à 1970 qui «écrivirent et dirent des choses d'une absurdité tout à fait stupéfiante»[5]. Mais sur le plan d'une critique historique, les questions psycho-éthiques auxquelles cette

(4) Judt, 1992, 9. Les références à la Bibliographie secondaire se présentent sous la forme: Auteur, date de l'ouvrage, page.

(5) Ibid., 10.

stupéfaction conduit sont oiseuses et trop conjecturales. Mon approche de l'analyse du discours fait d'un système discursif donné un *objet historique avec sa réalité propre* qu'il faut analyser et interpréter et qui demeure indépendant des sujets individuels qui semblent avoir contribué à l'édifice et y avoir mis quelque chose «d'eux-mêmes», puis qui y ont investi, selon les cas, de la foi du charbonnier, de la mauvaise foi ou de la mauvaise conscience.

Ainsi conçu, mon livre n'est *pas* un livre sur Barbusse, Aragon ou Nizan, mais sur le *système même* dont, avec différents degrés d'intelligence, de restriction mentale et de ruse, ils se sont faits les *porte-parole.* Ce que j'appelle un système, un dispositif de discours, de représentation et de persuasion (qui n'est au fond qu'un *quasi*-système illusoire qui comporte des antinomies colmatées, des apories, des taches aveugles, mais qui forme un dispositif dans lequel il est possible pour l'esprit de s'enfermer), est ce qui vient d'abord *expliquer* certains jugements politiques et littéraires ahurissants. La psychologie pleine de contradictions qu'on prête aux agents n'est à cet égard qu'un épiphénomène. Barbusse, de tempérament fidéiste et conformiste, Aragon plus lyrique et plus jobard que d'autres, Nizan plus circonspect et plus retors, Sadoul plus rigide et un peu borné ...: ces nuances qui viennent à l'esprit sont sans grand intérêt. D'une façon générale, — il faut rappeler cette règle, bien que ce soit banal à dire, — l'affaire de l'historien et celle de l'analyste du discours n'est pas de distribuer de bons et de mauvais points mais de chercher à comprendre: *Non lugere neque detestari sed intelligere*, écrit Spinoza.

Je ne m'occuperai pas directement de l'histoire du P.C.F. de 1920 à 1940 sur laquelle les travaux de Jean Fauvet, de Philippe Robrieux et d'autres fournissent d'abondantes données, ni de l'histoire culturelle et littéraire du Front populaire qui est aussi bien documentée, dans la monographie de Pascal Ory, *La belle illusion*, notamment. J'ai tiré parti des nombreux ouvrages qui comportent des analyses sur les intellectuels communistes (ceux de David Caute, qui fut le pionnier dans ce secteur, d'Annie Kriegel, de Tony Judt, de Jeanine Verdès-Leroux avec ses deux volumes d'une inépuisable perspicacité sur les intellectuels de parti après 1945, de James Steel avec sa monographie minutieuse sur Paul Nizan etc.) Sur *Le P.C.F. et la question littéraire,* précisément, on consultera toujours avec profit l'ouvrage de Jean-Pierre Bernard, lequel cependant remonte à 1972 et a ses limites dans les questions qu'il se pose. S'il y a beaucoup de livres récents, outre celui de Steel, sur le «cas» de Paul Nizan, il n'y a rien encore sur Aragon qui dépasse les souvenirs ambivalents de familiers, qui ne relève pas de l'apologie ou du pamphlet, assez peu (et rien de bien neuf) sur les autres figures grandes et moyennes de ce corpus, de Romain Rolland à Henry Poulaille, — bien qu'un groupe fidèle entretienne le souvenir de ce romancier «prolétarien» — ou à Paul Vaillant-Couturier. Le *Henri Barbusse* de Jean Relinger (P.U.F., 1994), ouvrage aimable et admiratif, ne pose aucune des questions qui me paraissent venir à l'esprit sur celui qui fut l'inventeur français par excellence d'une critique «révolutionnaire». Comme je l'ai signalé plus haut, les livres essentiels à la base de ma propre entreprise (je n'en vois d'ailleurs pas de ce niveau et de cette ampleur en dehors du domaine français) sont ceux de Jean-Pierre Morel et de Régine Robin.

Corpus

J'ai dépouillé toute la critique littéraire produite dans la mouvance communiste, des publications «officielles» du Parti aux revues de compagnons de route, dans le cours des années trente. Cela se compose de quelques livres et de brochures, mais surtout d'articles et de comptes rendus d'une presse culturelle abondante dont je décris les titres plus loin. Les publications culturelles produites à Moscou en français, lesquelles ont servi à la fois de modèle et de repoussoir aux critiques militants d'Europe occidentale, sont intégrées dans ce corpus. J'ai sondé la critique des années vingt en remontant à la naissance même du P.C.F. J'ai analysé aussi, en marge de mon objet propre, mais dans une contiguïté polémique avec lui, la critique littéraire dispersée en de multiples publications oppositionnelles des trotskystes, prolétariens, spartacistes, luxemburgistes, conseillistes et autres groupuscules. Celle aussi des surréalistes.

Je n'ai guère besoin de rappeler au lecteur au seuil de ce livre la succession d'événements tragiques et contradictoires qui marquent ces années, du congrès de Kharkov de novembre 1930 au Pacte germano-soviétique (lequel entraîne la suppression du P.C.F. par Daladier et la disparition de sa presse le 26 septembre 1939): on trouvera simplement à la fin du livre un rappel chronologique mêlant les dates «politiques» aux datations «littéraires».

La critique que je vais décrire s'est essentiellement exprimée dans des journaux et des revues. On y joindra quelques recueils d'articles et de conférences comme *Quinze ans de combat* de Romain Rolland et *le Réalisme socialiste* d'Aragon, les anthologies du canon marxiste-léniniste sur les arts et les lettres présentées par Jean Fréville[6], et de rares monographies érudites comme le *Cervantès* de Jean Cassou (1936).

(6) «Personnage trouble» dit Ph. Robrieux, 1980, I, 481 — et c'est tout ce que d'ordinaire on parvient à dire de celui qui fut le principal gardien de l'orthodoxie marxiste dans le Parti. À la sous-section des Organisations culturelles du Comité central et à la rubrique littéraire de *L'Humanité,* Fréville-Schkaff était pendant toute cette période le premier responsable des lettres et des littérateurs dans le P.C.F.

L'Humanité et Ce Soir

Dès les débuts du contrôle de *L'Humanité* par les communistes après le Congrès de Tours, il y eut dans ce quotidien une rubrique ou une page littéraires dont la responsabilité est d'abord échue à Barbusse d'avril 1926 à 1927, puis à Georges Altman qui sera limogé en septembre 1929, le Parti souhaitant la reprise en main d'une chronique qui ne parvenait pas à s'imposer une ligne «prolétarienne» satisfaisante. Ce sera Jean Fréville (pseudonyme d'Eugene Schkaff), riche avocat issu de la haute bourgeoisie et marxiste hautement dogmatique, qui présidera de la fin des années vingt aux années trente, à cette rubrique littéraire sous surveillance directe du Parti, en abandonnant pour un temps la responsabilité à René Garmy en 1931, alors que le Parti quittait la ligne «sectaire» et «prolétarienne» pour une position de front antifasciste élargi.

En 1936, alors que le tirage du journal atteint et dépasse, selon le Parti, les 350.000 exemplaires[7], la page «Les Lettres et les Arts» figure à l'avant-dernière page du numéro du dimanche (en 1937, elle passe au jeudi). Elle comporte des chroniques et comptes rendus de Fréville, de Nizan, de Charles Vildrac, de René Blech, René Maublanc, — Léon Moussinac assurant pendant les années trente la critique du cinéma. Une certaine tactique «jésuitique» vient expliquer les nuances de ton dans le commentaire littéraire: *L'Huma* est plus raide, plus politisée, éducative et militante que *Commune,* qui est la revue des «Écrivains révolutionnaires», de l'A.E.A.R., laquelle à son tour est plus doctrinaire que les revues de compagnons de route comme *Europe* et les mêmes critiques — c'est le cas de Nizan dont on rencontre alors la signature un peu partout — écrivent des choses dans l'une qu'ils n'écriraient pas dans l'autre.

(7) Selon les *Cahiers du bolchevisme,* 15. 1. 1936, 3.

À partir de mars 1937, va paraître à Paris un second quotidien contrôlé par le Parti, mais ne se proclamant pas communiste celui-là, c'est *Ce Soir* où le feuilleton littéraire était dirigé par Paul Nizan. *Ce Soir,* dirigé par Aragon et Jean-Richard Bloch, était un «journal populaire illustré du soir», à façade apolitique. Il ne comportait que de sommaires comptes rendus littéraires et théâtraux, surtout de Pierre Abraham, mais un peu plus de critique de cinéma. En 1937, Louis Guilloux y assure une mince colonne «Les Livres». Des écrivains de gauche et des romanciers prolétariens collaborent en tout éclectisme avec des nouvelles et des contes à une feuille où il n'est pas question de «ligne» ni de doctrine. En 1938-39, Aragon y tient une chronique d'actualité mondiale, «Un Jour dans le monde». En 1939, c'est Paul Nizan qui va assurer lui-même la colonne «Les Livres». Mais — ce trait illustre la remarque que je faisais un peu plus haut — Nizan y a changé de personnalité, il a troqué la casquette militante pour le chapeau mou du critique progressiste, tolérant à un peu tout.

Monde

Le projet de créer en langue française une revue littéraire internationale «révolutionnaire» remonte à 1925: il s'exprime dans un échange de correspondance entre Henri Barbusse, Paul Vaillant-Couturier et Lounatcharski qui, de Moscou, appuyait l'idée. La création de *Monde* reçoit l'approbation de l'Internationale communiste au Congrès de Moscou de 1927. La revue sera en effet lancée avec quelque argent soviétique, mais elle connaîtra toute sa vie des difficultés financières[8], aggravées par la volonté d'autonomie, face au Bureau

(8) Première indication de difficultés financières et appel aux amis de *Monde* dans le numéro du 14 mars 1931.

international et au P.C.F., affichée dès le départ par Barbusse, prétention qui apparaîtra bientôt intolérable aux doctrinaires littéraires soviétiques comme aux «responsables» du Parti communiste français. Le principe directeur de Barbusse était que *Monde* n'était pas et ne deviendrait pas une revue purement et simplement communiste. Le pacifisme qui attirait bien des littérateurs de gauche non-communiste, sera du reste la composante prédominante du journal. *Monde* maintiendra aussi jusqu'en 1932 son ouverture aux «écrivains prolétariens» et aux gens de *Nouvel Âge* autour de Poulaille, qui étaient détestés des communistes.

Le premier numéro de *Monde* est daté du 9 juin 1928. C'est un journal in 4º, bimensuel, illustré de bois et de pointes sèches. Barbusse en sera le directeur jusqu'à sa mort en 1935, le rédacteur en chef étant d'abord le romancier prolétarien belge Augustin Habaru (fusillé en 1944 par les nazis), qui est éliminé en 1931 au profit de Léon Werth. Un comité directeur de façade réunit de très grands noms: Einstein, Gorki, Unamuno, Upton Sinclair. On y voit collaborer la future trotskyste Magdeleine Paz, Emmanuel Berl, le fameux essayiste gauchisant de *Mort de la morale bourgeoise* (1929), compagnon de route «ballotté» en des contradictions insolubles, mais posant au léniniste dans les années vingt, Marc Bernard, qui est le critique le plus abondant du journal vers 1930, Victor Serge qui collabore encore en 1929 quoique déjà classé «trotskyste» à Moscou, Brice Parain aussi. Henri Jeanson se joint à l'équipe en 1932 comme critique théâtral. *Monde* va dès le départ publier abondamment des inédits d'auteurs soviétiques, Cholokhov, Maïakovski, Boris Pasternak, A. N. Tolstoï.

C'est dans *Monde* que *s'invente,* au prix de nombreux tâtonnements (et en dépit du maintien jusqu'au bout, au moins pour la façade après 1932, des collaborations éclectiques et non-alignées dont je viens de parler), la ligne communiste-révolutionnaire en matière littéraire — c'est à dire qu'on y voit mieux qu'ailleurs, et bien que la revue échappe au contrôle du Parti, se dégager, se composer et se fixer le genre discursif que je décris ici comme la critique ASDLR. A. Rossi et H. Barbusse même sont les collaborateurs de *Monde* qui contribuent le mieux à l'«invention» de cette critique communiste. Cependant, c'est aussi dans *Monde* que s'exprime, et que Barbusse laisse s'exprimer jusqu'à la reprise en main que le Parti lui impose en juin 1932, une résistance déterminée à toute idée de contrôle politique et dogmatique de la littérature, le refus d'enfermer la littérature révolutionnaire en «des cadres rigoureux»[9]. Dès la fin des années vingt, *Monde* était à ce titre devenu suspect à Moscou et au P.C.F. Dans le même temps, *Monde* est d'ailleurs vomi pour sa tolérance envers des révolutionnaires mondains comme Berl, pour sa tiédeur bienveillante devant la vieillerie littéraire et les formes «usées» du roman naturaliste, par André Breton et les surréalistes.

Mais la revue, condamnée avec le «camarade Barbusse» en 1930 à Kharkov, résiste de longs mois à la mise au pas; traités de «social-fascistes» par *L'Humanité*, par l'Union Internationale des Écrivains Révolutionnaires et par la *Literaturnaja Gazeta*, les rédacteurs se disent flattés d'être les cibles d'accusations sectaires[10]. La revue ne cache pas son mépris à l'égard de Jean Fréville qui dirige la page littéraire de *L'Humanité* et qui dans ce journal leur rend la monnaie de la pièce en dénonçant leur «asservissement à la littérature bourgeoise» (15 janvier 1931). Elle laisse encore s'exprimer en 1932 les porte-parole du «Groupe des Écrivains prolétariens» (c'est à dire Henry Poulaille et ses proches) qui proclament

(9) P. Autry, «Objections à quelques purs», 8. 10. 1932, 7.
(10) 12. 3. 1932, 5.

bien haut n'accepter aucun des mots d'ordre du Congrès de Kharkov lesquels conduisent à une «*littérature-propagande*»[11]. Elle applaudit à la dissolution de la RAPP, l'association ultra-sectaire des «écrivains prolétariens» soviétiques qui avait constamment attaqué *Monde* comme dépourvu de «ligne», éclectique, opportuniste, et avait rejeté les théories développées par Barbusse sur le «réalisme prolétarien» — théories qui, en dépit de l'adjectif, faisaient d'ailleurs plus que préfigurer la prochaine doctrine réaliste-socialiste.

Cependant, c'est ce même congrès de novembre 1930 qui, donnant raison au Bureau international lequel avait rappelé la revue à l'ordre dès 1929, décide aussi de la reprise en main de *Monde* par des gens en qui les communistes puissent avoir confiance, — *Monde,* organe «confusionniste», atteint d'«objectivisme apolitique et sans-parti», dirigé par un camarade Barbusse qu'on invite à reconnaître «ses erreurs». Un coup contre les sectaires de la RAPP et un coup contre les éclectiques et «droitistes» de *Monde:* c'était dans la règle. Barbusse, mis au pied du mur, fait la sourde oreille pendant quelques mois. Finalement, la revue subit l'attaque décisive, téléguidée de Moscou et soutenue par la nouvellement fondée «Association des écrivains et artistes révolutionnaires», l'A.E.A.R., et par le Parti. L'attaque est lancée par Paul Vaillant-Couturier dans un article de *L'Humanité:* «*Monde* non! un nouveau *Monde* oui», article paru le 28 juin 1932[12].

(11) Ibid.

(12) J. Duclos avait déjà écrit dans *L'Huma* que la revue était devenue «un instrument camouflé de la bourgeoisie», 26. 1. 1932. Voir antérieurement les attaques contre le débat sur la «littérature prolétarienne», ibid. 15. 12. 1931. Les jeunes communistes dont Nizan à la *Revue des vivants* en 1932 (=Nizan, *Nouvelle culture,* 40) y allaient en mettant moins de gants: «Il y a le groupe de *Monde:* c'est le groupe des traîtres.»

Alfred Kurella, délégué du Komintern[13], est alors chargé de «surveiller» *Monde* entre 1932 et 1934[14]. En 1932 et 1933, on expulse en quelques étapes les collaborateurs bourgeois, puis les «prolétariens», puis Magdeleine Paz et les «trotskystes» (ou soupçonnés tels), et pour finir les derniers collaborateurs du début, A. Habaru, Altman, Rossi, Paul-Louis[15]. Le parti peut proclamer que la reprise en main, avec Barbusse flanqué d'une équipe «sûre», est réussie, dans le numéro du 3 février 1934[16]. Paul Nizan à qui on commence à faire confiance en haut lieu, y entre et assure en 1934-35 la direction des comptes rendus littéraires.

Le Congrès de Moscou des écrivains soviétiques de septembre 1934 est largement couvert par L. D. Udé. *Commune,* nouvelle revue culturelle sous contrôle du Parti, croit pouvoir donner en 1934 à *Monde* — normalisé et stalinisé — son approbation entière: c'est devenu aujourd'hui «l'un des meilleurs organes littéraires dont dispose le prolétariat français»[17]. Henri Barbusse qui publie alors son *Staline* est lui-même redevenu bien en cour.

Mais Barbusse meurt inopinément à Moscou le 30 août 1935 et la revue disparaît peu après ayant perdu depuis la reprise en main beaucoup de ses abonnés et étant privée d'appuis financiers. Les communistes ont désormais *Commune*, qui est infiniment mieux surveillée et plus fiable.

(13) * 1895. Il sera membre du Comité central du parti de l'Allemagne de l'Est dans les années 1950.

(14) Voir sa notice dans le Maîtron, XXXII, 409.

(15) Évincés, ils feront saisir le numéro du 1er juin.

(16) p. 11, c. 3-4.

(17) Vol. 1934, 1120.

Commune

Lancée en juillet 1933, *Commune* qui va paraître dix fois par an en une grosse livraison, sera officiellement l'organe de l'«Association des écrivains et artistes révolutionnaires», l'A.E.A.R., «section française» de l'«Union internationale des écrivains révolutionnaires» de Moscou. L'A.E.A.R., que Vaillant-Couturier, rédacteur en chef de *L'Humanité* depuis 1926, avait reçu de l'Internationale mission de lancer, est dirigée par Jean-Richard Bloch, le «compagnon de route» dévoué par excellence. Son comité directeur comporte les noms prestigieux de Barbusse, Gide, Rolland et Vaillant-Couturier, mais la revue sera vraiment l'affaire de ses deux secrétaires de rédaction, Aragon et Nizan[18], qui veilleront à ce qu'elle ne s'écarte pas de la ligne — y compris les virages soudains de celle-ci — en faisant d'elle une revue communiste stalinienne, mais destinée tactiquement au rassemblement d'un front anti-fasciste dans les lettres et les arts[19]. Le sous-titre à partir de 1937 fait de *Commune* la «Revue littéraire française pour la défense de la culture». En octobre 1934, Maksim Gorki entre au Comité, parrainant la section «Littérature soviétique».

D'ailleurs, *Commune* demeurera sous haute surveillance: pas question de retomber dans l'«opportunisme» de *Monde. Littérature internationale,* la revue de l'U.I.E.R., dans une «lettre de Moscou» signée d'Illès, Ludkewicz et Nizan (en séjour à Moscou) lui-même, publiée dans le numéro 3: 1934, rappelle à l'ordre avec une rare brutalité les toujours peu sûrs

(18) En 1935, le Comité de rédaction proprement dit comporte Aragon, Nizan, Pozner, Unik et G. Servèze. Beaucoup plus tard, Aragon règlera ses comptes avec Nizan qui démissionne du Parti au moment du Pacte, en le peignant comme renégat congénital dans *Les Communistes.*

(19) Elle aura pour équivalents anglais *The Left Review* et américain, *The Partisan Review,* toutes deux nées en 1934.

compagnons de route de l'Association des écrivains et artistes révolutionnaires qui parrainent le journal. Le jeu de *Commune* est complexe puisqu'il s'agit à la fois d'admirer et encourager les compagnons de route et des écrivains jugés «progressistes» tout en adhérant à une ligne stalinienne de plus en plus intransigeante.

Commune publie des textes littéraires, des poèmes, des traductions d'écrivains «révolutionnaires» en abondance, elle traduit des écrits de doctrine et de combat de Gorki, de Maïakovski etc., et de la critique littéraire, artistique et cinématographique. Ce sont surtout Aragon, Paul Nizan, Georges Sadoul, Baby, Pierre Unik, Léon Moussinac, René Blech, René Lalou, André Wurmser, Eugène Dabit (jusqu'à sa mort soudaine à Moscou en 1935), Vladimir Pozner, spécialiste de la littérature russe et à ce titre collaborateur également de la *N.R.F.,* Renaud de Jouvenel, directeur également de la collection «Ciment» aux Éditions sociales, Georges Politzer, spécialiste de la lutte contre la «conception idéaliste» appelée freudisme et figurant parmi les plus raides des polémistes communistes sur le «front» philosophique[20] où œuvraient aussi Georges Friedmann, Henri Wallon, René Maublanc, A. Cornu. Cette équipe fera, avec une orthodoxie sans faille, la critique des œuvres et des idées en France. Mais on rencontre aussi occasionnellement des articles de Jacques Soustelle, des collaborations d'Étiemble lequel travaille même, par une erreur de parcours unique chez lui, à renforcer dans un article le mythe de «Rimbaud communard», — mais en rappelant toutefois que Rimbaud n'a pu, matériellement, rejoindre la Commune[21]. Julien Benda s'y laisse attirer et

([20]) Né en 1903, fusillé en 1942 par les nazis. Proche des surréalistes, puis membre du P.C.F. en 1929, abjurant la psychanalyse et devenu un orthodoxe sans faille polémiquant contre Freud, Bergson, Heidegger.

([21]) Janvier 1936.

collaborera jusqu'à la fin. On y rencontre aussi des textes d'écrivains fort loin du Parti, mais envers lesquels, inlassablement, celui-ci entretenait des *espoirs*: ainsi Montherlant y laisse publier fréquemment de «bonnes pages» de ses prochains romans, et il le fait en janvier 1939 encore.

On trouve dans *Commune*, du moins dans les débuts, quelques contributions qui font date — ainsi dans le premier numéro, l'article d'E. Litauer, «Sur une philosophie hitlérienne», qui attire l'attention sur Martin Heidegger et son *Rektoratsrede* d'allégeance au nazisme. Mais on y lira aussi, et de plus en plus fréquemment, des articles politiques rédigés en langue de bois, argumentant la ligne stalinienne, articles qui deviendront envahissants à l'époque des Grands Procès. Le récit de la construction du socialisme en U.R.S.S. devient inséparable de la critique artistique qui s'exprime dans la revue. Les conspirations et les sabotages des «trotskystes-zinoviévistes» sont détaillés avec horreur — en continuité avec la dénonciation de la répression fasciste, de la Guerre d'Espagne, du nazisme. Tout le numéro de mars 1937 par exemple est consacré à accabler les condamnés des premiers procès de Moscou. Victor Chklovski y est tenu de proclamer que «les crimes des trotskystes n'ont pas d'équivalent dans l'histoire». Par la suite, de larges extraits d'interrogatoires de «coupables» de plus en plus nombreux alternent avec la publication de proses et poèmes d'auteurs révolutionnaires de tous les pays.

On rencontre enfin dans *Commune* cette sorte de vulgarisation du marxisme vulgaire en matière artistique dont Jean Fréville était le spécialiste. En 1936 une rubrique de «théorie», «À la lumière du marxisme» est confiée à Henri Wallon. Un article sur Engels et la poésie, signé d'un certain «G. Lukas» doit être attribué à Georg Lukàcs[22]. *Commune* publie en 1934 de larges extraits des actes du fameux Congrès de

([22]) Déc. 1935.

Moscou, le «Premier Congrès des écrivains soviétiques». La revue publie intégralement les rapports et discours de Radek, de Gorki, de Boukharine et des extraits de nombreux autres. En 1935, elle couvre le Congrès international pour la défense de la culture qui s'est tenu à la Mutualité en juin[23].

En 1937, *Commune,* dans un virage brillamment négocié par Aragon, retrouve soudain, en même temps que le P.C.F., «le sens admirable du mot *France*»[24] et en 1938 Aragon qui a mérité le premier rang dans le concours de docilité et d'orthodoxie, est promu co-directeur avec Romain Rolland.

Comme ce fut le cas de toute la presse communiste, la revue cesse de paraître, interdite par le gouvernement français après la signature du Pacte germano-soviétique, avec le numéro de septembre 1939 — après avoir vomi toute l'année trente-neuf la lâcheté de Munich. *Les Lettres françaises* succéderont pendant l'occupation à *Commune.* Après 1944, c'est un personnel complètement renouvelé, à l'exception d'Aragon et d'André Wurmser (qui avait collaboré à *L'Humanité* et à *Russie d'aujourd'hui*), qui s'occupe des lettres pour le compte du Parti: les «permanents» du front littéraire ont alors nom Jérome Kanapa, Pierre Daix, Annie Besse [Kriegel], Victor Leduc et Roger Garaudy.

Autres revues culturelles communistes

Outre quelques revues dont la vie fut courte (*Inquisitions* par exemple aurait dû être une revue théorique de «Front

(23) Numéros de juillet et d'août. On y trouve notamment (juillet) le discours de Crevel qui s'est suicidé la veille du congrès. On trouvera dans ma bibliographie une étude consacrée à *Commune*, celle de W. Klein; parue en 1970 à Berlin-Est, cette étude écrite sous l'hégémonie d'un État communiste a ses limites et ses œillères.

(24) Aragon, août 1937, 1418.

populaire», mais elle n'eut qu'un numéro), le parti dispose dans les années trente de plusieurs publications qui comportent un volet ou une page littéraires. Certaines relèvent de la catégorie des revues de front anti-fasciste et ne se déclarent pas expressément communistes. Ainsi, les *Cahiers de la jeunesse,* dirigés par Durtain et Nizan, étaient conçus comme une tribune des jeunes progressistes. *Front mondial,* confié à Barbusse, était en 1933 l'organe du «Comité mondial de lutte contre la guerre impérialiste». En 1936, *Clarté, nouvelle série,* y fait suite comme la revue du nouveau Comité mondial contre la guerre et le fascisme. *Soutes* de Luc Decaunes publie entre 1935 et 1938 surtout de la poésie et quelques chroniques. Ses membres étaient proches du P.C.F., mais la revue de Decaunes n'était pas une publication du parti; c'était une opération indépendante, de poètes plus que de prosateurs, peu emballés par la doctrine réaliste-socialiste par exemple. Il faut surtout mentionner du côté de la diffusion populaire du jugement littéraire orthodoxe, *Regards* qui était le périodique illustré du Parti et était dirigé par Pierre Unik.

D'autres revues, internes au P.C.F., présentent un intérêt du point de vue qui est le mien: *L'Avant-garde,* organe de la Fédération des Jeunesses communistes, les *Cahiers du bolchevisme, organe théorique du Parti communiste français S.F.I.C.,* revue d'éducation militante qui comporte quelques articles sur la littérature révolutionnaire et, dans le même secteur de formation théorique de base, les *Cahiers de contre-enseignement prolétarien, Lectures prolétariennes, Publications de l'Institut supérieur ouvrier, Les Dossiers de l'agitateur.*

Enfin, des publications philosophiques et culturelles, comme la *Revue marxiste* (née en 1929, qui comprenait des articles de Rappoport, Friedmann, Nizan, Bruhat et faisait suite à *Philosophies* et à *Clarté*), approuvées par le Parti, ont pu comporter des articles sur la littérature.

Les revues soviétiques de langue française

Littérature internationale était l'organe en langue française de l'Union internationale des écrivains révolutionnaires, basée à Moscou. Il y a eu aussi des éditions anglaise, allemande, russe et chinoise de ce magazine. «Seule revue internationale de littérature révolutionnaire et prolétarienne, organe de la pensée révolutionnaire militante, donnant une abondante documentation marxiste sur la culture des pays d'Occident et d'Orient», *L.I.* paraissait six fois par an, rédigée par des Soviétiques et des kominterniens de Moscou avec quelques articles signés de «grands noms» du monde communiste ou du monde progressiste bourgeois, M. Gorki, Ch. Vildrac, R. Rolland, toujours mis à contribution et le seul qui jusqu'au bout (jusqu'en 1939) apparaîtra «sûr», André Gide, le temps d'une illusion, R. de Valle Inclàn, Sherwood Anderson, Langston Hughes, John Dos Passos — et «Lou-Sine» [LuXun], «Mao Toune» [MaoDun]... On notera que les collaborations non-russes disparaissent à peu près après 1936.

S. Dinamov est le rédacteur en chef de *L.I.* en 1933 et Paul Vaillant-Couturier, le directeur de l'édition française. On y rencontre surtout des textes illustrant les «progrès» des littératures soviétique et prolétarienne-révolutionnaire. Aragon y publie des fragments de «Hourra l'Oural!» et Cholokhov de «bonnes pages» de *Terres défrichées*[25], Aragon et Triolet y traduisent Maïakovski. En 1935 encore, on y publie une nouvelle, ce sera la dernière qui paraîtra, de Boris Pilniak[26]. Des critiques passablement inconnus (à l'exception de Lounatcharski qui y donne de longs articles jusqu'en 1938, de N. Boukharine, — aux débuts de la revue bien entendu, —

(25) Dans le num. 4 de 1933.

(26) Avec un texte, «La naissance de l'homme», dans # 1: 1935.

de M. Lifshitz[27] et de G. Lukàcs[28]) y produisent des pages théoriques traduites en un français biscornu, où s'oppose une «science littéraire bourgeoise», dévaluée, à une science littéraire épanouie à la lumière du marxisme[29].

La théorie littéraire est inséparable de l'inculcation de jugements politiques sectaires en forme d'analyse de classe: «Trotsky est un radical petit-bourgeois chez qui la phraséologie gauchiste couvre un fond opportuniste social-démocrate. Il n'est ni léniniste ni marxiste etc.»[30], juge V. Kirpotine qui prétend démontrer par là l'incompétence du ci-devant chef de l'Armée rouge comme théoricien littéraire. Par contre, Lénine et Staline sont des experts littéraires éminents, toujours au premier rang dans le combat contre les idées bourgeoises et contre les théories gauchistes (celles de la RAPP)[31].

Peu à peu, la critique littéraire de *L.I.* se résorbe tout entière dans le jugement politique et celui-ci dans l'injure ironico-lyrique vinchinskienne: ainsi, Maxence Van der Meersch est à la fois «un modèle pour l'abominable social-fascisme», «un chien de garde du capitalisme» et le type de «l'abomination de la littérature social-démocrate». Et voici l'ironie: «Mais... le chien de garde dénuda trop ses crocs et son œuvre trahit la démagogie social-démocrate.[32]» [?]

On devine combien chaque contribution, chaque ligne de chaque contribution ont été pesées avec prudence et sens politique. Partant sur des positions proches de celles de la RAPP en 1933, la revue devient un simple instrument de propagande d'État et la prédication stalinienne y donne bientôt

([27]) «Marx et l'esthétique», # 2-3: 1933.

([28]) «Le roman et l'épopée», # 2: 1936.

([29]) S. Dinamov, # 2-3: 1933.

([30]) # 2-3: 1933, 212.

([31]) Voir sur l'évocation de Staline en matière littéraire, l'article d'A. Deborine, # 3: 1936, 58.

([32]) Anasssimov, 2: 1934, 159-60.

à fond avec des choses effrayantes de rigidité et de conformisme. Tout le numéro *V* de 1933 est ainsi consacré au *Bielomorstroï,* avec un article de tête de Maksim Gorki, «Le Canal Staline reliant la mer Blanche à la mer Baltique: Éduquer par la vérité». C'est de l'indication politique procurée par ce numéro que part la reprise glorificatrice par les littérateurs progressistes du monde entier, Aragon au premier rang, de cette «réalisation» soviétique édifiante. À partir de 1935, les Assassins de Kirov (puis ceux de Gorki qui sera victime lui aussi, comme on sait, de l'«ignoble complot fasciste»[33]) et la Bande zinoviévo-trotskyste et autre «ramassis de félons et de traîtres abjects»[34] occupent une place dominante. Cette place est censée montrer que la littérature est au service des «luttes» révolutionnaires mondiales. «Mort aux ennemis du peuple! Mort au trotskysme! Mort au fascisme! Mort aux assassins de Maxime Gorki!»: tel devient l'*explicit* attendu des comptes rendus littéraires[35].

Littérature internationale a permis aux critiques français qui, comme Paul Nizan (en séjour d'un an à Moscou en 1934, il fut responsable de la mise au point de plusieurs numéros de *L.I.*) et Aragon y ont contribué occasionnellement, de comprendre quelles thèses et quel style faisaient le critique révolutionnaire tel qu'on le voulait à Moscou. Ils ont adapté, nuancé et délayé un peu — avec quelque mauvaise conscience on veut croire — cette critique brutalement «politique» pour se faire entendre de leur public de petits bourgeois progressistes français. C'est avec la collaboration de Paul Nizan d'ailleurs, que l'A.E.A.R. française, coupable d'opportunisme et de préchi-précha esthétique, se voit servir de Moscou dans les pages de *L.I.* une mise en demeure des plus ferme: «L'A.E.A.R. doit engager à fond une lutte théorique

(33) 8: 1938, 7.

(34) Auxquels est consacrés le # 3: 1938 p. ex.

(35) 3: 1938, 110.

[...], lutter [...], démasquer [...], entreprendre une critique impitoyable [....], achever la défaite [etc ...] Elle ne doit admettre aucune lâcheté théorique, aucune tendance conciliatrice»[36]. Quand on étudie la critique ASDLR d'Europe occidentale, on perçoit que ce fut une critique qui s'est cru en effet obligée, avec malaise ou avec roublardise, à des accommodements, des subtilités et des conciliations et qui a cru possible de faire plus fin que la critique à l'emporte-pièce dont les camarades de Moscou dans les pages de *Littérature internationale* leur imposaient le «pur» modèle.

Deux autres revues ont paru dans les années trente en français à Moscou, elles étaient tout à fait analogues par les thèmes, le ton et l'évolution. *Théâtre international* était l'organe de l'association cadette et contigüe, l'«Union internationale du théâtre révolutionnaire». V. Meyerhold et G. Lukàcs y collaborent. Quant à *V.O.K.S.*, revue «des relations culturelles entre l'U.R.S.S. et l'étranger», organe de la «Société pour les relations culturelles», elle se concentrait sur la diffusion de la littérature soviétique; elle fournit aussi d'abondants exemples de critique marxiste stalinienne.

Les revues des compagnons de route

Autour du petit noyau des critiques ASDLR, des critiques de «ligne» communiste proprement dits, on rencontre un *deuxième cercle* formé de critiques d'extrême gauche qui ont tenu à conserver leur autonomie tout en donnant des gages à la vision communiste du monde et en se laissant souvent impressionner par elle et par les reproches que les critiques du Parti inlassablement leur assénaient tout en les ménageant.

(36) Ce fameux texte signé de Nizan, B. Illès et S. Ludkowicz conclut benoîtement: «Une grande souplesse doit présider à ces diverses activités»! # 3: 1934, 121-.

Dans ce deuxième cercle, figurent par exemple des intellectuels comme André Chamson, Jean-Richard Bloch (lequel au cours des années deviendra un simple «sous-marin» du Parti), Julien Benda, Louis Martin-Chauffier, Jean Guéhenno, l'auteur de *Caliban parle* (1928), et quelques autres. La plupart comme Jean Guéhenno, fils d'ouvrier et essayiste de gauche, non seulement n'étaient pas communistes, mais il était évident qu'ils ne le deviendraient jamais. Les critiques ASDLR les ont perçus comme des alliés occasionnels, *utiles* dans une perspective de coalition et d'ouverture anti-fascistes, mais très peu sûrs, indécrottables de préjugés bourgeois, d'esthétisme et de libéralisme. Gens dont beaucoup passaient pour de grands esprits ou de grandes consciences, mais dont les idées littéraires leur semblaient confuses et éclectiques et — ceci prouvait que les choses allaient ensemble — qui étaient très douteux et confus, très peu sûrs **aussi** sur le plan politique avec leurs objections «sentimentales» sur les Procès de Moscou, avec leur amour conditionnel de l'U.R.S.S., empêtré de réserves et de scrupules: «Assez de sang! Pour la grandeur même de la république soviétique!» avait crié Guéhenno, tourmenté par les Procès, dans *Vendredi* (dans un texte fameux du 5 février 1937, p. 1). Cette capacité de se laisser séduire par la propagande troskysto-fasciste allait pour les communistes tout d'un tenant avec des opinions littéraires équivoques et réticentes au dogme.

La principale revue littéraire tenue par des «compagnons de route» a été *Europe,* née en 1923. *Europe* est la seule revue de la mouvance communisante qui survivra à la guerre mondiale. Ce sera une revue qui se consacrera à faire connaître la «grande littérature humaniste européenne» et internationale, en haine des ignorances et des préjugés dont, pour beaucoup d'intellectuels proches de Romain Rolland, était sortie la guerre de 1914. Nul besoin de rappeler le prestige littéraire et extra-littéraire mondial du pacifiste Romain Rolland après 1914, Rolland dont le ralliement au camp bolchevik fut indéfectible et s'exprima dans de nombreux livres et brochures. Politiquement, *Europe* sera pour la paix, pour «la défense de la culture», pour l'U.R.S.S. certes, mais ceci par humanisme cosmopolite et en gardant (ou en croyant du moins garder) son franc-parler. Elle sera contre l'impérialisme et le fascisme, du côté de «ceux qui pensent et vivent la révolution», mais elle demeurera ceci à sa façon — c'est à dire avec indépendance et sans exclusives face à tous ceux qui lui semblaient des «hommes de bonne volonté» gardant le cap de l'humanisme en ces temps obscurs. Romain Rolland, Jean Guéhenno, Jean-Richard Bloch, Eugène Dabit, Luc Durtain, Emmanuel Berl, Philippe Soupault y ont collaboré activement. La critique qui s'y exprime ne porte guère, au début en tout cas, la marque de ce que je caractériserai comme la critique ASDLR: beaucoup plus éclectique et moins dogmatique, visant expressément une ouverture sur un «humanisme de gauche» large (le mot-clé des chroniqueurs d'*Europe,* c'est «l'humain»), *Europe* permet par là même de mesurer la diffusion de certains présupposés, critères de jugement et thèmes qui ont pu paraître nécessaires, au-delà du P.C.F. et en dehors de ses consignes, pour soutenir une position anti-bourgeoise d'extrême gauche dans les lettres.

Selon les époques, le P.C.F. a toléré l'éclectisme d'*Europe* tandis qu'à d'autres moments il a voulu reprendre en main cette revue légitimée par Romain Rolland, mais accueillante à des points de vue suspects. La grande reprise en main eut lieu en 1936: depuis longtemps la direction «bourgeoise» de Jean Guéhenno, la tolérance du directeur effectif à des collaborations hétérodoxes, allant jusqu'aux «planistes» et aux «troisième voie», à de libres opinions jugées anti-communistes, exaspéraient le Parti. À l'hiver 1936, «Les Amis d'*Europe*» — c'est à dire l'association de soutien qui était contrôlée par le Parti — s'emparent au cours d'un vrai putsch de la revue, en chassent Guéhenno et placent Jean-Richard Bloch, flanqué d'une équipe sensiblement plus militante et plus proche du P.C.F., à la tête d'une publication qui jouait un rôle jugé important sur le «front» culturel. Bloch, «compagnon de route» idéalement sûr, rejoindra d'ailleurs le P.C.F. au congrès d'Arles en 1937. C'est lui aussi qui, en 1938, lancera le quotidien *Ce Soir* avec Aragon. Jean Cassou est nommé rédacteur en chef; Cassou est alors communiste, il rompra avec le Parti lors du Pacte germano-soviétique. À partir de cette date, et tout en maintenant une façade de rassemblement progressiste et «populaire», *Europe* devient une revue communiste *in partibus infidelium* et une partie de la critique qui s'y exprime figure de plein droit dans mon corpus.

L'autre grande publication culturelle des compagnons de route fut l'hebdomadaire *Vendredi* né en novembre 1935. Dirigé par André Chamson, Jean Guéhenno et Andrée Viollis, rédigé exclusivement par des écrivains, ce qui faisait son originalité, assuré des collaborations prestigieuses de Gide, de Rolland, de Benda, *Vendredi* fut un journal important, qui garda toute son indépendance et dont les communistes d'ailleurs se méfiaient aussi à proportion de son peu de foi dans la version officielle des Procès de Moscou. *Vendredi* sera l'organe par excellence de la «mystique» du Front populaire. Du groupe fondateur, seul Nizan — décidément omniprésent — était communiste[37]. Dans la revue, les chroniques de Pierre Abraham («Le Chantier des lettres») et celles de Nizan relèvent de cette critique ASDLR que je cherche à analyser.

Vendredi fut un journal dont les déchirements internes reflètent avec intensité toutes les contradictions de l'époque

(37) Cependant André Wurmser y débute avec ses «billets» satiriques. Henriette Nizan tient dans *Vendredi* la page féminine — nouveauté de l'époque.

— celles, particulièrement, d'une gauche sympathique à l'U.R.S.S., mais suspicieuse à l'égard du stalinisme, et d'une gauche en principe pacifiste, mais qui sera totalement déchirée au moment de Munich.

Le 6 novembre 1936, *Vendredi,* non sans débats internes, choisit de publier les «bonnes pages» du *Retour de l'URSS* de Gide, s'attendant évidemment aux attaques communistes qui suivront. Malraux y publie des pages de *L'Espoir* en novembre 1937, mais ceci ne saurait compenser cela aux yeux des communistes, d'autant que la revue — sans aller jusqu'au bout de son persistant «malaise» — se déclare de plus en plus douloureusement «inquiétée» par les Procès de Moscou. Jean Guéhenno, homme *accablé* par le cours qu'a pris l'histoire et peu confiant de nature dans les dogmatismes de l'espérance, ce prolétaire «authentique» et écrivain reconnu (ailleurs qu'au P.C.F., mais par les critiques du P.C.F. aussi) incarne bien l'attitude de *Vendredi.* La dernière crise, celle de Munich, fait éclater la rédaction qui se saborde en novembre 1938.

D'autres publications ont figuré dans la presse du Front populaire, mais ces revues sont déjà loin de mon domaine d'analyse: rien des thèses et de la phraséologie communistes ne s'y retrouve. *Marianne,* «Grand hebdomadaire littéraire illustré» fondé en octobre 1932 par Gaston Gallimard et dirigé par Emmanuel Berl qui avait collaboré à *Monde,* est un journal de gauche à succès, avec son «billet» d'Alain, ses dessins de Jean Effel, ses chroniques de Berl et de Ramon Fernandez. Berl se retire de *Marianne* en 1937 et le journal devient de plus en plus «centre gauche» sinon même dépolitisé.

On peut aussi consulter une presse culturelle de la S.F.I.O., social-démocrate, par exemple la partie littéraire de la *Nouvelle Revue socialiste*: ici encore, on se trouve dans un autre univers, que les communistes jugeaient éclectique et dépourvu de «position de classe», indulgent à tous les prétendus «talents».

L'opposition de gauche dans les lettres

L'étude des revues et publications oppositionnelles présente cet intérêt que, confrontées à la critique littéraire communiste, elles permettent de voir à la fois ce qui forme un *socle* d'idées communes aux «révolutionnaires» sur ce que peut faire et doit être la littérature et, *a contrario*, sur ce qui était néanmoins intolérable aux esprits non asservis aux thèses staliniennes. Il ne s'agit en effet pas dans ce livre d'appliquer l'anachronisme éthique à la mode qui consiste à reprocher aux intellectuels des années trente ce que sont censés avoir compris, survolés par la chouette crépusculaire, les intellectuels des années quatre-vingt-dix. Il s'agit de montrer les antagonismes de perspective, les marges de jugement dans une «synchronie», dans une conjoncture déterminée et face à un futur insondable.

Je ne m'occupe pas dans ce livre d'un autre secteur où des perspectives originales sur la littérature furent ébauchées, celui des revues ni-droite-ni-gauche, — personnalistes comme *Esprit* de Mounier, «nouvelles-équipes», «néos», planistes et «troisième-force» (*L'Homme nouveau, L'Homme réel, La Lutte des jeunes, La Flèche, Front commun, Révolution constructrice, L'Ordre nouveau*) qui se sont multipliées alors et qui sont étudiées par Pierre Andreu dans *Révoltes de l'esprit: les revues des années trente.* On signalerait par exemple comme originale la critique planiste-moderniste du cinéma et des lettres qui s'exprime dans *Plans.*

L'opposition de gauche dans les lettres, pour y revenir, était constituée par trois ensembles distincts: les surréalistes, les «écrivains prolétariens» et les publications oppositionnelles proprement dites (je ne retiens que celles qui avaient une composante littéraire).

Des surréalistes, de leur évolution dans les années trente et des *Positions politiques du surréalisme* (selon le titre d'une brochure fameuse d'André Breton en 1935), il n'est sans doute pas nécessaire de rappeler grand chose: les recherches abondent. Le Congrès de Kharkov va condamner les surréalistes — depuis toujours inintelligibles aux communistes, incontrôlables et exaspérants — avec l'approbation tacite d'Aragon qui va finalement se désolidariser publiquement de ses amis dans une note à *L'Humanité* du 10 mars 1932. Les surréalistes, y apprend-on, sont «objectivement contre-révolutionnaire[s]». Les sympathisants communistes quittent un à un le bateau surréaliste en 1932 — non seulement Aragon, mais aussi peu après lui, Maxime Alexandre, Georges Sadoul, Pierre Unik qui se retrouveront tous enrôlés dans les rangs de la critique ASDLR et, à l'instar d'Aragon, se «rééduqueront» radicalement en vue de cette tâche. Du même coup, Breton, Éluard, René Crevel (qui rejoindra finalement les rangs communistes, mais se suicidera à l'issue du Congrès de 1935) sont exclus de l'A.E.A.R. en 1933. À partir de 1932, l'écart ne cesse de se creuser, *Commune* attaque *Le surréalisme au service de la Révolution* tant pour son esthétisme «contre-révolutionnaire» que pour les «grossières injures à l'égard de l'Union soviétique»[38] que contient la revue de Breton, lequel a le tort d'être de plus en plus proche de Trotsky.

Si les surréalistes et les revues qui naissent dans la mouvance du mouvement, — comme *Bifur*, *Le Grand Jeu*, *Minotaure*, *Acéphale* — prétendent maintenir un lien entre révolution esthétique et révolution sociale, leurs présupposés et leur vision du monde cessent d'être co-intelligibles (elles

(38) *Commune*, déc. 1934, 358.

deviennent, pour transposer Ernst Bloch, *ungleichzeitig*, non-contemporaines idéologiquement parlant) non seulement avec la «ligne stalinienne», mais avec tous les présupposés d'un «art social» qui ont émané du mouvement ouvrier depuis le siècle passé.

Au contraire, le «Groupe des écrivains prolétariens», réuni autour du romancier Henry Poulaille, proche politiquement de Valois et de *Nouvel Âge* — c'est-à-dire doublement détestable aux communistes pour sa conception d'une stricte «littérature prolétarienne» d'origine et d'inspiration et pour ses sympathies à l'égard d'un mouvement jugé «fasciste» — ce groupe ne cesse de se poser comme le critique direct des thèses communistes et de disputer au Parti les écrivains «du peuple» qui ont quelque succès. Poulaille, inlassable, lance une série de revues qui meurent rapidement: *Nouvel Âge* (1931), *Crise* (1931), le *Bulletin des écrivains prolétariens* (1932), *Prolétariat* (1933), *À contre courant* (1935), *Jean-Jacques* (1937-1939), *L'Équipe* (1939) (v. au chapitre IV.) Proche de Poulaille, on trouve le doctrinaire de la «culture prolétarienne», Marcel Martinet, formé dans la tradition syndicaliste-révolutionnaire et à qui la doctrine littéraire des communistes orthodoxes répugne aussi profondément: «une telle conception [...] est monstrueuse [...] criminelle, stupide, antiprolétarienne et contre-révolutionnaire»[39]!

On rencontre aussi d'autres publications d'oppositionnels qui cherchent avec une certaine indépendance d'esprit à trouver des issues aux dilemmes de la culture, de l'«éducation prolétarienne» et d'un art au service des masses. Ce sont: *Lettres prolétariennes* du souvarinien Alfred Rosmer, *Les Humbles* de Marcel Wullens, pacifiste, zimmerwaldien, syndicaliste et antisoviétique, *Les Primaires* puis *La Fenêtre ouverte* de Régis Messac qui va introduire en France la «science-fiction» des

(39) Martinet, *Culture*, 49.

pulp magazines U.S. comme littérature populaire de conjecture rationnelle.

Les trotskystes ne sont pas sur des positions identiques à ces petits groupes, ils défendent des idées de nature «léniniste» en matière culturelle, mais ils partagent avec eux une même critique radicale des doctrines staliniennes. Le grand «non-événement» de l'entre-deux-guerres littéraire a été le fait que *Littérature et révolution* de Trotsky n'a été ni traduit ni connu en France (l'ouvrage ne sera traduit par les soins de Maurice Nadeau qu'en 1964). Par contre, un livre qui porte le même titre, celui de Victor Serge, sera publié chez Valois en 1932: bien que défavorable au *Proletkult* et, par transposition, à une certaine conception de la «littérature prolétarienne» qui était celle de Valois, Victor Serge lançait une charge à fond de train contre la stérilité et le dogmatisme croissants en U.R.S.S. Il critiquait le caractère simpliste et anti-esthétique des directives littéraires d'en haut: «tout est donné à l'avance, d'où le résultat désastreux»[40]. Il concluait, sans voir que l'orthodoxie allait encore s'étendre à d'autres secteurs et se bétonner: «Peut-on demander à la littérature une orthodoxie idéologique impossible dans les domaines scientifique et politique?» Victor Serge prédisait ce que réservait l'avenir littéraire dans l'U.R.S.S. de Staline: «plus que les erreurs d'idéologie, il faut craindre la stérilité. Notre intransigeance de pensée ne peut vaincre que dans la lutte: pas dans le vide». Il réclamait, de façon chimérique, une littérature libre en U.R.S.S. jouant pleinement son rôle critique à l'intérieur de la révolution; autrement, affirmait-il, «le risque (...) du bourrage de crâne involontaire et de la création d'un conformisme révolutionnaire, aussi conventionnel et mensonger que tout autre»[41] lui paraissait fatal et mortel.

(40) Serge, *Littérature,* 59. (Republ. 1976).

(41) Serge, *Littérature,* 66.

Il y eut une production critique de coloration «trotskyste» en France, non de la part des surréalistes qui n'ont rien de proprement trotskyste sinon le penchant (par contresens) pour les révolutions permanentes, mais de la part de gens venus de *Clarté* et passés dans l'opposition comme Claude Naville (frère de Pierre Naville), auteur d'une étude polémique, *André Gide et le communisme*. En réalité, mais ce n'est pas l'objet de ce livre (quoique je sois sensible à l'intérêt heuristique qu'il y a d'explorer, dans un système culturel, les dissidences et les «marges»), il y a eu dans les années trente non seulement une vaste presse «non-conformiste», de «troisième voie», cette presse étant souvent entraînée dans une inquiétante logique «ni droite ni gauche» (je n'en traite pas ici, je l'ai dit), mais une foisonnante presse d'extrême gauche antistalinienne, intéressée à débattre de questions de littérature et de culture. À côté des «prolétariens» et des trotskystes, il faut ajouter certaines rubriques de revues comme *Masses* autour du luxemburgiste R. Lefeuvre (Michel Leiris y collabora), *Révolution*, publication de tendance «Unité ouvrière» où collabora David Rousset, *La Gauche révolutionnaire*, pivertiste (restée dans la S.F.I.O., mais sympathique à *Masses* et à *Spartacus*), *Révolte*, *Spartacus*, dirigé aussi par René Lefeuvre, revue à laquelle collabora Marcel Martinet, et où l'on rencontre les signatures de Magdeleine Paz, de Michel Leiris, d'Henry Poulaille. Parmi les revues où l'élément littéraire était dominant (car il faudrait autrement mentionner toute la presse oppositionnelle — *Que faire?*, *La révolution prolétarienne*, *Combat syndical*), il y eut encore *Camarades* et *Prémices*, deux revues d'écrivains ouvriers, vigoureusement antistaliniennes.

On ne peut négliger enfin la presse des anarchistes qui, dès l'aube du stalinisme, se sont mis à redouter chez les bolcheviks «autoritaires» la création d'une «littérature dirigée» et qui la voient s'établir, sous sa forme la plus hideuse, «au Pays du fascisme rouge» — car chez les libertaires, on a le mérite d'imprimer sans euphémismes ni prudences les choses comme on les comprend. Le compte rendu que *Le Libertaire* donne du Congrès de Moscou de 1934 peut être mentionné: il montre que certaines erreurs ne sont pas fatales et qu'il est possible de juger à chaud. Le fascisme soviétique a choisi, conclut-on dans *Le Libertaire*, d'«adopter un art utilitaire» où «le livre sera l'exaltation lyrique d'une mystique à laquelle est sacrifié l'individu»[42].

La critique sociale de Boris Souvarine, qui se sous-titrait «revue des idées et des livres» et qui était, certes, une revue d'analyse de l'U.R.S.S. et de l'État bureaucratique *dit* soviétique, publiée chez le sorélien Marcel Rivière — revue oppositionnelle parmi les oppositionnels qui trouvaient souvent que Souvarine peignait malgré tout l'U.R.S.S. trop noire — a été aussi, et pour une large part, une revue de critique littéraire et philosophique à laquelle ont collaboré Georges Bataille, Raymond Queneau, Jacques Baron et aussi Pierre Bénichou qui collaborait également à *Masses*. Ce qui s'y exprime est une *autre* critique révolutionnaire sans dogmatisme ni incuriosité, ni insensibilité aux esthétiques modernistes[43].

Remerciements

Je remercie cordialement les assistants qui, par de la bibliographie et des dépouillements de textes, ont travaillé à

(42) *Libertaire*, 1er mars 1935, 2.

(43) Il faut enfin signaler comme riche d'idées et de débats la revue bruxelloise *Documents* qui parvient encore en 1933-1935, à rassembler des communistes, des surréalistes et des «oppositionnels». *Documents* s'intéresse à Lacan, admire Kafka (*Le Procès* est publié par la NRF en 1934), fait une large place au cinéma et donne un rare exemple de liberté d'esprit.

différents moments à cette recherche avec moi. Ce sont Mme Mirela Saim, MM. Christopher Park, Robert F. Barsky et Gilles McMillan.

Je remercie aussi le Fonds FCAR de la Province de Québec qui m'a permis de travailler à cet ouvrage et à des recherches connexes dans le cadre d'une équipe de chercheurs sur «Le discours social des années trente». Ma recherche s'est développée dans le prolongement de travaux antérieurs sur l'histoire de la propagande socialiste, subventionnés par le Conseil de recherche en sciences humaines du Canada et par la Fondation Killam du Conseil des arts du Canada.

II

LA VISION COMMUNISTE DU MONDE

Le camp de la civilisation et celui du fascisme

Les présupposés fondamentaux de la critique ASDLR ne sont pas de nature «esthétique», ils informent une vision du monde, logiquement antérieure à tout jugement littéraire. Il me semble attesté, comme l'auraient soutenu les critiques ASDLR eux-mêmes, que tout commentaire sur la littérature comporte un jugement préalable sur le monde et sur le cours de l'histoire. Le jugement esthétique *transpose* une vision du monde, qu'il l'objective ou qu'il la dissimule. La critique ASDLR, qui fait peser son soupçon radical sur les esthétiques «pures», *explicite* les certitudes qu'elle entretient sur le *sens* de la conjoncture. Si cette critique juge en blanc et en noir, si pour elle les styles et les thèmes se «rangent» automatiquement en deux camps, c'est que le monde en est venu à cette étape que d'autres qu'eux diraient manichéenne, d'une «lutte finale qui met aux prises l'ordre ancien avec l'ordre nouveau»[1]. C'est une conjoncture subjectivement obscurcie par l'«effondrement» de l'ancien monde, par «l'écroulement social», «l'agonie du capitalisme», la «décomposition de la société bourgeoise», conjoncture «dont l'obscurité redoutable provoque tant de désarroi dans les esprits»[2], — mais cette obscurité-là n'est que celle de la confusion où se débat l'écrivain petit-bourgeois. L'intellectuel militant, lui, *sait*: il illumine l'obscurité des temps de la clarté d'une

(1) Barbusse, *Monde*, 5.9.1935, 9.
(2) *Vendredi*, 25.9.1936, 1.

immense certitude. Elle lui montre que *tout se joue* en ces années trente: «le sort de l'humanité tout entière est maintenant lié au destin de la révolution prolétarienne et à la construction du socialisme»[3]. La révolution est en marche, elle est fatale et imminente: certitude eschatologique qui relève d'une *foi* dans l'histoire — cette «confiance» historique forme l'axiome, indémontrable et évident, sur lequel tout repose, la vision du monde et l'image de soi comme l'herméneutique littéraire: «Nous faisons confiance au prolétariat parce que nous faisons confiance à l'histoire.»[4] C'est de cette double «confiance» qu'il faut partir et toute la logique de cette époque qui pour le communiste «s'incarne dans Lénine» (et, ajoutera-t-on bientôt mécaniquement, «son plus proche disciple, Staline»[4]) devient *claire*.

La production littéraire se clarifie aussi de part en part: elle «se range» d'elle-même, elle choisit son «camp», selon qu'elle accepte ou refuse cette lumière du sens de l'histoire. Le jugement intellectuel ou littéraire est simplifié dans une époque où tout s'est polarisé. En des circonstances d'ailleurs où tout va se décider sous *urgence*, sous la menace d'un capitalisme fascisant qui «s'affole», la critique aussi se considère en état d'urgence et elle justifie, s'il le faut, par l'urgence du combat le mépris des coupables tolérances aux talents hors norme et des délectations hédonistes devant les esthétiques du désarroi et de l'obscurité. De même qu'elle va démontrer *par la Guerre d'Espagne* que *Retour de l'URSS* est un mauvais livre, et mensonger. Si *tout se joue*, la critique ASDLR peut exiger que l'écriture littéraire aussi *puisse quelque chose* dans ce combat ultime contre le «fascisme» et, quand le texte, trop polysémique, n'est pas encore devenu un simple instrument mobilisateur en vue de la lutte, il appartient au moins à cette

(3) *Monde*, 5.12.1931, 3.

(4) Barbusse, *Monde*, 20.1.1934, 5.

critique d'en «dégager» à la place de l'auteur des enseignements univoques et d'en clarifier la «portée». La critique ASDLR ne veut pas assimiler la littérature à de la propagande, du moins le redit-elle fréquemment, mais en faisant l'exégèse des images, en débrouillant les multiples sens, en montrant la «portée» des intrigues, en jugeant de l'appartenance «de classe» des personnages de fiction et de leur conformité à la vision «matérialiste» du monde, en souhaitant que l'auteur «progresse» dans son prochain roman, c'est-à-dire qu'il rallie plus explicitement le «bon camp», elle traite le texte littéraire comme quelque chose dont il faut *pour l'apprécier,* éliminer les ambiguïtés et traduire de façon univoque les figures et les situations.

«Communisme et fascisme, tôt ou tard il n'y aura pas d'autre choix»[5]. Tôt ou tard? Non: dès aujourd'hui. Le monde se partage en deux au moment de la lutte finale. À chaque individu, à chaque pensée, à chaque image, on peut demander: es-tu «avec le fascisme ou avec le peuple»?[6] Du côté des opprimés ou du côté des oppresseurs? C'est un face à face: «face à face ceux qui ont tort et ceux qui ont raison»[7]. L'écrivain militant (et le propos qui précède est bel et bien de Gide) se félicite de cette *simplification* que, pour une part déterminante, la Révolution d'Octobre a apportée. La «réalité» soviétique que cette révolution a engendrée, éclaire la «grande lutte qui divise les hommes en deux parties antagonistes [...] — les exploités et les exploiteurs»[8]. Il ne faut pas avoir peur des mots, il ne faut pas se donner le ridicule de discuter, de nuancer cette évidence: il faut une fois pour toutes dépouiller le vieil homme avec son respect humain et ses doutes. Face aux ricaneurs, il faut le confesser puisque

(5) *Commune,* nov. 1933, 275.

(6) *Commune,* 1934, 930.

(7) Barbusse, *Monde,* 5.9.1935, 10.

(8) Gide, «Barbusse», *Monde,* 12.9.1935.

cela est: «la vérité est dans Marx, tout ce qui est antimarxiste est faux»[9]; «la calomnie est à droite, la vérité est à gauche»; d'un côté le pouvoir bourgeois et son anti-humanisme natif, de l'autre «l'humanisme prolétarien de Marx, de Lénine, de Staline, vraiment humain, fondé sur l'histoire de la science»[10]. S'il est un dur travail qu'accomplit l'intellectuel militant sur lui-même, c'est celui qui lui permet de dire, d'écrire ces choses-là sans barguigner, sans redouter l'ironie de ceux de «sa classe». De le dire et d'y croire: que l'humanisme est dans un seul camp, et «la vérité», et la «culture», et le «progrès humain»... Que seul le socialisme peut encore faire s'épanouir l'art, qu'il n'est d'art, de littérature possibles que dans le camp de Marx-Lénine-Staline. Qui dira que l'art puisse subsister dans l'autre camp que gère le Dr Gœbbels?[11] Le critique ASDLR rompt vraiment avec sa classe, avec son «éducation» en confessant avoir rallié le camp de la vertu et de la vérité, ce que, dans la phraséologie du temps, on désigne comme le camp de l'«humain». Tant que par fausse honte, il refuse de jouer le sergent-recruteur et le frère-prêcheur du nouvel humanisme, il n'a pas rompu vraiment avec sa classe, il sait que c'est l'épreuve décisive et que son zèle se juge à ce que les délicatesses bourgeoises vont qualifier de «surenchères».

Deux camps: cela veut dire aussi qu'il n'y a pas de *tierce* option, il n'y a pas de sans-parti: la bataille «sépare strictement les hommes en deux courants: celui qui se cramponne à l'ordre établi, celui qui veut démolir et refaire»[12]. Si vous n'êtes pas avec nous, vous vous rangez du côté du fascisme.

(9) *Soutes*, 1935, 120.

(10) H. Jeanson, *Commune*, 1937, 563.

(11) Cf. «Lettre d'Eisenstein au Dr Goebbels», *Monde*, 13.4.1934, 13. Voir aussi: Staline, *Deux mondes, bilan capitaliste, bilan socialiste*, broch. CDLP, 1934.

(12) Barbusse, *Monde*, 30.1.1932, 5.

L'intellectuel qui parvient à s'exprimer vers 1935 avec cette brutalité a vraiment gagné la bataille contre lui-même. Croire qu'il existe un camp de la démocratie bourgeoise, c'est se leurrer car cette démocratie, purement formelle, est en voie de «fascisation»[13]. Adhérer à la social-démocratie, «appui principal de la bourgeoisie», c'est être sur la pente du fascisme[14]. (Ceci jusqu'à l'adoption de la tactique de «front populaire» en 1935 — ce qui ne veut pas dire qu'on réforme, au fond de soi, le jugement sur l'erreur social-démocrate.) Avouer des sympathies trotskystes, c'est encore courtiser le fascisme. Le manichéisme communiste rejoint spontanément le mot d'ordre de tout militantisme et de toute religiosité: qui n'est pas avec nous est contre nous! D'une certaine manière, cette polarisation s'étend rétroactivement sur tout le passé: l'histoire littéraire jusqu'à nos jours est l'histoire de la lutte littéraire des classes. «À toutes les époques», on peut distinguer deux courants littéraires, l'un au service des opprimés, l'autre incarnant «les aspirations de la classe oppressive»[15].

Il faut ensuite *tirer les conséquences* pratiques de ces «vérités». L'intellectuel petit-bourgeois est celui qui soupçonne certaines choses, mais ne consent jamais «à tirer les conséquences» et dont la prise de conscience indécise ne va pas jusqu'à la vérité pratique. Le critique militant traduit en pratique ses certitudes sur l'histoire: il pose que l'écrivain doit consacrer la substance de son art à la Révolution, «nourrir» son œuvre des luttes présentes, qu'il doit politiquement se «ranger» et qu'il n'a «pas le droit de se tromper»[16]; devant les «grands problèmes» et «dans une société en état de guerre», il échoit à l'écrivain des «tâches» précises et le critique doit exiger qu'il les remplisse. Discuter sur l'art en général ou sur

(13) *Monde*, 31.3.1934, 1.
(14) *Monde*, 6.1.1934, 1.
(15) *Cahiers de contre-enseignement prolét.*, 3: 1932, 14.
(16) Gide, «Testament de Barbusse», *Monde*, 12.9.1935.

des questions stylistiques, c'est, dans Byzance assiégée, discuter du «sexe des anges»! (Cette image et celle de la «Tour d'ivoire» ont inusablement servi). Le critique communiste fait *appel* à l'artiste, mais il se refuse à le supplier, son ralliement serait utile, important pour le camp révolutionnaire, mais c'est surtout pour son œuvre et la survie de celle-ci qu'il lui faut faire son choix. Pour le reste, lui rappelle-t-on rudement, «avec ou sans vous, ce nouveau monde sera»[17]. La victoire du prolétariat communiste est inévitable.

Inversement, s'il faut s'engager, il faut tenir son *pari* (qu'on hésitera à qualifier de pascalien — et pourtant...) jusqu'au bout. Dans une logique antagoniste, fonctionne le *topos* des inséparables: si tu as choisi les valeurs «humaines» et si tu veux comme tout le monde la paix contre la «guerre impérialiste», tu dois rallier le front antifasciste, le parti du prolétariat, la défense de l'URSS, confesser enfin l'humanisme de Staline: tout se superpose, tout s'implique. Le seul fait d'hésiter devant ces enchaînements si «logiques», c'est déserter. *Commune* accompagne d'un commentaire colérique et consterné ces propos d'un Martin du Gard que son esthétique réaliste ne préserve pas des sophismes de sa classe: «Le monde, je le vois bien, se peuple de partisans. Tant pis, je voudrais continuer d'écrire pour ceux que n'a pas encore atteints la contagion des fanatismes.»[18] Sophismes de la tolérance, de la modération, de la neutralité, de l'objectivité: la Révolution «rend aux écrivains, aux artistes, aux savants leur dignité en brisant l'hypocrite esclavage de la neutralité dans l'art et la science»[19], constate Vaillant-Couturier. Je montrerai ailleurs que la doctrine des Deux Sciences, homologue à la doctrine des Deux Littératures, est déjà toute constituée.

([17]) R. Rolland *in* Gorki, *Eux*, 13.
([18]) *Commune*, déc. 1933, 331.
([19]) *Commune*, janv.-févr. 1934, 484.

Quant au critique littéraire, son appréciation des œuvres revient avant tout à les «ranger» elles aussi. L.-D. Udé diagnostique dans *Monde* le cas de «trois groupes» d'écrivains bourgeois: 1. soumis au fascisme, 2. pas encore tout à fait décidés à se soumettre au fascisme, 3. rangés du côté des exploités.[20] Le monde du bien donc, celui du mal et un interrègne confus où persistent dans l'obscurité les sophistes de l'«art pur», de la «disponibilité», ceux de la «cléricature» chère à Benda, du «désarroi» et dont on peut espérer sauver quelques-uns dont les yeux se dessilleront *in extremis* à la lumière de l'Histoire.

Nommer chacun des deux camps, c'est *corréler*, mettre en équation des termes inséparables. Barbusse met expressément un *signe d'égalité* dans une formule: «Capitalisme = égoïsme, nationalisme, anarchie, guerre, auto-destruction»[21]. Tout fait série, c'est ce qui caractérise le *topos* des inséparables: vous avez la faiblesse d'aimer tel et tel écrivain bourgeois, vous vous rangez **donc** avec les «bénéficiaires de l'iniquité sociale», du côté du capitalisme, c'est-à-dire du fascisme, c'est-à-dire que vous acquiescez à la guerre impérialiste. Vous n'avez pas le dégoût entier des mœurs et des lettres bourgeoises, vous reconnaissez **donc** adhérer à «une civilisation qui se fonde sur le carnage, la couardise et la cécité»[22]. C'est tout simple, puisque tout se tient. La littérature bourgeoise est condamnée parce qu'elle est entraînée par la «faillite irrémédiable» de la bourgeoisie elle-même. C'est une littérature agonisante parce qu'elle *reflète* «l'agonie criminelle des classes privilégiées». Son «pessimisme» (il sera essentiel de comprendre ce que les communistes veulent dire par ce reproche) *exprime* «la phase de liquidation», la «phase descendante» de la classe qui l'engendre et qui en apprécie les misérables produits[23].

(20) *Monde*, 7.9.1934, 10.

(21) Barbusse, *Zola*, 289.

(22) Waldo Frank, *Commune*, 1938, VI, 1576.

(23) Bloch, *Naissance d'une culture*, 101.

Inversement — c'est sur ce retournement de preuve que la critique ASDLR fonde son herméneutique — le formalisme, le pessimisme, le nihilisme, le goût du «malsain», le «pansexualisme» de cette littérature reflètent, qu'elle le veuille ou non, la décadence et la pourriture d'une classe condamnée par l'histoire, qui vit, elle et son art, de l'exploitation de l'homme par l'homme. Cette classe mourante dont le fascisme est le dernier, vain mais criminel soubresaut, a produit une littérature *ad hoc*: rien de plus logique[24]. Ce *topos* est aussi vieux que le mouvement ouvrier socialiste, il est présent d'emblée, tout construit, dès les premières brochures des «cercles d'art social» dans les années 1880 et il persiste jusqu'à aujourd'hui (sous des formes édulcorées, parfois méconnaissables) dans la critique censée d'extrême gauche: à classe et société condamnées, littérature pourrie! Une littérature impuissante et laide, obsédée de «coucheries» et pleine de faux idéalisme reflète la mentalité de classe de ces bien-pensants aux abois, dont une topique propre au communisme littéraire des années trente esquisse constamment la caricature, dont elle compose l'*éthopée* c'est à dire le portrait physique comme indice de l'essence morale: une littérature pour repus ventripotents, apoplectiques, pour minces jeunes gens idéalistes, amateurs de monômes et de filles de brasserie, pour bourgeoises adultères et pour grues, «femmes vêtues de soie et de peau de bête»[25]. Une littérature malsaine qui se juge au dégoût *physique et éthique* qu'inspirent les types humains qui sont censés s'en délecter. Le critique ASDLR cultive le pathos de la jeunesse «propre» (songeons à la topique de la pureté chez un Nizan), de la santé «prolétarienne» et de la virilité «militante» pour démontrer son peu de goût pour le nihilisme faisandé — un peu d'attrait qui semble tenir

(24) Tout le livre d'Aron et Dandieu, *Décadence de la France*, 1931, porte sur ce thème.

(25) Hyvernaud, *Monde*, 1.3.1935.

souvent de la dénégation, mais je n'ai pas lieu de développer cela ici.

Dans cette topique des inséparables, une thèse a reçu l'estampille officielle du mouvement communiste au cours des années vingt, elle a formé son sophisme constitutif: le fascisme était le «dernier avatar», l'expression «ultime» (ou «suprême») de la bourgeoisie décadente, le «sursaut hystérique» du capitalisme agonisant, la «tumeur cancéreuse» de la mourante culture bourgeoise[26] et, par transposition en esthétique, la «terreur de masse» des bandes armées, suprême obstacle au triomphe du prolétariat, trouvait sa traduction dans une littérature moderniste qui faisait obstacle au triomphe du réalisme prolétarien. À la «fascisation» de l'État capitaliste, correspondaient, en son secteur propre, des tentatives de «fascisation» de la culture: ces entreprises destructrices parallèles appelaient de la part des intellectuels et artistes vigilants la formation d'un «front commun» antifasciste. Ce front commun qui devait ratisser large, tactiquement, s'ouvrait aux écrivains de bonne volonté «sans exclusive», fermant les yeux sur leurs errements esthétiques en raison de l'urgence. Car le fascisme, ennemi mortel de la culture, gagnait du terrain partout. Le «fascisme» dans ce discours, ce n'est aucunement le régime qui triomphe en Italie, ni celui qui s'installe en Allemagne, c'est cet «avatar suprême» de la décadence bourgeoise, qui métamorphose chaque pays d'Europe, — même la Suisse? Certes: «Comme dans tous les pays capitalistes, la domination bourgeoise s'achemine en Suisse vers les méthodes de répression et de terreur.»[27]

Or, le fascisme, c'est à dire la culture bourgeoise, «c'est la guerre», l'a-t-on assez répété, et l'écrivain qui chérit la paix doit avouer qu'il ne reste de carte à sa classe aux abois que cette guerre que la bourgeoisie fasciste du monde entier se prépare

(26) Gorki, *Culture*, 280.

(27) *Monde*, 13.4.1934, 1.

à livrer à l'U.R.S.S. «La guerre est à droite», titre Jean Guéhenno dans *Vendredi* (numéro 10: 1936). L'écrivain de gauche sait donc quel camp défend la paix, et il reconnaît que le capitalisme porte la guerre «dans ses flancs». Le «fascisme» ainsi conçu est la *preuve* de la haine que, par essence, la bourgeoisie porte et a toujours porté à la vraie culture. Les bourgeois jettent «bas les masques» le jour où leurs séides nazis qui brûlent les livres sur les places publiques mettent la preuve sur la somme. Tout s'emboîte: le fascisme est contre la culture, et la société bourgeoise dans sa vérité révélée, c'est le fascisme. L'intellectuel communiste se flatte que même l'artiste petit-bourgeois, empêtré de fausse conscience et de scrupules, va recevoir cette élémentaire et massive «leçon de l'histoire». Il n'est plus temps, vers 1935, de lui demander de réformer son esthétique étroite et tarabiscotée ou son éthique de classe: qu'il rejoigne tel qu'il est le front culturel antifasciste et on lui ouvrira les bras en s'efforçant après de le rééduquer s'il en est encore temps.

Ici encore, l'herméneutique peut se renverser: l'apparition en France d'une littérature autoproclamée «fasciste» a quelque vertu pédagogique et roborative, elle prouve à sa façon le «stade ultime» qu'aborde l'humanité. À partir de 1935, cela devient un *topos* récurrent des revues communistes que de comparer l'humaniste cinéma soviétique et l'immonde cinéma nazi[28], de contraster le roman communisant, réussite esthétique et politique, et le roman fascisant, échec formel répondant à l'infamie du contenu, confronter la civilisation communiste, ouverte à l'avenir, et la «civilisation» mortifère du fascisme.

Le camp du socialisme

En contraste avec le camp bourgeois-fasciste et sa littérature condamnée, se dresse, du bon côté de l'Histoire, le camp de

(28) Pozner, *Commune*, janv. 1935, 524-5. Sur le même sujet, *L'Humanité*, 6 sept. 1936, 8.

«la Paix, de la Culture et du Socialisme». Topos des inséparables toujours qu'on oppose aux pacifistes philistins et ignares qui prétendraient dissocier le parti de la paix du stalinisme. Romain Rolland le leur précise: il ne s'agit pas même de choses corrélées, il s'agit des «faces diverses d'une même action» qui conjoint la défense de la paix et la défense de l'U.R.S.S[29]. La pensée binaire aboutit à l'*eurêka* des grandes simplifications: le bon camp est, tout d'un tenant, celui de la vérité, de la culture, de l'avenir, de l'espoir et de l'homme. Staline d'ailleurs l'avait dit... il suffisait de supprimer les *deux derniers mots* de son discours fameux «Aux cadres de l'Armée rouge» (1935), pour trouver l'épitomé de l'humanisme stalinien:

> Il faut comprendre que de tous les capitaux précieux existant dans le monde, le plus précieux et le plus décisif, ce sont les hommes, les cadres.[30]

Transposant une formule de Zola, Barbusse rappelle à sa façon que ce manichéisme n'est fondé que sur une *espérance* historique, qui sert d'axiome à cette théorématique littéraire. «Il n'est d'espoir que dans le prolétariat international et son organisation»[31]. Puisque tout le monde est pour la vertu, et tout le monde pour la «défense de la culture», le critique ASDLR, manipulant ce que j'appellerai la *tautologie de la vertu*, prétend rallier «tous ceux qui veulent une société sans exploiteurs»[32], prompt à s'indigner de voir que, sourds à son appel, il est des écrivains qui apparemment ne veulent même pas *cela* et révèlent ainsi obscènément leur vrai et cynique visage. S'il est des misérables qui refusent de travailler à «un monde nouveau où régnera la fraternité humaine»[33] (et la

(29) Rolland, *Quinze ans*, XLVII.

(30) Staline, *L'homme, le capital le plus précieux*, 12.

(31) Barbusse, *Monde*, 30.1.1932, 5.

(32) *Monde*, 17.2.1934, 1.

(33) J. Duclos (sur Barbusse), *Monde*, 5.9.1935, 7.

majorité des écrivains bourgeois semble relever de cette catégorie), il faut admettre que ce refus les juge à jamais. André Gide, dans son court moment de docilité aux mots d'ordre communistes, l'avait proclamé du haut de la Place Rouge, aux funérailles de Maksim Gorki: «Le sort de la culture est lié dans nos esprits au destin même de l'U.R.S.S. Nous la défendrons...» Lui aussi avait donné dans cette topique des inséparables, tant elle était puissante. Cet amalgame de la vertu, d'autres en feront une politique rhétorique. Ils iront répétant que «le Parti communiste est le grand parti, le parti par excellence de la Paix»[34], que, parti de l'intelligence, il a naturellement gagné les «meilleurs représentants» de l'intelligence française; que, parti aux couleurs de la France à partir de 1937, il «continu[e] la France» éternelle au sol de laquelle ses militants sont «profondément attachés»[35] — qu'enfin ce parti de la France est le parti de la culture, «et c'est parce que nous continuons la France que nous voulons sauver la culture»[36].

De cet amalgame totalisant auquel, spontanément et par soumission aux mots d'ordre, travaille le propagandiste culturel du Parti s'engendrent de ces «méta-commentaires» d'un triomphalisme et d'une mégalomanie sidérants qui sont la marque de l'esprit stalinien: le communisme est «l'héritier de la culture européenne occidentale»[37], il «revendique tous les titres d'une civilisation totale»[38], il «est aussi la réconciliation de l'homme avec la nature»[39] etc... — ceci, «sans parler de la conscience qu'il peut avoir d'aller dans le sens de l'histoire»[40], ajoute Paul Nizan, par une plaisante hyperbate qui

(34) Vaillant-Couturier, *Au service...*, 5.
(35) Ibid., 31.
(36) Ibid., 31.
(37) *Culture*, 283.
(38) Nizan, *Monde*, c.r. de Malraux, 6 juin 1935.
(39) Nizan, *Monde*, c.r. de Ramuz, 22 mars 1935, 9.
(40) Nizan, *Monde*, 6 juin 1935.

ramène à cette certitude et cette foi historiques que j'ai placées en axiome de tout le système discursif.

Le Front antifasciste

En 1932, avec le Congrès d'Amsterdam contre la menace de guerre, duquel sortira le Mouvement Amsterdam-Pleyel, congrès qu'organisent H. Barbusse et R. Rolland, — inaugurant une formule de combat à laquelle se rallie le P.C.F. qui sort de sa période sectaire dite «classe contre classe», — ce fut au fond aux artistes et aux intellectuels qu'il appartint de tester la nouvelle stratégie de «front» élargi contre la-guerre-et-le-fascisme, contre ce danger synthétiquement diagnostiqué comme stade ultime de la menace impérialiste à l'endroit des masses et du pays de la Révolution. Un nouveau tournant de la politique culturelle communiste, déterminant pour tout ce qui va suivre, se marque alors: on peut le *dater* du jour où Vaillant-Couturier emploie pour la première fois dans les colonnes de *L'Humanité,* en septembre 1932, l'expression, dans un contexte approbatif et légitimateur, de «front unique littéraire»[41].

À la mort inopinée de Barbusse en 1935, les communistes qui l'avaient tenu, avec sa revue *Monde,* — jugée confusionniste et éclectique, ce qu'elle était — en grande suspicion, reconnaissent *in extremis* (c'est le cas de le dire) sur sa tombe, ses mérites de précurseur de la juste stratégie, «sa volonté de s'entendre avec tous les autres antifascistes, d'être un humaniste mais pratiquement», «son esprit de conciliation sincère, nullement dicté par des considérations diplomatiques»[42], esprit dont désormais on accepte de s'inspirer.

(41) *L'Humanité,* 11. 9. 1932. Voir sur ce tournant, Morel, 1985, 446.
(42) H. Mann, «Barbusse», *Monde,* 5. 9. 1935.

D'ailleurs, pour remonter trois ans auparavant, dès le 5 janvier 1932, *L'Humanité,* en annonçant la fondation de l'Association des écrivains et artistes révolutionnaires, l'A.E.A.R., avait déjà élargi la base étroite de la littérature «communiste», mais le concept de front pacifiste et antifasciste est plus englobant, plus tolérant, par nécessité stratégique, aux diversités et divergences politiques et *a fortiori* esthétiques, plus résolument œcuménique.

Les étapes ultérieures de cette mobilisation intellectuelle sont connues: Congrès anti-fasciste européen de la Salle Pleyel, en juin 1933; création par Alain et le professeur Paul Langevin du *Comité de vigilance des intellectuels antifascistes,* en mars 1934; «Congrès international des écrivains pour la défense de la culture» tenu à la Mutualité les 21-25 juin 1935, suivi du Deuxième congrès qui commence symboliquement dans Valence assiégée le 4 juillet 1937 pour se clôturer à Paris deux semaines plus tard. Toute la période de 1932 à 1938 est marquée par l'organisation de ces fronts et de ces comités, contrôlés en sous-main par les communistes, auxquels se rallient bon nombre d'artistes non-communistes et, à divers degrés de proximité dans le compagnonnage, tous les compagnons de route.

Si la logique de la *corrélation,* dont j'ai fait état plus haut, préside à ces regroupements et en fait «objectivement» des courroies de transmission de la vision communiste des choses, l'ordre des termes du raisonnement est modifié. Puisqu'on veut mobiliser les intellectuels pour «la défense de la culture» tout court[43] et qu'on prétend opérer par là «la grande mobilisation des écrivains de conscience droite»[44], la tactique va consister à mettre au premier rang les facteurs éthiques, humanistes et culturels, en s'adressant à des «consciences» morales,

(43) La formule apparaît en titre de *Commune,* déc. 1936, 418.

(44) Barbusse, *Monde,* 5 sept. 1935, 10.

non-politiques (ceci permet essentiellement de contourner la formule concurrente, née dans la gauche réformiste, celle de «défense de la démocratie», démocratie que les communistes jugent n'être que du capitalisme pour peu de temps encore «formellement» démocratique). Le raisonnement est le suivant: si tu veux comme nous et comme tous les travailleurs, comme tous les hommes de bonne volonté «défendre la culture» et que tu es «pour la paix» et contre la guerre, *alors* viens avec nous et tu seras aussi bientôt convaincu d'avoir à te mobiliser: — contre le fascisme, bien sûr, belliciste par essence et destructeur de toute culture, — contre le capitalisme et l'impérialisme (puisqu'ils veulent la guerre et doivent la fomenter pour survivre et que le fascisme, que tu hais, n'est que leur «stade ultime» et leur «avatar suprême»), — pour la défense de l'U.R.S.S. (qui seule a «intérêt à la paix», qui répand la «culture» dans les masses comme nul ne l'a jamais fait, et qui est la «patrie des travailleurs»), — pour la littérature révolutionnaire (mais ici, les nécessités de la mobilisation large invitent à ne pas imposer hors du parti de formules orthodoxes — réalisme socialiste etc. — on se contentera de réclamer que l'artiste qui prend part à la lutte contre le fascisme, proclame aussi la hideur du fascisme et la nécessité du combat *ex professo,* c'est-à-dire, de quelque façon, le fasse dans son œuvre, — et sinon pourquoi non, au nom de quoi?)

Les formules de conciliation et de bonne entente vont abonder dans la rhétorique du front intellectuel antifasciste et ce, en concurrence avec la dogmatisation de plus en plus poussée de la littérature d'obédience communiste même. Au moment donc où il se fige de l'intérieur, le Parti ne cesse de tendre la main œcuméniquement à tous les antifascistes en ayant soin de mentionner les siens, modestement, au dernier rang de l'énumération: «Nous intellectuels, chrétiens, libéraux, socialistes, communistes, malgré les idéologies qui nous divisent, cherchons les volontés qui nous unissent...»[45]

L'U.R.S.S., le pays où l'avenir commençait

L'U.R.S.S., c'est d'abord un décentrement de la vision du monde. Dans l'histoire des intellectuels français, la vision du cours des choses et le *criterium* du jugement civique, éthique et esthétique, pour la première fois, se focalisent sur un ailleurs, sur un pays «exotique», le pays du socialisme en un seul pays, qui devient le centre du monde. Jean-Richard Bloch le proclame en une de ces formules macaroniques typiques de l'emphase émotive des années trente: «Elle [l'U.R.S.S.] est devenue le pôle humain du XXème siècle [...] C'est vers elle que les hommes de toutes les nationalités tournent les yeux lorsque se pose le problème de l'avenir humain de la civilisation.»[46] Les progrès de l'U.R.S.S. forment un événement décisif à l'échelle de l'histoire de l'humanité. Pour les croyants, «les communistes russes ont donné le signal de la quatrième naissance de l'Europe. Ils ont crée les conditions qui vont rendre possible une définition et une destinée nouvelles de l'homme». L'U.R.S.S. forme ce «sixième du monde» sur lequel le prolétariat exerce le pouvoir[47]. Elle lutte — seule — pour l'«affranchissement» de l'humanité. C'est en U.R.S.S. que l'espoir est devenu réalité et que «l'avenir commence» selon la grande formule qui a fait vibrer tant de cœurs — on rajoutait fréquemment: «l'avenir humain». «L'U.R.S.S. est la citadelle de la justice sociale et du progrès

([45]) *L'Huma,* 6. 9. 1936, 8.

([46]) *Monde,* 6. 12. 1934, 5. Citation suivante, de Bloch: *Naissance d'une culture,* 60.

([47]) «... Où le Prolétariat a poussé le marxisme sur un sixième du monde.» Aragon, *Monde,* 15. 3. 1935, 3.

humain», confesse publiquement Romain Rolland[48]. L'U.R.S.S., c'est encore «la jeunesse du monde», — formule répandue, endossée par André Gide au Kremlin[49]. Jeunesse du monde, en contraste avec la décrépitude, l'«agonie» des gâteuses sociétés bourgeoises et impérialistes.

Cette U.R.S.S. mythique des intellectuels militants n'est pas, ne peut être pour nous une «illusion perdue» dont on pourrait effacer la rhétorique et l'image contingentes pour comprendre quand même quelque chose à la critique communiste et sa doctrine[50]. Cette critique a été totalement argumentée, légitimée par l'U.R.S.S. — telle que l'idéologie révolutionnaire la voyait. Dans tous ses jugements sur la littérature, le cinéma, les arts, il y a explicitement ou non, une *preuve par l'U.R.S.S.* Cette critique est donc fondée sur une *grande illusion* qu'elle a présentée comme la réalité historique la plus évidente et la plus déterminante, prospectivement et rétroactivement. La vérité et la justesse de la critique ASDLR a été *escomptée* sur la certitude de «voir s'élever [en U.R.S.S.] quelque chose à quoi l'on pût se donner sans réserve», comme le formule Charles Plisnier en son propre nom d'écrivain militant dans *Faux Passeports*[51]. Quelqu'un comme Paul Nizan qui, par d'autres aspects de son œuvre, donne le sentiment qu'il ne manquait pas de sens critique et faisait même profession de ne pas s'en laisser conter, légitime son insatisfaction à l'égard des lettres françaises et sa chimère d'une *autre* esthétique par une foi — une foi qui lyriquement s'énonce comme telle: «Comment douter que ces espoirs ne finissent par inonder

(48) «L'URSS et la défense de la culture», *Litt. internat.,* 11: 1938.

(49) «Union soviétique: jeunesse du monde», *Litt. internat.,* 1: 1936: «En m'adressant à l'Union soviétique, il me semble que je m'adresse à l'avenir etc...»

(50) Voir le petit livre essentiel de Marc Ferro, 1980.

(51) Rééd. Bruxelles: Jacques Antoine, 1984, 8.

le monde, jusqu'à ce que les hommes soient enfin les possesseurs véritables de ce globe?»[52]

Je ne vais pas étudier ici les grands vecteurs politiques et journalistiques de l'«utopisme» soviétique dans les années trente. Il y faudrait un autre livre. Dans le secteur des revues populaires, c'est *Russie d'aujourd'hui* qui a été le principal instrument de propagande. Ce qu'il convient de voir dans le présent contexte, c'est comment cet utopisme a été déterminant pour la critique littéraire des communistes.

L'image de l'U.R.S.S. s'inscrit dans un paradigme binaire, qui est exactement celui du bien et du mal, — U.R.S.S. vs Capitalisme, ou, de façon plus pathétiquement contrastée, U.R.S.S. vs Fascisme. Le bien et le mal, c'est à dire souvent la même chose sous deux signes axiologiques opposés: d'un côté, par exemple, la «rationalisation capitaliste, uniquement utilitaire, respectueuse des choses et broyeuse des vies», de l'autre, antinomique, incommensurable, on peut admirer «la rationalisation socialiste pour qui les valeurs humaines demeurent primordiales»[53] — c'est Georges Friedmann, qui n'est tout de même pas l'esprit le plus borné de sa génération, qui propose au lecteur cette conclusion tautologique et totalement *irréfléchie* d'une longue «analyse» du machinisme. L'U.R.S.S., humaniste et prolétarienne, amie des lettres et de la culture, c'est l'anti-Italie, l'anti-Allemagne nazie. «Entre les bûchers de Berlin et les bibliothèques de Moscou, tient l'opposition de deux mondes», contraste Nizan[54].

Ce que je veux donner à comprendre, c'est qu'il n'est de critique communiste, avec la brutalité pédagogique et parfois «policière» de ses condamnations, le refus de toute complaisance aux talents et aux innovations «formelles» et

(52) *L'Huma,* 4. 3. 1937, 8.

(53) Friedmann, *Le Problème du machinisme,* ESI, 1934, conclusion.

(54) *L'Huma,* 9. 11. 1936, 8.

le mépris méritoirement obtus des œuvres modernistes, avec le complexe de supériorité qui lui est propre, avec sa capacité d'endosser sans broncher les dogmes réalistes-socialistes que parce que cette critique a prospéré sous «l'immense espoir qui luit au soleil bolchevik»[55] — parce que sa brutalité d'appréciation littéraire, parfois perspicace et parfois obtuse, a eu pour contrepartie ce bas lyrisme sirupeux, cette emphase amphigourique (l'U.R.S.S. «transforme en réalités majestueuses les rêves les plus radieux des philosophes...»[56]), cette religiosité explicite car *permise* — «terre promise», écrivent Romain Rolland[57] et bien d'autres, matérialistes plus affirmés que lui — qui nappent toute référence à l'U.R.S.S.

Quelques blocs de thèmes récurrents, parce qu'inusables et indispensables, construisent cette U.R.S.S. comme preuve historique de la juste ligne, dans les arts et les lettres comme ailleurs. Ceux qui thématisent le **bonheur** soviétique — bonheur de la classe ouvrière, arrachée à l'exploitation, bonheur du «peuple» entier doté d'une démocratie inimitable illustrée par la Constitution Stalinienne et peuple «édifiant» dans la joie le socialisme, bénéficiant déjà d'un «prodigieux progrès matériel» (dont l'un des *exempla* préférés est le métro de Moscou), bonheur d'une jeunesse «saine», «épanouie», «la plus heureuse du monde»[58]. On répète et on glose dévotieusement le plat propos de Staline: «La vie est devenue

(55) *Commune,* 1935, II, 1443.

(56) P. Gsell, *Monde,* 5. 9. 1935, 4.

(57) *Monde,* 5. 9. 1935, 3. Romain Rolland, littérateur de prestige international, pouvait cependant se permettre d'énoncer des nuances et des doutes dans son adhésion à l'U.R.S.S. qu'aucun des jeunes critiques de *Monde* ou de *Commune* ne se serait permises: «La révolution marxiste-léniniste, écrivait-il au début de *Quinze ans...,* n'est rien de plus qu'une grandiose expérience sociale, dont nous pouvons dire qu'elle est la presque [?] unique chance de salut social, sans pouvoir affirmer qu'elle réussira.»

(58) *Front mondial de la jeunesse,* sept. 1933, 1.

meilleure, camarades. La vie est devenue plus joyeuse. Et quand on vit gaiement, le travail marche bien…»[59]

Autres thèmes protéiformes, ceux d'une **victoire**, prochaine ou acquise, «la victoire grandissante du socialisme»[60], garantie par des «conquêtes» sur tous les fronts, un succès continu qui a «transformé toutes les choses de la vie sociale»[61]… Bonheur et victoires qui sont ceux des savants, sur le front scientifique et technique, mais aussi ceux des artistes, des écrivains, transfigurés par leur rôle au service des masses et enfin compris, aimés de celles-ci. «Victoires» également donc d'un écrivain nouveau au service de la formation de l'Homme nouveau, — «une race d'hommes nouveaux est née»[62] — un écrivain, Staline l'a dit, devenu «ingénieur des âmes». Est-ce que l'écrivain bourgeois n'envie pas un peu ce bonheur littéraire et civique?

Cette U.R.S.S. est la pierre de touche. Un écrivain qui la critique ne saurait avoir de talent, ni de bonne foi. Face aux moindres critiques, le *topos* de service est le sursaut indigné des défenseurs impavides: «Nous ne souffrirons pas qu'on y touche!» Il faut en effet que l'artiste et l'intellectuel militants luttent en permanence contre «la campagne d'excitation et de calomnies vis-à-vis de l'U.R.S.S. qui édifie une société socialiste — à laquelle nous ne permettrons pas qu'on touche…»[63] «Si l'U.R.S.S. est menacée, quels que soient ses ennemis, je me range à ses côtés», avait proclamé Romain Rolland[64]. C'est donc une affaire de vigilance pour la presse littéraire communiste que de dénoncer avec fougue les critiques et les doutes des uns et des autres, c'est à dire leurs «calomnies».

(59) Staline, *Pour une vie…*

(60) Barbusse, *Monde,* 16. 2. 1930, 10.

(61) Ribard, «Les adieux de Moscou», *Monde*, 12. 9. 1935.

(62) Sadoul, *Commune,* janvier 1936, 643.

(63) *Monde,* 10. 9. 1932, 5.

(64) Cité par *Masses,* avril 1931, 8.

Une pièce jouée à l'Atelier en 1931 déclenche les protestations: elle a présenté fallacieusement Dzerjinski comme un terroriste brutal, lui, le «président de la Tchéka, révolutionnaire d'une pureté et d'une sincérité reconnues»![65] Un publiciste alors connu, Victor Boret publie en 1932 un retour d'U.R.S.S. peu engageant (quoique l'auteur prétende s'y efforcer de chercher les bons côtés du régime, mais il en trouve peu): il sera vomi par *Commune,* qui s'indigne dans le même temps d'un autre livre prétendant montrer que les membres de la Guépéou ne sont pas des enfants de chœur[66]. Après 1935, les bilans négatifs de voyages en U.R.S.S. se multiplient, semble-t-il (il faudrait une enquête chiffrée sur les tendances de ces ouvrages de librairie *pro et contra*), et tout spécialement ceux qui émanent de littérateurs connus. De ce point de vue, le *Retour* et les *Retouches* de Gide font partie d'une série où figurent aussi le *Mea culpa* de Céline et *Vive la liberté!* de Roland Dorgelès (1936). D'innombrables répliques à Gide et aux autres mobilisent les énergies des intellectuels militants: elles font connaître la variété de piètres sophismes et de calomnies («Corydon juge l'U.R.S.S.» etc.) qu'on se croit autorisé à utiliser au service d'une bonne cause contre les «aboyeurs antisoviétiques du capitalisme pourri». La rupture s'est parachevée dès le début des années trente avec les surréalistes (Ferdinand Alquié a osé parler en 1933 dans *Le surréalisme asdlr* d'un certain «vent de crétinisation qui souffle d'U.R.S.S.»[67]). Avec les sociaux-démocrates, les oppositionnels, les trotskystes au premier rang, avec les syndicalistes-révolutionnaires, les anarchistes, les rapports sont des rapports de haine. Les critiques émanant de ces milieux, de plus en plus sévères et radicales, sur ce qui se passait en U.R.S.S. obligeaient à faire face et à retrouver, pour empêcher tout

(65) *Monde,* 7. 11. 31, 7.

(66) Janvier 1935, 518.

(67) Propos «répugnant», juge *Commune*, 7: 1933, 85.

flottement parmi les troupes, la vieille formule qui avait servi à Clemenceau et aux bourgeois radicaux du siècle passé défendant l'œuvre révolutionnaire de 1789: «la révolution russe est un bloc... il faut être avec cette révolution russe»[68]. On consent parfois à supposer que l'auteur réfuté a eu la berlue: Maurice Constantin-Weyer, romancier «bourgeois» assez connu, croit avoir rencontré à Leningrad des mendiants, y avoir vu des gens mourant de faim, alors que le chroniqueur anonyme de *Monde* affirme: «...je vous assure que je n'y ai jamais vu» rien de cela[69] — mais au fond il ne peut s'être agi d'une illusion d'optique, ce sont donc de basses «calomnies». Et la calomnie est toujours stipendiée, payée. Panaït Istrati, le premier en date des littérateurs dissidents, revenu un jour d'U.R.S.S. les yeux dessillés, est un «cas» qui a permis aux défenseurs de l'U.R.S.S. de mettre au point leur topique et leur phraséologie sur le renégat:

> Pour punir l'État ouvrier de n'avoir pas continué *sine die* de lui faire une existence de roi, il signa deux livres écrits par d'autres, et rééditant tout la série des calomnies qui traînent partout contre le pays socialiste[70].

Il faut se souvenir du fait qu'une assez abondante littérature trotskyste et oppositionnelle dont l'exemple de bonne qualité littéraire serait *Faux passeports* du romancier belge Charles Plisnier (qui dénonce les Grands Procès), s'est répandue dans les années trente, qu'elle a rencontré un certain succès et provoqué des débats. Les critiques communistes ont appliqué à cette production, soit la consigne du silence, soit la *preuve par le trotskysme.* Aucun de ces livres ne prouvait jamais rien contre l'U.R.S.S., ils ne prouvaient qu'une chose, c'est que le trotskysme, allié du fascisme, était bien diaboliquement

(68) Sadoul, *Commune,* sept. 1937, 117.
(69) *Monde,* 6. 1. 1934, 2.
(70) Barbusse, *Monde*, 22. 2. 1935, 3.

acharné à parfaire sa «sale besogne»: «autour des écrivains qui tournent à l'antisoviétisme, cherchez et vous trouverez des trotskystes!»[71] Dans les deux cas, cela permettait de faire l'économie d'une inutile réfutation.

Un genre semi-littéraire, largement pratiqué par des gens de lettres, mais aussi par des juristes, des universitaires, des médecins, des savants communisants, genre qui a joué un rôle essentiel dans l'apologie de l'U.R.S.S., est, en contraste, le genre du récit de voyage-conversion. Il a commencé à être étudié par quelques historiens, avec ses églogues volontaristes, ses étranges cécités et ses ébahissements admiratifs; il mériterait une analyse de critique historique tout à fait systématique pour compléter et contre-vérifier la théorie développée par Norton Cru «*du témoignage*», des limites et particularités de ce dont des gens de bonne foi et souvent d'éducation poussée croyent pouvoir témoigner. Il faudrait faire comprendre pourquoi, dans ce genre apologétique, les platitudes touristiques jouent le rôle de révélations définitives:

> Un voyage en U.R.S.S. — de Leningrad et Moscou jusqu'à la Transcaucasie, la Mer Noire et l'Ukraine — imprime dans la mémoire un magnifique bariolage de couleurs etc...[72]

Tous les écrivains communistes ont publié, une ou plusieurs fois, leurs «retours de Moscou», émus, enthousiasmés, — actes de conversion, pélerinages rituels ou renforcements de foi et de persévérance[73]. Aragon l'avait confessé en parlant de lui-même: «notre homme n'est plus le même à cause d'un voyage qu'il a fait...»[74] Barbusse avait été avant lui un des principaux producteurs de successifs retours d'U.R.S.S.,

(71) Aragon, *Commune,* mars 1937, 804.

(72) *Commune,* janv. 1936, 569

(73) Ex. R. Rolland, *Commune,* oct. 1935.

(74) *Réalisme socialiste,* 25. V. aussi J.-R. Bloch in *Monde,* 6. 12. 34, 5.

rigoureusement dans la ligne et dans le ton. On était tellement convaincu qu'il eût suffi à n'importe qui d'un tel voyage pour rencontrer son chemin de Damas qu'on le prescrivait comme remède aux sceptiques et aux pessimistes jugés récupérables — souvent à mauvais droit. Au retour, assurait-on, transfigurés, purifiés, ils n'écriraient plus les sombres choses faisandées qui leur plaisaient *avant.* «Allez, Céline, s'exaltait Aragon qui avait mis de grands espoirs dans l'auteur du *Voyage*, allez là-bas voir ce que c'est que la jeunesse née de la Révolution!»[75]

Au-delà du discours apologétique, volontariste et triomphaliste mis en forme, la représentation d'une «culture communiste» à naître ou en voie d'émerger, s'énonce en des *énoncés de désir*, obscurs et chimériques, dont je trouve un exemple typique sous la plume de Paul Nizan: «Dire que notre première valeur sera par exemple la fraternité virile, c'est exiger qu'un certain monde soit.»[76] Propos devenu étrange avec le *recul du temps* qui a défait les connivences qui y conféraient pour l'intellectuel «révolutionnaire» de l'évidence implicite, — étrange non seulement à travers la singulière appétition proclamée envers cette «fraternité virile» qui date si bien des années trente, mais parce que rien de ce qu'il **dit** ne se prête à une analyse logique: pourquoi «virile», qu'est-ce que l'épithète comporte et exclut, en quoi ce «dire» peut-il se muer en une «exigence» (et implicitement en une promesse ou une prédiction, en un faire-advenir), à qui s'adresse cette exigence, de quelle axiologie cette «première valeur» est-elle un élément, et quelle expérience peut en faire une aspiration primordiale, suffisante pour caractériser ce «certain monde» qui va advenir et le distinguer radicalement du monde présent? La critique littéraire communiste

(75) *Commune,* nov. 33, 283.
(76) Nizan, *Monde,* 6 juin 1935.

qui dit et redit son horreur et son mépris souvent, et toujours en tout cas son insatisfaction partielle à l'égard de la littérature qui paraît, laquelle n'est pas encore, jamais, cette littérature qui doit naître d'une nouvelle relation entre les hommes et du règne de la liberté (dans le contexte présent, Nizan analyse et admire *Le Temps du mépris* qui est l'exemple le plus prometteur de cette littérature de la «fraternité virile» à son goût, mais, insiste-t-il, cette culture nouvelle n'y est pourtant que préfigurée) juge non seulement les lettres à partir d'une politique, d'une vision du monde, — elle le proclame — mais à partir d'une espérance eschatologique dénégatrice face à un monde décevant et d'une prescience transmuée en théorie et corrélativement en esthétique.

Les procès et les camps

Le *Bielomorstroï* ou chantier du Canal Staline, encore connu comme le Canal de la Baltique à la Mer Blanche — l'un des premiers grands chantiers esclavagistes du système répressif soviétique — a servi entre 1933 et 1936 de preuve démonstrative par excellence de la supériorité de l'humanisme socialiste. Les littérateurs russes, avec en tête Maksim Gorki, ont été mobilisés pour faire l'apologie de cette entreprise à la fois industrielle et humanitaire contre les détracteurs de l'U.R.S.S.[77]. Les critiques français ont embarqué sur ce thème et Aragon, comme à l'accoutumée, y a mis tout le zèle du néophyte et a fait résonner les paroles d'un croyant. Il a contrasté cette réalisation en cours de la civilisation soviétique avec la barbarie fasciste et l'exploitation bourgeoise,

([77]) Voir l'apologie par Gorki dans *Litt. internat.*, 5: 1933 et dans *Commune*, 10: 1933. Voir aussi l'ouvrage collectif qu'il a dirigé, *Le canal Baltique-Mer Blanche.* Sur les aveuglements des intellectuels français face aux camps soviétiques, voir l'ouvrage de Pierre Rigoulot, 1991.

dans de nombreuses chroniques de *Commune*[78] et dans d'autres publications. Il a surenchéri sur la propagande venue de l'Est en prétendant faire connaître en un tableau idyllique, pour l'édification des intellectuels français, petits bourgeois réticents devant l'U.R.S.S., «la transformation de ces hommes, autrefois anti-sociaux et contre-révolutionnaires, en travailleurs qualifiés et même enthousiastes de la construction socialiste»[79]. Comme Aragon le dit ailleurs, sur le même thème, «le travail soviétique [...] modifie profondément les hommes...»[80] De fait!

Cette apologie du *Bielomorstroï* ne saurait être tenue pour un aveuglement contingent puisque, par quelques détours argumentatifs, naïfs et roublards, elle revient constamment au cours de ces années dans la critique littéraire pour appuyer les jugements et indiquer aux écrivains la voie esthético-politique à suivre. J'ai dit qu'Aragon surtout en avait fait son affaire, mais ce thème aragonien ne peut s'isoler des autres apologies spontanément offertes par des artistes, journalistes et universitaires, du système pénitenciaire soviétique et de ses succès rééducatifs, «ce travail de rééducation que les législateurs d'U.R.S.S. ont entrepris et qui paraît avoir donné déjà de si magnifiques résultats»[81].

Les Procès de Moscou, ou l'épisode de terreur de masse dont les procès successifs furent la «vitrine», commencent avec l'assassinat de Kirov par un illuminé le 1er décembre 1934. Les principales mises en scène judiciaires visant à l'élimination

(78) Oct. 1933, 84, p. ex.

(79) Aragon, «Une réalisation soviétique...», *Monde,* 17. 3. 1934.

(80) *Commune,* avril 1935. V, encore du même dans *Documents 35,* 3: 1935, 20.

(81) J. Audard, *Documents 35,* 3: 1935, 19. V. aussi P. Vermeylen, *Documents 34*, II 2, 20, intellectuel autonome et critique, sur le même thème du régime pénitenciaire: «l'idéal socialiste triomphe au moins» en ce domaine, croit-il pouvoir affirmer.

des personnalités bolcheviques correspondent aux procès de Zinoviev, Kamenev, Evdokimov, Smirnov en août 1936, au procès de janvier 1937 contre Radek, Piatakov, Serebriakov, Sokolnikov, Drobnis, Mouralov et autres «trotskystes» et au troisième procès contre Boukharine, Rykov, Tchernov, Krestinsky, Rakovski, Yagoda et autres encore «au service du fascisme international». Les revues littéraires de Moscou comme *Littérature internationale* donnent à l'analyse de ces parodies sanglantes une place démesurée de sorte que la foi exigée dans l'interprétation officielle de la terreur stalinienne et l'admiration commandée par les «réquisitoires écrasants» de Vychinski deviennent indissociables des jugements littéraires qui s'y rencontrent encore[82]. La presse littéraire française, une fois de plus, emboîte le pas et hausse le ton contre les monstres «trotskystes-zinoviévistes» avec d'autant plus d'outrance que les doutes et les contre-explications plus ou moins perspicaces se multiplient chez les compagnons de route et à l'extrême gauche. Aragon se fait remarquer par son zèle dans le lyrisme indigné[83]. Il invective avec mépris ceux qui doutent: «réservez vos larmes [...] à d'autres qu'aux saboteurs de la construction socialiste», gronde-t-il dans un article intitulé «VÉRITÉS ÉLÉMENTAIRES!»[84] La seule argumentation utilisée est celle de l'argument *ad personam* et de l'amalgame: les dénonciations de l'U.R.S.S. et du droit révolutionnaire en état de légitime défense viennent de «fascistes»: «On comprend l'indignation du fasciste Gaxotte, employé du fasciste Fayard»[85].

Victor Serge qui a fondé en 1936 avec Breton, Monatte et d'autres un «Comité pour l'enquête sur les procès de Moscou»

(82) Cf sur le procès de Zinoviev et Kamenev, l'éditorial «Si l'ennemi ne se rend pas, on l'extermine», *Litt. int.,* juillet-août 1936.

(83) Ex. Aragon, *Commune,* oct. 1936, 196—.

(84) *Commune,* 37, 4, 804.

(85) *Commune,* 1935, 2, 641.

est au fond du même sac que ces fascistes-là. Dans la presse communistes, ces «manœuvres» jugent ceux qui s'y livrent, à savoir «les trotskystes alliés du fascisme»[86]. Leurs objections et diffamations prouvent quelque chose: elles prouvent leur caractère, mis en pleine lumière, de renégats de longue date — en effet «aucun homme honnête et sain d'esprit» ne peut croire à la bonne foi de ceux qui tentent «d'obtenir l'impunité pour les scélérats contre-révolutionnaires convaincus de leurs crimes et opérant de concert avec la **Gestapo**»[87].

Il faut revenir au paradigme des deux camps: du point de vue de cet axiome, les procès jouent un rôle roboratif et clarificateur, ils arrachent le masque et éliminent les ambiguïtés puisqu'ils prouvent «avec évidence que [Trotsky] est un agent de la Gestapo»[88]. Du point de vue culturel aussi, ce modèle des deux camps en promet long: les esthétiques qui voudraient être sociales ou progressistes (celles des romanciers prolétariens, des populistes) mais qui refusent de se soumettre au canon réaliste-socialiste seront aussi quelque jour «démasquées» — d'autant que, comme par hasard, leurs défenseurs laissent souvent passer le bout de l'oreille trotskyste...

Ce n'est que lentement — la tactique de barrage d'intimidation développée par la presse culturelle communiste est pour beaucoup dans cette lenteur — que le doute, puis le sentiment d'horreur s'étendront aux compagnons de route et aux grands «sympathisants», et que, renonçant à la prudence de l'autocensure, certains finiront par les publier. Ce que fait enfin Jean Guéhenno en 1937 en criant «Assez de sang!» dans *Vendredi*, la revue à large diffusion qui était celle par excellence des compagnons de route. Guéhenno ne peut s'empêcher en fin de compte de dire «l'angoisse qui nous étreint

(86) *L'Humanité,* 13. 2. 1937, titre.

(87) Lang, *Alliance,* 3.

(88) Ibid., 53.

quand nous lisons le compte rendu de cet affreux procès»[89]. Et pourtant sa lucidité a ses limites puisqu'affirmant que «tout sonne faux dans ce procès, tout est inexplicable», il admet cependant de quelque façon la «culpabilité des accusés», — toute autre hypothèse relevant apparemment, pour la plupart des intellectuels de gauche, de l'impensable.

Staline

Le culte stalinien a été servi successivement par deux hommes de lettres dont le zèle crypto-religieux et l'esprit de surenchère ont été plus extrêmes que ceux de quiconque, notamment parmi les «politiques». Il s'agit de **Barbusse** dont le *Staline*, jobardement hagiographique, marque en France le coup d'envoi de ce culte, et d'**Aragon** qui prend le relais après la mort de Barbusse en 1935. Aragon l'avait proclamé en rendant, le tout premier, compte enthousiaste du livre de Barbusse, avec ce penchant, qui toujours le caractérisera, pour l'hyperbole forcée: «comme il y a eu la génération du *Feu,* on dira un jour qu'il y a eu la génération de *Staline*»[90]. La sortie du livre de Barbusse avait été préparée par des extraits choisis: extraits de ces éloges litaniques dont le thuriféraire du secrétaire général avait empli les pages de *Monde,* ce journal dont nous avons dit qu'il avait été longtemps suspect aux «responsables» culturels du P.C.F., — mais il se rachetait. En publiant les bonnes pages de cette biographie qui prétendait être, par synecdoque, la présentation d'«un monde nouveau vu à travers un homme» (selon le slogan de lancement de l'ouvrage, slogan omniprésent dans la presse communiste en 1935) ou, en une variante plus clairement religieuse, de

(89) *Vendredi,* 16. 10. 1936, 1.

(90) Aragon, «Barbusse», *Monde,* 13. 6. 1935.

ce portrait de l'homme qui «incarnait» l'U.R.S.S. et l'humanité progressiste, Barbusse, inspiré par des modèles soviétiques, alignait les formules figées d'adulation qui allaient jouer un rôle obsédant dans la langue de bois du stalinisme: «le plus parfait théoricien et le plus sage homme d'action...» et autres antonomases périphrastiques[91] qui qualifiaient rituellement le «plus proche disciple» de Lénine[92], son «compagnon le plus proche» etc.

De cet ouvrage catéchétique, la presse communiste a surtout monté en épingle une citation barbussienne dont Aragon fera ses choux gras; elle fait le portrait — fort inconsciemment — d'un monstre composite:

> Qui que vous soyez, la meilleure partie de votre destinée, elle est dans les mains de cet homme qui veille sur tous et qui travaille, l'homme à la tête de savant, à la figure d'ouvrier et à l'habit de simple soldat[93].

Staline, «héros des temps modernes»[94] fut aussi, on ne l'ignore pas, parmi les antonomases obligées qui accompagnent son nom, le «guide et ami de l'artiste»[95]. La critique littéraire soviétique et la critique ASDLR française montrent Staline «guidant» l'inspiration littéraire du Pays du socialisme. Les gens de lettres doivent confesser hautement leur reconnaissance. Comme je l'ai indiqué plus haut, les Nizan, les Sadoul, s'ils sont fougueusement «staliniens», ne peuvent émuler (ou ne veulent pas s'astreindre à le faire) Louis Aragon, passé maître dans les formules les plus enthousiastes et les plus aveugles. Cette confession de foi absolue est d'Aragon dans une chronique de *Monde* à la gloire de Barbusse, biographe

(91) *Monde,* 6. 12. 1934, 8.

(92) Barbusse, *Monde,* 2. 1. 1934, 5.

(93) *Staline,* 320.

(94) *Commune,* 1935, III 94.

(95) *Litt. int.,* 4-5: 1937, 118.

du secrétaire général: «En Staline, qu'on le veuille ou non, se concrétise toute la foi dans l'avenir révolutionnaire de l'humanité. En Staline se personnifie tout l'héritage de la classe ouvrière»[96]. «C'est pourquoi nous appellerons *époque stalinienne* l'époque où nous vivons et, ajoutait Aragon avec feu, assassins, félons et canailles» les condamnés des procès de Moscou[97].

Dans les revues d'extrême-gauche des années trente, la frontière se marque nettement entre cette «orthodoxie» dont le panégyrique du secrétaire général est le signe d'allégeance, et des réserves qui s'énoncent, sans toujours aller jusqu'à la critique explicite, dès qu'on quitte ce territoire stalinien. Ainsi dans *Documents 35*, revue bruxelloise qui réunissait des communistes, des surréalistes et des dissidents, l'apologie constante de Staline, à Moscou et à Paris, met mal à l'aise: «Nous ne pouvons admettre cet éloge d'un homme, quelle que soit sa valeur, dans un régime qui édifie le socialisme»[98].

C'est en effet quand on aborde la presse oppositionnelle que — soudain — ce brouillard idéologique et phraséologique fait d'illusions, de sophismes, de mythes, de contre-sens et de dénégations qui caractérise le discours communiste se dissipe et que s'énoncent sans figures ni tropes, de simples vérités. Ainsi sous la plume de Marcel Martinet, le théoricien de la «culture prolétarienne»:

> Le régime qui exile Trotsky, déporte Riazanov, affame Victor Serge, qui châtie un meurtre politique commis dans des circonstances inexpliquées [celui de Kirov] par des dizaines d'exécutions sommaires et rend ainsi dérisoires nos protestations contre les violences fascistes, qui punit de mort des cheminots quand un accident se produit dans leur service, qui augmente

(96) Aragon, *Monde*, 13. 6. 1935, 8.

(97) Aragon, *Commune,* 1937, IV, 809.

(98) *Documents 35,* 3: 1935, 23.

l'écart entre les salaires, [....] aucune propagande et aucun bluff ne nous le feront prendre pour du socialisme[99].

La littérature au pays du socialisme triomphant

La construction de l'objet de discours «littérature soviétique» se bricole à partir de plusieurs composantes: — quelques lieux communs, demeurés dans la culture littéraire française, datant de l'engouement pour le «roman russe» dans les années 1880, — une certaine diffusion de la littérature soviétique auprès des militants, réalisée dès les années vingt, grâce à *Clarté* et à Victor Serge notamment, — l'intégration, avec quelques contresens et aveuglements «méritoires» quant au contexte politique et quelques accommodements, des thèses soviétiques officielles sur le rôle des lettres dans la révolution et la construction du socialisme, — notamment: résolution du C.C. du P.C.U.S. du 23 avril 1932 créant une association des écrivains soviétiques (et mettant fin à l'hégémonie dogmatique des prétendus «prolétariens»), statuts de l'«Union des Écrivains soviétiques»[100], thèses et débats du Congrès de Moscou d'août 1934[101], reconnu «important» et plein d'idées «audacieuses» jusque dans *Europe* par Jean-Richard Bloch[102], théorisation ou dogmatisation progressive du *réalisme socialiste,* qui découle des thèses adoptées dans ce congrès et enfin, la simple transposition à l'objet «littérature» des thèses, des schémas idéologiques sur la Révolution et sur l'U.R.S.S. J'entends, en mentionnant ce dernier élément, que la «littérature

(99) *Spartacus,* mai 1935, 11. On verra aussi évidemment les analyses de la «Dictature du secrétariat» procurées par la *Critique sociale* de B. Souvarine, dès la fin des années vingt.

(100) Publ. *Commune,* vol. 1934, 1149—.

(101) Voir le num. préparatoire de *VOKS,* 7-8, 1934.

(102) # 144: 1934.

soviétique» est thématisée par la critique françaisc telle que la logique immanente de la vision du monde révolutionnaire-stalinienne la prévoit et l'impose, qu'elle ne saurait être autre dans ce contexte, que les thèmes et les formules qui la caractérisent et l'exaltent sont entièrement prévisibles à partir du contexte idéologique général, et que les œuvres réelles évoquées ne servent que d'*exempla* à ces thèmes préconstruits. «Au moment où sous la conduite géniale de notre grand chef et maître, le camarade Staline, le mode socialiste de production a triomphé définitivement et sans retour»[103], s'impose une image définitionnelle et fonctionnelle conforme de ce que doit être, — et donc **est** ladite littérature de l'U.R.S.S.

Cette littérature dont les critiques français croient voir la «vraie figure» à travers des comptes rendus de congrès, des débats dans les revues (débats dont les conditions précises, les censures et les inférables leur échappent) et des déclarations emphatïques et volontaristes de personnalités diverses plutôt qu'à travers des œuvres que la distance culturelle et l'incertitude quant à leur portée pour les «masses» et leur réception par elles, rendent imparfaitement déchiffrables, se thématise selon quelques axiomes:

Pour paraphraser Lautréamont (en un contexte plus que transposé!), la littérature soviétique de la période stalinienne, après la période «prolétarienne» ultra-sectaire de la RAPP, est donnée pour une littérature **désormais faite par tous** (par tous les écrivains *soviétiques* sans distinction d'origine ou de classe, ralliés politico-esthétiquement à la construction socialiste) et **pour tous**. Faite pour les masses et «libre», *ipso facto,* émancipée par l'élection de ce destinataire universel. Lénine l'avait prévue ainsi: ce serait, avait-il écrit, une littérature

(103) Selon les termes de Jdanov au congrès, le 17.8.1934, au nom du CC du PC (b) de l'URSS.

«libre parce qu'elle sera faite non pas pour l'héroïne blasée, non pas pour les "dix mille supérieurs" qui s'ennuient et qui souffrent de leur obésité, mais pour des millions et des dizaines de millions de travailleurs...»[104].

On retrouve ici — censément confirmé *post facto* par les réalisations concrètes venues de l'U.R.S.S. — la thèse ou plutôt l'axiome même qui a été au départ de toutes les conceptions socialiste de l'«art social» dès les années 1880. Cet axiome est le suivant: une littérature «digne de l'humain»[105], ne saurait, par définition, par l'essence des choses, à l'évidence (l'évidence, c'est quand le contraire de la proposition est *insoutenable,* parfois à la façon du soleil qui ne se peut fixer...), une telle littérature ne saurait demeurer un **luxe** accessible et agréable à une infime minorité — ceci, c'est le point de vue quantitatif et égalitaire, mais aussi, qualitativement, elle ne saurait être ce luxe au fond peu enviable, dégradé, faisandé répondant aux goûts nécessairement pervertis d'une classe exploiteuse et d'ailleurs condamnée. Elle doit être une «jouissance» offerte à tous, et répondant à, comblant des besoins (esthétiques et politiques) communs à tous. L'art, en ce sens, doit, dira-t-on, servir la société. En termes axiologiques, la chose littéraire ne peut *valoir,* ne peut être jugée bonne et viable que si elle devient, si elle cherche à être cet objet offert à tous et utile à tous.

Il faut donc que de la littérature soviétique — en dépit de «progrès» qui demeurent à accomplir, on ne le dissimule pas, sur ce «front» particulier comme sur les autres — on puisse dire d'abord qu'elle réalise déjà de façon prometteuse ce changement radical, cette INVERSION DU MODERNISME BOURGEOIS, de même que le socialisme en construction est à tous les égards un *capitalismus inversus.*

(104) Cit. *Commune*, 1935, II, 1216.

(105) Ça, c'est la phraséologie des années 30 pour signaler l'**authenticité.**

Ce raisonnement d'évidence (consolidé par une homologie avec le grand tout idéologique, avec le paradigme Capitalisme *vs* U.R.S.S.) constitue le **socle** de toutes les idées spéculatives et prospectives que nous rencontrerons. Il faut le recevoir comme accompagné d'un autre et tout aussi irréductible axiome, celui qui veut qu'une littérature authentique se reconnaisse au trait nécessaire et suffisant que le beau n'y est pas dissocié, qu'il est nécessairement associé, comme son hypostase, au bien (civique, politique et historique).

Ce double quasi-raisonnement condamnait derechef la littérature bourgeoise tout entière, laquelle comme par hasard ne passait aucun de ces tests — la littérature soviétique émergente, en contraste total, devait remplir la fonction de *pars construens* de cette axiomatique.

La littérature bourgeoise — associant jouissance pour les seuls privilégiés, esthétique au service de leurs privilèges mêmes, de leurs illusions et de leurs mensonges sur la «vie» et sur l'histoire «humaine» et de leurs vices, et dissociant le beau formel et le bien civique, le poétique et le véridique, — formait dans cet ordre de réflexion une preuve rétroactive, le corrélat qui renforce le théorème, une *boucle d'évidences* comme les idéologies en engendrent pour cacher leurs apories et légitimer leurs conjectures.

En U.R.S.S. donc, s'émerveille-t-on, «la culture n'est pas un luxe accessible à une classe privilégiée, mais devient un besoin naturel, une jouissance à laquelle chacun peut prétendre»[106]. Sa littérature n'a qu'un thème et un objet uniques, ce qui est naturel puisqu'elle reflète adéquatement sa société: c'est la «construction du socialisme», — et ceci seul suffit à exalter les esprits. Ses écrivains s'en félicitent: «L'unique sujet de mes œuvres est l'édification socialiste et la révolution», écrit

(106) *Commune,* févr. 1936, 663.

Leonid Leonov[107]. Unifiée par son destinataire collectif, la littérature soviétique l'est aussi par son producteur dans la mesure où le Congrès de 1934 a fait naître un *écrivain nouveau* dans «l'alliance pratique entre ces écrivains de la bourgeoisie qui se détournent définitivement du capital et entre les écrivains prolétariens issus de la classe ouvrière»[108]. D'une «forme supérieure» de société naît une forme supérieure de littérature: une telle homologie est verbalement convaincante. «Les succès de la littérature soviétique sont conditionnés par les succès de la construction socialiste»[109]. L'U.R.S.S. est la «jeunesse du monde» — *ergo* «notre littérature est la plus jeune de toutes les littératures»[110] (Jean-Pierre Faye dans *Le Récit hunique* a autrefois montré l'absurdité de cet idéologème, récurrent dans les progressismes modernes, selon lequel il y aurait des «littératures jeunes» — et appréciables par leur juvénilité).

Cette littérature, dont l'image est homologue à celle de l'U.R.S.S. révolutionnaire, est «partie intégrante» de l'édification du socialisme, répète-t-on, car «l'art joue un rôle énorme dans l'édification socialiste» et dans l'«éducation des masses»[111]. En focalisant mieux la question et de façon plus orthodoxe, on parviendra à préciser que «les belles-lettres puisent leur pathétique, le pathétique de l'esprit collectif, dans les grandes idées du Parti et de son chef Staline»[112]. Les belles lettres contribuent à la construction du socialisme, mais elles sont aussi stimulées par lui, — dialectique toute positive. Le socialisme donne à la production littéraire une

(107) *VOKS*, 7-8: 1934, 122.

(108) L.D. Udé, *Monde*, 7.9.1934, 11.

(109) Jdanov, le 17. 8. 1934 au Congrès de Moscou, cit. Jdanov, 1950, 5.

(110) Ibid.

(111) *VOKS*, 9-10: 1935, 3.

(112) V. Kirpotine, *VOKS*, 7-8: 1934, 13.

raison d'être dont elle était privée et qui l'épanouit: «Elle a une raison d'être de lutte et de travail. Sa plénitude est la conséquence de l'édification socialiste»[113]. L'U.R.S.S. progresse, sa littérature «progresse» donc parallèlement: «dans la complexité de la vie de plus en plus riche, de plus en plus joyeuse de l'U.R.S.S., l'art soviétique voit sa formation se développer...»[114]. Littérature unique pour plusieurs langues et cultures, **la** littérature *soviétique* se définit selon Staline comme «nationale par la forme, socialiste par le fond»[115] — mot d'ordre opportuniste que Gide par exemple glose respectueusement[116]. Littérature née d'une «forme sociale» supérieure, elle doit être aussi supérieure, non seulement aux œuvres de la décadence bourgeoise, mais encore aux meilleures œuvres de l'Occident progressiste, comme à ses classiques. «Sous la direction du camarade Staline», naît en U.R.S.S. un «art digne de notre grande époque»[117]. Cet art progresse rapidement, comme progressent les statistiques des plans quinquennaux, «notre art s'élève à un nouveau degré etc...»[118]. Vers 1935, la littérature soviétique est déjà avant la lettre (l'expression sera forgée par Jdanov en 1949) la «littérature la plus avancée du monde»! La formule se rencontre, avec un adverbe interpolé qui rend perplexe, dans *Commune*: c'est «la littérature idéologiquement la plus avancée du monde»[119].

Elle est en effet supérieure à toutes ses contemporaines par son **réalisme** («un grand réalisme, une vérité sans restriction dans la peinture de la vie» la caractérisent, selon

(113) «P.N.», *Litt. internat.*,, 2-3: 1933, 213.
(114) *L'Humanité,* 8. 11. 1936, 8.
(115) Thèse exposée en fr. dans *Deux bilans* (1930), 75-6.
(116) *Commune,* III, 1936, 1429-.
(117) *Litt. int.,* 4-5: 1937, 16.
(118) *Litt. int.,* 4-5: 1937, 15.
(119) 6: 1934, 1025.

Cholokhov[120]) et aussi, mais les deux qualités se confondent, par un **lyrisme** sain qui fait défaut aux meilleures œuvres occcidentales («ce sens intime de la nature, l'expression saisissante de l'alliance des fleuves, des arbres, des bêtes avec l'homme»[121]).

La littérature de l'U.R.S.S. naît «des hommes mêmes, de la réalité sociale», va répétant Aragon qui, bien évidemment, la propose en exemple — en exemple ou en modèle?[122] Le point de savoir si cette littérature pouvait être un modèle direct posait la question préalable si elle était transposable à l'écrivain de l'Occident capitaliste, imitable par lui. Oui et non... Oui, «nos camarades de l'étranger doivent prendre des leçons chez leurs amis russes»[123]: on le leur conseille avec cette fermeté militante qui n'a que faire de fausses délicatesses et de circonlocutions polies. «Dénoncer la déchéance des œuvres du capitalisme pourrissant»[124] est une tâche importante pour l'A.E.A.R., mais il faut aussi indiquer à l'écrivain de bonne volonté le contrepoison, c'est à dire l'«aider [...] à acquérir les qualités essentielles qui caractérisent les œuvres soviétiques»[125]. Dans la pratique, une tâche en découle, qui est que ces œuvres-modèles doivent être, d'urgence, mondialement diffusées, admirées et comprises[126]. Bien des écrivains bourgeois reconnaissent la supériorité des lettres soviétiques et font amende honorable en y cherchant le neuf de l'époque: «à l'exception des Soviétiques» qui apportent du nouveau et redonnent espoir en l'art, il n'est plus de littérature qui vaille: tout

(120) *Litt. internat.*,4-5: 1937, 43.

(121) *Monde*, 1.2.1930, 5, sur Cholokhov.

(122) *Réalisme soc.*, 57.

(123) *Litt. int.*, 2: 1935, 60.

(124) *Commune*, 1934, 1156.

(125) Ibid.

(126) V. éditorial de *Litt. intern.*, 4-5: 1937.

ce qui paraît dans le reste du monde est au mieux du réchauffé et du déjà-vu, constate admiratif Jean-Richard Bloch, — Bloch, cas-type du «compagnon de route» en esthétique et en critique[127].

D'autre part pourtant, si l'infrastructure engendre et détermine les formes superstructurelles, cette littérature de l'U.R.S.S. doit être admirée sans pouvoir être imitée: une littérature prolétarienne et/ou révolutionnaire ne peut exister qu'au «pays du socialisme triomphant» à l'évidence, et nulle part ailleurs[128]. Quand en 1937-38, le P.C.F. négocie son tournant révolutionnaire-«patriotique», Aragon l'accompagne dans sa révison stratégique en s'inspirant de cet axiome déterministe: la littérature soviétique comporte des leçons pour tous les écrivains révolutionnaires, mais non pas des «modèles» à imiter car le vrai réaliste «cherche ses modèles dans la vie» et le réaliste-socialiste français doit donc les chercher dans la seule vie *française*[129].

Ce discours sur la littérature de l'U.R.S.S., tout positif et triomphaliste jusqu'ici, est fréquemment corrigé par une autre thématique, autocritique celle-ci, calquée sur les slogans de la construction industrielle et agricole du pays des Soviets, celle du **retard** relatif, à combler, dans le «développement» esthétique («la littérature soviétique malgré tous ses succès est encore en retard sur la vie...»[130]) et des mots d'ordre correctifs *ad hoc* qui rappellent les camarades écrivains à la modestie et les invite sans cesse à redoubler d'efforts et à battre des records de productivité: «*Liquider le retard de la littérature par rapport à la vie qui bat son plein en U.R.S.S.*»[131] — et «*Lutter activement pour une langue*

(127) Dans *Monde*, 330 (5), 5.4.1935.

(128) Nigg, *Soutes*, num. de 1935, 119.

(129) Aragon in *Europe*, 1938, 290.

(130) Kirpotine, *VOKS*, 7-8: 1934, 12.

(131) *VOKS*, 7-8: 1934, 4.

riche, pour des œuvres de qualité», comme le met en mots d'ordre Jdanov dès 1934[132].

Soucieux de ne pas présenter la production soviétique en une image édulcorée, trop sulpiciennement volontariste, si je puis dire, les critiques français ont intégré, en s'inspirant de quelques exemples puisés dans les revues soviétiques, dans le topos de la supériorité-en-réalisme des lettres soviétiques, l'idée que ce grand réalisme se recommandait par le fait que les bons romans qui voyaient le jour là-bas ne «cachaient rien» de la «réalité», laquelle comprenait l'aveu courageux et paradoxalement roboratif, utile à la vérité esthétique et au progrès politique, de «difficultés» rencontrées au pays du socialisme. Et l'aveu, tout aussi édifiant que les hommes soviétiques dépeints n'étaient ni des «anges» ni des surhommes! Parce que le réalisme soviétique comportait des peintures relativement négatives, il démontrait être un authentique réalisme, aucunement un «art de propagande» comme les ennemis et les détracteurs le répétaient (quoique n'ayant rien à voir avec le «pessimisme» systématique et le désespoir humain des lettres bourgeoises) et d'une; et de deux, ne «cachant rien des difficultés rencontrées», il montrait combien ces difficultés étaient peu par rapport aux réalisations «gigantesques» et, montrant en effet des «hommes et des femmes avec toutes leurs faiblesses», il ne rendait que plus admirables leurs efforts et leur persévérance, leurs «tares», séquelles de l'ancien monde, rehaussant leur simple et grandiose héroïsme[133]. Ce réalisme qui «ne cachait rien» renforçait donc la foi en l'U.R.S.S.: l'U.R.S.S. attendait de «ses» écrivains qu'ils la critiquent et qu'ils énoncent, dans une «langue riche», de sévères vérités: belle leçon esthétique et politique! Dans un tel contexte, le critique français pouvait reconnaître à son tour, avec une

(132) 1950, 10.

(133) Cit. tirée d'un c.r. de P. Unik sur Ehrenburg, *Commune,* 10:1933, 153.

crâne audace, qu'il y avait encore des difficultés à surmonter en U.R.S.S., et qu'il ne se les cachait pas plus que l'écrivain russe dont il faisait l'analyse.

Les ingénieurs des âmes

Des œuvres passons à l'écrivain, à la manière dont il conçoit sa tâche et à sa bienheureuse condition. Staline l'a défini, cet écrivain soviétique: il est un «ingénieur des âmes»! Comme les ingénieurs tout court, ces écrivains vivent en symbiose avec les masses travailleuses. La fraternité les unit à elles. Écrivains et masses sont (selon la phraséologie obligée) «étroitement liés». «Les intellectuels sont des frères égaux des paysans travailleurs et des ouvriers. Ils ont acquis droit de cité. Ils disent **nous**. Ils sont des constructeurs du socialisme»[134]. Ils ont le bonheur de contribuer à une littérature planifiée où chacun remplit sa tâche. C'est ce qu'Aragon désigne, dans un souci de signaler la rééducation joyeuse et régénératrice accomplie là-bas, comme «un immense *Bielomorstroï* des écrivains»![135] Quel contraste de cette situation enviable sur le grand chantier littéraire de l'U.R.S.S., avec le pâle individualisme, la créativité anarchique, la vanité servile, la solitude égocentrique et la déréliction de l'écrivain petit-bourgeois! Celui-ci, que prétend-il connaître, de quoi croit-il témoigner de si important qui lui vaille d'écrire des pages et des pages? Tandis que les écrivains soviétiques, eux, «ont appris à connaître la vie, non pas dans les livres, non pas en observateurs lointains, mais en y touchant, en y goûtant»[136]. On rencontre dans la presse communiste des centaines d'envolées de cette sorte

(134) Aragon, *Réalisme soc.,* 27.

(135) *Commune,* avril 1935, 805, répété 2 fois.

(136) Lidine, *VOKS,* 6: 1931, 69-70.

qui sont censées communiquer à l'écrivain vivotant sous le capitalisme l'infinie nostalgie d'un bonheur qui lui sera probablement à jamais refusé, d'une «expérience irremplaçable»[137] qu'il n'aura pas, dont son œuvre ne pourra se nourrir — à moins que la Révolution...

Quant aux critiques littéraires, ni plus ni moins que les écrivains, ils ont trouvé en U.R.S.S. le bonheur. Critiques marxistes, ils peuvent «pousser à fond des travaux de longue haleine»[138]. Ils sont débarrassés des soucis quotidiens. D'ailleurs l'U.R.S.S. est devenue un pays où la critique est naturelle à tous: «La critique et l'autocritique, note sans humour apparent G. Zélinski dans *VOKS*, font partie intégrante de l'atmosphère que respire notre pays»[139]. Tous les critiques ne sont pas aussi bien logés, la critique étant elle aussi susceptible d'une exégèse politique directe: ainsi, l'École formaliste persiste à «exprim[er] des vues bourgeoises sur la littérature»[140] et Pereverzev, le psycho-marxiste, est accusé «d'introdui[re] dans la critique le menchévisme»[141]... Ces qualifications étaient graves. Mais qui en France alors connaissait tant soit peu ces tendances russes et qui pouvait déchiffrer la portée réelle de ces critiques de la critique non-orthodoxe?

Mon objet n'est pas de procéder à l'analyse de la réception des écrivains soviétiques dans le monde communiste et dans d'autres milieux en France. Dans la presse littéraire, il faudrait distinguer les lieux et les époques et faire voir les considérations politiques sous-jacentes aux choix admiratifs. *Monde* au début des années trente réserve sa prédilection à Panférov (*La Communauté des gueux*), Ehrenburg, Babel[142] et

(137) Ibid.
(138) *L'Humanité,* 9. 8. 1936, 8.
(139) 7-8: 1934, 33.
(140) Ibid., 35.
(141) Ibid., 38.
(142) On publie une nouvelle de lui dans *Monde*, 5.11.1932.

surtout à Boris Pil'niak dont on traduit en 1931 *La Volga se jette dans la Caspienne.* Il admire aussi *Le Don paisible* de Cholokhov qui le met «au premier rang de nos grands réalistes»[143], *Le Torrent de fer* de Sérafimovitch. *Énergie* de Gladkov, *Et l'acier fut trempé* d'Ostrowski sont les épopées de l'homme nouveau et les œuvres préférées de *L'Humanité.* Le héros d'Ostrowski est «un homme d'acier, un homme indomptable»[144]. *Regards* fait une place importante à la poésie soviétique, — Kirsanov, Selvinski, Vl. Lougouskoï. Le suicide de Maïakovsky qui était au premier rang des admirations, quoique non sans réserves, appelle une «explication» qui exonère la société soviétique et fasse retomber le drame sur les insuffisances politico-littéraires du poète: finalement son inspiration était «purement individualiste» et «d'essence impérialiste», diagnostique Augustin Habaru dans *Monde.* Maïakovsky voulait chanter le dynamisme de la marche en avant soviétique, «mais ce que cette marche a de proprement collectif [...], Maïakovsky ne le perçoit pas»[145]. La mort du poète est la première grande occasion de mettre les catégories herméneutiques de la critique militante au service d'une foi totalitaire et philistine à laquelle on sacrifie les admirations mêmes et les hommes qu'on a cru admirer. Il y en aura d'autres.

La presse littéraire communiste fait aussi large place au théâtre et au cinéma soviétiques, genres populaires et collectifs susceptibles par nature d'être mis au service d'un peuple «révolutionnaire».

De tous les écrivains russes, c'est pourtant Maksim Gorki qui a pris le plus de place et qui a joué le rôle officiel d'incarnation suréminente de l'art révolutionnaire, de guide et

(143) *Litt. intern.*,4-5: 1937. 43.
(144) Sadoul, *L'Humanité,* 18. 9. 1937, 8.
(145) 26.4.1930, 4.

chef de l'intelligentsia prolétarienne, romancier, conteur, dramaturge, mémorialiste, enfin de «maître vénéré de la littérature soviétique»[146]. Son œuvre est l'écho des souffrances et des batailles du prolétariat russe. Les réserves à son égard étaient permises et abondantes pendant et après son exil dans les années vingt, mais dans les années trente, il est devenu à la fois le patriarche et l'oracle. Pour Romain Rolland comme pour Henri Barbusse, l'art naturaliste, paysan et «robuste» d'un Gorki, le contemporain et l'ami de Lénine, était certainement plus intelligible et plus familièrement satisfaisant et idéologiquement lisible que les techniques modernistes des Babel et des Pilniak, même mises au service d'une épopée révolutionnaire! Les pages de *Russie* de Barbusse consacrées à Gorki forment une apothéose bêtifiante du maître («...aucun mot ne saurait rendre l'extraordinaire luminosité des yeux bleus, etc.»[147]). Jusqu'à sa mort en 1936, Gorki est officiellement **le** grand écrivain de l'U.R.S.S. et les revues françaises entérinent cette position glorieuse. Gorki est aussi et bien plus, pour le camp de la révolution, tout simplement le plus grand écrivain du monde, «le plus puissant écrivain de notre époque [....], après lui, il n'y a personne»[148]. Au Congrès de Moscou de 1934, le speech de Gorki est, avec celui de Boukharine, un des moments forts. Les Aragon, Nizan et Sadoul devaient bien avoir de secrètes préférences, mais à la mort de Gorki en 1936, soumis à la ligne, ils lancent en chœur le dithyrambe prévu: «La littérature mondiale vient de perdre son chef», proclame Aragon[149]. Quand Aragon découvre peu après que Gorki n'est pas mort de sa belle mort, mais qu'il a été assassiné par ordre du «Centre

([146]) *Monde,* 7.9.1934, 10.

([147]) *Russie,* 228.

([148]) Marc Bernard, *Monde,* 22.10.32, 11.

([149]) Num. spécial de *Commune,* août 1936. V. aussi son apothéose dans *Litt. internat.,* 1936, 37—.

unifié des droitiers et trotskystes», jugez de son horreur! «Il n'y aura pas de pardon pour ceux qui tuèrent» le plus grand des écrivains[150].

Que faire de Dostoïevski?

Les classiques russes, de Pouchkine à Tolstoï, se rangeaient assez bien selon un jugement rétroactif qui permettait d'évaluer leur utilité pour l'U.R.S.S. révolutionnaire, fût-ce à travers la satire des mœurs de l'Ancien régime qu'on rencontrait chez eux. Mais Dostoïevski faisait problème, comme l'indique fréquemment Nizan[151]. Nizan qui admirait Dostoïevski pour avoir su poser dans son œuvre des problèmes existentiels et philosophiques essentiels[152], savait que c'était cette admiration, impossible à extirper, qui *faisait problème* face à celui qu'il qualifie de «plus grand romancier du malheur»[153]. Il l'oppose en ceci à Tolstoï, mais — malheur ou pas — c'est évidemment Dostoïevski qu'il préfère! Nizan voyait bien en outre le lien entre l'esthétique de Dostoïevsky et sa politique, slavophile, anti-modernisatrice, conservatrice et religieuse.

Sans même mentionner le mysticisme et la pensée explicitement réactionnaire de l'auteur de *L'adolescent,* Nizan se cherche des raisons de le condamner et les trouve dans l'essence même de son univers romanesque: un monde de la déchéance essentielle (non pas historiquement contingente et remédiable) de l'homme, «un monde où aucune solution réelle n'est possible». Et pourtant, tout en appelant de ses vœux la naissance d'une «littérature du bonheur» dont au fond il

(150) *Commune,* avril 1938, 901.

(151) *Monde,* 29.3.1935, 8.

(152) Nizan, *Cahiers de la jeunesse,* 15.12.1938.

(153) *Monde,* ibid.

ne trouve pas encore trace où que ce soit, Nizan se refuse à condamner ici ce que la *logique* de sa doctrine lui impose de faire.

Face à cette représentation catéchétique, mythiques et dogmatiques de la littérature en U.R.S.S., il faut mentionner quelques *réserves* que seuls pouvaient se permettre d'exprimer des artistes suffisamment autonomes et prestigieux pour s'autoriser un écart, d'ailleurs ésopiquement prudent et qui ne leur servait qu'à «sauver leur âme», tout en maintenant leur allégeance. André Gide dans son discours à la Mutualité du 23 août 1934[154], fait admirer en U.R.S.S. «une extraordinaire éclosion d'œuvres littéraires», «certaines dignes de la considération la plus haute» — mais il ajoute une nuance apparente, une nuance qui change tout: «Que la littérature et l'art puissent servir la Révolution, il va sans dire; mais il n'a pas à se préoccuper de la servir». Revoici l'autonomie de l'art, ce trait assuré de philistinisme bourgeois! Cela doit agacer ceux qui n'écoutent pas trop distraitement. Décidément, Gide ne changera pas! Au fond, Gide admire de confiance certaines œuvres, mais il attend mieux et autre chose: «Si l'U.R.S.S. triomphe — et elle doit triompher — son art bientôt se dégagera de la lutte; je veux dire: s'émancipera.»[155] André Malraux à Moscou en 1934 n'avait pas été moins «nuancé» malgré une admiration de principe:

> À exprimer une puissante civilisation, on ne fait pas nécessairement une puissante littérature et [....] il ne suffira pas de photographier une grande époque pour que naisse une grande littérature[156].

([154]) *Commune,* 1934, II, 161.

([155]) Ibid.

([156]) Cité par les révolutionnaires bruxellois non-alignés de *Documents 35,* 4: 1935, qui approuvent.

III

LA LITTÉRATURE BOURGEOISE

La critique ASDLR, avant d'inventer une contre-proposition volontariste, a d'abord construit un objet de condamnation: cet objet se nommait la *littérature bourgeoise.* Elle a montré celle-ci asservie à une classe condamnée, décadente, agonisante. Elle l'a caractérisée par son horreur du «réel» et de la «vie», étant vide, superficielle, byzantine par la forme et pessimiste par le fond, attirée exclusivement par le malsain, l'anormal, le sordide car «coupée du social» et des «luttes», incapable de vibrer à l'épopée révolutionnaire qui allait d'ailleurs la balayer, elle et jusqu'au souvenir de ses écrivains stipendiés. À classe condamnée, littérature en putréfaction: c'était logique ainsi et cette homologie semblait confirmer la justesse et la pertinence de l'herméneutique dite marxiste. Cette critique en forme de réquisitoire, rejetant en bloc la production bourgeoise, formait la *pars destruens* d'une réflexion ou d'un système qui, par contraste et antinomie, allait permettre d'imaginer une autre littérature, celle de l'avenir révolutionnaire, une littérature qui devait être l'antithèse de cette esthétique fourvoyée: grande ouverte sur le «réel», saine, optimiste, ennemie des «chinoiseries formelles» et naturellement accessible aux masses dont elle reflèterait les valeurs et les combats.

La critique ASDLR a donc convoqué en bloc devant le prétoire de l'art révolutionnaire les Mauriac, Morand, Montherlant, Valéry, Martin du Gard, Maurois, Drieu, Brasillach, Céline, Giono, Giraudoux, Saint-Exupéry, Proust, Gide (celui-ci jusqu'en 1932!). Elle a voulu témoigner de la patience à certains qui se montraient, fût-ce à leur insu, sur la «bonne voie» (Montherlant, Drieu et Céline ont bénéficié, bien à tort, de cette longanimité), elle a accueilli avec une surprise où entrait le sentiment d'un juste retournement historique, une poignée d'écrivains connus qui tout à coup se «rangeaient» dans le bon camp (Gide, Giono), mais elle a surtout condamné et recondamné et fait monter dans les mêmes charrettes des écrivains estimés aux côtés d'autres littérateurs à succès moyen, les Clément Vautel, Jacques de Lacretelle et Alphonse de Chateaubriant, aux côtés aussi d'académiciens et de mondains, comme André Bellessort, Jacques Bainville, Claude Farrère, concédant parfois (sans que cela change le sort commun des uns ou des autres) quelque différence de talent. Tous «tarés» cependant, tous «vendus à la bourgeoisie», «parasites» — «ténias de luxe», écrira Aragon[1] — et «domestiqués par l'argent»... Cette critique n'a consenti à reconnaître de différences entre les «sales besognes» des écrivains fascisants et les vaines «jongleries sentimentales» et vains «raffinements psychologiques» des apolitiques, entre les morbides peintres du «sordide» et du «faisandé» et les «acrobaties» formelles de ceux qui acceptaient de n'être que les «amuseurs des riches», que pour montrer en ces divers cas de figure les facettes diverses d'une même impuissance créatrice, d'une même fausseté humaine et esthétique, d'un même mensonge dont les écrivains bourgeois, à court de sujet et d'invention, ne guériraient que «s'ils observaient la lutte vivante de millions de travailleurs» et se mettaient à leur service[2].

Ce concept de «littérature bourgeoise», *prima facie*, forme un amalgame, polémiquement commode, qui permettait de fourrer dans le même sac ce que les critiques bourgeois souhaitaient justement distinguer: le modernisme de l'avant-garde

(1) *Commune*, juillet 1933, 71.

(2) Dimitrov, *Commune*, avril 1935, 834.

avec le théâtre de boulevard, le roman de Proust ou de Joyce avec le tout-venant des prix littéraires destinés à la «rêveuse bourgeoisie», les inventeurs d'écriture moderne avec ces faux grands écrivains que consacre le goût public d'une conjoncture[3]. La critique ASDLR a voulu cet amalgame, il lui importait de condamner en bloc et de montrer de l'un à l'autre la récurrence des mêmes traits. Elle a regroupé ces traits comme l'expression d'une collective déliquescence, d'une agonie esthétique concomitante de celle d'une classe sociale. C'est Henri Barbusse qui a fixé le premier cet amalgame condamnateur en rejetant, dans un article de 1928, en bloc et en détail «l'incohérence, le vide, la banalité (les œuvres n'étant renouvelées que par le dessus), le goût du détail, le papillotage mondain à la Marcel Proust, la culture du vice à la André Gide, celle de la superstition à la Paul Claudel, la recherche de l'effet, du cas exceptionnel (les fous et les pervertis pullulent parmi tous [ces] personnages factices...), le divisionnisme à outrance, l'analyse quintessenciée (on découpe Stendhal et Dostoïevsky en série), bref, sur toute la ligne, l'étouffement de la vie par le cloisonnement, l'égoïsme et la dissection»[4].

Il ne s'agissait pas seulement de rejeter les diverses formules esthétiques du temps comme complémentairement solidaires d'une même erreur délétère, il fallait dire que les impasses diverses où s'étaient engagés tous les écrivains modernes s'*expliquaient* par le seul fait que l'artiste était, qu'il le reconnût ou non, «au service» d'une classe dominante en décomposition que balayerait bientôt le «grand souffle révolutionnaire».

On pouvait le lui dire brutalement: serf volontaire et vénal, l'écrivain à succès était tombé dans ce «misérable état des

(3) Sur Lacretelle: «Un des traits de la vie littéraire bourgeoise, c'est qu'elle puisse créer du néant ces personnages de faux grands écrivains.» (Nizan, *Monde*, 12. 4. 1935, 6.)

(4) Barbusse, *Monde*, 20. 10. 1928, 4-13, repris dans *Russie*, 165-6.

intellectuels domestiqués par l'argent»[5] — et celui qui s'illusionnait sur son désintéressement et sa liberté créatrice n'en était pas moins *objectivement* (c'est un adverbe de la propagande depuis Jules Guesde) complice et asservi, sa fictive liberté était l'alibi qui lui permettait en toute fausse conscience de «donner des gages» à ses maîtres. «La démocratie bourgeoise entend par la liberté de l'écrivain le droit à un bavardage irresponsable et le droit d'adopter une position en apparence au-dessus des classes mais qui se concilie parfaitement, en réalité, avec le régime existant, c'est-à-dire en fin de compte, le régime bourgeois de classe. Il ne s'agit pas de liberté de créer en général, mais de la liberté de créer dans les limites d'une idéologie de classe déterminée. [...] La liberté de créer pour l'artiste, c'est la liberté de l'initiative d'un combattant isolé du front prolétarien dans la guerre de classes»[6].

La catégorie de «littérature bourgeoise» repose sur la récurrence imputée aux œuvres qui paraissent de certains caractères, de certaines déficiences et perversions de fond et de forme, mais aussi sur l'attribution de *fonctions* remplies par cette esthétique épuisée, aberrante et faussée, fonctions qui servent à justifier directement le qualificatif de «bourgeoise»: cette littérature rend des services à une classe toute à ses sordides combinaisons et à ses calculs cruels, services contradictoires qui permettaient de prouver à tout coup, devant des œuvres diverses et incommensurables, la connexion de l'erreur et du rôle joué (la littérature n'étant pour le bourgeois qu'un *luxe*, inutile et factice, et non un «aliment» comme elle l'est, on le sait, pour le peuple sain). Tel roman se réduisant, tout compte fait, à la pure défense des intérêts de classe «bourgeois», tel autre permettant seulement au bourgeois de «tromper son ennui» (le bourgeois est «repu» et oisif, c'est

(5) Aragon, *Commune*, 7: 1933, 64.
(6) S. Tretiakov, *V. O. K. S.*, 7-8: 1934, 128.

ici un vieux stéréotype de la propagande socialiste), tel autre aidant le capitaliste à refouler sa peur devant les changements qu'il sent venir, lui offrant «illusion» ou «évasion», la fuite dans «l'inactuel», ou dans un «éternel» factice.

C'est en effet une herméneutique de l'*illusion* que la critique ASDLR met en place pour «expliquer» la littérature de son temps. Aspirant à une esthétique qui dise la vérité, qui y contraigne, le jeune critique communiste voit dans la littérature de la classe dont il sort et qu'il rejette, une esthétique de mensonges, d'alibis, de fuite qui est un apport de vaines justifications à une classe *injustifiable*.

> Voilà ce qu'ils lui réclam[ent], au marchand de mots: une justification. Un miroir où leurs étroitesses et leurs laideurs fussent transfigurées. Transmuées en beauté et pureté. L'écrivain les aide à ne pas se voir comme ils sont. Il les défend contre leur mauvaise conscience. Il découvre de hauts mobiles à leurs bassesses afin qu'ils puissent les supporter. C'est là le rôle qu'ils lui laissent.[7]

Consolation offerte aux consciences malheureuses, alibi pour les mauvaises consciences, faussetés artistiquement accommodées pour les fausses consciences, la littérature bourgeoise trahit à tout coup sa fonction fondamentale qui est de bercer d'illusions l'agonie d'une classe dont la seule *vérité* est «la peur qui la tenaille du prolétariat et de ses conquêtes»[8].

C'est en établissant ce rapport entre *erreur* esthétique et *vérité* refoulée au fond de la conscience bourgeoise que la critique ASDLR est conduite à dégager son grand présupposé heuristique, le paradigme qui lui sert à la fois d'axiome et de conclusion: c'est celui de l'*homologie* entre la classe et sa

(7) Georges Hivernaud, «Marchands de mots», *Monde*, 325: 1er mars 1935.

(8) *Commune*, 1934, 997.

«conscience» littéraire qui lui semble argumentativement entraîner sa contrepartie positive sur le prolétariat et la littérature de l'avenir: à bourgeoisie agonisante, littérature bourgeoise en décomposition. C'est ce qu'il fallait démontrer et que *tout* démontre. «La société née du capitalisme est dans la phase descendante de sa courbe»[9], et dès lors «culture, philosophie, littérature, art suivent la pente d'une réalité qui se défait»[10]. Dans cette homologie, la tactique de preuve peut se renverser: chaque œuvre acclamée par la bourgeoisie se mue en démonstration surérogatoire, en «reflet» involontaire des délires d'une classe agonisante, en nouvel «exemple frappant de l'épuisement d'une civilisation et de la classe, des intérêts qu'elle exprime»[11].

Autrement dit — c'est la démarche que le critique communiste adopte avec une sorte d'*eurêka* spéculatif — l'«histoire» ne lui sert pas tant à expliquer la littérature que la littérature ne *prouve* le sens de l'histoire, qu'elle ne prouve que les communistes ont raison. La littérature bourgeoise *démontre anticipativement* la disparition à brève échéance de la bourgeoisie, de même qu'il faudra que la littérature révolutionnaire naissante prouve par anticipation la fatale victoire du prolétariat mondial. Ainsi, le critique communiste englobe-t-il une herméneutique de l'*illusion* dans une certitude construite et transcendante — ou, si l'on veut, immanente à la totalité de l'histoire. La bourgeoisie doute et craint, et en ceci seul, elle est dans le vrai: «La littérature reflète ce repliement frissonnant, ce scepticisme et ce découragement»[12]. La médiocrité ruineuse de l'art qui se fait est homologue de «l'écroulement de la société bourgeoise, incapable de créer un art parce que, au fond, elle se désintéresse de tout, excepté

(9) Bloch, *Naissance d'une culture*, 101.
(10) Fréville, *Lénine/Staline*, 9.
(11) *Monde*, 25 janvier 1930, 3.
(12) Bloch, *Naissance d'une culture*, 102.

la fabrication des canons»[13]. La faillite des œuvres dont on rend compte exprime et transpose, semaine après semaine, une faillite historique. Ainsi va l'herméneutique de classe: «La faillite propre de Drieu, écrit par exemple Nizan, se confond avec une faillite générale de la pensée bourgeoise»[14].

Toute œuvre acclamée ou appréciée par la presse bourgeoise est, dans une telle logique, condamnée d'avance. Du reste, l'homologie a tout à gagner à fonctionner sans ambiguïté et sans ombres: comment des œuvres bourgeoises, appréciées de bourgeois, pourraient-elles conserver quelque beauté ou quelque vérité aux yeux des révolutionnaires? La critique ASDLR tend finalement à une sorte de *bogdanovisme*: il faut que le communiste, quelle que soit son «origine de classe», prenne soin de ne plus se laisser *contaminer*. À quoi bon en effet pour «l'homme nouveau qui grandit ici», «des écrivains comme les Marcel Proust, les Giraudoux et les Cocteau»? «Ce sont des virtuoses d'une assez dangereuse espèce.»[15] Tel est l'avertissement servi par Barbusse, s'adressant à la jeunesse soviétique.

La critique ASDLR a fréquemment eu recours à l'argument par l'approbateur, logique, trop logique dans ce système. La critique bourgeoise vous trouve du talent: c'est bien mauvais signe! Quand ladite critique bourgeoise *feint* d'admirer le Malraux de *La condition humaine*, il faut dédouaner le romancier compagnon de route de ces suspectes et dangereuses approbations, montrer qu'il y a malentendu puisqu'en dépit de quelques noirceurs, de quelques concessions à la mode et d'erreurs «historiques», Malraux est dans le bon camp[16]. Quant au succès bourgeois, à la caution bourgeoise continue et soutenue, elle est, sans plus, démonstrative du

(13) Michois, *Monde*, 6 déc. 1934, 4.
(14) Nizan, «Drieu la Rochelle», *Monde*, 320, 25 janvier 1935, 10.
(15) Barbusse, *Russie*, 170.
(16) J. Audard, *Commune*, juillet 1933, 71-2.

néant artistique: «M. Maurois plaît aux femmes de la bourgeoisie en leur donnant habilement l'impression qu'elles sont intelligentes car elles comprennent aisément ce qu'il écrit, qui paraissait d'abord subtil et profond», constate Nizan[17]. L'argument de l'approbateur a largement servi contre Gide devenu renégat: «il n'ignore point le parti que de son livre tira [le] *Jour*, [le] *Matin, Candide*, *Gringoire*»[18]. Cet argument figurera au premier rang des paralogismes favoris de la critique stalinienne au cours de la Guerre froide.

Décadence, décomposition, agonie

Je reviens à cette homologie qui fonde la critique communiste, homologie entre deux «décadences», l'une confirmant l'autre. Dans le pathos phraséologique communiste, et de plus en plus à mesure de la «stalinisation» de cette phraséologie, les variations sur la décadence bourgeoise ont servi à conforter la «foi» révolutionnaire. «La littérature du capitalisme moribond dégénère intellectuellement; elle n'est pas à même de représenter les grandes forces qui ébranlent le monde», proclame Radek au Congrès de Moscou de 1934[19]. Il ne fait que répéter un lieu commun sur lequel les intellectuels communisants tombaient d'accord comme sur l'évidence: il fallait une *autre* littérature parce que la littérature courante issue de l'ancien monde était totalement décomposée, faussée et finie.

> L'art s'il ne veut pas périr ou dégoûter tout le monde doit tendre sans cesse vers cet élargissement de l'âme humaine, mais nous n'avons la plupart du temps aujourd'hui qu'un art négatif, de décadence.[20]

(17) Nizan, *Humanité*, 10 mars 1933, 8.

(18) *Commune*, 1937, 1435.

(19) Radek, Rapport au 1er Congrès, *Commune*, oct. 1934, 46.

(20) Marc Bernard, *Monde*, 22 oct. 1932, 11.

Aucune surprise: cet échec était homologue du «vaste effondrement social» commencé; il l'accompagnait, l'anticipait, il le donnait à voir. Dire que la littérature bourgeoise avait «toutes les tares morbides de la décadence»[21], revenait — de façon confuse — à évoquer une analogie historique scolaire, celle de la Grèce de l'époque hellénistique ou de l'Empire romain tardif, ou des Byzantins avec les Turcs aux portes de la ville: décadence d'une culture qui produisait encore des œuvres parfois curieuses, baroques, mais tarées, malsaines moralement, vides de contenu et surchargées de forme. La décadence esthétique dont, au gré du critique communiste, le diagnostic était sûr, pouvait provoquer du dégoût, mais elle pouvait hélas aussi aussi éveiller un morbide attrait. Barbusse avait pris sur lui de mettre en garde les robustes Soviétiques contre leurs possibles faiblesses pour «les productions les plus insignifiantes et les plus creuses de notre littérature française de décadence»[22].

Dans le même temps où, à Munich en 1937, les nazis exposent au mépris de la race germanique l'«art dégénéré», les communistes construisent le paradigme LITTÉRATURE DÉCADENTE / LITTÉRATURE JEUNE, — celle de l'U.R.S.S. surtout, puisqu'aussi bien l'U.R.S.S. «représent[ait] la jeunesse et la force au milieu des impérialismes en décadence»[23].

La catachrèse la plus véhémente (et la plus polysémique) qui permettait de passer de la décadence d'une classe à la décadence de son esthétique était celle de la *pourriture*. J'entends, à la fois, de la «décomposition» (des genres, des formes, des types humains, des lisibilités) et de la «corruption» (morale). Cette syllepse permettait, avec une méritoire brutalité polémique, de dénoncer «l'art immonde d'une classe dont la pourriture n'est pas un vain mot»[24] et cela permettait aussi

(21) Barbusse, *Monde*, 30 janv. 1932, 5.

(22) Barbusse, *Russie*, 170.

(23) Barbusse, *Monde*, 5 sept. 1935, 8.

(24) *Monde*, 11. 5. 1935, 13.

de ramasser en un mot les différents modes de la «décomposition» historique, économique, morale, artistique, stylistique de cette classe en putrescence: «Au sein de la décomposition du capitalisme, fermentent et pullulent les mensonges idéalistes, les anathèmes contre la connaissance et contre la raison (...). Cette régression a pour stade suprême le fascisme.»[25]

»Pourriture» est du pathos facile substitué à de l'analyse, mais c'est aussi l'expression concentrée de l'homologie dont je viens de parler. En réaction à ce dégoût que suscite la «pourriture», l'apologie des romans à thèse staliniens, sommaires mais sains, semble devenir possible de «bonne foi». «Quelques-uns ont dénoncé l'état de décomposition où [la littérature] est parvenue, image adéquate de la décomposition de la classe dirigeante dont elle est la cliente.»[26] «Contre l'art pourri, pornographique, malsain, déraisonnable inspiré par la décadence des mœurs bourgeoises, les communistes appellent le retour à l'art sain dans la liberté», conclut Vaillant-Couturier.[27]

On peut noter au passage que ce pathos de la «pourriture» semble rapprocher ambigûment le discours communiste de la *doxa* populiste de droite des années trente, celle qui dénonçait la «presse pourrie», «le régime politique pourri», qui voyait partout de la «pourriture» qui gagnait du terrain. *Je suis partout*, à l'autre bout de la topographie politique, ne pratique pas moins une dénonciation de la «pourriture».

Comment s'explique — sinon cette «pourriture» — du moins cette *décomposition* de la littérature bourgeoise au XXème siècle? Elle se lit pour les communistes sur un graphique, celui d'une courbe d'abord ascendante, celle de la littérature de la bourgeoisie montante, — avec Voltaire,

(25) Fréville, *Lénine/Staline* (1937), 11.

(26) Barbusse, *Monde*, 30 janvier 1932, 5.

(27) Vaillant-Couturier, *Service*, 19.

Diderot et jusqu'à Balzac et Hugo, — puis on remarquait les dents de scie des premières tendances à la décadence (en dépit de Zola), puis c'était la courbe descendante accentuée qui aboutissait à une littérature du «vide», du «sordide», du «morbide». C'est cette histoire en graphique accéléré qu'esquisse dans un discours fameux Maurice Thorez, désolé comme révolutionnaire et comme patriote (probablement par la plume de Vaillant-Couturier):

> Dans le pays qui a donné Rabelais, Corneille, Racine, Molière, Voltaire, Beaumarchais, Flaubert, Balzac et Émile Zola, la décadence est effrayante. La production littéraire [...] devient d'une regrettable platitude. [...] Les livres pornographiques le disputent aux niaiseries.[28]

Une fois encore, on l'observera aisément, les deux courbes sont strictement parallèles, les deux «phases ascendantes» puis les deux «décadences» se correspondent, celles de la classe et celles de sa culture: «La bourgeoisie est en plein déclin. Elle est passée du stade de la conquête à celui de la peur, c'est-à-dire dans le domaine littéraire de la hardiesse à la conservation.»[29] Aux écrivains contemporains le «climat» manque sans lequel le talent ne peut engendrer d'œuvres fortes, le «reflet» que l'écrivain bourgeois peut rendre de sa classe décadente ne lui permet qu'un art appauvri, tronqué... Contrastez cela avec l'art de Gorki: «son œuvre ne reflète pas la décadence et la ruine de la petite bourgeoisie (...) Elle est l'écho des souffrances et des batailles prolétariennes»[30].

Il paraît logique aussi qu'en une période de décadence, l'art tombe aux mains de «déséquilibrés» (on dira parfois de «toqués»), et on ne pouvait nier que ceux-ci pullulaient dans les prétendues avant-gardes (ce constat, antique lieu

(28) Thorez, *Union*, 33.
(29) *Regards*, 122: 14 mai 1936.
(30) *L'Humanité*, 5 juillet 1936, 8.

commun des médecins de la «dégénérescence» comme Max Nordau dans les années mil huit cent quatre-vingt-dix, permettait de montrer les surréalistes, compagnons de route si douteux, du côté de ces déséquilibrés et de ces pervers, ce qui signalait, en dépit de leur révolutionnarisme affiché, leur appartenance à une classe «malade»).

Les Soviétiques ont beaucoup cultivé, plus encore que les Français, ce thème des «phases» ascendantes et descendantes, qui paraissait irréprochablement marxisant et historiciste. C'est la thèse du discours fameux de Maksim Gorki au Premier Congrès de 1934. «De Hercule à Arsène Lupin», titre-t-il: de l'homme nouveau à l'homme inutile, du héros épique au gentleman-cambrioleur, ce dernier étant *l'épitomé* de la littérature bourgeoise finissante.

Le diagnostic de décadence permettait d'autre part de concéder un «talent» à certains écrivains, à la fois condamnables parce que dans le faux, mais déplorablement doués du point de vue «formel». C'est le diagnostic prochain que György Lukàcs fera de Franz Kafka, échantillon doué de la «décadence esthétiquement intéressante». Lukàcs opposera une systématisation philosophique, dans les années 1940-50, aux idées simplistes qui traînaient depuis les années vingt dans la presse littéraire militante tant en France qu'en Allemagne. La thèse de la «décadence esthétiquement intéressante» se rencontre, préfigurée et floue (car il n'avait pas la tête philosophique) chez un Barbusse par exemple qui, parlant de la putrescence littéraire bourgeoise, a toujours la «largeur d'esprit» de concéder: «Décomposition brillante certes, fourmillante de talent et de maîtrise, grouillante de luxe et de raffinement»[31]. Quand Barbusse pérore sur les Proust, Morand, Cocteau, Gide (avant 1932), il leur concède en effet toujours un «talent» qu'il montre indissociable de leurs «tares» mêmes:

([31]) Barbusse, *Monde*, 30. 1. 1932, 5.

> On fait trop de place à ces littérateurs de fin d'Empire, [...] ils représentent exactement les perfectionnements et les tares suprêmes d'une société malade. [...] [Ils] ne sont que des résidus de culture et des déchets compliqués de civilisation.[32]

La «concession au talent» a formé un *topos* du commentaire communiste, — ou plutôt on voit que ce n'était pas une concession du tout: les «talents» ne sont pas des absolus autonomes, ils sont idoines à véhiculer certains contenus et à certaines visions du monde. Il y a des talents «sains», épiques, ceux des romanciers peignant le prolétariat en lutte; il y a les talents, relatifs mais tarés des narrateurs de «coucheries», de «vies de salonnards» et (je viens plus loin à la réprobation du sexe moderniste) d'«histoires de pédérastes». Un paradigme s'esquisse: Gorki contre Proust, à chacun sa sorte de «talent» en effet! Et pour le jeune critique communiste, une redoutable question: où vont, camarade, tes secrètes préférences?

La critique ASDLR a eu raison de poser qu'il n'y a rien de plus faux que d'admirer des «talents» en dehors de toute signification, de tout contenu. De là, elle aboutit d'un saut à une heuristique où le jugement «politique» est essentiel par rapport à un jugement «esthétique» qui ne serait que reflet contingent. Les thèmes favoris et les formules en vogue de la littérature bourgeoise la condamnent. Ce qu'édictera dans les années 1940 Jdanov, retrouvant la «preuve par la décomposition»: «Le déchaînement du mysticisme et du cléricalisme, l'engouement pour la pornographie sont caractéristiques du déclin et de la corruption de la culture bourgeoise...»[33]

Talent sans conscience de classe n'est que ruine de l'art. En concédant du talent, en reconnaissant à Paul Morand

(32) Barbusse, *Russie*, 174-5.

(33) Jdanov, discours du 17. 8. 1934, repris in Jdanov, 1950, 7.

«un talent certain»[34], *idem* à François Mauriac[35], en concédant à un autre du bout des lèvres de la «virtuosité technique»[36], le critique communiste ne croit pas que ce talent, cette virtuosité vous rachètent ou vous disculpent. Il ne s'agit pas d'admirer, sans poser de question, «tout ce qui pousse, fût-ce une rose, sur le fumier et du fumier du capital»[37].

Par ailleurs, on pouvait concéder du talent à un écrivain bourgeois tout en déclarant ce talent affaibli et étouffé, étant au service d'une mauvaise cause. C'était la tactique utilisée à l'égard des littérateurs qui pouvaient n'être pas absolument irrécupérables. Nizan s'en sert à tout coup, rendant compte des romans de Mauriac. Jean-Paul Sartre, dans *Situations I*, ne fera que paraphraser la thèse développée quinze ans plus tôt par son petit camarade disparu («Dieu n'est pas un artiste, M. Mauriac non plus...»):

> Monsieur Mauriac est catholique, et sa religion domine son art. Il y a un combat entre le croyant et le romancier où le romancier est toujours vaincu.[38]

Quant aux écrivains qui se fourvoyent du côté fasciste, ils le payent de leur «reste de talent». Ainsi *Beloukia* de Drieu La Rochelle: «C'est dans ce style aussi plat qu'ennuyeux que M. Drieu La Rochelle qui eut du talent il y a quinze ans, a écrit ce récit...»[39]. Drieu aboutit enfin au néant stylistique quand il publie son essai *Avec Doriot*: «On ne ment pas impunément. Il n'y a pas de plus grand enseignement littéraire que celui-là»[40]. La malfaisance de la vision politique se traduit automatiquement en échec esthétique, ce qui permet

(34) G. Altmann, c. r. de *Magie noire*, *Humanité*, 8 juillet 1928.
(35) M. Fournier, sur Mauriac, *Humanité*, 2 avril 1925.
(36) Barbusse, *Russie*, 165.
(37) Aragon, *Commune*, janvier 1936, 568.
(38) Nizan, c. r. des *Anges noirs*, *Humanité*, 22 mars 1936.
(39) *Humanité*, 13. 9. 1936, 8.
(40) Nizan, *Humanité*, 7 août 1937, 8.

au critique communiste de nier ne porter sur l'œuvre condamnée qu'un jugement étroitement politique. Seule une expérience «sociale» militante, ira jusqu'à affirmer Nizan, peut *nourrir* un réel talent: «Si on ne s'engage pas dans l'action, on n'écrira comme R[amón] Fernandez [*Les violents*], que des romans manqués, des romans par ouï-dire».[41] Au bout du raisonnement, la boucle est bouclée: dans cette critique sans marges ni distances, l'échec particulier illustre invariablement la faillite générale: «La faillite propre de Drieu se confond avec une faillite générale de la pensée bourgeoise...»[42]

De la décadence à l'«agonie» et à la «mort», il n'y a que des étapes successives (un peu comme dans les menaces du Dr Diafoirus chez Molière). Issus d'une classe condamnée, les écrivains ne produisent que des œuvres qui ne survivront pas, terrible punition pour ces petits bourgeois idéalistes qui rêvent de «postérité». Or, «il est bien entendu que cette civilisation bourgeoise est finie, que le monde est dans la situation où fut l'Europe à la fin de l'âge barbare»[43]. Les œuvres littéraires du temps l'accompagneront à la fosse commune de l'histoire:

> Le tombeau attend la classe de M. Mauriac. Ses livres demeureront pour les érudits des temps à venir, un des témoins de l'extrême degré de hideur où étaient parvenus les lecteurs de l'*Écho de Paris* (...) à l'aboutissement de leur décrépitude.[44]

La littérature bourgeoise contre le réel

À la fois logiquement et dans sa genèse concrète, la critique communiste n'est pas partie d'un *primat du «réalisme»* qui

(41) Nizan, *Monde*, 1er août 1935, 8.
(42) Nizan, c. r. de Drieu La Rochelle, *Monde*, 25 janvier 1935.
(43) Nizan, *Commune*, 1937, IV, 725.
(44) Sadoul, *Commune*, mars 1935, 762.

eût été l'axiome de toute littérature révolutionnaire, mais du constat que la littérature bourgeoise en ses diverses formules, au XXème siècle, lui apparaissait comme une «fuite» loin du «réel» et de la «vie». Quand Aragon se fera doctrinaire du réalisme, il lui conviendra de montrer que la bourgeoisie s'est activement *attaquée*, en sa phase agonisante, à lui: «la lutte contre le réalisme marque l'apogée de la culture bourgeoise dans cette avant-guerre qui fait tant soupirer ceux qui ont connu les *affaires* de ce temps-là»[45].

Il subsiste une sorte de réalisme bourgeois, mais c'est un réalisme perverti, éclaté, «dépouilleur», «négateur», montrant à la loupe les «plaies» en contraste avec le réalisme soviétique qui est «constructeur»[46]. Le bourgeois «triche» avec le réel: «on peut tricher avec cette réalité, comme un Paul Morand, un Marc Chadourne [...] On peut aussi ne l'interpréter qu'unilatéralement. Parfois avec le talent bouleversant d'un François Mauriac...»[47]. L'écrivain bourgeois le décompose et le fragmente, comme l'illustre «la littérature en morceaux de Paul Morand et de Giraudoux, — internationale de palaces, observateurs de wagons-salons»[48]. Réactionnaire, cet écrivain est tourné vers le passé, non l'avenir (et l'avenir se détourne de lui). Il corrompt le réalisme de composantes malsaines et étrangères à sa *nature*: il y a le «réalisme magique», naturellement exalté par «les critiques fascistes»[49], il y a les «fantaisies» et le «freudisme», que réprouve Aragon, brûlant ce qu'il avait adoré: «La fantaisie et le freudisme sont les deux autres aspects de classe de cette littérature [d'après guerre].

(45) Aragon, «Défense du roman français», *Commune*, janvier 1936, 563.

(46) Nigg, *Soutes*, 1935, 118-9.

(47) *Commune*, janvier 1938, 606.

(48) Barbusse, *Russie*, 172.

(49) «Julien Green», *Humanité*, 3 mai 1936, 8.

D'où le succès de Proust, de D. H. Lawrence et des romanciers surréalistes à la Delteil.»[50]

Les critiques soviétiques, sur un ton doctoral, rendu plus obscur encore par la maladresse des traductions, montrent parallèlement que la littérature russe avant 1917 était aussi engagée dans cette voie du réalisme morcelé, abâtardi, perverti et dégradé, mais qu'elle s'est resaisie, qu'elle en a été sauvée en se *soviétisant*:

> Les théoriciens formalistes de ce temps se mirent à préconiser au lieu de l'image réaliste des méthodes d'interprétation du monde le rendant inconcevable. Ils commencèrent à chercher des constructions vagues situées sur différents plans en faisant des expériences incompréhensibles et souvent insensées. [Seuls quelques écrivains] se sont plongés dans la vie des masses travailleuses qui menaient la lutte pour l'avenir. Ces écrivains ont alors créé une littérature compréhensible et proche des masses, [...] riche en expérience de la vie.[51]

«Étouffement de la vie»[52], «refus du présent»[53], «littérature de fuite», «fuite devant le concret»: le critique communiste repère non seulement sous divers avatars ce trait récurrent, mais il l'explique par le même attachement à une classe agonisante et par la peur d'un «réel» qui la tenaille et la condamne:

> Toute la littérature de fuite dans la vie intérieure ou dans la bonne auberge catholique, de renoncement à l'action et à la saine emprise du réel, de cloisonnement des vies sans aucune vision d'ensemble, sans aucun rattachement à d'autres réalités, au milieu et à un ordre des choses, la description de cas pathologiques (...) dessinent déjà clairement les divers aspects de la déchéance bourgeoise.[54]

(50) *Commune*, janvier 1936, 565.
(51) Kirpotine, *V. O. K. S.*, 7-8: 1934, 10.
(52) Barbusse, *Monde*, 20 oct. 1928, 13.
(53) Nizan, sur Yourcenar, *Monde*, 15 mars 1935, 10.
(54) *Monde*, 5 déc. 1931, 3.

Ou bien, selon Aragon, jugeant la poésie de ces années-là:

> Cette poésie du regret, du retour au passé, à l'enfance est avant tout symptomatique de la crainte qu'a toute une catégorie sociale de voir disparaître à jamais ses privilèges, ses propriétés.[55]

Pour le communiste, l'histoire est devenue *clarté*. Pour l'écrivain bourgeois, elle est un chaos obscur et ses livres, par la forme et le fond, reflètent ce chaos, s'ils n'essayent pas de «fuir la réalité»[56]. Que reste-t-il en effet à l'écrivain de la bourgeoisie, aveugle aux grands mouvements de l'histoire ou terrorisé par eux? À peindre des «pantins»[57], des «marionnettes», des «parasites» — ses pareils? À évoluer dans ces «milieux factices que n'anime aucun idéal et dont l'aspect, présenté avec un réalisme objectif, est effroyable»?[58] Là où l'écrivain communiste se plante en face du «réel» et de la «vie», le romancier bourgeois prend toujours l'«apparence» pour le réel. C'est ce que Nizan n'a cessé de répéter à Drieu La Rochelle:

> Il y a deux sortes principales de pensée: il y a la pensée qui décrit les *apparences* et la pensée qui concerne la *réalité*. Le marxisme est une pensée du second genre et c'est pourquoi il est par exemple l'héritier des grandes philosophies, disons du spinozisme. La pensée de Drieu est une pensée du premier genre et Spinoza la nommait la connaissance par ouï-dire. Drieu pense par on-dit et sentiment. Il ne pense donc point.[59]

C'est ce qu'il a redit aussi, avec un plus vif mépris, à André Maurois: l'ombre pour la proie, la surface pour la réalité, telle était l'erreur littéraire du bourgeois Maurois, — et

(55) Aragon, *Commune*, oct. 1933, 86.

(56) J. Versou, «Sadi de Gorter», *Monde*, 330 (8), 5 avril 1935.

(57) «Un monde de pantins aussi fantastiquement ennuyeux que celui des bergers de l'Astrée.» (Sadoul, *Commune*, janvier 1935, 500.)

(58) «Salacrou», *Humanité*, 19. 12. 1936, 8.

(59) Nizan, *Monde*, 25 janvier 1935, 10.

une fois de plus, en fin de phrase, cette erreur *s'expliquait* aisément:

> L'intelligence de M. Maurois est remarquable par ses propriétés: elle reste à la surface, elle ne veut jamais rien saisir, absorber la réalité, parce qu'elle la fuit, la redoute.[60]

Un mot a résumé le verdict qui tombait sur ces réalistes du superficiel et du futile: déméritant de leurs grands prédécesseurs, ils n'étaient plus rien que des «*amuseurs*». Le communiste, qui ne conçoit de littérature que sérieuse, disait par là son mépris de ces serviteurs des oisifs, de ceux qui faisaient ce misérable métier de «plaire aux nantis et aux désœuvrés»... Victor Serge avait dépeint, en contraste, «l'amuseur des riches» à qui est promis le succès et l'argent, et celui qui, de façon probe, décrivait «la vie grouillante d'une foule» et ne pouvait escompter le succès financier: «Et voilà le problème», concluait-il.[61] Et Aragon n'avait pas manqué de tancer les peintres de son temps: «Pas plus que les écrivains, vous ne pouvez demeurer des amuseurs. [...] Croyez-moi, le moment est venu pour vous de parler comme des hommes.»[62] Ces «amuseurs» n'amusaient pas les critiques militants. Au contraire, «toute cette subtilité artificielle engendre un immense ennui»[63]. Les «séduisantes jongleries», les «feux d'artifices» et les «philosophies de boudoir» n'engendraient qu'une littérature «irrémédiablement sèche», «sans souffle humain»[64]. Une telle littérature ne pouvait plaire qu'à des sous-humains enfoncés eux-mêmes dans le vide existentiel et le désespoir de leur inutilité historique:

(60) Nizan, *Monde*, 1er mars 1935, 10.
(61) V. Serge, 1932, 10.
(62) Aragon, in *Querelle du réalisme*, 67.
(63) Barbusse, *Monde*, 30 janvier 1932, 5.
(64) *Monde*, 8 mars 1930, 3.

> Hommes et femmes qui s'ennuient à mourir, toujours à la recherche de jouissances, d'émotions nouvelles, pleins de chaos et de lassitude, passant des heures entières à discuter avec passion sur les dernières élucubrations picturales et littéraires, ne sachant comment combler le vide de leur existence, cyniques et désespérés pour la plupart.[65]

Les quatre grands reproches

De la typologie des perversions et déficiences du réalisme bourgeois qu'établissent les critiques ASDLR se dégagent quatre reproches: — ignorance ou omission des «*réalités sociales*» c'est-à-dire du même coup désintérêt pour «la vie réelle des hommes», — «*individualisme*», attesté par le repli de l'écriture sur du «psychologique» examiné «à la loupe» et par le nombrilisme des thèmes (dont la variante «malsaine» était le «freudisme»), — «*formalisme*», abus de recherche, byzantinisme formel, — «*pessimisme*» enfin.

1. *Ignorance du social et des masses.* Dans toute cette littérature bourgeoise, «c'est en vain que vous chercheriez l'actualité, la réalité sociale»[66]. La culture bourgeoise s'est coupée «des questions véritablement posées aujourd'hui par la vie réelle des hommes»[67]. Elle est devenue aveugle aux «forces» historiques; elle ne sait pas *voir*, pas plus qu'elle n'entend «le sourd grondement du prolétariat s'assemblant de par le monde pour en changer les bases»[68]. Avant de montrer les caractères du faux réalisme bourgeois, on peut caractériser cette littérature par une sorte d'*anesthésie*: elle s'est amputée

(65) M. Bernard, *Monde*, 29 mars 1930, 5.

(66) Aragon, *Commune*, oct. 1933, 87.

(67) Nizan, c. r. Maurois, art. de 1933, repris in Nizan, 1971, 67.

(68) Unik, *Commune*, 1934, 1009.

du «monde réel», elle n'est posée que face à un réel infiniment pauvre, raréfié, elle ne fait écho qu'à de minuscules «états d'âme» de bourgeois, étant volontairement «coupée» des «masses» populaires, de leurs souffrances, de leurs espoirs. «Rien de ce qui fait l'intérêt des jours que nous vivons, aucun écho des luttes qui passionnent le monde, rien de ce qui est vital pour les hommes n'avait droit de cité dans les productions des poètes, ne pouvait être évoqué de façon directe», jusqu'au jour où Aragon écrivit *Hourra l'Oural.* «160 millions d'hommes construisent le socialisme [...] et le poète n'aurait pas le droit de les chanter?»[69]

La critique des diverses formules modernistes part de ce *manque*, de cet aveuglement dont les conséquences — appauvrissement radical des moyens et fausseté des perspectives — ne lui semblent pas devoir être démontrées. Cette littérature qui choisit d'examiner «à la loupe» les «personnages du beau monde» et leurs morbides conflits intérieurs ou leurs «vices élégants», le fait parce qu'elle ne *voit* rien d'autre et ne peut rien transcrire de ce que le critique communiste désigne sans plus comme «la Vie».

Cette *évidence* n'est pas limitée aux critiques du P.C.F., elle fut l'axiome de tous les socialistes et socialisants: elle va des «populistes» aux trotskystes. «Combien d'œuvres sur les gens de la mine depuis *Germinal* (1885)?» s'exclame Victor Serge. La vieille image stéréotypée du littérateur enfermé dans sa «Tour d'ivoire» sert inusablement à dénoncer une littérature asociale et apolitique qui est, par là, une littérature *profondément* politique dans ses négations et son aveuglement. Tout art non engagé est «bourgeois» dans la mesure où il prend passivement parti pour le désordre établi en feignant de ne pas s'en mêler. «Se placer au-dessus ou en dehors veut dire prendre parti car une telle indifférence, une telle

(69) Serge, 1932, 12.

évasion soutient automatiquement la classe qui se trouve au pouvoir»[70]. L'homme de lettres bourgeois s'enferme dans l'apolitisme non par indifférence aux «luttes» mais par *peur*, «peur de l'action, peur de la Révolution, peur des transformations qu'ils voient venir»[71]. La *vérité* misérable de cet art pleutre, coupé du «réel», se révélera bientôt quand, rattrapé par l'histoire, celle-ci en montrera au grand jour le néant et en confirmera l'échec.

> La décomposition sociale va surprendre les tenants de l'art jusque dans leur tour d'ivoire. [...] Est-ce à dire qu'ils vont comprendre? [...] Ils veulent à tout prix voir autre chose que le *réel* compliqué, si différent de leur mesquine ou absurde conception de l'existence. [...] La faillite inéluctable du système capitaliste les trouvera tout inquiets de leur nombril.[72]

Cette coupure du «peuple», de l'action, de la «vie réelle» provoque, par le fait même, un éloignement des masses populaires qui ne trouvent rien qui alimente leurs luttes dans cette littérature dont le lectorat, lui-même raréfié, se réduit alors à un «petit cercle» de «délicats»[73]. Coupée de la réalité, la littérature moderne s'est coupée des lecteurs qui vivent dans cette «réalité», c'est elle qui les a rejetés, «la distance s'est faite plus grande entre le peuple et les confrères de Proust et de Valéry, ne concluez pas que c'est le peuple qui s'est éloigné! C'est vous, Messieurs de l'élite»[74].

La critique communiste qui contraste le modernisme putrescent aux réalistes d'autrefois — les Balzac, Hugo, Zola — voit dans cette «coupure» désormais accomplie un plan suivi, ou du moins une intention: la littérature contemporaine s'est

(70) G. Grosz et Hertzfeld, *Monde*, 11 janv. 1930, 14.
(71) R. Rolland, *Commune*, 1935, II, 930.
(72) *Masses*, janv. 1933, 12.
(73) R. Rolland, *Commune*, 1935, II, 932.
(74) Ibid, 931.

progressivement *organisée* pour n'avoir plus à «témoigner» de rien, pour nier l'Histoire (qui lui rend la monnaie de sa pièce), pour se rendre inaccessible aux masses (qui ont toutes raisons de ne pas s'y reconnaître et de ne pas s'en délecter), pour n'œuvrer donc que pour «une mince couche de privilégiés». Non — comme le veut la logique dénégatrice des esthètes — parce que les choses de l'art seraient, par nature, d'accès difficile, mais parce qu'au contraire, il s'agit d'un art qui a choisi la voie *facile*: se rendre «aveugle» et «sourd», ne plus témoigner du monde de peur d'avoir à y «dénoncer» certaines choses et faire de sa «tour d'ivoire» un ultime et précaire refuge, lequel sera balayé par la vague révolutionnaire.

Il y a ici un retournement de raisonnement qui montre, à l'envers des alibis esthétiques, une *perversion* de l'idée même de culture: la bourgeoisie appelle culture l'art de ne pas regarder le monde en face, de nier l'histoire et *ipso facto* de se rendre inintéressante au plus grand nombre. D'où cette question qui sera celle de *Commune* dans une enquête fameuse et qui est implicitement celle de toute la presse ASDLR: «Pour qui écrivez-vous?» D'où l'énoncé fréquent de ce principe par lequel les communistes prétendent réconcilier l'esthétique, la morale et l'histoire: il ne peut être de vraie culture que *pour tous*. Cet axiome un fois posé condamne alors toute la culture bourgeoise, constate Maksim Gorki: «Jamais la bourgeoisie n'a compris le sens du développement de la culture comme l'essor indispensable de toute la masse de l'humanité.»[75]

2. Caractériser ensuite la littérature bourgeoise comme «*individualiste*», c'est énoncer en un terme synthétique les conséquences de la coupure dont je parle, conséquences qui sont de différents ordres: littérature où n'entre que l'individualité

(75) Gorki, Congrès de Moscou, 1934, *Monde*, 21 sept. 1934, 8.

de l'écrivain et non le grand souffle «collectif», narcissisme du style individuel, surestimation de la «forme», obscurité voulue, hermétisme interprété comme mépris pour les masses, mais aussi «hypertrophie» de l'analyse, «nombrilisme» des «conflits individuels» obsessionnellement dépeints, abus de l'introspection psychologique, avec ses obsessions malsaines et ses délectations moroses, «subjectivisme» enfin qui engendre des écrits où les fantasmes et les délires prennent le pas sur le reflet du «monde réel»; où le monde empirique s'estompe et se dissout dans des rêveries ataraxiques.

La chose «individualisme» forme, une fois encore indissociablement, une erreur esthétique *et* éthique, erreur qui n'exprime qu'une fuite, une déficience, une impuissance à regarder le monde et à se «solidariser» avec les autres hommes. L'individualisme (on ajoute volontiers l'épithète «forcené») de l'écrivain bourgeois est sans mystère: il transpose la condition même d'une classe exploiteuse et condamnée. Dans ce chapitre ne se dégage qu'un seul raisonnement vers lequel tout converge. L'individualisme est un *manque*, une déperdition, une désertion, une négativité. Ce n'est pas un choix, c'est une pathologie liée à une allégeance de classe. «La société bourgeoise retranche l'individu de la communauté sociale»[76]. «L'individualisme est l'ensemble des mythes que la société bourgeoise fabrique pour consoler les hommes de ne pas être des individus»[77]. Or, qui nierait dans les années trente que la littérature non-communiste préfère aux «grands problèmes» les «drames individuels»? Qu'insensibles aux «grands courants», aux «batailles de l'humanité», incapable de se rendre «solidaire» de l'ensemble des hommes, elle ne s'offre plus que des «joies égoïstes» et analyse obsessionnellement son désespoir, sa solitude, sa misère sans vouloir en comprendre

(76) A. Ribaud, *Monde*, 5 sept. 1935, 3.
(77) Nizan, *Monde*, 22 mars 1935, 10.

la cause? «La littérature contemporaine presque tout entière n'est qu'analyse des sentiments individuels. Elle ne voit l'homme que dégagé de tous les gestes qui en font un membre actif de la société...»[78]

C'était le grand et d'ailleurs efficace reproche: à part quelques provocateurs, aucun écrivain bourgeois, répondant aux enquêtes successives de *Monde* et de *Commune*, n'osait revendiquer un art totalement égocentrique et subjectif, sereinement indifférent aux masses et à leurs souffrances. Concédant ici quelque chose de fondamental aux communistes, ces artistes ne pouvaient qu'enrober leurs exigences geignardes de liberté esthétique d'un certain degré de mauvaise conscience. Auraient-ils concédé que l'art est *injustifiable* dans l'ordre civique et éthique qu'ils n'auraient pas amélioré leur cas.

L'un des signes patents de ce repli individualiste était l'«abus», l'«hypertrophie» de l'*analyse psychologique*. Sans doute, on concède que Balzac, réaliste sain d'une bourgeoisie encore conquérante, a été un maître du portrait psychologique, mais, *distinguons,* Balzac n'a tout de même pas donné au psychologique l'avantage absolu, la préséance sur la «réalité», celle des conflits économiques et sociaux; il a, en quelque sorte, tenu la sphère psychologique comme un épiphénomène des «réalités» sociales; il n'a pas donné dans cette psychologie «à la loupe» qui ramène la complexité *politique* du monde au décorticage sans risque de «petites histoires personnelles»[79]. Le fameux roman psychologique, de Benjamin Constant déjà à Paul Bourget (ici encore, triste pente!), représente au contraire, comme l'écrit Aragon avec sa sorte de radicalité à l'emporte-pièce, «une victoire de la classe dominante parce qu'il détourne les volontés de réalisme du romancier, qu'il les canalise dans un domaine précis et sans danger»[80]. Le

(78) A. Habaru, *Monde*, 2 fév. 1929, 4.

(79) Aragon, *Commune*, oct. 1933, 92.

(80) Aragon, *Commune*, janv. 1936, 565.

problème, argumente-t-on, n'est pas celui de la psychologie «en soi», mais celui de «la décadence de la littérature psychologique», — explicable donc, comme en tout, par l'agonie de la culture bourgeoise[81]. Avec l'hypertrophie du psychologique, le romancier du XXème siècle *renverse* l'ordre et l'importance des phénomènes; en transposant une formule fameuse (que les critiques ASDLR ont sûrement à l'esprit), on peut dire qu'il fait marcher le réalisme sur sa tête! Cette figure du renversement est fréquente dans les reproches adressés à tel ou tel romancier — ainsi, de Jules Romains: «alors qu'en réalité les hommes pensent, je crois, avant tout et par-dessus tout, pour satisfaire leurs besoins élémentaires, manger, dormir et faire l'amour, il semble que, pour Romains, ils ne mangent, dorment et font l'amour que pour donner un aliment à leur pensée»[82].

Mais il y avait dans la critique du «psychologique» et du «subjectif» un *autre* reproche qui suivait aussitôt, un reproche qui n'est peut-être pas sot par le problème fondamental qu'il pose — celui qui relève la négativité «éthique» de l'écriture moderniste, négativité bien observée, mais qui conduisait à écrire de lourdes sottises, à juger à partir de fort «bourgeois» préjugés, reproche que, sûrement, certains des critiques communistes, ayant dû refouler leur intérêt pour Freud, devaient sentir au fond d'eux-mêmes comme assez bas et démagogique: c'était le reproche, adressé à une bonne part de la littérature de l'entre-deux-guerres, de *«pansexualisme»*, d'obsession sexuelle — variante métonymique perverse du nombrilisme — catégorie dans laquelle on jetait pêle-mêle l'œuvre de Freud, les romans de l'adultère et ceux de l'«inversion», les «histoires de coucherie» et les analyses de «complexes» — avec sous-jacent à tout ceci, le vieux *topos* de la

(81) *Monde*, 2 mai 1931, 4.
(82) L. D., *Monde*, 11 janv. 1935, 11.

propagande ouvriériste, qui fait du sexe une sale affaire bourgeoise — en contraste avec l'amour sain et naturel qui rapproche hommes et femmes du prolétariat.

Le critique communiste qui voit assez justement que l'introspection «psychologique» ne tourne qu'autour de trois thèmes, — l'érotisme, la solitude et la mort, — tend à regrouper ces thèmes en une seule négativité. Il n'a aucune peine, dans une lecture superficielle, pharisaïquement choquée au nom de la vertu révolutionnaire, de noter que le sexe ne prévaut dans la littérature du siècle que s'il se mue en «cas pathologiques», que s'il exhibe un «type anormal»: «C'est une dégradation de l'amour sain et vigoureux entre homme et femme»[83]. Les Soviétiques montraient la voie, qui dénonçaient à tour de bras chez les capitalistes occidentaux leur «littérature des sentiments artificiels et déformés». Bien avant les années cinquante, «le parti communiste [...] s'affiche gardien de la morale, de la "vertu", réduite comme dans le victorianisme à la vie sexuelle»[84]. Dans la logique d'une production discursive manichéenne, il y a dans la sexualité aussi, *deux camps*: le bon sexe révolutionnaire et prolétarien et la mauvaise sexualité bourgeoise «oisive», avec trois mots récurrents qui la caractérise: «coucheries», «perversions», «pédérastie». La formule de Paul Vaillant-Couturier, déçu par Gide en 1936 — «Corydon juge l'U.R.S.S.» — ne représente aucunement un écart de langage.

C'est le propre d'une critique conservatrice que de penser en termes de *bornes* et de limites: qu'il y ait de la sexualité passe, écrivent les critiques communistes, mais pas ce «psychologisme névrosé», cette sexualité «exagérée», «malsaine», «faisandée», l'«obsession» du sexe, les types «anormaux», les situations «scabreuses», «sordides» choisies à plaisir, le sexe «réduit» à la sensualité, à la jouissance, la pathologie étalée,

(83) V. Kirpotine, *V. O. K. S.*, 7-8: 1934, 9.

(84) J. Verdès-Leroux, 1987, 334.

les «vices à la mode»... Puisqu'on a déclaré la littérature bourgeoise «pourrie», on va montrer que toutes ces «coucheries» dégagent une «odeur de pourriture» et s'expliquent «parce que [les écrivains] baignent tout entiers dans une société malsaine»[85]. Le tout-venant du roman de consommation qui explore les formules de l'audace distinguée offrait un aliment abondant aux reproches communistes:

> Une statistique qui donnerait le vertige, [...] serait celle des romans français publiés depuis vingt ans traitant de l'amour chez les gens du monde. Donner le nombre des marquises, des petits bourgeois, des vicomtes et des gigolos. Réduire à des chiffres les complications sentimentales d'avant-guerre et les perversions d'après-guerre. Évaluer la quantité d'eau de bidet qui porte cette littérature: cubage et force du courant.[86]

C'est une pose des critiques moralisantes que de confesser, non l'indignation du Père-la-vertu, mais l'*ennui* que ces romans à thème unique sont censés distiller chez les gens normaux: «l'auteur s'acharne de la première à la dernière page, avec une incroyable monotonie, à faire coucher son héros avec toutes les femmes qu'il lui advient de rencontrer»[87]. Ou d'ironiser sur ce que le critique présente comme le produit d'un esprit de *système*, une accumulation mécanique et involontairement comique: «Inceste, noce, suicide, dancing, alcool, perversions à tous les étages, décidément M. Mauriac nous comble. Nous n'eussions jamais espéré tant.»[88] Il n'est qu'un légitime usage du sexe moderne faisandé et il est paradoxal: c'est celui de montrer encore et toujours, à travers ses «vices» étalés, l'effondrement «moral» et psychique d'une classe condamnée. Si le peuple lisait *Les indifférents*, il «apprendrait par Alberto Moravia ce qu'est exactement cette

(85) *Monde*, 30 août 1930, 12.

(86) V. Serge, 1932, 11.

(87) Unik, *Commune*, janv. 1935, 51.

(88) M. Bernard, *Monde*, 12 juillet 1930, 12.

bourgeoisie dont il admire et craint encore la monstrueuse façade»[89]. Moravia est fasciste; on conclut qu'il ne l'a pas fait exprès, qu'il aime cette sortes de choses, qu'il est complice des vices de sa classe fasciste. Victor Margueritte est devenu un allié dans le bon combat antifasciste: on va donc supposer que les peintures sexuelles de *La Garçonne* étaient, au contraire, sans aucune complaisance de la part du romancier scandaleux, une «dénonciation» de sa classe — tâche de combat politique courageusement menée qui permet de prendre son parti à la sortie contestée du film tiré de ce fameux roman: «Ce film ne peint pas la France, mais la haute bourgeoisie dans la période de l'après-guerre, d'après le célèbre roman de Victor Margueritte. Et l'image qu'il en donne est conforme au modèle: jeunes filles idiotes et pourries, vieilles femmes qui jouent à l'adolescente, parents qui considèrent le mariage de leur fille comme une affaire, opiomanes, invertis des deux sexes, partouzards...»[90]

Du reste, même chez les écrivains qu'on admire et qu'on reconnaît pour siens, la tolérance est étroite. L'«érotisme» chez Malraux depuis *La Voie royale* a beaucoup déplu et on le lui a fait savoir. Dans le dernier livre de René Crevel — devenu communiste mais n'ayant visiblement pas dépouillé le vieil homme surréaliste et doté des mœurs fâcheuses qu'on lui savait — «une note de sexualité malsaine se fait entendre», reproche G. Servèze[91]. Chez Erskine Caldwell (et Dieu sait que les communistes ont aimé les réalistes américains), il y avait aussi *trop* de sexe. Sans doute on peut interpréter ces réclamations de liberté sexuelle chez le romancier du Sud profond comme une protestation «sous le poids d'une civilisation» capitaliste sans pitié, mais tout de même, cette critique, si critique il y a, en focalisant sur la misère sexuelle,

(89) *Monde*, 30 janv. 1932, 5.

(90) *Regards*, 112: 5 mars 1936.

(91) *Commune*, juil. 1933, 75, sur *Les pieds dans le plat*.

rate l'analyse, qui eût été beaucoup plus intéressante, de l'infrastructure économique: «les théories simplificatrices comme celle de la liberté érotique ne vont jamais très loin: elles manquent entièrement d'efficacité sur une réalité sociale et humaine infiniment compliquée»[92].

La dénonciation de la sexualité littéraire, avatar de l'individualisme bourgeois, va de pair avec le rejet vigoureux, sur le «front philosophique» dont nous avons parlé, du *freudisme*, qualifié très tôt en U.R.S.S. de «théorie réactionnaire», d'autant plus dangereuse qu'ici et là, des penseurs dissidents eussent voulu en contaminer le marxisme[93]. La haine du freudisme va crescendo dans la presse communiste française jusqu'à un fameux article de *L'Humanité* (daté du 27 janvier 1949) intitulé «*LA PSYCHANALYSE, IDÉOLOGIE DE BASSE POLICE ET D'ESPIONNAGE*». La «littérature de complexes freudiens» découle en droite ligne de ces théories morbides. Elle permet de montrer la continuité de la fausseté perverse dans les différents secteurs de la pensée bourgeoise.

3. Le reproche de *formalisme*, c'est à dire d'«abus» de recherches formelles est un autre reproche de l'esprit de sérieux militant contre ce qu'il perçoit, dans le style et le travail du texte, comme un «jeu gratuit», une «jonglerie avec les mots», — une mise en circulation de mots vides sans «encaisse» de contenu sérieux et de réalité. «Virtuose», «acrobate», «jongleur», «prestidigitateur», l'écrivain déploie devant des «hommes inutiles» de vaines contorsions formelles qui, une fois encore, confirment le diagnostic de *fuite* devant le réel des écrivains au service du capitalisme décadent. Le style aussi sert à «s'évader».

Ce reproche d'«abus» de la forme peut comporter parfois l'exigence d'une *accessibilité* de la littérature face à la tendance

(92) *L'Humanité*, 18 oct. 1936, 8.

(93) Freud est vivement admiré dans *la Critique sociale* de Souvarine, c'est tout dire.

à des recherches hermétiques, inintelligibles aux larges masses. Ce n'est pas ce reproche qui est le plus souvent explicité, c'est plutôt le principe d'utilité qui est mis de l'avant, il entraîne le refus d'une littérature qui serait par la précellence du style une activité «gratuite», donc asociale et narcissique. Le formalisme est un des symptômes de l'individualisme; les recherches formelles détournent des contenus «réalistes», véridiques et progressistes, contenus suffisamment intéressants pour se suffire sans exiger des contorsions formelles à n'en plus finir; elle a à voir avec le reproche de ne raconter que «ses petites histoires» — «coucheries» ou rêveries. Ce que les critiques communistes visent, avec ces mots condamnateurs de «formalisme», d'»esthétisme», de «dilettantisme», de «narcissisme esthétique»[94], désigne tout ce qui s'écarte d'une *lisibilité militante*, d'une référence sans équivoque au monde «réel», et cela est pourtant flou puisque le reproche englobe tout d'un tenant un Valéry et un Joyce. Paul Valéry est «le représentant parfait d'une race finissante qui s'amuse à des jeux délicats»[95]. L'*Ulysse* de Joyce est un «passe-temps d'intellectuels jonglant avec les mots, les syllabes, les sons, les allusions et les correspondances, ce n'est pas une voie nouvelle conduisant vers des régions encore inconnues, c'est la manifestation d'un dilettantisme et d'un esthétisme extrêmes»[96]. D'autres écrivains en nombre figurent dans la liste des formalistes les plus fâcheux, — «Proust, couturier pour poupées», «Jean Cocteau, acrobate aristocratique»[97]... «Fi aux équilibristes de la parole! Fi aux sensibleries d'esthètes anémiques!»[98] On

(94) Romain Rolland, *Littérature internationale*, 3: 1934, 5, parlant de la littérature soviétique «par opposition à l'idolâtrie de l'art pour l'art, au narcissisme esthétique d'Occident».

(95) Plisnier, «Valéry», *Monde*, 2. 3. 1939, 4.

(96) *Monde*, 2 mai 1931, 4.

(97) Barbusse, *Russie*, 172-3.

(98) *Commune*, oct. 1933, 25.

peut sans doute percevoir dans ces exclamations méprisantes l'exigence d'une esthétique *virile* face à une décadence équivoque et «émasculée».

Le paradoxe du «formalisme» bourgeois est qu'il comporte l'invention de formes *neuves*, mais pour évoquer des «contenus» usés, décadents, périmés. Il relève aussi d'un «anarchisme formel», chaque artiste inventant, dans l'indiscipline, des formes *sui generis*. Dans l'authentique littérature révolutionnaire (et disciplinée) que souhaite la critique ASDLR, on exige une *adéquation* entre la force, la vérité des «contenus» et la «justesse» des innovations formelles, s'il doit y en avoir. Le modèle est bien celui de la circulation fiduciaire et de l'encaisse-or. On admire la «forme» des grandes œuvres soviétiques, mais c'est pour dire qu'elle n'est là que pour «enrichir» le message, pour mettre en valeur la «peinture de la vie». La critique communiste devient une critique du *juste milieu*, elle déplore le pas-assez, la banalité, la maladresse, la convention de certains romans «prolétariens», mais elle se dresse surtout contre le trop, l'«excès de recherche» des bourgeois décadents et contre le «dérèglement des avant-gardes». «En ce qui concerne la poésie moderne, constate Barbusse, la brisure des moules surannés a été trop loin, [...] il faudra tôt ou tard dans une certaine mesure revenir en arrière»[99]. Il trace ainsi par anticipation un programme pour Aragon.

4. La littérature moderne est enfin *pessimiste*: ceci est à la fois le grand reproche et la grande preuve directe de sa faillite «historique». Par contraste en effet, une société révolutionnaire ne pouvait qu'engendrer une littérature de l'espoir, nourrir un réalisme optimiste parce que «reflétant» un présent où pénétrait déjà un avenir meilleur. Si l'effacement du social, l'individualisme, le byzantinisme formel étaient expliqués

(99) *Russie*, 163.

comme des symptômes de *fuite*, le pessimisme ambiant pouvait se déchiffrer de façon directe, non comme le produit de quelque intemporelle méditation nihiliste sur la condition humaine, mais comme l'aveu forcé de l'échec d'une classe condamnée, le signe de la déréliction face à un monde qui vous rejettera, qui vous rejette déjà. Somme toute, le seul remède était politique, la seule solution pour éliminer ces esthétiques «noires» était dans la Révolution.

Les critiques soviétiques ne l'envoyaient pas dire et on pouvait apprendre de leur exemple. Avant 1917, la littérature russe présentait elle aussi de mêmes symptômes de décadence. «La littérature bourgeoise russe d'avant la révolution était profondément pessimiste. Détresse, désespoir même, doute en l'avenir, attitude négative envers l'homme...»[100] Or, après la révolution bolchevique, on pouvait constater un changement à vue — nouvelle preuve de l'influence rapide de l'infrastructure sur la superstructure. La solution esthétique était donc dans une révolution du mode de production et, partant, de la structure sociale. Or, les écrivains bourgeois ralliés au camp socialiste avouaient avec un bel ensemble que l'U.R.S.S. donnait en effet depuis quelques années la preuve de ce retournement si «logique». Ils avouaient aussi que «le» pessimisme caractérisait bien les lettres modernes et que c'était là un symptôme propre aux pays capitalistes, qui se déchiffrait, hélas, aisément. Romain Rolland, Barbusse l'avaient répété, mais André Gide lui-même faisait le même constat: «Les plus grandes œuvres littéraires des temps modernes ont été, presque sans exception, des œuvres amères, douloureuses, mélancoliques ou désespérées.»[101] Gide concluait lui aussi que cet état de choses allait cesser avec les littératures soviétique et révolutionnaire. Un Dostoïevsky, avec tout son talent,

(100) V. Kirpotine, *V. O. K. S.*, 7-8: 1934, 9.

(101) A. Gide, *Commune*, nov. 1934, 164.

son génie peut-être, était de ceci un exemple probant: son talent avait été mis au service d'un pessimisme radical, mais il était évident qu'au contraire de Tolstoï, aristocrate-moujik, Dostoïevsky avait choisi le mauvais camp.

Le «pessimisme moderne» n'est pas, une fois encore, un trait spécifiquement esthétique, il apparaît comme une morbidité générale qui s'est inévitablement étendue aux beaux-arts, c'est dès lors un «état dont le prolétariat libérera l'humanité»[102]. L'écrivain bourgeois était fatalement pessimiste, le malheureux! Comme l'écrivait avec pitié Jdanov en 1934: «Quel enthousiasme peut entraîner ses pensées et où le prendrait-il, cet enthousiasme?»[103]

De toutes les formules de reproche, de toutes les réserves adressées à des œuvres dont on reconnaît parfois le «talent», c'est «reflète un pessimisme profond» qui est la formule la plus significative du compte rendu communiste. Tout est dit. Elle a ses variations: «... trahit un sourd pessimisme», «d'un pessimisme morbide», «d'un fatalisme sans issue», «baigne dans une atmosphère de dégoût/de nihilisme/de désespoir»... Non sans justesse, mais sans pousser loin, les critiques révolutionnaires, qui se veulent les héritiers des Lumières, voient le pessimisme, dans l'ordre éthique, *couplé* à l'irrationalisme, aux modernes «anathèmes contre la connaissance et contre la raison»[104], — formes complémentaires, diront-ils, de *décomposition* des valeurs «humaines».

Dans cette axiologie binaire on finit par rencontrer les couplages ultimes, la littérature bourgeoise «donne le pas aux valeurs de la *mort*», alors qu'une littérature authentique est du côté de «la vie»[105].

(102) P. Unik, *Humanité*, 26 avril 1936, 8.

(103) Jdanov, disc. du 17 août 1934, in Jdanov, 1950, 6.

(104) J. Fréville, *Lénine/Staline*, 11.

(105) P. Nizan, «Fr. Mauriac», *Monde*, 1er fév. 1935.

Même aux rares écrivains qui pouvaient passer pour des compagnons de route du réalisme socialiste et de la littérature révolutionnaire, le reproche de «pessimisme» est impartialement assené. Il s'agit de faire sentir ce qui sépare encore ces compagnons de route d'un vrai romancier communiste, optimiste à tout crin. On le reprochera à tout coup à André Malraux comme à Louis Guilloux: vous êtes décidément *incorrigibles*, il y a encore de la négativité, du noir, du désespoir dans votre dernier roman, reprenez votre copie! Henri Calet, écrivain proche des «prolétariens», aurait eu droit à une certaine sympathie de la presse communiste. Mais non! Sa *Belle lurette* est encore «pessimiste», défaut qui s'explique aisément: «à aucun moment le véritable prolétariat n'apparaît dans» ce roman[106]. Calet récidive en 1938 avec *Le Mérinos*: ce roman du chômage est encore «pessimiste» — ce que G. Sadoul répète de dix façons dans son compte rendu. Ce «n'est pas, dans le vrai sens de ce terme, une œuvre réaliste»[107]. On verra plus loin selon quelle logique réalisme et optimisme sont *inséparables*. Quand le petit copain de Nizan, Jean-Paul Sartre sort *La Nausée*, il doit se douter de la critique qui l'attend:

> Il émane de cet ouvrage dont l'auteur a un réel talent d'écrivain un morne désespoir. [A. Morgan souhaite plutôt] la communion avec nos semblables. [...] Les écrivains qui nient l'homme sont dans une impasse.[108]

Ce pessimisme moderniste aura un nom, il s'appellera après 1945 dans le monde du P.C.F. la «littérature noire» à laquelle Jean Kanapa et ses pareils opposeront, toujours mécaniquement, «l'optimisme du prolétariat».[109] Roger Garaudy

(106) *Humanité*, 26 avril 1935, 8.
(107) G. Sadoul, *Commune*, 1938, VI, 852.
(108) *Commune*, juillet 1938, 1379-80.
(109) *Nouvelle critique*, 2 janv. 1949, 58.

synthétisera la doctrine littéraire du P.C.F. dans une fameuse brochure de 1947, *Une littérature de fossoyeurs*. Cette brochure confirme que Malraux était un pessimiste-né puisqu'il s'est rallié au gaullisme deux ans auparavant. Or, Louis Guilloux, l'un des principaux visés, s'est dressé avec vigueur contre ce reproche mécanique qui permettait dès 1930 de séparer infailliblement le bon grain stalinien de l'ivraie petite-bourgeoise. Ses objections valent d'être citées car elles *concèdent* le fait du pessimisme, d'un pessimisme fatal, insurmontable, légitime, en le revendiquant comme juste et réaliste dans la conjoncture, mais Guilloux fait aussi l'aveu d'une *inauthenticité*, face au jugement de l'avenir en tout cas. Le pessimisme moderniste est un «malheur» et il devra être liquidé:

> Le reproche de désespoir, de pessimisme, je le tiens non seulement pour faux mais pour hypocrite [...]. La situation de l'écrivain moderne est tragique, en ce sens qu'il ne peut que s'opposer. Nulle œuvre valable n'existe et n'existera qu'à ce prix, mais c'est un grand malheur... Nous vivons dans un temps où le désespoir serait en effet total s'il n'y avait en vue la révolution [...] La guerre, la révolution sont devenues notre destin [...]. Nous sommes, nous, optimistes au point de croire que les tares humaines les plus accablantes, la cruauté, la bêtise même sont des choses avec quoi nous pourrons en finir un jour.[110]

Littérature et mensonge

J'ai défini en commençant ce chapitre la critique ASDLR comme une herméneutique de l'**illusion**, c'est à dire une herméneutique qui prétend expliquer tout état de conscience, toute pensée, comme étant et n'étant rien d'autre qu'un mensonge à soi-même dont il revient à l'herméneute de

(110) «Notes sur le roman», *Europe*, I, 1936, 7.

découvrir les causes pour expliquer la nature de l'écart entre le réel méconnu et son «reflet» inadéquat ou distordu. La littérature bourgeoise prise en bloc *ment*. Comme dans tout mensonge à soi-même, *Verleugnung*, il y a toujours un coin de la conscience ou du texte où la raison de ce mensonge et son aveu indirect apparaissent à l'observateur subtil. Le critique ASDLR, qui se garde d'approfondir la nature de cette *vérité* entière que communique le texte «réaliste» révolutionnaire ou de disserter sur elle, n'en est pas moins persuadé que toute littérature au service de la classe dominante ou issue d'elle est mensongère — ce qui revient à dire qu'instrument potentiel de connaissance et d'émancipation, elle se dérobe à la «vérité historique» et la dissimule activement. La littérature bourgeoise ment sous deux espèces: elle ment aux siens par la «flatterie» et elle cherche à «tromper» les dominés. «Pour asservir l'homme, il faut le tromper avant de le vaincre»[111]. Vérité et émancipation vont ensemble — comme dans toute anthropologie issue des Lumières.

C'est Paul Nizan qui a le plus fréquemment accusé les littérateurs de son temps de *mentir*. C'est même un de ses tics dans les comptes rendus des écrivains de l'autre «camp». «La littérature bourgeoise est aujourd'hui une "flatterie". M. André Maurois est l'un des maîtres de cette flatterie», écrit-il.[112] Si les dominés sont mystifiés contre leur gré par les produits de la culture issue de la classe dominante, les bourgeois, au contraire, sont avides de mensonges habiles et consolants, ils les exigent des hommes de lettres à leur solde: «L'écrivain [bourgeois] les aide à ne pas se voir comme ils sont. Il les défend contre leur mauvaise conscience»[113]. Les bourgeois savent reconnaître avec gratitude leurs menteurs appointés, «ils rendent en reconnaissance à M. Maurois ce qu'il

(111) A. Ribaud, *Monde*, 5 sept. 1935, 3.

(112) P. Nizan, «Maurois», *Monde*, 1 mars 1935, 10.

(113) G. Hyvernaud, *Monde*, 1 mars 1935.

leur a donné en mensonges»[114]. Il n'est en effet de vérité qu'historique, «seules les classes révolutionnaires ont intérêt à la vérité»[115]. Seules donc elles peuvent engendrer et apprécier une littérature qui ne (leur) mentira pas. *Ergo* la littérature du camp révolutionnaire est imperméable au mensonge. Son esthétique réaliste est au service de la vérité.

En conclusion: communisme vs modernisme

Il y a pour les critiques militants, dans cette critique totale, cette condamnation univoque, ces reproches tous azimuts et ce rejet global, quelque chose qui relève de la force de l'*évidence* — rien n'est plus dangereux que les entraînements que permet l'évidence *première*, rien n'est plus faux que l'«à-peu-près vrai» qui aveugle de sa douteuse clarté. Laissons de côté la critique ASDLR de la littérature courante. Le problème que posent les critiques communistes tient à leur rejet sans appel de ce qu'on peut nommer le modernisme, au *non possumus* proclamé face à ce malsain, pessimiste, individualiste et formaliste modernisme, rejet qui, rappelons-le, est aussi vieux que la réflexion sur «l'art social», aussi ancien que les premières brochures sur l'art et la littérature produites par des partis ouvriers sous la Deuxième Internationale (quoique peut-être un renversement de logique se soit opéré en cinquante ans: dans les années 1880 on pensait surtout à régénérer le peuple par l'art; dans les années trente, il s'agit de régénérer l'art par le peuple).

La critique ASDLR ne se borne pas à «critiquer» la chose nommée littérature bourgeoise, elle la désigne comme *dévoiement intéressé* et comme *ennemie*, — ennemie de classe et ennemie des valeurs «humaines». Cette dénonciation va être

(114) P. Nizan, «Maurois», *Monde*, 1 mars 1935, 10.

(115) Fréville, *Marx/Engels*, 18.

d'autant plus marquée de rigidité et d'intolérance qu'elle tient à l'évidence de l'*exorcisme*. Individualisme, pessimisme, attrait pour le «malsain», abus de formalisme: ce sont des reproches que les écrivains communistes se font souvent à eux-mêmes et dont ils savent qu'ils doivent se «corriger». Il s'agit secrètement, pour le critique communiste, d'exorciser cette part en lui d'attrait pour le talent, la forme, les sentiments qu'il reconnaît «bourgeois» et qu'il dénonce avec d'autant plus d'outrance. D'exorciser le vieil homme littéraire qui persiste à admirer Marcel Proust et trouve *in petto* Cholokhov emphatique et maladroit dans le grandiose. La brutalité de certaines «appréciations» ne s'explique pas autrement:

> On ne trouve guère dans la production contemporaine en vers que des masturbations intellectualistico-sentimentales ou des recherches formelles hermétiques et stériles.[116]

La fonction de cette condamnation des littératures bourgeoises est, comme je l'ai dit, de former une *pars destruens* qui devait permettre de faire émerger et de fixer en contraste les traits nécessaires d'une autre esthétique, l'esthétique prolétarienne-révolutionnaire, qui se désignait aussi, d'un point de vue conjectural, comme «l'art de l'avenir».

Tout part de ceci, de l'idée que le modernisme avec tout son talent, ses «techniques» et ses fâcheuses innovations, est inacceptable, inintégrable au grand récit révolutionnaire — et non de l'élection première du postulat «réaliste». Inacceptable, le modernisme l'est sous deux arguments qui ne sont pas distingués: celui de l'inutilité, de l'absence d'intérêt concevable de *Paludes* ou d'*Igitur* pour le prolétariat en lutte, idée peut-être simpliste mais, on l'admettra, extraordinairement évidente; celui du caractère répugnant à tous égards de cette esthétique — thèmes et styles confondus — pessimiste historiquement, nihiliste moralement, sceptique

(116) *L'Étudiant d'avant-garde*, 3: 1934, 15.

cognitivement, bourgeoise thématiquement, perverse sexuellement, aveugle aux luttes, donc au «réel», rebelle à la vérité, évasive et trompeuse.

Ce que je veux dire en reprenant cette litanie de qualificatifs, c'est que toute interprétation solidaire, sous un quelconque point de vue éthique et civique, des caractères, de plus en plus exclusifs, de la littérature «moderne», postérieure au «grand» réalisme bourgeois, ne peut **en effet** que la faire condamner. Non par dogmatisme (les degrés de ce dogmatisme ont varié), mais en quelque sorte, quoi qu'on fasse, quelque modération qu'on y mette, par le seul fait d'adopter ce point de vue «historique», de croire à la possibilité d'un jugement social portant sur l'«évolution» littéraire depuis le milieu du XIXème siècle.

Les doctrines «prolétariennes», «révolutionnaires», «réalistes socialistes», dans une combinatoire à différents degrés de volontarisme et de sectarisme, vont être *déduites* comme *pars construens* de la critique de la littérature bourgeoise, c'est-à-dire comme un renversement de l'esthétique moderniste (voir aux chapitres IV & V). On va tirer en effet de la condamnation de l'évolution moderne, dite «bourgeoise», un contre-modèle, le modèle d'une littérature qui devait advenir *si* l'histoire allait vers le socialisme et non vers la barbarie, une littérature qui prendrait le contre-pied de toute cette axiomatique «bourgeoise», littérature non totalement absente mais seulement *préfigurée* dans de nombreuses œuvres (en France, celles de Barbusse, Dabit, Malraux, Aragon, Nizan, très différemment) qui demeuraient plus ou moins «entachées» cependant d'esthétisme bourgeois et d'insuffisances politiques.

Cette interprétation de la situation littéraire est, pour un «marxiste» militant, tout à fait satisfaisante — je veux dire satisfaisante pour l'esprit: conforme à l'axiome d'une littérature dominante et décadente faite pour (expression d') une classe dominante condamnée, avec, à la périphérie, de rares œuvres prometteuses, plus conformes au mouvement de l'histoire, œuvres interprétées comme les hirondelles d'un imminent printemps des peuples, les prodromes naturels d'une conjoncture prérévolutionnaire. Tout «colle». À partir de ceci, tout marche, tout devient clair, toute œuvre nouvelle prend sa place dans une «logique» qui ne cesse de confirmer sa justesse. Ce modèle prospectif vous vaccine contre les tendances «bourgeoises» que vous sentez en vous et qui vous portent, en dépit d'une pénible autorééducation militante, à goûter ce modernisme bourgeois qui demeure «esthétiquement intéressant», — comme le concédera un Lukàcs face à Kafka.

Dans un monde où les luttes de classe se «simplifient», il y a donc deux littératures, comme il y a deux sciences (cette doctrine, dite stalinienne, est déjà établie par Bogdanov en 1919)[117]. Dans une pensée volontariste qui n'est heureuse que dans le «tout ou rien» et puisqu'il est inconcevable que la littérature soit une activité *sui generis*, autonome, «gratuite», il faut qu'elle soit tout entière réductible à un sens politique. Ceci posé, tous concèdent volontiers qu'il subsiste une particularité esthétique, une autonomie de la forme (ce qui s'énoncera chez Lukàcs comme la *Bildhaftigkeit*, le caractère «imaginal» propre à la connaissance littéraire face à la «conceptualité» de la connaissance scientifique).

> À la place des œuvres décadentes de la littérature bourgeoise, des histoires d'amour et pornographiques, paraîtront les grandes œuvres de l'humanité travailleuse.[118]

Avant d'être un procédé policier, l'*amalgame* (qui est d'ailleurs aussi un «instrument de connaissance» légitime, fondamental, s'il s'agit de déceler une tendance commune et des

(117) Voir S. Schatzman, in Dioujeva, 1982, 228.

(118) Udé, *Monde*, 7 sept. 1934, 11.

solidarités systémiques à travers des phénomènes apparemment différents) résulte automatiquement de la perspective totalisante et polarisante qui est adoptée: Paul Morand, Pierre Benoît, Cocteau, Drieu, Proust, Gide dans le même sac de la «décadence». Accorder une immunité au «talent», distinguer Céline d'Alphonse de Châteaubriant, Raymond Queneau de Maurois ce serait faire une concession absurde au fétichisme stylistique des bourgeois. «Unir dans une même réprobation Mauriac, Montherlant, Morand [...] et les feuilletonistes les plus communs, peut sembler curieux et surtout injustifié», remarque J.-P. Bernard[119]. C'est, au contraire, parfaitement juste si le talent est une technique et même, si l'on veut, un «don» technique qui n'existe qu'au service de *quelque chose,* si sa valeur dépend donc de ce à quoi il *sert.*

Le grand problème n'est pas dans le philistinisme qui amalgame un Jean Lorrain et un Marcel Proust dans le sac de la «sexualité malsaine». Le problème est que les critiques communistes ont bel et bien construit un *idéaltype* du modernisme qui n'est pas totalement faux, mais qui exclut la possibilité de reconnaître et d'évaluer, et pour cause, le caractère que je désignerai ici, sténographiquement, comme *critico-négatif* de l'écriture moderniste. Pour cause, ou plutôt par un raisonnement par les conséquences, qui est aisément déchiffrable dans beaucoup de citations de ce chapitre: s'il y a une forme légitime de connaissance dans le «pessimisme», dans le sentiment de déréliction, la dé-composition du monde, l'ambivalence, l'énigmaticité, et si cette connaissance négativiste, sceptique, est ce que captent les grandes œuvres modernistes, *alors* les grandes certitudes historiques vacillent et les grands récits émancipateurs ne peuvent qu'être réinvestis d'opacité et d'utopisme.

(119) Bernard, 1972, 205.

L'amalgame sert à éviter d'avoir à se poser cette question intolérable. Il y a en France et ailleurs, dans les années trente comme aujourd'hui, une littérature moyenne qui est bien au service des conforts, préjugés, besoins d'évasion de la classe ou des classes privilégiées et «cultivées». Il y a eu une littérature de «coucheries» et de subtilités psychologisantes sur des vies de «parasites». Certains modernistes comme Drieu ont essayé de voir si, avec cela, on pouvait «faire quelque chose». L'amalgame permet de joindre à cette cohorte de littérateurs, de romanciers surtout, les Proust, Gide (avant...), Mauriac auxquels on concède certes, avec mépris, un plus grand talent mais qui, au fond, sont jugés «au service» des mêmes bas intérêts et instincts immondes.

Cette évidence refoulée — que le modernisme littéraire menaçait les certitudes révolutionnaires — est à l'origine du bétonnage dogmatique de cette construction littéraire. Dès qu'on s'éloigne de la ligne communiste, on voit rejeter d'emblée la construction composite «littérature bourgeoise». Malraux qui pouvait se permettre de garder son libre jugement et de le communiquer, ira le dire sereinement au grand Congrès de Moscou de 1934: «Je crois que la bourgeoisie ne s'est jamais exprimée directement. [...] Ce n'est ni Claudel ni Proust qui signifient la bourgeoisie, c'est Henry Bordeaux»[120]. Propos dont je juge qu'il était incompréhensible — sauf comme signalant le bourgeoisisme indéfectible de l'écrivain aventurier. Si Claudel ni Proust n'expriment pas leur classe, qui donc le fait? Et qu'expriment-ils donc de valable qui transcenderait cette classe «décadente» à laquelle ils appartiennent?

Il y avait une autre idée latente dans la critique du modernisme, latente parce que posée d'emblée à travers un mot-écran facile à asséner, «décadence». Le modernisme était, est en

([120]) Malraux (au 1er Congrès), cité par *Commune*, nov. 1934, 166.

soi *invivable*, il était une fuite en avant dans l'auto-décomposition. De sorte que le critique communiste n'avait pas à le condamner politiquement à mort, c'était bien une esthétique mourante, sans avenir, sans possibilité d'«évoluer» vers du (re)constructif et du positif, ne pouvant que travailler anarchiquement à sa propre agonie, une agonie dont un esprit activiste pensait qu'elle ne pouvait tout de même pas perdurer indéfiniment et que l'issue était fatale. Relisons les innombrables propos d'un Barbusse sur «l'état de décomposition compliquée où elle est parvenue», cette littérature:

> Décomposition brillante certes, fourmillante de talent et de maîtrise [...] Cette littérature à la mode a toutes les tares morbides de la décadence, toute cette subtilité superficielle engendre un immense ennui; elle appelle une critique à la manière forte qui bouscule et balaye un art déjà en débris.[121]

S'il condamne, le critique communiste ne le fait pas seulement en juge mandaté par l'avenir, mais comme un médecin au chevet de cet «anarchisme déliquescent»[122]. Il y a une *approbation paradoxale* de la forme moderniste derrière les concessions au talent: le «style» moderne est adéquat à une littérature désespérée et auto-décomposée, elle-même «reflet» d'un monde bourgeois qui sent sa fin prochaine. Les écrivains qui, sans sacrifier leurs œuvres, mais souffrant de leur déréliction, de leur statut d'«hommes inutiles», faisaient un jour de 1935 ou de 1936 allégeance au «front antifasciste» confirmaient à tout coup leur conflit de conscience; leur ralliement permettait d'espérer que les «meilleurs» rejoindraient, en tant qu'artistes aussi, le bon camp, qu'ils brûleraient bientôt ce qu'ils avaient adoré et renaîtraient à eux-mêmes en changeant de thèmes et de forme. Un mot comme «décomposition» — passant de l'esthétique à la morale — permet-

([121]) Barbusse, *Zola*, 290-1.

([122]) Barbusse, *Russie*, 166.

tait d'assimiler toute subversion des genres établis à une *déchéance:* «En France, nous assistons, depuis la guerre, à une décomposition violente du roman, etc.»[123] Une fois encore, il n'était pas difficile, — *ni* d'ailleurs faux — de voir cette décomposition (quelles que soient les connotations moralisatrices qu'on y ajoutait) comme entraînant une perte de contact avec une société devenue inorganique et opaque à elle-même. «La littérature, écrit J.-R. Bloch, a achevé de perdre, en 1914, la société qu'elle avait à peindre et le public auquel elle s'adressait»[124]. Cette critique de la littérature moderne ne dévoile ses redoutables contradictions que dans la contre-proposition «révolutionnaire» qui lui fait suite.

Le «théâtre du peuple» contre le théâtre bourgeois

La critique théâtrale n'a pas occupé, dans la presse communiste, une place majeure, si ce n'est pourtant dans le magazine illustré du parti, *Regards*. Les critiques de *Monde* et de *Commune* qui ont, certes, parlé d'œuvres dramatiques et encouragé les expériences de théâtre populaire, ont accordé une large prépondérance à la prose narrative et à la poésie. C'est ce qui m'incite à traiter du théâtre à part — d'autant que le genre théâtral inscrivait la problématique des «deux camps» esthétiques et la critique de la «décadence» bourgeoise selon des critères autres que ceux qui semblaient s'imposer pour juger de roman ou de poésie. Il y a à ceci plusieurs raisons.

Sans doute le diagnostic d'ensemble est tout aussi accablant qu'ailleurs. Avec les contraintes économiques et sociales qui pèsent sur la production dramatique, le théâtre qui se joue et connaît le succès dans le Paris des années trente peut, sans

(123) J.-R. Bloch, *Destin,* 14.
(124) Ibid., 20.

abus de langage et sans médiation, être qualifié de «bourgeois»: il l'est par son public, par ses thèmes, par son ignorance voulue des «grandes questions historiques», comme il l'est aussi pour les communistes par son plat conformisme et par son indigence. La médiocrité des succès «parisiens» courants permet au critique de faciles exclamations de mépris et diatribes:

> Des femmes du monde désœuvrées qui sont amoureuses de clowns, des courtisanes qui s'éprennent de cambrioleurs, des maris qu'attristent les penchants saphiques de leur femme, etc.: voilà quelques-unes des intrigues en faveur sur nos scènes bourgeoises![125]

«Le théâtre bourgeois est donc gâteux»[126], conclut la revue *Masses*. Bien des artistes non-communistes auraient concouru à ce jugement et, tout autant qu'eux, mis leurs espoirs dans un retour à un «grand théâtre collectif» dont la nostalgie est partout dans l'entre-deux-guerres, à l'avènement d'un «théâtre du peuple» dont les communistes allaient chercher à montrer le potentiel et l'intérêt politique.

Ce qui a manqué dans ce contexte à la critique communiste est une vraie réflexion — qui eût conduit à poser le problème des «masses» et de leurs goûts — sur le développement asymptotique des spectacles commerciaux et des industries culturelles depuis les années vingt. Les communistes voient bien le «méprisable» spectacle commercial destiné aux gens aisés, ils voient aussi monter en force les industries culturelles et les spectacles «populaires», du mélo de faubourg au cinéma en passant par le music-hall, le beuglant et la chansonnette de la T.S.F.: ils y dénoncent de cyniques entreprises capitalistes destinées à «abrutir» les masses et à les détourner de la «lutte». Il n'y a pas eu cependant en France l'amorce d'une pensée marxisante sur ces

(125) P. Gsell, *Théâtre international*, 3-4: 1934, 24.

(126) *Masses*, janvier 1933, 13.

«industries culturelles» que nommera et analysera l'École de Francfort.

La presse communiste se gausse avec dégoût du tout-venant des spectacles «grand public» — tout en faisant l'impasse sur le cas des salariés qu'attirent ces sortes de productions. L'ironie (toujours teintée de moralisme «révolutionnaire») tient lieu d'analyse:

> On joue cette semaine, dans les principaux théâtres de Paris, toute une série de pièces dont les titres évoquent la plus haute culture: [...] *«Nuits perverses», «Le roi du sex-appeal», «Nus de Broadway», «Faites ça pour moi!», «Une femme dans le lit», «Simone est comme ça»* [etc.]. Autant de vaudevilles avec vieux messieurs en caleçons et de revues avec jolies femmes sans chemises.[127]

Et pourtant, — conçu tout autrement que le théâtre bourgeois, «individualiste», «atrophié», soumis à la rentabilité, prostitué à l'argent — le théâtre était, par son histoire et par sa nature, un «grand art collectif» qui le plaçait potentiellement au premier rang des arts «révolutionnaires», des arts qui s'épanouiraient dans le futur régime collectiviste.

> Les grandes époques dramatiques, l'époque grecque, celle des mystères, celle des élisabéthains durent leur puissance à leur intime contact avec les foules. Loin du peuple, loin des vraies sources de vie, le théâtre s'étiole. Il s'agit donc de porter au peuple le bon théâtre.[128]

La critique théâtrale communiste a l'avantage et le mérite que n'a pas toujours la critique littéraire de plonger dans le concret: elle a insisté sur le rôle de l'argent dans les spectacles, l'exclusion de la classe salariée, souhaité la création de clubs de théâtre et de groupes expérimentaux, cherché à les mettre sur pied et à les faire connaître, imaginé une connexion

(127) *Regards*, 114: 19 mars 1936.
(128) *L'Humanité*, 7 juin 1936, 8.

entre «théâtre du peuple» et activités militantes. Ce faisant, elle s'embarrassait moins de spéculations doctrinaires. Il y avait un «monopole» bourgeois sur le théâtre et c'était, fondamentalement, un monopole de l'argent. «Une barrière aussi réelle qu'invisible ferme au peuple les portes du théâtre»[129]. Le «théâtre du peuple» qu'on va chercher à concevoir, à stimuler et orienter devait être fondé sur autre chose que le profit s'il devait montrer aux masses des «œuvres de qualité». Le théâtre est «coupé» de son véritable public, et ce, d'abord parce que ce public «ne peut pas s'offrir des places à trente francs»[130]. On reproche à Jouvet d'avoir dit qu'il n'y a que «le bon et le mauvais théâtres», ignorant les «conditions économiques» inhérentes au monde du spectacle[131]. Le public populaire avait été *chassé* par l'esprit de lucre des salles de spectacle. «Les portes du théâtre sont bien gardées. L'État bourgeois veille...»[132]

La problématique communiste est donc de *reconstituer* autour d'un théâtre renouvelé et désintéressé un public dépossédé, de lui rendre le goût du bon spectacle, de l'éduquer à une sorte de dramaturgie qui sera l'opposé de ce théâtre bourgeois du profit et de la facilité, qui est aussi un théâtre de l'illusion individualiste.

Si le théâtre boulevardier consterne, le théâtre dit d'«avant-garde» n'en est pas moins inacceptable au «peuple» par une erreur esthétique opposée, son *symbolisme* fumeux qui le distingue des clairs classiques de l'art «collectif», — Molière, Calderón ou Gogol.

> Le symbolisme est la faiblesse constitutionnelle d'un théâtre comme celui d'Ibsen ou des drames comme *Solness* sont d'une puérilité presque insoutenable, du théâtre tout entier de

(129) *Regards*, 114: 19 mars 1936.

(130) *Regards*, 154: 22 déc. 1936.

(131) *Humanité*, 7 juin 1936, 8.

(132) *Regards*, 116: 2 avril 1936.

> Maeterlinck et de quelques autres. Entre la thèse brutalement exprimée et le symbole, il faut que le théâtre trouve sa voie.[133]

Face à ce théâtre déliquescent, une fois de plus, l'U.R.S.S. va servir de phare et de modèle: les Soviets ont pu développer un théâtre du peuple qui est devenu florissant, l'État soviétique lui prodiguant ses encouragements et ses faveurs. «Dans la Fédération soviétique, le théâtre est réellement un service social au même titre que l'enseignement»[134]. Et le critique de *Regards* de donner en exemple cet État socialiste, modèle pour le reste du monde, où le théâtre est devenu «une des formes de l'éducation publique»: au théâtre autant qu'ailleurs, le militant communiste veut un art sérieux, éducatif, édifiant, le contraire de l'art conçu comme divertissement et frivolité. Ce qu'il apprend à ce titre du théâtre en U.R.S.S. le comble d'enthousiasme: «Aussi quelles merveilles se multiplient sur les innombrables scènes de l'U.R.S.S. Quels bienfaits spirituels le théâtre répand sur la société!»[135] Les «masses» forment le public indivis de ce théâtre soviétique et elles prouvent leur bon goût natif autant que l'élévation constante de leur «niveau» intellectuel en s'enthousiasmant pour les chefs-d'œuvres soviétiques ou occidentaux.

Il est à noter qu'admiratifs des Soviétiques, les critiques communistes ont aussi exalté — toujours en contraste avec la nullité de la scène française — la force et la vérité «sociales» du théâtre américain de gauche, celui par exemple d'Eugene O'Neill, Prix Nobel 1936 quoique dénonciateur et révolté:

> Il est assez significatif que l'Académie suédoise ait choisi comme le plus grand représentant littéraire des États-Unis l'écrivain qui les dénonce, comme si la civilisation américaine ne s'exprimait

(133) *L'Humanité*, 26 nov. 1936, 8.
(134) *Regards*, 114: 19 mars 1936.
(135) Ibid.

véritablement qu'à travers les dénonciations qu'elle rend inévitables, les refus qu'elle ne peut pas ne pas engendrer.[136]

Ils ont aussi distribué leur admiration entre le cinéma soviétique et une part non négligeable de grands films américains, censés «dénoncer» avec talent le (pays du) capitalisme. Ce théâtre et ce cinéma U.S., — certes peu apprécié des bien-pensants américains — dont la modernité a ému les jeunes critiques du P.C.F. aurait dû cependant leur poser un problème théorique quant à leurs applications mécaniques de notions de classe, de conditions historiques et de «décadence» des sociétés capitalistes.

Le grand avantage pour le critique communiste, face à une «décadence» de la scène bourgeoise que tout le monde reconnaissait, était qu'il pouvait montrer un «théâtre du peuple» comme devant être un *rehaussement*, une régénération, comme le défi présenté au dramaturge d'avoir à se *hausser* au niveau des attentes d'un public bien plus exigeant, le public «populaire». «Théâtre du peuple» ou «théâtre populaire» si on rend à cet adjectif, devenu péjoratif, son sens authentique. Pas le théâtre commercial mis «à la portée de tous», mais un «théâtre éducatif» encore un coup, «destiné à influencer dans la plus grande mesure possible le goût du public en faveur d'œuvres réservées jusqu'à présent à une élite»[137]. Le «peuple» de ce théâtre du peuple, ce n'est donc pas cette masse dégradée par des distractions stupides, c'est le *vrai* peuple, c'est-à-dire un peuple à venir, «une masse maîtresse de ses destinées, qui a saisi entre ses fortes mains les leviers de commande»[138]. À ce compte, il n'y avait encore rien en France qui donne l'idée de ce qu'allait être un «théâtre du peuple».

([136]) *L'Humanité*, 26 nov. 1936, 8.

([137]) *Regards*, 118: 23 avril 1936.

([138]) *Regards*, 117: 9 avril 1936.

Et cependant, si les «conditions objectives» n'étaient pas toutes réunies, les communistes allaient élaborer un programme pour ce théâtre à naître. Il ne s'agit pas du tout, répète-t-on au départ, de rechercher un théâtre militant ou propagandiste. Au répertoire, on mettrait d'abord Molière, Shakespeare..., nullement des classiques de la bourgeoisie, soit dit en passant, mais «chefs-d'œuvres reconnus»[139]. S'imposeraient d'autre part de nouveaux critères esthétiques qui invitaient à monter des œuvres «simples d'apparence, riches de contenu, élevées d'inspiration»[140]. «Laissons de côté ces pièces dites de propagande qui puent la leçon de choses et sont grossièrement naïves, [...] seul l'exemple du beau qui est toujours attrayant et jamais prêcheur, peut éveiller chez un public fruste des émotions qui le porteront tout naturellement à orienter sa vie dans le sens de ce qu'il a vu et entendu»[141]. Une conception du théâtre est présupposée, elle est de type aristotélicien: le théâtre sert à de grandes *catharsis* collectives, à une édification critique de la médiation d'«émotions» éprouvées en commun. Ces émotions sont censées «élever» la conscience du spectateur et pour obtenir ceci, le théâtre «révolutionnaire» n'a aucunement à se limiter à des thèmes et thèses révolutionnaires. «*Les affaires sont les affaires* d'Octave Mirbeau est une des plus implacables condamnations du capitalisme qui ait jamais été écrite et cette pièce est par là, tout en restant sur le plan humain une œuvre du plus haut intérêt, révolutionnaire»[142].

Dans le domaine du théâtre — c'est certainement la thèse la plus répétée — l'éducation et la mobilisation passent donc par de «grandes émotions collectives» que le théâtre du peuple reçoit mandat de susciter. «Il traduira la vie des masses dans

(139) *Regards*, 115: 26 mars 1936.

(140) Ibid.

(141) *Regards*, 119: 23 avril 1936.

(142) *Regards*, 133: 30 juillet 1936.

le passé et dans le présent. Il exaltera leur vaillance, leur espoir, leur foi dans la justice»[143]. Dans *Regards*, cette fonction émotive est réaffirmée comme tenant à l'essence de l'art dramatique: «le théâtre est le lieu de la communion immédiate. L'émotion s'y propage par grandes ondes, etc»[144]. Le vocabulaire ici se teinte de religiosité: «communion», «temple», «office», «rituel»...

Ce théâtre du peuple allait se débarrasser de la traditionnelle scène «à l'italienne» du théâtre bourgeois, adaptée à l'illusoire représentation de petites «anecdotes individuelles». Il fallait supprimer les cloisonnements, rapprocher le spectacle des spectateurs; on voulait une scène qui rappelle les théâtres antiques avec un proscenium qui s'avance au milieu de la foule. Répertoire et conception même du spectacle, tout serait donc renouvelé, mais ce renouvellement ressemblait par bien des côtés à un *retour* au classique et à l'antique.

Par ailleurs et de plus en plus activement à l'époque du Front populaire, la presse communiste encourage la naissance d'un théâtre spontané, issu des luttes, immergé dans la vie militante, avec des acteurs non-professionnels. Cette symbiose revivifierait le théâtre tout en lui permettant d'échapper au carcan du profit. Le P.C.F. encourage donc les «groupes», les «collectifs» et demande pour eux l'appui des organisations ouvrières. Toute la réflexion est inséparable d'une histoire (qui n'est pas ici mon objet) des enthousiastes mouvements d'amateurs dans les années trente.

Quelques entreprises couronnées de succès ont convaincu les «responsables culturels» du Parti qu'il y avait dans les projets de théâtre du peuple un potentiel qui ne demandait qu'à se réaliser avec un public prêt à répondre avec toutes ses «émotions collectives» à des œuvres de qualité. Le jeu dramatique de Romain Rolland, *Le 14 juillet*, en 1936, est

([143]) *Regards*, 114: 19 mars 1936.

([144]) *Regards*, 116: 2 avril 1936.

apparu comme un spectacle qui montrait «ce que pourra[it] être en France le théâtre pour le peuple et par le peuple», et qu'on pouvait «enthousiasmer le public le plus large» avec «de nobles œuvres»[145]. Romain Rolland avait permis de créer une «fête du peuple, germe de l'art de demain»[146].

En matière de théâtre, le critique communiste qui ne croit pas cependant qu'«en pleine décadence capitaliste et en période prérévolutionnaire, [...] la France [puisse] se mettre à produire des œuvres dignes d'alimenter un théâtre du Peuple»[147] a donc, à la fois, espéré rendre accessibles aux masses les «grandes œuvres» — apparemment «humaines» et «éternelles» et non pas produits de classes — spéculé sur un bouleversement de toutes les traditions et conventions théâtrales qui lui paraissaient découler de l'«individualisme» bourgeois, et conjecturé sur un théâtre populaire, roboratif, émouvant et éducatif, qui ne pouvait naître que de la Révolution.

([145]) *L'Humanité*, 19 juillet 1936, 8.

([146]) Ibid.

([147]) *Regards*, 114: 19 mars 1936.

Annexe au chapitre III

LES AUTRES «FRONTS» CULTURELS

Dans sa conception militaire de la vie culturelle, le Parti communiste n'a pas seulement occupé en force le secteur des «luttes» littéraires. Il a placé ses hommes sur tous les «fronts» culturels et a profité des conditions offertes par une «époque d'écroulement social» pour faire des percées et abattre les positions de la «bourgeoisie agonisante» tant dans les sciences naturelles, les sciences sociales, en philosophie qu'en peinture, en musique, au cinéma ou encore dans les sports. Le camp de la révolution se présente comme le camp de la «défense de la culture». La morale et la pensée bourgeoises sont «mortes»: on savait gré à Emmanuel Berl (en dépit du scepticisme persistant de celui-ci à l'égard de l'U.R.S.S.) d'avoir signé dès les années vingt ce constat. La bourgeoisie dont il était entendu, à partir de 1935, qu'elle se jetait dans les bras du fascisme, stade suprême du capitalisme, mobilisait ses dernières forces contre la culture. Il y avait donc le camp de ceux qui luttent contre la guerre, contre le fascisme et pour la «défense de la culture», et en face d'eux le camp de «ceux qui consacrent le chômage comme une nécessité impérieuse et brûlent les livres sur les places publiques»[1]. «La culture française sombre», constatera avec une sérénité crépusculaire Maurice Thorez au Congrès de Villeurbanne (1936)[2].

Le P.C.F. va charger ses intellectuels militants de rejoindre leur poste dans chaque secteur de l'opinion publique, des arts et des sciences. Ses journalistes opposeront la presse

(1) Aragon, *Humanité*, 25 févr. 1937, 8.

(2) Thorez, *Union*, 34.

communiste, au service de la vérité, à «la presse qui ment», la presse contrôlée par «les puissances d'argent» et aux «journaux insanes» qui abêtissent le peuple[3]. Dans le même temps, ses chroniqueurs sportifs vont se charger d'exalter les «exploits» soviétiques et de condamner le détournement du sport par les fascistes, de prouver la supériorité du sport soviétique sur le sport capitaliste. D'autres, comme René Prenant, établi sur le front de la biologie, vont être chargés de montrer «à la lumière du marxisme» les errements des sciences bourgeoises et d'exalter le «développement incessant de l'école marxiste française» dans les sciences de la nature[4]. Car bien avant les débats autour du mitchourino-lyssenkisme, il commence à être dit qu'il y a désormais *deux* sciences. Le camarade Staline lui-même a insisté en 1937 sur ce point: «Il y a science et science. Celle dont j'ai parlé s'appelle science *d'avant-garde*»[5].

Qu'il y ait deux sciences, deux épistémologies et une lutte permanente sur ce front entre multiples erreurs idéalistes bourgeoises et vérité matérialiste, c'est ce qu'avait soutenu Lénine dans son grand ouvrage à prétention philosophique, *Matérialisme et empirio-criticisme*. Le P.C.F. pouvait mobiliser sur le front philosophique, Georges Friedmann (qui avait lancé en 1929 *la Revue marxiste* — en marge alors d'un P.C.F. sectaire et ouvriériste)[6], Henri Lefebvre, Georges Politzer qui s'attaque au bergsonisme dans le même temps que son camarade Paul Nizan cherche à abattre les trois «chiens de garde»

(3) G. Genlis, *Masses*, mai-juin 1931, 7.

(4) *Commune*, mai 1936, 1131.

(5) Staline, *Socialisme et science*, 6.

(6) Georges Friedmann (1902-77), philosophe et sociologue qui était un compagnon de route, mais des plus zélé, et qui se chargea d'attaquer au nom du marxisme Jean Grenier et André Gide, reconnaîtra après guerre, s'étant éloigné du P. C. F. à l'époque du Pacte, que ses écrits des années trente sont caractérisés par un «marxisme dogmatique» et par un «optimisme irrationnel» — voir sa notice dans le *Dictionnaire* de Maîtron.

philosophiques de la bourgeoisie — Bergson, Brunschvicg et Boutroux.[7] En philosophie aussi, il y avait donc une philosophie vraie et «vivante», matérialiste, marxiste, et une philosophie bourgeoise, «agonisante» comme il se devait. «Cette philosophie universitaire française qui fut le couronnement glacé du solide pouvoir de la bourgeoisie victorieuse, agonise. Ses représentants qui sont vieux, vont mourir et ils n'auront pas de disciple pour revêtir leurs vieilles robes idéalistes.»[8] En 1934, Auguste Cornu avait, pour la première fois, soutenu une thèse en Sorbonne sur la formation du jeune Marx et le Parti s'était réjoui de ce «progrès» du marxisme.

Les deux camps philosophiques portaient des noms vieux comme la philosophie occidentale: à la bourgeoisie, l'«idéalisme», au parti du prolétariat, «le matérialisme»; à l'une, le «monde des idées», à l'autre «le monde réel»... Les deux *épistémè* opposées transposaient deux rapports de classe, l'un faussé, l'autre véridique, au monde. Il y avait ainsi une «philosophie du prolétariat» et c'était le «matérialisme dialectique de Marx et Engels», «développé» par Lénine et Staline, dont, dans les écoles du Parti, on montre aux ouvriers la supériorité sur les autres philosophies et le caractère intrinsèquement progressiste:

> Les marxistes qui veulent *transformer* le monde affirment par conséquent la *réalité* de ce monde; tandis que les philosophes bourgeois, conservateurs et réactionnaires, prêchent la doctrine de l'idéalisme philosophique, selon laquelle l'univers matériel ne serait qu'une image de notre esprit, une illusion de notre entendement.[9]

(7) Georges Politzer, sous le pseudonyme d'Arouet, publie *Fin d'une parade philosophique, le bergsonisme* (1929) et Paul Nizan, *Les chiens de garde* (1932). *La critique sociale* de Souvarine diagnostiquera dans ce dernier livre une «déchéance de l'idéologie dite 'marxiste-léniniste'» (1932: 272).

(8) Nizan, *L'étudiant d'avant-garde*, 1:1934, 3.

(9) *La Commune*, 7 fév. 1936, 3.

Dans le bon camp philosophique, les communistes enrôlèrent à titre posthume Lucrèce comme Descartes. Descartes est mis de l'avant lors de son tricentenaire en 1937 et alors que le P.C.F. se drape dans les couleurs de la France.[10] Dans le camp bourgeois, le cas de Martin Heidegger montrait, aussitôt connu, le visage fasciste de l'idéalisme métaphysique finissant:

> M. Heidegger, le philosophe de Heidelberg, auteur de *Sein und Zeit*, de *Was ist Metaphysik*, dont les chefs de bande nationaux-socialistes ont fait un recteur d'université, dont la gloire fasciste éclipse celle d'Oswald Spengler.[11]

En psychologie, secteur où la bataille était conduite par Georges Politzer, l'ennemi de classe nº 1 se nommait Sigmund Freud, inventeur d'une théorie malsaine et décadente, Freud qui est attaqué d'ailleurs par les Soviétiques depuis les années vingt. Le paradigme binaire va opposer ici l'idéaliste Freud au Soviétique I. P. Pavlov, l'homme au chien, avec lequel triomphe, en terrassant la psychanalyse, le matérialisme en psychologie. Une falsification qui met les communistes hors d'eux-mêmes est la chose dénommée «freudo-marxisme», alliance monstrueuse de l'imposture et de la vérité dont un des promoteurs (qui s'en étonnerait?) est le renégat Boris Souvarine, Sigmund Freud et lui étant réunis par «une commune haine de la révolution prolétarienne»[12]. Pour Jean Audard, le prétendu freudo-marxisme est une mystification contre-révolutionnaire qu'il dénonce avec un raisonnement absolument *fidéiste*: s'il fallait ajouter du Freud à Marx, c'est que le marxisme n'aurait pas réponse à tout, suggestion qu'Audard juge intolérable: «Proclamer les limites du marxisme à propos d'un problème qui (soi disant) n'a

(10) Ex. Nizan, *Humanité*, 22 mai 1937.
(11) Nizan, *L'étudiant d'avant-garde*, 1: 1934, 3.
(12) Politzer, *Commune*, nov. 1933, 287.

pas encore reçu une solution marxiste, est le signe sûr de la haine du marxisme»[13].

Il s'est établi aussi un front de la *peinture* où se sont déroulées de nombreuses escarmouches et une bataille rangée autour de «la Question du réalisme». Le P.C.F. commence dans les années trente à se constituer la cohorte de «ses» peintres — Léger, Lurçat, Gromaire auxquels se conjoignent les vieux révolutionnaires, Signac, Maximilien Luce (et les *morts* qu'on enrôle dans le bon camp: Delacroix, Corot, Daumier et Courbet). Les critiques du P.C.F. dont certains se donnent les gants d'admirer la «libération esthétique» procurée par Monet et Cézanne, et croyent pouvoir faire de Gauguin un peintre «anticolonialiste», renâclent une fois encore devant les formules résolument modernistes — cubisme, expressionnisme, *Neue Sachlichkeit*, surréalisme, futurisme même en dépit de sa mise au service de la révolution russe.

Moins surveillé peut-être que le secteur littéraire, le jugement en matière de peinture est moins rigidement appuyé sur un dogme et plus aléatoire. Pour un Max Raphaël qui condamne Picasso au nom du marxisme («chez Picasso, un manque complet tant de matérialisme que de dialectique»[14]), on trouverait d'autres critiques attitrés du P.C.F. qui admiraient chez ce peintre une révolution (esthétique) permanente que la doctrine, à mon sens, aurait dû leur faire trouver bien suspecte.

> S'il s'agit de parler d'un art révolutionnaire, c'est bien le cas. Les résultats qu'obtient Picasso, à peine sont-ils obtenus qu'il les abandonne. Il use d'un procédé, puis d'un autre; il ne s'enferme dans aucune formule, il les possède toutes [...]. Picasso livre ses secrets qui [...] sont ceux d'une éternelle liberté et d'une éternelle audace à rejeter les vieux mondes dans lesquels certains veulent emprisonner l'art et la vie.[15]

([13]) Audard, ibid., 300.
([14]) Raphaël, *Proudhon*, 198.
([15]) *Regards*, 114: 19 mars 1936.

Dans le domaine de la *musique*, l'Internationale et le P.C.F. ont, me semble-t-il, développé deux thèses incompatibles: celle de la dépossession des classes exploitées, la bourgeoisie refusant aux masses les «joies de la musique». Position qui considérait la musique comme un bien spirituel hors des déterminations de classe. Mais on rencontre aussi la thèse — homologue à ce que nous avons rencontré dans les lettres — des deux camps en musique, le mauvais étant occupé par une «musique bourgeoise» aux formules diverses, mais aux erreurs esthétiques complémentaires: «l'atonalisme» (Alban Berg) est «hanté par des cauchemars morbides», le polytonalisme «en dernier lieu conduit au subjectivisme», le «retour au contrepoint» est signe de «religiosité» — rien n'est à sauver pour le musicologue soviétique L. Lebedinski de ces «musiques à l'époque du capitalisme en dissolution»[16]. Quant à la musique commerciale, elle apparaît également au service de la bourgeoisie pourrie. Ainsi du *fox-trot*:

> Il réduit la multiplicité des formes du mouvement dans la nature et dans la société, à la seule forme mécanique en créant une sorte d'ambiance mystique. Il cultive le sentiment d'infériorité de la pensée et de la volonté humaine comparativement à l'automatisme mécanique [...]. Son caractère sexuel n'est que trop manifeste [...]. Le fox-trot comme le jazz en général, c'est la musique de la bourgeoisie impérialiste parasitaire, qui a pris une extension prodigieuse dans les masses de la petite-bourgeoisie et qui s'est emparée de leur conscience.[17]

Les Français n'ont pas eu dans le domaine musical un théoricien anti-bourgeois de cette force! En Allemagne, au contraire, Theodor W. Adorno, bientôt en exil en Amérique, va créer une sociologie musicale qui n'est pas dégagée de ces intuitions sectaires d'un Lebedinski. Les critiques français

([16]) *Théâtre international*, 3-4: 1934, 10-12.
([17]) Ibid.

admirent Chostakovitch, puisqu'il est l'incarnation d'une musique «soviétique». Ils admirent la musique populaire authentique puisque «populaire»... Mais ils ne se sentent pas toujours tenus de qualifier le *jazz hot* de «bourgeois». Henry Poulaille, toujours hétérodoxe, y voyait sans hésiter une «expression neuve et révolutionnaire»[18]. Tous les communisants n'auraient pas été d'accord avec lui, mais plus d'un jeune critique notait que «la bourgeoisie» était hostile à cet art d'origine populaire, ce qui permettait de l'enrôler dans le bon camp: «Sa frénésie, issue du peuple noir, fut l'objet du snobisme de la bourgeoisie française qui aspirait à "l'intervention" américaine contre l'Allemagne»[19]. Comprenne qui pourra ce raisonnement!

Comme le spectre de la bourgeoisie sert à toutes mains, d'autres encore renversent le raisonnement et prennent parti, selon la logique conservatrice de l'esprit stalinien, pour le retour aux classiques et contre le jazz... décidément bourgeois sinon par ses producteurs du moins par ses admirateurs: «Laissons à certains bourgeois le ridicule de proclamer: "le classique, c'est la barbe! Un peu de jazz, ça suffit bien"»[20]. Somme toute, la musique n'était pas facile à enrôler.

Sur le front *cinématographique* enfin, le rôle de chef de file revient à Léon Moussinac qui fut un des inventeurs de la critique de cinéma, laquelle naît à gauche dans les années trente. Ici encore, je ne ferai qu'esquisser l'invention du côté communiste de ce discours qu'il serait intéressant d'analyser pour lui-même. L'examen comparatif de cette critique de cinéma — art sans passé et sans enjeux fixés — et de la critique littéraire permettrait sans doute de voir que c'est le poids même du fétichisme traditionnel autour de l'objet «littérature» qui

(18) *Monde*, 10 sept. 1932, 6.
(19) *L'Humanité*, 11 oct. 1936, 8.
(20) *L'Humanité*, 7 juin 1936, 8.

accentue le sectarisme de la critique ASDLR, limite sa marge de manœuvre et sa tolérance au «nouveau». Par ailleurs, le cinéma, aimé des masses insuffisamment politisées, présentait des dangers idéologiques redoutables et pouvait exiger des interventions énergiques:

> L'organisation d'une série de brigades rouges du cinéma, brigades de choc homogènes et actives dont le rôle serait la descente systématique dans les salles de cinéma. Ces brigades doivent dénoncer le caractère bourgeois des films, rappeler aux ouvriers présents la réalité qu'on cherche à leur cacher.[21]

La censure «bourgeoise» des années trente était souvent très chatouilleuse à l'égard de films de quelque manière «progressistes». Les communistes que cette censure officielle indignait, savaient ainsi tout de suite quoi défendre et pourquoi.

> La censure a beaucoup fait parler d'elle, ces dernières semaines. Successivement elle est intervenue pour interdire «La Garçonne», «Les mutinés de l'Elseneur», «Les damnés de Santa-Maria», ceci au moment où ces films étaient déjà projetés dans différentes salles. Les motifs d'interdiction étaient divers: le premier film avait le tort de montrer les mœurs corrompues des deux cents familles, le second d'indiquer qu'il arrivait aux marins de se mutiner, le dernier que le régime du bagne était inhumain.[22]

Il a suffi à cette critique de dénoncer sans grande difficulté comme «bourgeois» les films français à falbalas et à adultères mondains. Parfois, elle a suivi le Georges Duhamel anti-américain des *Scènes de la vie future* dans sa condamnation de ce «divertissement d'ilote», de ce «passe-temps d'illettré, de créatures misérables»[23], *mais* elle l'a fait en restreignant cette appréciation, excluant de la condamnation le cinéma «progressiste». En gros, il était vrai, le cinéma courant apparaissait

(21) *Jeune révolution*, 3: 1932, 11.

(22) *Regards*, 115: 26 mars 1936.

(23) Cité approbativement par l'*Humanité*, 1. 5. 1930.

comme une machine inventée par le capitalisme pour abrutir le prolétariat. Léon Moussinac lui-même voyait dans «l'intoxication hebdomadaire par la bêtise standard, un puissant moyen d'asservissement du prolétariat entre les mains de la bourgeoisie internationale»[24]. Les communistes avaient vite perçu et appris à redouter ce que le cinéma, dont ils voyaient la force d'expansion historique, pouvait, entre les mains de la bourgeoisie, avoir d'intégrateur:

> Le cinéma doit démontrer que tout est pour le mieux dans le meilleur des mondes, que la vie est belle, que le bonheur est là, que tout s'arrange [...]. Le crime puni, la vertu récompensée, les pauvres à l'honneur.[25]

Jusqu'au Front populaire, ils n'ont presque rien trouvé à sauver de la production française courante qui ne provoquait chez eux que des haut-le-cœur. Ils ont au contraire immensément apprécié les grands films soviétiques et insisté pour que tous les prolétaires français les voient. Mais ils ont aussi beaucoup aimé le «pays du cinéma», l'Amérique, susceptible de produire les films les plus nuls et les plus aliénants, mais à l'occasion aussi des «chefs-d'œuvre» comme *Scarface*, *If I had a Million*, *Je suis un évadé*... Ils ont admiré Charlot, son art et ses attitudes politiques tout d'un tenant. Dans les années du Front populaire, ils ont applaudi à la naissance en France d'un nouveau cinéma, — celui de Buñuel, de Max Ophüls, «exilé par Hitler», précise-t-on en supplément de mérite, de Jean Renoir, de Marcel Carné. C'est Jean Renoir qui était sans doute le plus conforme aux à priori esthétiques communistes («le réalisme, voilà sans doute la qualité principale des films de Renoir»[26]), mais dans ce secteur le dogme

(24) *L'Humanité*, 25. 5. 1930.

(25) Painlevé, résumant G. Altman, *Ça c'est du cinéma*, *Monde*, 27 juin 1931, 5.

(26) *L'Humanité*, 16 nov. 1927.

n'a pas totalement étouffé la curiosité au nouveau ni l'intérêt pour l'innovation technique.

Quant au cinéma soviétique, ce qu'on y admire et qu'il offre du reste à foison, ce n'est pas tant du «réalisme» que ce qu'on appelle «l'épopée» jointe à la richesse de son «contenu social et révolutionnaire», le «souffle lyrique», dira-t-on, en même temps que «la confiance», l'«espoir en l'homme» qui émanent de lui. *Le cuirassé Potemkine* avait montré dès les années vingt que l'art soviétique couplé à l'esprit révolutionnaire pouvait engendrer un chef-d'œuvre, c'était «l'œuvre la plus forte et la plus élevée que le cinéma ait jamais produite»[27]. Au cours des années trente cependant, le même enthousiasme va accueillir et prôner des pages d'histoire «stalinisées» dont le «souffle épique» continue à émouvoir et à édifier. Léon Moussinac, à la sortie des *Trois chansons de Lénine* de Dz. Vertov, déclare: «C'est le plus beau film qu'il m'ait été donné de voir depuis longtemps. On n'échappe pas à l'émotion qu'il dispense. Sa puissance est réelle.»[28]

(27) Ibid.

(28) Moussinac, *Monde*, 24 août 1934, 12.

IV

LE PROLÉTARIAT ET SA LITTÉRATURE

Proletkult et culture prolétarienne

À l'origine des débats qui agitent le Parti communiste et certains groupuscules militants des années vingt — dont le principal réuni autour de Henry Poulaille sera à couteaux tirés avec le P.C.F. — autour de la «culture prolétarienne» et de la «littérature prolétarienne», il y a deux sources à considérer, l'une française, venant du syndicalisme révolutionnaire d'avant la guerre, des milieux soréliens, de certaines publications et certains clubs d'écrivains ouvriers et d'«art social» qui font partie de l'histoire du mouvement ouvrier français. Il y a, d'autre part, l'influence lointaine des prolétariens soviétiques, des doctrinaires du *Proletkult*, des «bodganovistes», mais il me semble que cette influence, filtrée par les traditions ouvriéristes françaises, n'a pas été au-delà d'un renforcement de légitimité des idéologues de l'art prolétarien dans la période «classe contre classe» que l'Internationale et le P.C.F. abandonnent au début des années trente. Rappelons cependant ce qui pouvait être connu des thèses de Bogdanov et des doctrines du «Proletkult». Bogdanov, partant d'un marxisme barbare, avait tiré des conceptions de l'*idéologie* chez Marx la conception sectaire suivante: à chaque classe sa culture, cultures concomitantes mais incompatibles, de sorte que les cultures des classes dominantes successives n'ont rien à dire, rien à apporter aux classes dominées, — elles ne peuvent que les corrompre. À chaque classe, sa «conscience», incommensurable à celle des classes antagonistes, — fraternité prolétarienne *vs* individualisme bourgeois, pour ne prendre qu'un des contrastes qui, bien au-delà des tenants du «Proletkult», fondent l'autosatisfaction éthique de la classe ouvrière.

Un premier théorème se déduit de cet axiome: *toute* la culture du passé, culture bourgeoise et culture des ci-devant classes dominantes est non avenue, corruptrice, instigatrice de fausse conscience et fauteuse de reniements. Pour le prolétariat conscient de sa tâche historique, toute la culture passée est à «liquider». Il faut, pour permettre cette liquidation faire émerger, faire prendre conscience de sa valeur et s'imposer la culture prolétarienne propre, antithèse de la culture bourgeoise. Si les produits de la culture sont (et ne sont que) l'expression d'«intérêts de classe», cette thèse et ses corrélats sont irréfutables[1]. Du passé culturel, faisons table rase! La thèse proletkultiste énonce que le prolétariat au pouvoir va engendrer des formes d'art, une littérature nouvelles, qui seront proprement prolétariennes, que cette littérature est en train de naître et que la tâche des révolutionnaires est de lui faire place nette. Le prolétariat, créateur du futur, n'a pas à se constituer en héritier du passé et rien de ce passé ne doit venir ternir et corrompre l'avenir qui lui appartient. «Le prolétariat est le créateur de l'avenir, il n'est pas l'héritier du passé», explicitait Bogdanov[2].

Il y avait dans ce *Proletkult* russe, on le voit, un mélange redoutable de ressentiment culturel, de volontarisme et de simplisme dénégateur. L'espoir placé dans une culture prolétarienne bonne et émancipatrice par nature, a servi à alimenter l'enthousiasme révolutionnaire en fétichisant en U.R.S.S. une classe ouvrière chimérique, déniant notamment les intérêts opportunistes, trade-unionistes, nationaux-chauvins qui s'exprimaient dans les classes ouvrières de l'Occident.

(1) Voir J. Perus, 1986, ch. III, et svt.

(2) Bogdanov, en 1918, cit. Corbet, 1975, 45.

Lénine, d'emblée et jusqu'à sa mort, a été hostile au *Proletkult.* Il voyait dans cette idée de «culture prolétarienne» une contradiction dans les termes, une sorte d'oxymore dogmatique. Lounatcharsky, son plus proche conseiller en matières d'éducation et de culture, pensait comme lui que le prolétariat triomphant devait «s'assimiler» toute la culture «humaine» (il y avait bien ici un problème inverse pour des esprits attachés au dogme: ainsi donc une partie de la production «idéologique» transcenderait les classes et leurs intérêts?) Se posait encore la question de savoir si cette «culture prolétarienne», à supposer qu'elle existât, était synonyme de culture «ouvrière» dans une Russie où les classes exploitées allaient bien au-delà d'une classe ouvrière industrielle demeurée embryonnaire. L'idée de créer ou de faire place à une culture «prolétarienne» s'opposait en tout cas à la conception léniniste, qui était qu'il fallait favoriser l'éclosion et développer, dans une continuité historique, une culture «socialiste». C'est pourquoi, si les proletkultistes ont eu le vent dans les voiles dans la période sectaire de la fin des années vingt, leur condamnation par l'appareil soviétique au tournant des années trente et leur élimination pourront passer pour un retour au léninisme.

Ajoutons que Léon Trotsky (dont les écrits de critique littéraire ne seront pas connus avant la guerre mondiale en Occident et seront tôt supprimés en U.R.S.S.) tenait aussi l'idée de culture et d'art prolétariens pour une pure chimère. «Que le prolétariat pendant l'époque de sa dictature doive marquer la culture de son sceau, c'est indiscutable», concédait-il[3]. Mais, «il est fondamentalement faux d'opposer la culture bourgeoise et l'art bourgeois à la culture prolétarienne et à l'art prolétarien. Ces derniers n'existeront en fait jamais, parce que le régime prolétarien est temporaire et transitoire. La signification historique et la grandeur morale de la révo-

(3) Trotsky (1924), 1964, ch. VI.

lution prolétarienne résident dans le fait que celle-ci pose les fondations d'une culture qui ne sera pas une culture de classe mais la première culture vraiment humaine [...]. Cet art nouveau est incompatible avec le pessimisme, avec le scepticisme, avec toutes les autres formes d'affaissement spirituel.»[4] L'art révolutionnaire allait se caractériser par un changement de valeurs, mais non par un caractère exclusif de classe au moment où, selon la pure doctrine marxiste, le prolétariat devait d'ailleurs «s'abolir en tant que classe». Trotsky autant que Lénine étaient aussi rebuté par ce qu'il y avait de volontarisme creux dans le mouvement du *Proletkult*, dans son «prêche abstrait d'une "culture prolétarienne" préparée par des méthodes de laboratoire»[5].

Ces débats soviétiques ont été mal connus en France et leurs enjeux étaient partiellement inintelligibles. Mais dans ce qu'on pouvait en saisir, ils n'étaient pas sans rappeler la tradition, remontant à Fernand Pelloutier, passant par Georges Sorel, par M. Leroy, qu'on peut désigner comme celle du «syndicalisme révolutionnaire» (c'est à dire la doctrine de ceux que Jules Guesde *traitait* avant guerre d'«anarcho-syndicalistes»). D'autre part, le paradigme des deux cultures — l'une mauvaise et l'autre bonne, l'une agonisante et l'autre triomphante — était trop profondément inscrit dans la logique révolutionnariste des années qui suivent Octobre 1917 pour n'avoir pas été spontanément redéveloppé. Des essayistes à succès comme Emmanuel Berl proclamant la «mort» de la pensée et de la morale bourgeoises, de jeunes penseurs communistes animés par le dégoût de leur culture d'héritiers et de vieux militants ouvriéristes vont ainsi retrouver et réactiver cette rhétorique de contraste absolu entre une culture vidée, épuisée et une culture jeune, libératrice, authentique et vivante. Le prolétaire nourrit sa culture du «contact» permanent avec «le réel». À l'opposé, «le bourgeois

(4) Ibid., 25.
(5) 227.

vit des mots: justice, raison, âme. Tout contact du monde est perdu. Abri des mots. Vertu des mots. Masque des mots»[6]. Brûlant ce qu'on lui avait appris à adorer, le jeune idéologue communiste va s'aviser du fait que la culture bourgeoise est *dangereuse* pour le prolétaire: elle le coupe de son authentique et robuste «culture de classe», puis, c'est le coup de Circé, elle vous le transformerait en bourgeois!

Dans cet esprit, Paul Nizan approuve Emmanuel Berl, iconoclaste de sa propre «culture de classe» qu'il montre fonctionnant comme une «justification» permanente de ses usurpations et de ses hypocrisies. Berl, selon lui, a le «courage de dire: Properce n'intéressera pas un ajusteur ou, s'il l'intéresse, c'est que l'ajusteur est devenu un bourgeois, ennemi de tous les autre ajusteurs»[7]. Nizan insiste, avec la délectation iconoclaste des néophytes, sur cette thèse qui correspond à la pose «bogdanoviste» sans la lettre de nombreux communistes d'alors, issus de la petite bourgeoisie: «Quand un ouvrier aimera Picasso, il sera plus efficacement corrompu que s'il aimait Gozzoli.»[8]

Dans le même temps de l'entre-deux-guerres, un essayiste franc-tireur, issu du monde ouvrier, Jean Guéhenno, va consacrer plusieurs essais au dilemme qui était le sien, pris entre sa classe dépossédée matériellement et spirituellement et la valorisation à laquelle il ne peut renoncer d'une «haute» culture humaine qui demeure aussi par certains côtés une culture «bourgeoise», corruptrice potentiellement, autant qu'inaccessible au peuple pratiquement:

> Un cri nous signifie ce qu'il y avait d'à la fois ridicule et tragique dans notre débat: «La culture, on s'en fout! La journée faite, on n'en peut plus, on se repose!»[9]

(6) Nizan, c. r. de Berl, texte de 1930, 1971, 29.

(7) Nizan, *Europe*, juil. 1930; 1971, 30.

(8) Ibid., 31.

(9) J. Guéhenno, «Lettre à un ouvrier...», *Europe*, 98: 15 février 1931, 1965.

En U.R.S.S., de la spéculation sur la culture prolétarienne, on était passé à un activisme plus volontaire et concret: le *Proletkult* cherchait à constituer un front d'«écrivains prolétariens» et à obtenir pour lui l'exclusive légitimation de l'État soviétique, à développer une «littérature prolétarienne» destinée à éliminer le modernisme russe, relent de l'esprit bourgeois. La R.A.P.P., l'association des écrivains ralliés à cette doctrine — inintelligente, politicailleuse et dogmatique — domine et tyrannise le monde des lettres en U.R.S.S. dans les années vingt, elle triomphe pour peu de temps sous l'égide d'Averbach en s'assimilant le mot d'ordre «classe contre classe» imposé en 1927. Cette année-là, elle parvient à inviter à Moscou une «Conférence internationale des écrivains prolétariens», sous la présidence de Lounatcharsky.

En 1932 toutefois, Staline et l'appareil aboutissent à la conclusion que l'agitation stérile d'Averbach et des gens de la R.A.P.P. ne fait que du tort et retarde l'apparition d'une littérature proprement «soviétique». Les «prolétariens» sont réduits à l'autocritique, la littérature passe sous le contrôle du Parti (c'est-à-dire celui du secrétaire général), le P.C.U.S. dissout la R.A.P.P. en avril 1932. C'est alors qu'on se met à rappeler que le grand Lénine avait polémiqué contre la notion, vide de sens selon lui, de «littérature prolétarienne».

Soumise aux revirements de l'Internationale, la politique culturelle du P.C.F. va passer *grosso modo* par ces mêmes deux étapes. Cependant ces tournants ne sont qu'un fait contingent qui ne doit pas cacher le caractère *sui generis,* indigène, de la réflexion sur une littérature prolétarienne en France. Cette réflexion ne peut être séparée du *grand mythe* qui se développe sur plus d'un siècle et qui commence avec le «Chapeau bas devant la casquette!» de 1848: le mythe même du Prolétariat et de sa juste conscience de l'histoire. Bien qu'on le dénie, tout part de l'idée que le prolétaire, martyr et sauveur de l'Humanité dans une eschatologie «matérialiste», est un être d'une essence supérieure en qui se combine science infuse et goût esthétique sûr et natif. L'explication «matérialiste» de ces qualités suréminentes tenait à l'évocation d'une expérience historiquement incomparable: «De son expérience, le prolétariat a tiré une philosophie sociale. Il n'a pas eu besoin des théoriciens du socialisme pour concevoir la lutte des classes et en tirer des conséquences pratiques.»[10] Il s'est développé en Europe depuis un siècle un culte du Prolétariat qui a atteint un maximum d'intensité dans le militantisme révolutionnaire des années trente et dont il faut bien entendre les litanies et analyser le pathos mystique: «Le prolétariat est à l'heure actuelle l'élément le plus fort, le plus pur, le plus noble de notre pays...»[11] On connaît le lyrisme de commande de la prose communiste au service de l'éthopée de l'ouvrier meurtri et sauveur du monde; exemple, ce portrait du peuple parisien assistant à des funérailles nationales:

> Ouvriers alourdis de travail, apprentis auxquels la vie a déjà interdit l'insouciance, vieillards qui n'ont jamais rencontré la joie, vieilles femmes dont les vieux chagrins ont courbé l'échine, jeunes mères entourées des enfants pâles que guette la maladie; tous, ils passent, lèvent le poing, s'en vont. Et beaucoup essuyent des larmes. Et quelques-uns ont un sanglot. Beaux visages sévères que le travail et la misère ont durement sculptés, pauvres visages flétris, dont la détresse et l'ennui ont comme effacé les traits, brouillé les yeux, eau vivante à la surface de laquelle une nouvelle peine fait remonter tant de peines anciennes...[12]

Les espérances eschatologiques mises dans la culture prolétarienne qui allait balayer la «pourriture» bourgeoise sont fondées sur ce mythe ouvrier qui transcende toute logique réflexive. Dans ce mythe, il n'y a aucune discordance concevable au demeurant entre culture prolétarienne et culture

(10) *Monde*, 1 fév. 1930, 3.

(11) P. Signac, *Commune*, 1934, 1036.

(12) Fr. Jourdain, «Barbusse», *Monde*, 351, 12 sept. 1935, 1.

«révolutionnaire», le prolétaire étant révolutionnaire par essence et par «mission» historique. Les passages qui exaltent cette mission échappent à toute rationalité, ils énoncent une *révélation*.

> Le devoir du prolétariat est de se dresser contre le capitalisme par tous les moyens, de l'abattre et de le remplacer par un régime où il sera maître de sa production. Semblable lutte exige avant tout le groupement de tous les éléments de la masse par le développement de la conscience prolétarienne, de la conscience de classe. La masse ne prendra cette conscience que par une première éducation complétée ensuite par une véritable éducation prolétarienne; le marxisme sur le plan théorique, la révolution russe et ses réalisations sur le plan pratique étant les bases principales des études — critiques — que cette action et cette éducation comportent nécessairement.[13]

Faire naître une littérature prolétarienne en France, tel était le programme qui s'imposait au P.C.F. de 1920 à 1933-34, estime J.-P. Bernard.[14] J'ai des réserves sur le caractère exclusif de ce projet et sur la clarté de sa portée: «prolétarien» étant, comme on le constate, un *idéologème flou* variant entre le sens «ouvrier» et le sens «révolutionnaire». Dans la période «classe contre classe», il était logique que la nouvelle littérature que l'on voulait voir éclore soit qualifiée de «prolétarienne» plus souvent que de «révolutionnaire». Les deux adjectifs se rencontrent cependant en concurrence. «Prolétarienne» semble désigner une appartenance; «révolutionnaire», une conviction, une attitude, une visée. En réalité, les synonymies de cette sorte sont pratiques parce qu'elles légitiment des tactiques contradictoires. En littérature, si partisan qu'on fût d'imposer une «ligne prolétarienne», il était malaisé de faire vers 1925 l'éloge de Romain Rolland ou d'Anatole

(13) *Masses*, manifeste du no 1, avril 1931, 2.
(14) Bernard, 1972, 11.

France en leur accolant la qualité de «prolétaires»! Jean-Pierre Morel constate, à l'analyse d'un article de Barbusse daté de 1926, qu'«art populaire, prolétarien, révolutionnaire, les trois adjectifs paraissent interchangeables. Est-ce par simple commodité?»[15] Il faut répondre que non. Barbusse, suspicieux à l'égard des sectarismes de classe, préférait parler de «courant révolutionnaire» en littérature, — ce dont l'approuve d'ailleurs Panaït Istrati en 1925. Dans *Monde*, on met souvent les deux adjectifs côte à côte: choisisse qui voudra. Il est donc vrai que l'expression de «littérature prolétarienne» «fut constamment employée dans les années 1925-30 dans des acceptions différentes, si bien que les défenseurs de ce même concept passèrent beaucoup de temps à s'excommunier réciproquement».[16] Tout ceci formait un nœud de conflits et de malentendus quant à l'extension possible du terme: littérature prolétarienne puvant signifier selon les cas une littérature «créée» par les ou par des prolétaires, une littérature «chantant» les luttes du prolétariat, une littérature puisant ses valeurs dans la «conscience» prolétarienne, la «peinture» littéraire de la condition ouvrière (ou plus éclectiquement des classes populaires), une littérature de circonstance et de combat adaptée à la ligne du parti du prolétariat, ou cette littérature conjecturée, spéculative, qui serait à créer après la Révolution... Toutes ces significations, diverses et plus ou moins chimériques, sont attestées.

Le 4 août 1928, *Monde* lance une «grande enquête», «sur la question de la littérature prolétarienne»: «Croyez-vous à l'existence d'une littérature et d'un art exprimant les aspirations de la classe ouvrière? Quels en sont, selon vous, les principaux représentants?»[17] *Monde* «enquêtera» sur la «littérature prolétarienne», tout au long des années 1928 et

(15) Morel, 1985, 108.

(16) Bernard, 1972, 17.

(17) *Monde*, 23. 6. 1928.

1929, cherchant obstinément et confusément à comprendre le «rôle» des arts, de la littérature dans la vie sociale, ce qu'on peut en attendre et donc en exiger, et cherchant une alternative à «l'art bourgeois», alternative que, tout naturellement, on désigne à cette époque comme «prolétarienne». Ceci, dans une certaine symbiose doctrinale avec les Soviétiques, symbiose limitée par des échanges restreints et fragmentaires et par une incompréhension fondamentale de ce qui se jouait là-bas. La grande question préjudicielle était: est-ce que cette littérature *existe.* La plupart entendaient — car ils ne doutaient pas des fatalités de l'histoire — *existe déjà.* Il était permis de constater qu'elle n'existait que de manière inchoative, situation, selon les perspectives des uns et des autres, jugée «encourageante» ou «insatisfaisante». La confusion des réponses publiées est en tout cas totale. Le jeune Claude Lévi-Strauss qui écrit lui aussi à *Monde,* est le plus net pour déclarer, fort rationnellement, la chose purement conjecturale: il ne peut y avoir de littérature prolétarienne dans une société bourgeoise, «elle ne pourra être que l'expression esthétique d'une civilisation qui n'est pas encore née...» L'enquête s'achève à l'été 1929 sans conclure et pour cause. La discussion continue cependant à moudre des approximations entre les variantes que j'ai énumérées ci-dessus: «La littérature prolétarienne est avant tout un art révolutionnaire, un art de classe qui se développe avec l'avènement d'une nouvelle force sociale qui détient les destinées de l'humanité», écrit S. Romoff dans *Monde* en 1930, qui cite parmi les auteurs sur la bonne voie Édouard Peisson, Eugène Dabit, Louis Guilloux, Jean Giono, Tristan Rémy, Jean Tousseul, Henry Poulaille, mais il ajoute qu'«ils n'ont pas encore eu le temps de prendre conscience d'eux-mêmes»[18]. Entre les partisans de

([18]) *Monde,* 1. 11. 1930, 3. Eugène Dabit et Tristan Rémy rejoindront l'A.E.A.R. en 1932 et 1933 respectivement ce qui les distingue des «prola «table rase» et ceux de «l'héritage humain» revient sans cesse l'idée intercurrente qu'il y a, qu'il doit y avoir des valeurs propres à la classe historiquement mandatée pour en finir avec la bourgeoisie. «Les termes de "littérature prolétarienne" correspondent à un besoin de l'époque de transition et correspondent dans une mesure appréciable à des valeurs nouvelles», admettait Victor Serge en 1925 dans *Clarté*[19]. C'est toujours, sous-jacent, le sentiment que l'«individualisme» et «le pessimisme» sont des défauts, des traits de classe qui imprègnent la seule littérature des bourgeois, traits congénitalement étrangers à une classe d'essence révolutionnaire.

Il n'y avait qu'un sens qui eût pu être clair et net: celui où «littérature prolétarienne» aurait désigné une littérature écrite par des «prolétaires» authentiques, parlant, artistiquement, de leur expérience de classe. Les écrivains prolétariens auraient été «les écrivains qui puisent leur inspiration dans la vie même du prolétariat»[20]. Comme c'eût été simple! Très souvent, en idéologie, la définition la plus «objective» et «naturelle» d'un objet de discours est aussi la plus intenable, la plus aporétique. Car il y avait pas mal d'écrivains français qui pouvaient faire la preuve de leur origine ouvrière dans les années vingt et trente et même montrer qu'ils tiraient de leur «expérience de classe» l'essentiel de leur œuvre — mais justement ils ne correspondaient *jamais* à ce qu'on eût voulu, à ce que la doctrine eût voulu que soit un «écrivain prolétarien»! Les Poulaille, les Guéhenno, les Guilloux ne pouvaient être, dans l'eschatologie du P.C.F., de ces prolétaires authentiques *donc* congénitalement révolutionnaires et bolcheviks, que l'idéologie leur commandait d'être. En pratique d'ailleurs, ces individualités talentueuses étaient en bisbille avec le P.C.F.

létariens» comme Poulaille qui resteront sur l'Aventin, méfiant à l'égard de cette association vue — à bon droit — comme une antenne du P.C.F.

([19]) Serge; *Clarté*, 72: 1. 3. 25, cité dans Serge, 1932.

([20]) *Clarté*, août-sept. 1926, 96.

si elles n'étaient pas en voie de devenir, les unes après les autres, des «trotskystes» ou assimilés.

Une solution existait pour sortir de cette contradiction entre la doctrine et le réel: la littérature prolétarienne était une grande et belle chose, pouvait-on dire, mais elle ne pouvait *encore* exister en France, elle ne se développerait que dans les pays où le prolétariat «est au pouvoir»: ce sera la thèse d'André Breton et du *Surréalisme ASDLR.* «Aujourd'hui il existe une seule littérature prolétarienne: dans le pays du socialisme triomphant»[21], admet-on aussi dans *Soutes* et Barbusse concédait: «C'est une chose qui sera, mais qui n'est pas encore»[22].

Les arguties sur la littérature prolétarienne seront englouties bientôt dans le concept œcuménique de «littérature révolutionnaire» et dans la doctrine du «réalisme socialiste». Le syntagme restera simplement utile pour faire l'éloge de, et donner un statut à cette littérature de témoignages rédigée par des ouvriers, dont le Parti publiait de temps en temps des échantillons. L'apologie de cette littérature n'allait d'ailleurs pas sans réticences. Barbusse qui admirait l'expérience des *rabcors* russes ne croyait pas qu'il puisse y avoir de littérature sans style ni métier — objection têtue qui ne contribua pas peu à sa censure par le Congrès de Kharkov en 1930. Le P.C.F. publiera des anthologies comme celle préfacée par Eugène Dabit en 1934, *Des ouvriers écrivent,* pour démontrer qu'il ne négligeait pas les écrits des prolétaires venus «porter témoignage sur leurs misères et [...] faire entendre une commune espérance». Dabit recommandait au lecteur de «rejeter toute préoccupation d'ordre esthétique, ne pas sourire de quelques gaucheries». Somme toute, si les «documents humains» étaient intéressants, les grands débats sur la

([21]) *Soutes*, no de 1935, 119.

([22]) Barbusse, *Littérature de la Révolution mondiale*, déc. 1931.

littérature prolétarienne aboutissaient à peu de choses et ces documents ne suscitaient dans le monde militant qu'un intérêt de commande.

Deux dissidents: Martinet et Poulaille

Tandis que les débats sur culture et littérature prolétariennes dans la mouvance du P.C.F. s'enlisent dans les arguties, la confusion et les mots d'ordre contradictoires, deux petits groupes en dehors du Parti vont donner à ces notions, qu'ils prennent au sérieux et d'une certaine manière au tragique, une définition exclusive et forte. Marcel Martinet, proche des spartakistes, qui publie *Culture prolétarienne* en 1935, avait bataillé en faveur de l'«art prolétarien» dès avant 1914. Il ne s'agit pas pour ce penseur de la classe ouvrière de disserter sur trente-six notions contradictoires. Il tient pour un sophisme opportuniste la thèse du Parti selon laquelle on ne peut parler de culture spécifique avant que le prolétariat se soit libéré. Ce qu'il veut, c'est penser d'emblée une culture qui ne vous *sépare pas* des masses, de la classe travailleuse. Il ne voit que défaitisme dans les doctrines floues dont débat le P.C.F. Le concept de culture prolétarienne qu'il élabore «se fonde sur l'idée d'une culture intérieure au prolétariat, de la nécessité et de la possibilité de cette culture pour le prolétariat et par le prolétariat lequel doit en même temps ne rien renoncer de l'héritage du passé, de l'héritage humain»[23]. Cette idée suppose une grande confiance dans le prolétariat, et non seulement dans son futur destin, mais dans sa capacité présente. Cette culture n'a rien à voir avec la culture «populaire», elle ne peut qu'avoir partie liée à «une élite de révolutionnaires prolétariens» dont nul ne peut prétendre

(23) Martinet, *Spartacus*, 7 déc. 1934, 1.

faire partie à vie. Chez Marcel Martinet, aucun triomphalisme — bien que sa pensée dérive de la conception «héroïque» de la classe des producteurs développée avant la guerre par Georges Sorel et Édouard Berth. «Toute culture prolétarienne est condamnée à être malaisée, incomplète, instable et précaire? Eh bien, la vie est ainsi…»[24] «La tâche, c'est culture dès maintenant. Contre vents et marées, malgré toutes les conjonctures néfastes, en dépit des raisonnements et des théories.»[25]

Pour Martinet, cette culture, en symbiose avec l'action révolutionnaire des minorités agissantes, n'avait pas et ne pouvait avoir encore d'expression littéraire valable. On parlerait donc de littérature prolétarienne «plus tard»[26]. Pour Henry Poulaille, romancier du *Pain quotidien* (1931) et d'autres romans ouvriers comme *Les damnés de la terre* (1935), l'affaire était au contraire de faire naître un «nouvel âge littéraire» autour d'un courant littéraire prolétarien. Poulaille aussi est un oppositionnel: il publie son *Nouvel âge littéraire* chez Valois (1930) et collabore en 1935-36 à *À contre-courant.* Il crée, sans succès mais obstinément, dans les années trente une série de revues qui expriment son credo: «Je crois à l'existence d'une littérature et d'un art exprimant les aspirations de la classe prolétarienne.»[27] Pour Poulaille les choses sont nettes: le critère est l'origine de classe. Ce critère n'est pas mis de l'avant de façon idéaliste et dogmatique, mais il lui semble évident que pour parler de l'exploitation et des luttes sociales, il faut les avoir vécues. Il s'agit donc bien, il le dira, de «littérature d'expression prolétarienne»[28]. Poulaille verra un grand danger à ce que l'écrivain prolo, devenu «homme

(24) Martinet, *Le Prolétariat*, 2: 1933, 66.
(25) Martinet, *Culture prolétarienne*, 40.
(26) Ibid., 8.
(27) Réponse de Poulaille à l'enquête de *Monde*, 13 oct. 1928.
(28) Poulaille, *Nouvel Âge*, 150.

de lettres», perde de son authenticité, ne se mette à faire de la «littérature», ne trahisse peu à peu sa classe ou ne s'en éloigne. Les perspectives d'Henry Poulaille ne sont pas esthétisantes, il croit à la valeur d'une littérature de «témoignage» où se transcrirait l'expression instinctive d'une classe, littérature que les puristes et les lettrés jugeront mal écrite, mais il importait peu. Poulaille, qui avait ses modèles, de Péguy à Guéhenno, croyait à une littérature de l'homme qui travaille, cette expérience du travail étant le thème décisif. Martinet comme Poulaille (dont on voit qu'ils diffèrent cependant sur l'essentiel), sont tous deux hostiles à toute tentative de contrôle et de récupération de la littérature prolétarienne par un/le parti, ils développent leurs conceptions contre la vieille doctrine qui leur semble éclectique et confusionniste, de l'«art social» qui avait reçu l'approbation des partis organisés depuis le tournant du siècle.

> Il ne peut exister d'Art social. Que l'art ait forcément une portée sociale, du fait de l'influence qu'il peut avoir, nous ne le nions pas. Mais ce qu'on serait obligé de délimiter, sous l'appellation d'Art social serait terriblement étriqué. [...] Le peuple n'a que faire d'une littérature spéciale [...] Il y a l'Art. Plus l'écrivain possédera le don de création [...], de vie, plus il sera humain.[29]

Le groupe d'autodidactes d'origine populaire que Poulaille réunit autour de ces idées se place dans la mouvance du «Parti républicain syndicaliste» de Valois et des *Cahiers bleus* où Valois, Lucien Deslinières, Antonio Labriola développent le programme d'un «socialisme reconstructeur» anti-bolchevik. En 1932, ce «Groupe des écrivains prolétariens» comprend Eugène Dabit, Louis Guilloux, Bernard, Edouard Peisson, H. Poulaille et Tristan Rémy[30]: il s'agit là de romanciers

(29) Ibid., 143.

(30) Annonce dans *Monde*, 12 mars 1932.

de talent auxquels il serait à propos de joindre le groupe des Belges pour lesquels ils avaient de la sympathie, Constant Malva, Augustin Habaru, Albert Ayguesparse, P. Hubermont, — et Charles Plisnier à de certains égards.

Les critiques communistes qui admiraient généralement les romans sortis de ce groupe, ne pouvaient qu'être très réticents devant des hommes qui, tous, étaient allés du côté de l'opposition de gauche, du syndicalisme ou du trotskysme (pour Charles Plisnier). Le Parti a tôt subodoré dans le groupe de Poulaille des ennemis, des gens qu'il faudrait excommunier. Les prolétariens français seront donc condamnés au Congrès de Kharkov par amalgame avec les Russes de *Na Postu*. Les ennuis de Barbusse et de *Monde*, à partir de 1932, tiennent notamment à ce que l'auteur du *Feu* demeurait accueillant aux amis de Poulaille — pour tout dire à des «fascistes» (amalgame grossier favorisé par l'appui que leur donnait Valois, ci-devant fondateur du Faisceau). *Nouvel Âge* est, écrit *L'Humanité*, une «agence social-fasciste»[31]. Et l'Union internationale des Écrivains révolutionnaires à Moscou en décide: les théories de Poulaille sont «nettement hostiles au prolétariat». Poulaille cherchait à transcrire directement une «vérité» de l'expérience ouvrière; Nizan le lui reprochera en une formule impeccablement communiste qui vaut d'être méditée: «Ce n'est pas de vérité humaine que nous avons besoin, mais de vérité révolutionnaire d'abord»[32].

Que les écrivains dont l'œuvre thématise l'expérience des ouvriers, des exploités, — de Guéhenno à Poulaille (à l'exception relative d'Eugène Dabit), — se soient tenus loin du P.C.F. vaut d'être relevé. Ce que voulait le Parti, ce n'était évidemment pas une littérature «de classe», mais une littérature de parti, une littérature conforme à son dogme historique et révolutionnaire.

(31) Jasienski, *Humanité*, 5 janv. 1932, 4.

(32) Nizan, *Revue des vivants*, 1932, dans Nizan, 1971, 39.

Rendre la culture au peuple

Une perspective contradictoire de lutte culturelle s'est donc exprimée qui contredisait la problématique de la «table rase» et de la création volontariste d'une «culture prolétarienne» et cette conception est devenue sous le Front populaire celle définitivement adoptée par le Parti. La culture n'y est plus cette culture bourgeoise morte qui devait «débarrasser la route des hommes de son cadavre pourrissant» (ainsi que le formulait Marcel Martinet)[33], elle redevient «ce trésor de l'humanité accumulé au cours des siècles» dont le prolétariat révolutionnaire se proclame l'«héritier»[34]. Les doctrines de «culture prolétarienne» reléguées à l'état de déviation gauchiste, le Parti communiste accepte la transmission d'une culture séculaire éternelle dont il ne dénonce plus l'origine de classe tout en précisant souvent que l'héritier historique aura à *faire un tri*. «Il y a dans ce trésor des choses mortes, mais il y en a qui dorment et qu'il faut éveiller. Et qui pourrait mieux que ces grands écrivains, ces grands artistes qui sont l'honneur de notre mouvement, qui pourrait mieux qu'eux faire ce choix nécessaire?» Ils le feront «profondément uni[s] au peuple travailleur»[35]. Telle se résume la doctrine culturelle du P.C.F. au cours des années trente.

Dès avant les années du Front populaire en effet, le P.C.F. et les organisations de rassemblement antifasciste créées autour de lui revendiquent le rôle de défendre *la* culture contre les fascistes et les fauteurs de guerre. Les gouvernements du Front populaire sont définis par les communistes comme ayant reçu pour tâche cette défense de *la* culture contre le fascisme, fossoyeur culturel. Le développement d'une culture socialiste et révolutionnaire, laquelle ne conserverait pas grand chose

(33) Martinet, *Spartacus*, 14 déc. 1934, 7.

(34) *Humanité,* 14 juin 1936, 8.

(35) Ibid.

de la culture bourgeoise contemporaine en décomposition, irait cependant puiser ses modèles dans les siècles écoulés et s'inscrirait dans une continuité qui était celle des «valeurs humaines». «Le gouvernement nouveau, indique *L'Humanité* au printemps de 1936, doit être par définition un gouvernement de défense de la culture»[36]. Il n'est plus question — à défaut de toute analyse — que d'«héritage culturel», que de «maintenir l'héritage humain», ce vocabulaire humaniste permettant de faire l'impasse sur le caractère de classe des monuments culturels du passé[37]. Le Parti valorise une culture indivisible où tout au plus «l'art populaire», indûment dévalué, devait reprendre toute sa place.

«Le peuple» a le goût natif de «la culture»; il en a été seulement dépossédé. Le mythe du prolétariat qui a-toujours-raison se transpose dans le mythe contigu de la sûreté de ses goûts artistiques innés: «le sens artistique et littéraire du peuple est aussi sûr que son sens politique et seuls ceux qui sont étrangers à ses luttes et à ses espérances peuvent croire qu'il se complaît à ce qu'il ne fait que subir»[38]. *L'Humanité* réfute ainsi le préjugé qui voudrait que la sous-culture commerciale — *dite* populaire — juge du goût spontané des masses. Si un divorce s'est établi entre la «haute» culture et le peuple, ce n'est pas la faute de celui-ci, mais la faute d'une élite qui s'est désintéressée de ses «besoins» et l'a dépossédé.

> Notre pays est vivant. Il est fier de sa culture. Comment se fait-il qu'entre ce peuple qui a fait la culture et cette culture même, on observe un tel fossé? C'est que la culture n'a rien fait pour lui.[39]

Le Front populaire, suivant cette logique, développe une critique des obstacles qui se dressent entre la culture et le

(36) *Humanité,* 18 mai 1936, 8.
(37) *Humanité,* 6 sept. 1936, 8.
(38) *Humanité,* 14 juin 1936, 8.
(39) *Humanité,* 13 sept. 1936, 8.

monde ouvrier — obstacles financiers quand on critique le théâtre, les concerts, obstacles des mœurs et des institutions en ce qui touche par exemple aux bibliothèques publiques: «Elles existent, c'est entendu. Mais ce sont des lieux tristes et les mœurs font que l'ouvrier n'y va pas. Ceux qui fréquentent la bibliothèque sont les employés, les bourgeois, les professeurs, les élèves du lycée.»[40] Une campagne se développe en vue de changer les institutions, de les rendre attrayantes au «peuple» et de redonner aux ouvriers le goût de la culture — et d'une culture du livre et des spectacles «sérieux», une culture dont le cinéma, la chansonnette et l'illustré ne doivent pas faire partie. La création à partir de 1934 de «maisons de la culture», l'encouragement donné aux troupes de «théâtre populaire» qui se multiplient, vont chercher à rétablir ce contact et à faire passer dans le réel la thèse volontariste du «prolétariat héritier de toute la culture de l'humanité»[41], héritier légitime qui arrache à la bourgeoisie une culture dont elle est l'usufruitaire négligente et indigne. «Les masses prennent la culture laissée par la bourgeoisie, elles l'assimilent mais en l'assimilant, elles la transforment parce qu'elles ne peuvent se contenter ni se servir d'une culture à l'usage des parasites.»[42] Autrement dit, si les masses ont besoin de la culture, la culture a besoin des masses pour reprendre vie et reprendre racines. L'art a besoin du peuple, de ses expériences, de sa sensibilité: «Il n'y a pas d'art véritable sans le concours de la masse populaire»[43]. La «culture ouvrière», exclue et dédaignée, doit venir s'*ajouter* à une culture, en fait tronquée mais en droit indivise, que nul ne désigne plus comme la culture «bourgeoise».

([40]) *Regards*, 127: 18 juin 1936.

([41]) Aragon, *Réalisme socialiste*, 25.

([42]) Fréville, préf. à Lénine/Staline, 1937, 23.

([43]) *Humanité*, 31 mai 1936, 8.

La revendication culturelle devient alors, sous le Front populaire, revendication d'égalité d'accès à *la* culture, d'égale jouissance, sans privilèges de classe, de «biens» culturels publics et indivis. Cette revendication s'exprime en des termes lyriquement humanistes dont est bannie toute perspective marxiste:

> Il faut que tous aient accès aux chemins qui mènent vers cette lumière et soient conduits par une accoutumance progressive, à comprendre, à aimer les belles œuvres. Heures de loisirs, culture musicale, réhabilitation de la poésie dans son sens le plus large, rêve, espoir, tendresse, enthousiasme: tout cela va de pair.[44]

La culture du peuple ne doit pas être une culture au rabais. Les journalistes communistes ont eu, face à la «paralittérature» et aux industries culturelles, une attitude très conservatrice et ignorante. Rejetant tout en bloc, sans théorisation ni nuance, ils adoptent l'attitude «apocalyptique» (selon le terme d'Umberto Eco[45]) des Georges Duhamel et autres essayistes élitistes bourgeois. Si on rencontre dans la presse communiste une critique de cinéma souvent intelligente et enthousiaste, l'attitude générale a été de considérer comme dégradante et aliénante toute la production «de masse», — chansonnettes «ineptes», danses «malsaines», «littérature basse et frelatée», — et à y voir en outre un cynique complot bourgeois pour abrutir les masses sans, justement, *faire le tri*. Le roman policier, le feuilleton ont été rejetés en bloc avec des arguments «conspiratoires».

> La bourgeoisie a encouragé le développement de cette littérature niaise et démoralisante, elle occupe l'esprit populaire, l'endort et le détourne [...] de l'étude de ses véritables intérêts de classe.[46]

(44) *Humanité*, 2 août 1936, 8.

(45) Dans son livre sur la culture commerciale de masse, *Apocalittici e integrati: comunicazioni di massa e teorie della cultura di massa*. Milan: Bompiani, 1964.

(46) *Humanité*, 5 déc. 1936, 8.

Le réalisme socialiste était censé venir se substituer aux histoires fausses, situations arbitraires, sentiments truqués, à la dépolitisation du roman commercial. *L'Humanité* ira jusqu'à réclamer du Front populaire des lois contre ce «mauvais produit» qui «empoisonne» les lecteurs populaires.

> Le feuilleton est un mauvais produit. On fait des lois pour nous garantir du bon pain. Il faudra que la nouvelle Chambre fasse des lois pour éliminer du marché cette marchandise empoisonnée. Il nous faut la santé sous toutes ses formes.[47]

On a pu aussi rêver de substituer à ce poison du roman-feuilleton un nouveau et revigorant «roman populaire» qui serait contrôlé par des «responsables» et aligné sur les préceptes du réalisme socialiste. «Le feuilleton, dit excellemment Louis Guilloux, est un mauvais produit. Mais s'il puise aux sources du réalisme socialiste, dans l'histoire de chaque jour de la classe ouvrière, cette histoire de chaque jour qui fait la grande Histoire; s'il reflète les conflits intimes de l'homme mêlés aux conflits sociaux des classes en présence, [...] il sera le bienvenu. Si la raison d'être du feuilleton était d'être faux, celle du roman populaire sera d'être vrai.»[48]

Cette simple utopie de substitution du bien édifiant au mal commercial est l'aboutissement chimérique d'une thématique de restitution de *la* culture au peuple qui ne développe ni une réflexion sur la culture canonique (et le «tri» exact qui doit s'y faire) ni sur les formes de culture de masse en pleine émergence, où les communistes voient un danger global de dépolitisation et un «poison» pour le peuple. S'il est vrai que tout le mouvement d'«éducation populaire» des cinquante années suivantes procède de cette thématique et des initiatives prises dans l'enthousiasme du Front populaire, on doit noter qu'elles font l'impasse sur des problèmes que seuls de minuscules

(47) *Humanité,* 7 juin 1936, 8.
(48) *Humanité,* 14 juin 1936, 8.

groupes gauchistes et «oppositionnels» autour de revues comme *Masses*, *Les Humbles*, *Les Primaires,* commencent alors à poser.

V

LITTÉRATURE ET RÉVOLUTION

La littérature révolutionnaire

C'est au milieu du XIXème siècle que se fixent les deux sens contradictoires de la catachrèse militaire «*avant-garde*» — selon qu'elle désigne les groupes «avancés» du parti du mouvement en politique, ou les nouvelles sectes esthétiques du «circuit restreint», du côté du marché des biens symboliques. Ces deux sortes d'«avant-gardes» réclament pour elles l'exclusivité des ruptures décisives. Dès cette époque, une littérature «révolutionnaire» peut être celle qui se pose en rupture avec la littérature canonisée, une littérature jugée «novatrice» — «subversive» par emprunt aux luttes sociales et «expérimentale» par analogie avec la recherche scientifique — **ou** être celle qui s'aligne sur un «mouvement révolutionnaire» en lutte frontale contre la «société bourgeoise». Dans les années vingt, *la Révolution surréaliste*, méprisante d'abord à l'égard de «Moscou la gâteuse», relève du premier cas tandis que la «littérature révolutionnaire» appréciée dans *Clarté* et dans *Monde* relève du second. Quand *Monde* évoque une «phalange d'écrivains révolutionnaires», quand *Commune* décrit le «mouvement littéraire révolutionnaire»[1], ces revues parlent, évidemment, de tout autre chose que des «révolutionnaires» de l'art qui s'expriment ou qu'on admire dans *la Révolution surréaliste*, *Le Grand jeu*, le *Minotaure* et autres revues de l'«avant-garde».

(1) *Monde*, 5. 12. 1931, 5 et *Commune*, nov. 1933, 245.

Pour les critiques ASDLR, l'affaire est réglée: la littérature révolutionnaire est, sans plus, la littérature au service de la révolution mondiale. Mais dans l'ordre esthétique également, il leur paraît que ce qui sera *vraiment* révolutionnaire pour les belles lettres épuisées, ce qui permettra à la littérature d'innover et de se rajeunir, ce sera de (re)commencer à s'intéresser au vaste monde, aux problèmes «humains» et aux luttes «historiques» et non de se passionner encore et toujours pour les tempêtes dans un verre d'eau des prétendues «révolutions» esthétiques. On ne réclame pas (pas encore) l'allégeance explicite des gens de lettres au Parti, mais on définit la littérature révolutionnaire par sa capacité de «refléter» le «monde réel» tout entier. «Une littérature qui poserait les grands problèmes de la vie moderne, s'intéresserait au destin du monde, connaîtrait le travail et les travailleurs, en d'autres termes découvrirait les neuf dixièmes jusqu'à présent ignorés de la société, — qui ne se contenterait pas de décrire le monde mais penserait quelquefois à le transformer [...], une littérature de cette sorte serait, indépendamment même des intentions de ses créateurs, puissamment révolutionnaire», écrit Victor Serge en 1932 qui fait voir dans l'énoncé de cette thèse ce que furent les principes *communs* aux staliniens comme aux oppositionnels trotskystes et à toute l'extrême gauche.[2] Antidote à la «décadence» et à la «décomposition» de l'art sous le règne morbide des bourgeois, la littérature révolutionnaire se présente avant tout comme *vivifiante*, comme seule susceptible de redonner «vie», en le replantant dans le riche sol du «réel», à un arbre esthétique qui s'étiole et qui meurt:

> Toute notre culture individualiste se mourait, emmaillotée et étiolée, dans la serre de l'ordre bourgeois. (...) Elle reprend vie, en

(2) V. Serge, 1932 (rééd.), 19.

> se transplantant dans la grasse terre prolétarienne. Nourri de la substance des millions d'êtres, l'arbre grandit et s'élargit.[3]

La «jeune» littérature révolutionnaire prétend sauver les lettres d'un rabougrissement, d'un dépérissement fatal dans le sol peu nourricier des «serres chaudes» individualistes et décadentes. Ces métaphores vitalistes, dont l'exemple — de Romain Rolland — ci-dessus n'est pas le premier de sa sorte que nous rencontrions, semblent exprimer une conception *organiciste* des faits culturels. On peut y lire une thèse plus vague qui ne tient pas nécessairement à ce mythe vitaliste, qui est que la littérature pour prospérer doit se «nourrir» de quelque chose, d'une expérience du monde — qu'il est donc paradoxal de voir les prétendues avant-gardes se couper de ces expériences «enrichissantes» alors qu'elles prétendent renouveler leurs thèmes et leurs formes et alors que l'histoire humaine est entrée dans une phase où nul n'échappera à son emprise.

De quoi la littérature se «nourrit-elle» en effet? Quel est son «matériau» et *que peut-elle*? À ces questions, les essayistes communistes répondent par deux évidences à leurs yeux: elle se nourrit de la «vie» et elle peut contribuer à la changer. Dans le paradigme ASDLR, la littérature «révolutionnaire» va s'opposer terme à terme aux traits qui définissent la «pourriture bourgeoise» et sa «littérature en décomposition» et, se proposant ainsi d'abattre ce qui *est* (y compris les «avant-gardes» du formalisme bourgeois) et de venir s'y substituer, elle croit pouvoir se dire à bon droit «révolutionnaire» tant en esthétique que par le rôle qu'elle va jouer, qui est de contribuer à la formation de la «conscience révolutionnaire». Elle se voit révolutionnaire par la forme *et* révolutionnaire par le contenu, démonétisant ainsi les prétentions subversives des «pures» révolutions esthétiques.

(3) R. Rolland, *Quinze ans*, LXII.

Dans les années trente, l'affrontement entre ces deux conceptions de la littérature révolutionnaire va s'objectiver sous la forme de deux esthétiques en concurrence pour la légitime appropriation exclusive du caractère «révolutionnaire»: le *modernisme* et le *réalisme* — le modernisme autoproclamé «expérimental», «novateur», etc... mais qualifié par l'autre camp de symptôme de «décadence bourgeoise» — et le réalisme socialiste, «au service» du prolétariat mondial révolutionnaire, prétendant dépasser dialectiquement la littérature établie et les avant-gardes concurrentes, mais qualifié par les «purs» littérateurs, de dogmatisme, convention, misère artistique, régression aux procédés littéraires du siècle passé etc. Il ne faut pas que notre analyse aboutisse à laisser en l'état cette opposition fallacieuse entre deux légitimations esthétiques, — le modernisme et le socialisme, — sans chercher à dégager le tiers exclu, les aveuglements réciproques et le caractère artefactuel de ce paradigme et de cette concurrence. Nous reviendrons sur tout ceci à la fin de ce livre.

Dans le camp communiste, l'expression de «littérature révolutionnaire» apparaît comme un dépassement, non pas «dialectique» mais purement *verbal*, d'une opposition entre littératures bourgeoise et prolétarienne qui ne conduisait nulle part — une littérature prolétarienne n'étant, au bout du compte, ni faite ni à faire... La «littérature révolutionnaire» liquide cette difficulté (en en déplaçant la tache aveugle), cette littérature étant à priori définie comme *anti-bourgeoise* (prenant le contre-pied de tous les caractères «erronés» relevés au chapitre III) sans avoir pour autant aucunement à être *ouvrière*, ni par ses auteurs, ni par ses thèmes. D'ailleurs, en phraséologie (où règnent les approximations ambiguës mais pratiques), «écrivain révolutionnaire» dans la presse du P.C.F. ne sera souvent rien de plus qu'un signe de haute approbation pour un écrivain qu'il est impossible de qualifier de «communiste» (puisqu'il ne l'est pas) ni d'«ouvrier» ou de «prolétarien».

La littérature révolutionnaire se qualifie par deux instances, extérieures au *texte.* Derrière l'œuvre, une «conscience juste» et sous-jacente à l'œuvre une «perspective correcte» — deux principes que Lukàcs théorisera. Mais que dire de cette conscience située «derrière» l'œuvre et l'animant, et de cette «perspective», politiquement correcte, comme principe organisationnel de *cohérence*, sinon qu'elles renvoient à des préceptes esthétiques que toute l'évolution moderniste prétendait justement dépasser? L'analyste semble renvoyé ici au problème de deux sortes de *légitimations* dont je viens de faire état.

Il y a un grand *présupposé* qui étaye ceci et qui transcende de loin les doctrines communistes ou staliniennes. Le présupposé de toute réflexion sur la littérature dite révolutionnaire, présupposé qui est largement celui de toute la conscience civique moderne (en dépit des équivoques et réticences des littérateurs du «circuit restreint»), est que la littérature doit avoir un *mandat*, que le texte artistique ne peut qu'être un moyen au service d'une fin, qu'il doit s'assigner un *but* social, civique, moral, existentiel et que c'est à la grandeur de ce but qu'il faut le juger. Les procureurs royaux vers 1820, tonnant contre l'immoralité romantique, démontraient que la littérature devait être au service de la religion et de la Charte. Dans *Bouvard et Pécuchet*, les deux bonshommes de Flaubert croient que la littérature doit «rendre l'homme meilleur» et l'une des seules idées que ces girouettes de la *doxa* louis-philipparde ne feront pas leur, fût-ce un instant, est ce «paradoxe» de quelques bohèmes romantiques qui énonçait que la littérature n'est au service de *rien du tout*, ni du «bien» civique ni même d'une transcendance éthique ou existentielle. L'art doit avoir «un but social», répète-t-on vers 1840 dans les milieux avancés. Il doit être un «éducateur moral et civique», écrira Proudhon. D'Eugène Sue, avec *Les Mystères de Paris*, aux réalistes socialistes, il est alors apparu évident à certains esprits philanthropiques, que la littérature avait en effet un *mandat* évident, qui était de se mettre «au service du peuple» et de ses «misères» (comme le disait le romantisme social). Sans doute, Karl Marx dans *La Sainte Famille* (dans les seules pages de son œuvre longuement consacrées à une analyse littéraire) avait montré que le «service du peuple» chez l'auteur des *Mystères de Paris* était le service de stéréotypes, de faussetés et de platitudes, que «l'art socialiste» de Sue formait, tout d'un tenant, une erreur esthétique *et* politique, que Sue avait fait dans son roman, objectivement, le contraire de ce qu'il croyait faire. Autrement dit, c'est Karl Marx même qui avait réfuté avec un siècle d'avance les absurdités volontaristes du réalisme socialiste dont l'œuvre de Sue est, anachroniquement, le parfait prototype! Cet ouvrage décisif de Karl Marx — ouvrage inconnu des années trente — ne venait pas nier la *pertinence, la signification politiques* d'un roman comme celui d'Eugène Sue. Il venait montrer que, dans un texte littéraire donné, l'auteur, en se donnant un mandat «généreux», ne savait pas ce qu'il faisait, qu'un sens se dégageait de son écrit qui était le contraire de ses «bonnes intentions» civiques et politiques. Karl Marx ne venait pas dire que le texte de fiction échappe par essence à tout jugement social, ni prôner le négativisme sceptique ou la déréliction, mais il démontrait le danger à la fois esthétique *et* politique qu'il y a à inscrire dans la fiction de l'univoque et à conclure.

Pour les communistes, la chose était claire: la littérature avait un mandat et tant valait ce mandat, tant valait la littérature qui s'y soumettait ou qui l'accomplissait. L'histoire imposait à tout homme un mandat précis dans une période d'imminence révolutionnaire, mais les communistes disaient, — et ils avaient raison — qu'ils ne faisaient que réaffirmer et préciser, dans une conjoncture décisive, la certitude d'une *mission positive* de l'art qui avait été affirmée par tous les esprits «progressistes» pendant plus d'un siècle. Bernard Lazare en 1896 (Lazare que cite Poulaille) posait comme axiome que «le livre doit aider l'humanité à réaliser des fins supérieures»[4] (mais lesquelles? Qui peut les fixer? La moralité qu'on tire des «grandes» œuvres n'est-elle pas plus projetée sur elles que positivement inscrite en elles? Les révolutionnaires croyaient justement pouvoir lever ces équivoques). Ici aussi, l'esthétisme bourgeois avait mis les choses à l'envers en traitant l'art comme un divertissement.

S'opposer à cette perversion bourgeoise consistait à dire que l'art n'était pas, ne pouvait pas être *gratuit.* «Trop longtemps, écrire a été un passe-temps et lire, un autre. La littérature n'est pas cela, elle doit tendre vers autre chose»[5]. Écrire ne peut être qu'un «moyen», raisonne Henry Poulaille après des centaines d'autres, non un «but». Il faut donc trouver ce «but»[6]. Dans les années trente, l'alternative se simplifie: ou le nihilisme bourgeois ou, sans tergiverser, l'acceptation entière de la mission qu'impose l'histoire. Henri Barbusse l'écrit encore: «Il nous faut un but net, en accord avec l'ultimatum de l'avenir universel»[7]. (Il est frappant de noter que Barbusse reproche à Hippolyte Taine, prédécesseur bourgeois d'une sociologie littéraire, d'avoir ostracisé la «morale» comme critère de valeur et d'avoir éloigné ainsi «la littérature de sa mission sociale», la rendant «inutile dans la large vie commune»[8].)

Sans doute, nous allons voir les communistes infléchir cette idée générale, et si généralement répandue, d'une «mission sociale» de l'art en ramenant celle-ci à la *partiinost'*, à

(4) B. Lazare cité par Poulaille, *Nouvel Âge littéraire*, 13. Voir B. Lazare, *L'écrivain et l'art social*, Paris: Bibl. de l'art social, 1896.

(5) Poulaille, *Nouvel Âge*, 98.

(6) Ibid., 150.

(7) Barbusse, *Monde*, 30 janv. 1932.

(8) Barbusse, *Monde*, 25 juil. 1931, 4.

la soumission à la ligne stalinienne et au canon stalino-jdanoviste. Mais avant d'examiner ce rétrécissement sectaire de la problématique, il faut voir que les critiques ASDLR sont partis d'un axiome universel de la modernité, — universel et intenable — et informulable sans tomber dans la platitude.

André Malraux, dans les années trente, est le seul grand écrivain français de gauche qui va chercher, au-delà de simples et confuses réticences, non seulement à s'opposer au réalisme socialiste sans s'en laisser conter et sans se laisser impressionner, mais à opposer à l'idée d'une *mission sociale positive* de l'art, une *autre* axiomatique esthétique. Quand il entreprend de l'esquisser à cette époque-là, les communistes perçoivent avec malaise qu'auréolé de sa gloire dans les Brigades internationales, Malraux s'éloigne fort de leur logique basée sur la contradiction relevée ci-dessus, *ou bien* nihilisme *ou bien* mandat social et historique. Malraux cherche à formuler la thèse d'une *autre* mission attribuable à l'art, mission qui, certes, «prend du recul», mais n'est pas moins aporétique puisqu'elle oppose la conscience anthropologique à l'action. On connaît cette formule lancée en 1936, que Malraux n'aura de cesse d'approfondir et que les staliniens d'après-guerre démontreront sans peine relever d'une «idéaliste» conception hégélienne: «Tout le destin de l'art, tout le destin de ce que les hommes ont mis sous le mot de culture, tient en une seule idée: transformer le destin en conscience.»[9]

Que l'écrivain ait un *mandat*, un «devoir», une «tâche», un «rôle», une «besogne» à faire (le contraire des «sales besognes» remplies par les écrivains au service du capital), c'est quelque chose que le communiste des années trente tient à répéter avec une colère rentrée contre les rhéteurs de la gratuité. C'est ce qu'écrit Barbusse dans son «Testament littéraire» et il l'écrit plutôt dix fois qu'une:

(9) Malraux, *Commune*, 1936, IV, 9.

> L'écrivain est un homme public. Il a un rôle social et un devoir social. [...] Les écrivains doivent regarder autour d'eux et comprendre — et se mêler à ce qu'ils comprennent [...]. Ils sont les citoyens d'une époque. Ils n'ont pas le droit de se désintéresser de la tragédie sociale dont ils sont bon gré, mal gré, les acteurs.[10]

L'écrivain? L'écrivain «digne de ce nom», précise-t-on, «l'écrivain digne de ce nom qui a la passion de l'homme et le souci de la destinée humaine»[11] et on fait sentir dans l'absence d'engagement politique une profonde *indignité*. À l'instar de Marx remettant sur ses pieds la dialectique hégélienne, avec le réalisme socialiste, «le métier d'écrivain est remis sur ses pieds», proclame Aragon[12]. En acceptant ce mandat, l'écrivain révolutionnaire, s'il n'emprunte pas la voie facile, a tout à gagner, à commencer par la chaleur de la fraternité humaine.

> L'isolement de l'écrivain est chose terminée. L'art vivant se rattache à la foule des hommes, exprime leurs aspirations, éclaire leurs fronts, partage leurs luttes. Et le génie est la bouche où les cris d'un monde s'unifient.[13]

Quelle est la nature exacte de ce mandat? On peut l'exprimer en des termes généraux. «La fonction éminente de l'écrivain n'est pas de détourner les hommes d'eux-mêmes, mais de leur proposer les plus hautes valeurs impliquées par leur vie», écrit Nizan[14]. «Il faut donner aux hommes la conscience d'eux-mêmes, même s'ils ne le veulent pas. Il ne faut pas que l'art soit modeste». Les masses réclament une «vie plus humaine»: comment la littérature pourrait-elle se dérober si elle peut contribuer à faire que ceci advienne? L'alternative, nous l'avons vu, c'était de n'être qu'un *amuseur*, adhérant

(10) *Monde*, 12 sept. 1935, 8-9.
(11) *Commune*, janv. 1938, 609.
(12) Aragon, *Commune*, avril 1935, 804.
(13) Marcelle Capy, *Monde*, 4 janv. 1930, 3.
(14) *Monde*, 6 juin 1935.

au «dogme périmé» de l'art pour l'art, écrivant «pour se faire plaisir» alors qu'on eût pu contribuer à l'émancipation de l'humanité. Or, «l'écrivain n'est ni un amuseur ni un cabinet de curiosités, mais le porte-parole de son temps»[15]. Voilà, selon Barbusse, ce qu'enseigne l'œuvre de Zola. L'alibi courant de l'écrivain bourgeois, c'est que, s'il ne soupçonne même pas son «mandat historique», du moins serait-il innocent et irresponsable! Les critiques ASDLR vont montrer que *nul* n'est innocent, que, d'une façon pascalienne («remise sur ses pieds»), nous sommes embarqués. «Notre destin nous a fait naître au cœur d'un grand combat. Il ne nous est pas possible de nous isoler du combat.» Julien Benda qui, lu superficiellement, passait pour un doctrinaire du non-engagement du clerc (tout en ayant rejoint le front antifasciste), se fait tancer parce que son refus même des passions politiques est encore un choix «politique». «Les idées et les sentiments que Benda aura renforcés ou affaiblis influent notamment sur la *conscience de classe* de ces hommes», des hommes concrets; et non de l'homme platonicien[16]. Il faut parier, il faut prendre parti, démontrent les communistes car l'apolitisme est objectivement au service du mal régnant. La littérature révolutionnaire n'est pas seule au service d'une politique, mais elle est consciemment au service de la *bonne* politique, il n'est de littérature que *tendancieuse*.

> De quelque côté qu'on observe, on voit que les rapports de l'artiste avec le monde se traduisent toujours dans ses œuvres et leur prêtent invariablement leurs tendances.[17]

Les écrivains vers 1920 auraient été forcés de découvrir ceci, que «si l'art voulait garder une raison d'être quelconque» il devait «se subordonner au service de la cause

(15) Barbusse, «Zola», *Monde*, 6 oct. 1928, 4.

(16) *Commune*, 1934, 1103.

(17) G. Grosz et Hertzfeld, *Monde*, 11 janv. 1930, 14.

révolutionnaire»[18]. L'art devait choisir son camp. «Pour retrouver l'homme, il faut retrouver l'homme social et l'homme social est un partisan»[19], écrit le ci-devant surréaliste Jacques Baron. On ne cessera de répéter à Benda (qui en ce domaine était le grand adversaire) que la «trahison des clercs est un fait inévitable» auquel, si l'on veut, «il faut se résigner», la seule question étant au profit de qui et de quoi, de quel bien ou de quel mal, l'artiste va «trahir»[20]. Lénine sert d'autorité, lui qui a démontré qu'il n'est d'art que de parti et que «les bavardages» sur l'«indépendance» de l'art sous le capitalisme étaient une pure hypocrisie: l'art vraiment libre était l'art «franchement lié au prolétariat»[21].

Au service de la révolution

De l'axiome sur la fatalité de choix politiques pour l'artiste, on passe au choix concret qu'impose la conjoncture de la «lutte finale» au XXème siècle. Le discours communiste spécule sur un grand mythe fusionnel: la réconciliation de l'homme, de l'écrivain et du militant. Pour les écrivains soviétiques, tout est devenu limpide: ils connaissent «la tâche grandiose» qui leur incombe, qui est de «contribuer par leurs œuvres à l'édification socialiste»[22]. Mais dans le monde capitaliste, l'écrivain est aussi soumis à la «commande de l'histoire», à «l'engagement fondamental de comprendre la mission historique du prolétariat et d'adhérer à ses revendications sociales»[23]. À

(18) Ibid.
(19) *Monde*, 25 janv. 1930, 4.
(20) *Masses*, avril 1933, 16.
(21) *VOKS*, 9-10: 1935, 3-4.
(22) Ludkévitch, *VOKS*, 7-8: 1934, 22.
(23) *Monde*, 5 déc. 1931, 3.

l'art de l'obscurité et du doute se substitue un art de l'adhésion, qui correspond à «l'impérieux devoir [qui] s'impose [aux artistes] [...] de se sentir solidaires de l'ensemble des hommes et de mettre leur art [...] ou leur pensée au service de l'action vers un avenir meilleur»[24]. «Le romancier révolutionnaire est un homme qui adhère à un certain univers et affirme son adhésion. Son œuvre est une affirmation de son rapport avec cet univers», écrit Paul Nizan.[25]

Dans cette logique, l'intimation à choisir ne peut que devenir de plus en plus précise: non pas au service du bien, ni même au service des masses, de la révolution, mais au service de *cette* révolution telle que la préparent et la dirigent les communistes. De ce point de vue, Nizan se voit forcé de dire au Malraux du *Temps du mépris* qu'il a encore un effort à faire pour que son engagement soit net et sans réticence: «Il est essentiel qu'un homme comme Malraux prenne parti sur la question considérable de l'individu et du communisme, des valeurs que le communisme propose à chacun de nous»[26].

C'est le mot *service* qui est le mot-clé. Ce mot qui fait horreur au dilettante bourgeois et dans lequel le communiste voit une juste réconciliation de l'artiste avec la «communauté des hommes», une réconciliation qui fera de lui un «homme nouveau»: «*Servir* à quelque chose, être utile à la communauté des hommes, autrement qu'en les bénissant avec de la beauté ou qu'en gaspillant leur temps par des jeux, tel est le premier devoir qui distingue, dans le chaos des artistes, les hommes nouveaux», écrit Barbusse[27].

Là où l'écrivain bourgeois parle de sa liberté, de son indépendance, — niais «bavardages», avait jugé Lénine, — l'écrivain communiste s'enorgueillit de sa *servitude volontaire*.

(24) *Monde*, 5 sept. 1935, 11.
(25) Nizan, *Monde*, 6 juin 1935, sur Malraux.
(26) Ibid.
(27) *Monde*, 30 janv. 1932, 5.

«Que les travailleurs de l'esprit se haussent à être les serviteurs de la plus grande des causes, celle qui veut dire aujourd'hui: civilisation et salut»[28], réclame Barbusse au Congrès de défense de la culture. Dans un élan lyrique, Romain Rolland démontre que c'est par fidélité à l'«universalisme» que l'écrivain nouveau *prend parti*.

> Les rêves d'universalisme de l'esprit ont vaincu. [...] Ils ont passé dans l'ordre nouveau. Et nous qui fûmes, qui restons leurs fidèles, nous les suivons; pour les servir, nous servons l'ordre qu'ils animent. [...] Que l'esprit libre soit le ferment des peuples libres, des Républiques socialistes universelles, dont l'union imposera la paix au monde et, dans la joie, ouvrira au travail humain un champ de progrès illimité.[29]

Les dizaines de passages où il est question de «don de soi», de «servir la cause», de «gages» à donner, où fusionnent l'artiste et le militant, — où il est question aussi «d'engagement», un mot que Paul Nizan affectionne avant que Sartre ne le reprenne à son compte[30], — montrent que se produit ici un *salto mortale* (comme disent les mystiques), un choix total qui est un pari sur l'art et sur l'histoire. Ce genre de choix qui exige des vœux perpétuels et qui ne permet plus que d'aller *jusqu'au bout*. Une fois accompli, il vous entraîne à tout accepter; pas question de conserver son quant-à-soi, comme font les «bolchevistes de salon», ni son «jardin secret». Il en est d'autant moins question pour l'intellectuel petit-bourgeois qu'il aura à expier son origine de classe et que le prolétariat qui observe ses progrès, va exiger de lui des *preuves* de sa conversion: «le prolétariat a besoin de gages évidents et de vrais sacrifices avant de classer parmi

(28) Congrès de défense de la culture, Mutualité, Paris, 21 juin 1935.

(29) Rolland, *Quinze ans*, LXIII.

(30) Nizan, à plusieurs reprises dans le c. r. de R. Fernandez, *Les violents*, *Monde*, 346: 8, 8 août 1935.

les siens les transfuges de la classe ennemie»[31]. Assumer le mandat de «servir la révolution», c'est sacrifier tout à ce mandat, ses scrupules, ses préférences, son talent, sans être jamais sûr d'en avoir fait assez. Dans ce processus, on va en droite ligne de la volonté de servir les hommes à la nécessité de se soumettre totalement au Parti qui incarne l'avenir de l'humanité. L'analyse des positions communistes, de l'évolution des intellectuels et des littérateurs communistes bute sur ce *pari*, ce moment où il a fallu «sauter le pas», «aller jusqu'au bout», ne plus «s'arrêter en chemin». Le mandat de la littérature est de se mettre au service de la «conscience humaine», mais pour le léniniste qu'on est ou qu'on veut devenir, le Parti, c'est la conscience. Pour celui qui va «jusqu'au bout», le service du peuple, de la révolution, c'est le service du parti, la *partiinost*[32]. Il n'était peut-être pas besoin de léninisme pour aboutir à cette évidence dans une logique où «tout s'enchaîne». Barbusse le proclame:

> Nous ne pouvons pas ne pas œuvrer parallèlement aux partis politiques révolutionnaires, non par obéissance préalable à un mot d'ordre mais parce que nous nous faisons de la réalité la même image précise et lumineuse.[33]

Tout en confessant ceci — et sûrement de bonne foi — le vieux Barbusse voulait encore ménager la chèvre révolutionnaire et le chou de l'autonomie esthétique. Les jeunes de *Commune* balayeront ces scrupules, ils iront *jusqu'au bout*, fusionnant le service de l'humanité, des masses, de la révolution, de Staline — sans prétendre faire la part de l'art et

(31) Magdeleine Paz, *Monde*, 21 janv. 1933, 12.

(32) «À bas les littérateurs sans parti! À bas les surhommes de la littérature», «Le prolétariat socialiste doit affirmer le principe d'une *littérature de parti*, réaliser et développer ce principe...», Lénine, *Novaia Jizn*, daté du 13. 11. 1905, trad. *in* Lénine/Staline, *1937*, 77.

(33) Barbusse, *Zola*, 292.

des doutes «individualistes» — parce que tout ceci ne faisait qu'*un*. *Commune* avait lancé en octobre 1933 une enquête sur la «vraie» question: «Pour qui écrivez-vous?» (Il s'agissait de reprendre en la corrigeant la question qui avait été celle des futurs surréalistes de *Littérature*: «Pourquoi écrivez-vous?») Les rédacteurs savaient d'avance que les intimés répondraient par des tergiversations, des banalités «idéalistes», que seuls les écrivains révolutionnaires conscients trouveraient la réponse correcte. Avec un Aragon, la réponse était claire: «on sait pour qui et pourquoi Aragon écrit»[34]. Romain Rolland y était allé de sa confession de foi:

> Pour qui donc j'écris? — Pour ceux qui sont l'avant-garde de l'armée en marche, pour ceux qui livrent la grande bataille internationale, dont la victoire doit assurer l'établissement de la communauté humaine sans frontières et sans classes.[35]

Les romanciers du pessimisme individualiste au contraire avaient regimbé, tergiversé; Céline par exemple (en 1934, Céline est apprécié à *Commune*), feignait de ne pas comprendre la mise en demeure, bel exemple de sa confusion mentale de petit-bourgeois pessimiste et sceptique:

> Si vous me demandez pourquoi les hommes, tous les hommes de leur naissance jusqu'à leur mort ont la manie, ivrognes ou pas, de créer, de raconter des histoires, je comprendrais votre question. Il faudrait alors (comme à toute véritable question) plusieurs années pour y répondre. Mais écrivains!!! biologiquement n'a pas de sens. C'est une obscénité romantique dont l'explication ne peut être que superficielle.[36]

Pour le communiste seul, une fois de plus, la chose était claire (ce qui ne voulait pas dire qu'elle était facile): il écrivait pour les masses révolutionnaires. «*Pour*» était ambigu: pour

(34) *L'Étudiant d'avant-garde*, 3:1934, 15.
(35) Rolland, *Quinze ans*, 238.
(36) *Commune*, 5-6: janv. -fév. 1934.

qu'elles le lisent? Ou à leur gloire? Ou sous leur dictée? Ignorant tout de la «réalité prolétarienne», mais ne supportant plus d'être «coupé» de leurs souffrances et de leurs luttes, l'écrivain ci-devant petit-bourgeois répudiait l'ancienne culture, «apanage d'une classe privilégiée». Et dans le principe, il adhérait à l'espoir formulé par Maïakovsky — avant son suicide: «Ce sont seulement les masses prolétariennes et paysannes [...] qui construisent le socialisme, [...] qui doivent devenir les vrais lecteurs»[37]. Mais Maïakovsky avait reconnu qu'il était «très difficile» d'obtenir ce résultat. La propagande soviétique, cependant, travaillait le contraste entre l'écrivain d'avant 1917 et l'écrivain nouveau. «Dans l'ancienne culture [...] l'écrivain était isolé des travailleurs [...] il n'œuvrait que pour une mince couche de privilégiés»[38]. Dans l'U.R.S.S. révolutionnaire on pouvait admirer au contraire «l'effort entrepris pour ouvrir l'accès de la connaissance poétique non pas à une poignée d'hommes, mais à des centaines de milliers»[39]. C'est ce contraste, ce sentiment qu'une *réconciliation* de la culture et du peuple était en train de se produire en U.R.S.S., ce sentiment que le tête-à-tête étouffant de l'artiste bourgeois avec la bourgeoisie avait pris fin qui s'était emparé de Gide en 1936 et lui avait fait s'exclamer à Moscou: «Le sort de la culture est lié dans nos esprits au destin même de l'U.R.S.S. Nous la défendrons»[40].

Quelques rares écrivains en France, tous ralliés (le premier posthumément) à la Révolution, avaient connu la gloire de toucher les masses. «Les trois derniers écrivains français qui aient suscité, dans toutes les classes de la société, une passion également ardente et générale ont été Zola, Romain Rolland

(37) *Commune*, oct. 1933, 29.

(38) Fréville, *Lénine/Staline*, 22.

(39) Bloch, *Naissance d'une culture*, 164.

(40) Discours reproduit dans *Commune*, août 1936, 1428.

et Barbusse (avec *Le Feu*)»[41]. Quand à la mort de Barbusse, des centaines de milliers de Parisiens accompagnent son corbillard, *Monde* triomphe: «la pensée d'Henri Barbusse vit dans des millions d'esprits», et le journaliste montre le contraste avec le succès d'estime de l'écrivain bourgeois en concluant sur cette exclamation bizarre: ce n'est pas à Fernand Gregh que cela arrivera![42]

Écrire *pour* les masses, c'est en faire sinon les destinataires du moins les inspiratrices d'un art nouveau — les masses telles qu'en elles-mêmes l'idéologie les recrée et dont on fantasme le sens réaliste inné, l'attachement au concret, à la «vie», la robustesse, la santé morale, le goût du simple et de l'épique — exactement tout ce qui fait qu'elles ne sauraient prendre plaisir à Proust ni à Joyce! La critique communiste rêve avec elles une symbiose, une fusion, «cette cohésion indispensable de l'écrivain et des masses qui fit la force des grandes heures de l'art»[43].

L'écrivain comme «homme nouveau»

«L'homme nouveau» de la littérature révolutionnaire est un homme qui est «devenu» lui-même, qui s'est refait, qui est né d'«un choix» décisif, qui s'est enfanté comme écrivain ASDLR par une «rupture avec sa classe» opérée dans la douleur. Ainsi de Barbusse, modèle de l'écrivain bourgeois venu au «marxisme» et à la Révolution, Barbusse qui a débuté dans la carrière avec les symbolistes *Pleureuses*, mais qui avec *Le Feu* et par le succès de ce livre de guerre, a rencontré son Chemin de Damas et a choisi de «rompre». «Tout de suite dans *Clarté*, il fit sauter les ponts qui auraient pu le relier à

(41) Bloch, op. cit., 65.

(42) A. Ribaud, *Monde*, 5 sept. 1935, 3.

(43) Rolland, *Commune*, avril 1935, 933.

la société bourgeoise»[44]. L'écrivain communiste est quelqu'un qui *s'est changé* lui-même, qui est parvenu à «contredire son passé», écrira Aragon[45], à «arracher par lambeaux les préjugés les plus tenaces»[46], confessera Romain Rolland qui lui aussi prétend avoir accompli ce dur travail sur le vieil homme idéologique. Dans la phraséologie qui a eu la vie dure et qui sort du dictionnaire des idées reçues progressistes, il a quitté sa «tour d'ivoire» et renoncé aux «joies égoïstes» de la création individuelle pour, au bout du compte, affronter le «monde réel».

> À mesure que ce monde craque dans sa structure sociale, les écrivains et artistes honnêtes quittent leur tour d'ivoire, [...] les plus actifs ont déjà rejoint le peuple de France dans sa lutte.[47]

C'est quelqu'un qui a payé un prix et qui n'en a pas fini. Sa récompense est d'ordre éthique: dans un temps qui vous presse de choisir, il a choisi, il a accepté de regarder en face le «monde réel» et non de continuer à le «nier». Il est allé, écrira Heinrich Mann dans sa nécrologie de Barbusse, «du doute à la lumière» et (puisqu'en matière de littérature c'est *le* défaut esthétique et moral) du «pessimisme» à la «sérénité»[48]. Il n'y a pas à dissimuler le fait que tout passe par une *conversion* puisque la conversion au communisme de celui qui était peut-être déjà humaniste, libéral, pacifiste (ce n'était rien encore) fut la grande affaire de la vie des Aragon, des Nizan et autres, celle qu'ils ont le plus souvent racontée, dont ils ont le plus complaisamment dit quelle lutte cela avait été, et quel triomphe à la fin:

> C'est qu'un intellectuel se défend jusqu'au bout contre la «tentation» du communisme: il multiplie les barrières durant la

(44) P. Gsell, *Monde*, 5 sept. 1935, 4.
(45) *Réalisme socialiste*, 20.
(46) *Quinze ans*, VIII.
(47) J. R. Bloch, *Huma*, 2 mars 1936, 8.
(48) H. Mann, *Monde*, 350: 7, 5 sept. 1935.

> marche qui le pousse *malgré lui vers* le communisme. Il ruse avec lui-même. Mais il ruse mal. Il n'est pas absolument convaincu par les arguments qu'il donne: il refuse le communisme, mais il le refuse avec une sorte de mauvaise conscience parce qu'il devine, parce qu'il sait, sans oser l'avouer, que le communisme est vrai.[49]

C'est cette conversion, cette révélation décisive qu'ils n'ont cessé avec un zèle de néophyte de souhaiter — tout à fait explicitement — aux écrivains du «dehors» dont ils admiraient l'œuvre. Comme le dira Staline dans un autre ordre, l'écrivain communiste est «taillé dans une étoffe à part» et il le sait — sachant aussi, avec l'humilité ostentatoire des convertis, que cet état supérieur ne lui impose «que des devoirs» et non des droits. L'éthopée de l'écrivain communiste est une variante du grand mythe moderne de l'*Homme nouveau* et, pour paraphraser Poulaille, c'est un homme nouveau adapté à un «Nouvel âge». Ce n'est pas parce que ce converti est sincère, courageux, fraternel (toutes qualités appréciables, mais qui relèvent encore du narcissisme petit-bourgeois), c'est parce qu'il a désormais une *expérience* irréductible de ce que les communistes appellent la «politique» (d'autres fois, l'«action»), une expérience qui l'a *déniaisé* une fois pour toutes. Il me semble que Nizan suggère plus d'une fois un rapprochement avec la connaissance sexuelle:

> Tout homme est engagé dans des problèmes sexuels et il le sait, ils ne sont pas pour lui légendaires. Mais un grand nombre d'hommes n'a des problèmes politiques que des connaissances de raison et de livres.[50]

Une fois pour toutes, cet homme neuf s'est dépouillé de certains simulacres. Ici encore, quoique tous ils aient tenté de

(49) Nizan, «Ramuz», *Monde*, 328: 9, 22 mars 1935.

(50) Nizan, *Monde*, 8 août 1935, 8.

le dire, c'est Nizan qui a le plus avidement cherché à cerner ce changement opéré par «la révolution» portée dans le cœur:

> L'homme intérieur à la révolution est seul capable de se passer de justifications, c'est-à-dire de la duplicité mortelle de l'art. Parce qu'il n'a point comme les héros bourgeois de R[amón] Fernandez une mauvaise conscience historique. Parce qu'il remplace par des volontés passionnées les justifications que l'homme intérieur à la bourgeoisie destine à tous ceux qui lui demandent des comptes et le mettent en accusation.[51]

Écrire pour l'écrivain nouveau, ce n'est plus écrire dans l'intériorité ni la déréliction, c'est «agir», c'est être «dans la vie», c'est produire un acte «politique» et — à sa façon, dans son ordre propre — révolutionnaire. L'écrivain en lutte reste «en communion permanente avec l'action»,[52] il n'existe que de la «rencontre avec la force qui lui donnera son sens et à qui il offrira sa substance: celle de la révolution prolétarienne»[53]. (Ce vocabulaire mystique! Mais pourquoi traiter ceci comme une manière de s'exprimer? Pourquoi ne pas reconnaître que ce pathos doit s'entendre littéralement?) Nizan a parfois pensé que «l'action» et l'écriture pouvaient entrer en contradiction, mais c'était pour répéter ce qui lui importait, que pour l'écrivain communiste tout tenait à *un pari*: «On ne peut écrire sur la politique que si on la vit et on se dit que si on la vit on n'aura point le temps d'écrire. Risque qu'il faut enfin courir sans savoir d'avance si l'action ne niera pas la création»[54].

Dans le langage de bois des textes soviétiques (où l'opposition entre Homme nouveau et homme inutile fait partie de la culture), les mêmes sortes de choses vont être dites sur tous les tons avec un volontarisme conventionnel.

(51) Nizan, *Monde*, 1er août 1935, 8.
(52) Rolland, *Commune*, 1935, II, 931.
(53) Sur *La condition humaine*, *Masses*, 25 déc. 1933, 14.
(54) Nizan, *Monde*, 1er août 1935, 8.

> L'écrivain de nos jours est un écrivain révolutionnaire, un écrivain-combattant, un écrivain-léniniste. Il ne se borne pas à observer, il agit. Pour comprendre tout le processus de la vie, il faut être au cœur de la réalité, dans les rangs des masses qui agissent etc.[55]

De cet homme nouveau, deux formules cernent la spécificité. L'une, bien stalinienne: l'écrivain est l'«ingénieur des âmes»[56], formule admirée par Romain Rolland[57], glosée par Aragon, mais — si on y songe un moment — effrayante et limpide dans sa conception instrumentale de la littérature, avec son oxymore technico-spiritualiste, où le programme du Parti est la science d'une littérature qui en sera la science appliquée. L'autre, vieille comme le socialisme depuis le concept de *Klassenkampf*, c'est la métaphore militaire: l'écrivain communiste est un «soldat de la révolution», il occupe «son poste» et un jour il «meurt à son poste»[57] au service de «l'Internationale communiste dont il était un soldat»[58]. Ces images militaires débouchent aisément sur l'idée d'une *mise au pas* des écrivains qui manquent de discipline. Elle enchaîne aussi sur la représentation de la littérature comme d'une «arme» dont l'écrivain «dispose au service de la lutte mondiale»[59], et dont il se sert dans la «grande mobilisation» à laquelle il s'est joint, pour «mener la bataille» sur le «front littéraire». Autre manière d'*instrumentaliser* l'écriture. Les documents politiques soviétiques ne sont jamais exempts de ces images qui disent ce qu'elles veulent dire, «poétiques» en apparence, bureaucratiques dans leur portée réelle:

(55) «La littérature dans la troisième période quinquennale», par F. Gladkov, *Litt. internationale,* 4: 102.

(56) Expression reprise par Gorki au Congrès de Moscou de 1934.

(57) *Commune*, 1935, II, 934.

(58) G. Dimitroff, *Monde*, 5 sept. 1935, 3.

(59) Rolland, *Monde*, 5 sept. 1935, 3.

> La littérature du prolétariat n'est rien d'autre qu'une arme de la lutte de classe. [...] L'artiste prolétarien ne peut pas être un contemplateur passif de la réalité. Il est avant tout un homme de pratique révolutionnaire, par chaque acte de sa production.[60]

Les critiques français qui se défendent d'assimiler la littérature à un instrument de propagande, mais qui veulent une littérature «à son poste» dans la bataille révolutionnaire, n'utilisent pas moins cette métaphore de l'*arme* — ainsi que fait Aragon pour acclamer la sortie du *Staline* de Barbusse, qui est «mieux qu'un livre»! «Livre précieux, livre essentiel, qui ne cède en rien à son devancier du temps de guerre, *Staline*, c'est plus et mieux qu'un livre, c'est une image et une arme.»[61]

De cet homme nouveau, la presse communiste a complaisamment dépeint l'*éthopée* — c'est-à-dire dressé le portrait physique et moral. Cette topique mineure est suggestive. Il s'est établi une éthopée communiste dont le paradigme fondamental était: viril, (fort, énergique, lutteur, serein, force morale, fermeté...) *vs* efféminé, *et* sincère (humain, généreux, direct...) *vs* dissimulé, hypocrite. On ne peut comprendre l'homme communiste sans lui voir un certain idéal de *virilité* ou, si on préfère, un dégoût prononcé pour l'«effémination» décadente bourgeoise, pour ces caractères de fausse douceur, de délicatesse, de servilité, d'urbanité, de nonchalance, de «ruse» que le stéréotype désigne comme «féminins». Spécialement parce que le *virilisme*, la fascination pour la force et l'énergie masculines sont des traits en quelque sorte socioanalytiques des années trente. Le portrait-type de l'écrivain bourgeois est toujours émaillé de tels traits négatifs:

> Le grand écrivain est très chauve, rasé, rose, rondouillard. Ses lunettes lui font un regard pétillant [...], finaud, douceâtre,

(60) «Résolution sur le mouvement littéraire révolutionnaire», *Littérature de la révolution mondiale*, nov. -déc. 1931.

(61) Aragon, *Monde*, 340: 13 juin 1935, 8.

> bien disant. Il débite ses drogues avec de jolis gestes menus — comme ça, mouvement du poignet, les doigts écartés, la main en l'air [...]. Il ne manque pas de talent ni de bons sentiments. Il a écrit sur la guerre des livres pleins de pitié. Il a conté l'histoire d'un homme qui ne parvient pas à donner une forme à sa vie, et c'est une émouvante histoire. [Ceci doit être un portrait de Georges Duhamel en l'occurrence].[62]

Par contraste, le portrait de l'écrivain communiste, jusqu'au physique (mince, plutôt maigre, ascétique — y eut-il des communistes obèses? Ce dut être pour eux un martyre) est d'une virilité angélisée. Il faudrait dépouiller toute la nécrologie de Barbusse — au physique nerveux et osseux effectivement — pour montrer comment l'auteur du *Feu,* avec son «énergie», sa «modestie», sa «fermeté» et sa «douceur des forts», est idéalisé par tous les commentateurs: «Je garde le souvenir de ce regard si beau, où la douceur et la fermeté s'alliaient etc...»[63].

À juste politique, juste esthétique

L'écrivain communiste qui a rompu les ponts et renoncé à sa vie et à son œuvre bourgeoises antérieures, se voit offrir une consolation ou une garantie décisives. Son «talent» gagnera à sa conversion. En rendant compte du premier recueil engagé d'Aragon, *Hourra l'Oural,* les communistes apprécient: «Son talent d'écrivain n'y perd pas, mais y gagne bien au contraire en richesse et en grandeur»[64]. Il y avait cependant quelques ombres au tableau, le nettoyage des défauts «bourgeois» n'était pas toujours total (la critique

(62) Hyvernaud, «Marchands de mots», *Monde,* 325: 1er mars 1935.

(63) P. Cot, «Barbusse, le chevalier de la vérité», *Monde,* 351, 12 sept. 1935, 11.

(64) *L'Étudiant d'avant-garde,* 3: 1934, 15.

communiste dans les œuvres qu'elle apprécie fait toujours le tri: voilà le principal, qui fait qu'il est esthétiquement des nôtres, et voici quelques fâcheux détails qui montrent qu'il n'a «pas encore» éliminé toute trace de bourgeoisisme, de pessimisme, de formalisme, *ad libitum*...) Pour Aragon aussi, ce n'était pas encore *ça*, il ne s'était «pas débarrassé d'un coup de certaines survivances surréalistes»[65]. Ce paradigme du *tri* qui invitait les écrivains à la modestie — des traits «bourgeois» resurgissant dans leurs écrits malgré d'extraordinaires efforts — sera appliqué par Georg Lukàcs (ce sera son grand acte de courage) à la littérature soviétique elle-même, et sauf rares exceptions: cette littérature était «faible», non certes en raison du canon réaliste-socialiste qui était le bon, mais parce qu'elle n'avait «pas encore» surmonté la tradition bourgeoise décadente, notamment le modèle «naturaliste-documentaire» (lequel se trouvait souvent maladroitement compensé, selon Lukàcs, par de l'allégorique simplement *rapporté* sur le texte, ce qui ne faisait qu'aggraver le défaut). Cependant les communistes n'ont jamais douté, en dépit de ce qui n'était «pas encore» au point, qu'à une juste politique correspondait une grande esthétique, — potentielle, à dégager pleinement, à mettre au point... Une des tâches de la critique ASDLR était la recherche «des formes d'expression les plus aptes à propager l'idée et à déterminer l'action révolutionnaires»[66].

Partant du présupposé que la «manière» tient à la nature du message et de la vision du monde, les critiques ASDLR n'ont jamais conçu la *poïesis* comme un bricolage autonome. Ils ont affirmé l'idée qu'un *monde nouveau* engendrerait un *art novateur*, lequel disqualifierait les prétendus novateurs qui appartenaient à l'Ancien monde. Révolutionnaire en politique, il ne pouvait être question d'être dit pompier ou

(65) Ibid., 16.
(66) R. Legris, *Masses*, janv. 1933, 14.

traditionnel en esthétique: cette discordance seule eût indiqué que quelque chose n'allait pas.

> À une classe nouvelle, un art nouveau! Révolutionnaire sur le plan politique et social, le prolétariat se doit, en face de sa mission historique, de rester révolutionnaire sur le plan littéraire et artistique.[67]

Le réalisme socialiste dont j'analyse la doctrine au chapitre suivant, venait remplir le vide de cette esthétique *ad hoc*, qui devait être en continuité et en rupture, former l'antithèse du décadentisme, et qui devait permettre de *légitimer* l'esthétique révolutionnaire non par son volontarisme et son esprit de propagande, mais par le juste «reflet» qu'elle donnerait d'un monde en plein changement. Pour adhérer à la révolution, l'écrivain réaliste n'aurait qu'à avoir «cette honnêteté de l'intelligence [...] qui transforme les vrais peintres de notre époque en vrais révolutionnaires»[68]. Autrement dit — c'est ici le grand moment de toute production idéologique, le moment où un équilibre interne «satisfaisant» est obtenu dans le discours, — *tout s'enchaînait*:

> L'art ne peut pas être réaliste sans être social. Il ne peut être social sans être révolutionnaire. Telle est l'injonction que, bon gré mal gré, l'avenir fait aujourd'hui aux travailleurs intellectuels.[69]

La concurrence des deux progressismes, des deux avant-gardes, dont je suis parti au début de ce chapitre, la discordance apparente entre révolutions esthétique (en peinture et en littérature) et sociale n'étaient qu'une *illusion* de la fausse conscience bourgeoise. Les axiologies se trouvaient réalignées, réconciliées dans la vision révolutionnaire du monde. «La plus élevée valeur poétique est celle qui coïncide, sur un plan

(67) S. Romoff, *Monde*, 1er nov. 1930, 3.
(68) *Monde*, 14 févr. 1931, 3.
(69) Barbusse, *Monde*, 14 nov. 1931, 4.

qui lui est propre, avec la révolution prolétarienne», écrit Tristan Tzara en 1935[70]. Avec une certaine jubilation, les critiques ASDLR trouvaient que cette *conciliation* était obtenue *sans forcer*, par une convergence logique dont la médiation était le «réalisme».

> Je ne fais pas dépendre notre credo artistique d'un credo politique, écrit Barbusse. Mais l'approfondissement de la réalité aboutit forcément dans toutes les voies où elle [*sic*] s'exerce, aux mêmes conclusions.[71]

La conclusion nécessaire est que le *bon camp* politique, le «parti du mouvement» politique, est aussi, nécessairement, le «parti du mouvement» esthétique; qu'il n'y a pas décalage, encore moins antinomie, entre les deux manières d'être à l'avant-garde. Certains pouvaient poser, verbalement, vers 1930 que le parti révolutionnaire et la littérature novatrice avaient ceci en commun qu'ils mettent le monde tel qu'il va «en accusation» — mais l'analogie quant à leur action, à leur volonté de «détruire» était purement verbale. Paul Nizan, dans *Vendredi,* 1:1935, parlant d'«une littérature qui prendrait entièrement conscience de sa fonction non classique, qui se soucierait de formuler en termes forts le scandale de la condition faite à l'homme» feint de croire qu'une convergence est possible dans un «refus» qui serait artistiquement métonymique du refus qui retentissait dans le camp des exploités. Mais Nizan est «logique»: il va plus loin; on ne peut s'en tenir à un simple «refus», à une «dénonciation», à un négativisme destructeur: «il y a des dénonciations sans issue». Dostoïevsky (toujours le contre-modèle dans ces contextes) ne décrit qu'une «impasse» et une «prison». Il ne faut pas enseigner le désespoir. Voici le volontarisme: la bonne littérature est celle qui donnera des raisons positives d'espérer, des

(70) Tzara, *Commune*, juillet 1935, 1234.

(71) Barbusse, *Monde*, 30 janv. 1932, 5.

raisons de «se ranger» dans le bon camp: il faut «une littérature responsable», écrit Nizan, c'est son titre, négative pour dire ce qui est négatif dans le présent, mais aussi jouant «sur l'avenir», dégageant «les valeurs impliquées par l'action et la colère des hommes». C'est bien de «responsabilité» de la littérature nouvelle qu'il s'agit et Nizan, publiant dans *Vendredi, in partibus infidelium*, donne pour exemple de cette littérature, moderne par la forme mais historiquement responsable par le contenu, *Le temps du mépris* (Les communistes n'avaient pas admiré sans réserve, mais ils sentaient bien que Malraux ne pourrait pas faire mieux et que les compagnons de route seraient sensibles!). C'est la position de Sœur Anne qu'adopte Nizan: il la voit venir cette littérature prochaine: elle «pourrait...», elle «devrait...» répondre à tel et tel modèle, — mais ce qui résiste dans le modernisme, de Dostoïevsky à 1935, à ce projet de littérature conscientisante et militante, Nizan choisit de ne pas le voir, de n'y voir que des habitudes contingentes liées à l'influence délétère de la «décadence» bourgeoise.

La réflexion ASDLR devient, au sens précis, *utopique*: elle spécule sur une littérature future — dont elle porte déjà aux nues, sans les juger parfaites, les «premières» réalisations. Cette littérature future se prouve par le rejet de l'inacceptable modernisme «bourgeois» *et* par le besoin qu'ont les militants d'une autre sorte de nourriture spirituelle.

> Toute une jeunesse, plus du quart de la population du monde, a aussi besoin de ces grandes œuvres littéraires de solidarité et de salut, qui sont latentes dans notre époque.[72]

D'une littérature «de classe» à une littérature «de l'avenir», on change de chimère idéologique. Ceci résout un problème immanent à la logique du mythe: à mesure que le prolétariat au pouvoir va développer la culture, celle-ci cessera d'être

(72) Barbusse, *Monde*, 5 sept. 1935, 9.

celle d'une classe pour devenir «socialiste», indivise à la société nouvelle. En construisant cette contre-proposition, à partir du refus de modernisme, le volontarisme communiste exige qu'on «passe à l'acte». Rien n'est plus clair dans un texte remarquable de Nizan sur Dostoïevsky dont il ne feint pas de mépriser le génie, mais c'est un génie qui est *inacceptable* — si les communistes ont raison. Nizan conclut: «le grand romancier révolutionnaire qui naîtra ser[a] essentiellement un anti-Dostoïevsky». «La littérature du socialisme ser[a] une littérature du bonheur. Ses héros comporteront de moins en moins d'analogies avec les héros du monde où il n'y a pas d'issue. Peut-être *comprendra-t-on* de moins en moins Dostoïevsky»[73]. Toute la réflexion de Paul Nizan sur une littérature socialiste comme «négation profonde du malheur»[74], le stalino-jdanovisme va, hélas, se charger de lui donner un sens bien différent.

([73]) Nizan, *Monde*, 29 mars 1935, 8.

([74]) Ibid.

VI

PEINDRE LE RÉEL, LE RÉALISME SOCIALISTE

«La conscience réaliste s'est éveillée parmi les écrivains en France», ainsi se réjouit Aragon en 1938[1]. C'est le «réalisme» qui caractérise toute la littérature engendrée dans la mouvance du communisme et de la révolution, au premier chef, celle de l'U.R.S.S.: «Les traits essentiels de la littérature soviétique consistent en un grand réalisme, en une vérité sans restrictions dans la peinture de la vie»[2]. Avec le «réalisme», le camp du communisme se dote d'une thèse esthétique, d'un mot d'ordre, d'une phraséologie et, croit-il, d'un *critère* pour juger de la littérature «révolutionnaire». Qu'est-ce que le réalisme? Quelle en est la définition élémentaire et distinctive? Les textes répondent invariablement: le réalisme consiste à «peindre» fidèlement le «réel», c'est-à-dire «la vie» — dans cette définition à trois termes, obscure, figurée et tautologique, se trouvent en germes les obscurités et contradictions des précisions doctrinales que, péniblement, on va chercher à formuler.

Ce réalisme dont à Moscou comme à Paris on réclame la renaissance et l'épanouissement, est d'abord un *retour à la normale*. Après une période où la littérature «bourgeoise» s'est fourvoyée dans l'erreur, le monde reviendra à la nature des choses et donc au réel. «Je réclame le retour à la réalité», exige Aragon en 1935[3]. Cette formule, il ne cessera de la

(1) *Commune*, août 1938, 1410.

(2) «Cholokhov», *Litt. internat.*, 4-5: 1937, 43.

(3) Au Congrès international des écrivains.

gloser sans jamais y ajouter grand chose: «Je réclame le retour à la réalité. Je le dis, qui donc s'y oppose sinon ceux qui ont intérêt à la couvrir, à la dérober à notre vue?»[4] «Je réclame le retour à la réalité, mais pour la transformation de cette réalité. Réalisme, oui. Mais réalisme socialiste»[5].

À cet appel d'Aragon, une métamorphose est censée s'opérer soudain, voilà la littérature française qui retourne au «réel»: «Il y a effectivement, prétend constater Pierre Unik, dans la littérature d'aujourd'hui une furieuse poussée vers le réel»[6]. Mais encore? Pourquoi ce «retour»? C'est que, dans le discours ASDLR, le réalisme n'est **pas** une orientation esthétique ou un «choix» possible: il est l'état *normal* d'une littérature, de toute littérature qui se met en face du monde, n'ayant rien à en cacher ni rien à y fausser. Le réalisme est la version esthétique d'une vérité du langage et du discours et le retour «réclamé» n'est pas un retour à une époque déterminée du passé: toute «grande» littérature a été, est et sera réaliste. L'appauvrissement, la perversion, l'opacification du réalisme caractérisent au contraire les phases de décadence comme celle où est plongée la littérature bourgeoise. L'écrivain bourgeois a intérêt, comme toute sa classe, à se «cacher» le réel, à s'en «écarter» et à le «fausser»: le «miroir» du réel ne lui montrerait que ses crimes, sa déchéance, ses sujets de crainte et de honte. Autrement dit, le réalisme est une position de principe, une postulation *éthique*, un mot d'ordre qui résulte du diagnostic, globalement négatif, porté sur la décadence littéraire bourgeoise. C'est pourquoi tout le discours qui s'ensuit est tautologique: le réaliste «ne retient la fiction que comme une image exacte de la réalité» et non comme un moyen de s'en «écarter», développe inlassablement Aragon[7].

(4) Aragon, *Réalisme socialiste*, 85.

(5) Aragon, «Du réalisme...», *Vendredi*, 3 avril 1936, 5.

(6) Unik, *Commune*, 1936, III, 624.

(7) Aragon, *Vendredi*, 3 avril 1936, 5.

«Toutes les littératures réactionnaires redoutent la réalité; elles la fuient ou elles la masquent», contraste Nizan[8]. Elles la «faussent»[9], suggèrent d'autres. Le contraire du «réel», c'est «l'apparence», et le faux réaliste bourgeois ne saisit en effet et ne décrit que les «apparences». Revoici le binarisme: «Il y a deux sortes principales de pensée: il y a la pensée qui *décrit* les *apparences* et la pensée qui *concerne* la *réalité*»[10]. On dira encore: l'écrivain bourgeois ne voit que la «surface», le «superficiel», il ne perçoit pas la «réalité profonde», les «forces profondes»[11], il se «maintient à la surface des phénomènes», «il ne parvient pas au fond des faits historiques»... Dans aucun de ces contextes, il ne s'agit de caractériser une forme littéraire en soi, il s'agit de décrire une qualité ou une déficience *éthiques et cognitives*: il faut «voir la réalité», pouvoir aller «au fond» de celle-ci pour pouvoir congrûment la «peindre». C'est à peu près ce que Marx avait dit en faisant l'éloge de Balzac et de sa «compréhension profonde des rapports réels» sous la Restauration, et les critiques des années trente ne croient pas dire autre chose.

Pour le préciser lourdement, le «réalisme» se rapporte à une *gnoséologie*; cette gnoséologie découle d'un *point de vue* de classe correct, un point de vue qui ne peut être que celui d'une classe qui accomplit lucidement son mandat historique et non d'une classe «condamnée» par l'histoire. Il n'est pas préjugé dans tout ceci — qui demeure principiel et vague — de la forme, des procédés et des thèmes de cette littérature, celle des «grandes» époques du passé ou celle qui doit naître du présent révolutionnaire. Il est posé quelque chose sur l'essence de *la* littérature dans une axiologie transhistorique: toute littérature a mandat de donner, dans son contexte

(8) Nizan, c.r. d'Aragon, *Monde*, 12 août 1935.

(9) L. Ferrari, «Les théories artistiques», *Monde*, 323(16), 13 fév. 1935.

(10) Nizan, c.r. Drieu, *Monde*, 25 janv. 1935, 10.

(11) Ex. de cette opposition, Nizan, c.r. Chamson, *Monde*, 15 février 1935.

historique, un «reflet» juste du monde, de montrer le «réel» et de ne pas laisser prendre les apparences pour la réalité. La littérature est donc définie comme instrument de connaissance et d'*éducation* des lecteurs. (Le débat, qui sera celui de Georg Lukàcs et des marxistes d'Europe centrale, sur la spécificité cognitive du littéraire par rapport aux savoirs scientifiques passe très haut au-dessus des simples affirmations dont se contentent les critiques français).

> [Le marxisme] voit la plus haute vertu de la littérature dans son pouvoir singulièrement rare de destruction des apparences et d'exposition de la réalité.[12]

Ces propos, tautologiques, achoppent évidemment sur ce mot-valeur qui prétend désigner l'objet de *toute* connaissance littéraire — la «réalité». Trois autres mots s'y substituent, selon les contextes et le degré de pathos: le «concret», la «vie» et l'«humain»... L'écrivain réaliste a le «sens du concret» alors que la littérature bourgeoise, moribonde, trahit son mandat par «sa fuite devant le concret»[13]. Gorki (par exemple) fait «vivre des êtres avec des mots [...]. Il crée de la vie»[14]. L'écrivain bourgeois, c'est tout le contraire: étant lui-même «sans rapport avec la vie», ses personnages «ne plongent pas dans la vie»... L'artiste authentique «tire» son œuvre «de la vie» et il «crée de la vie» avec ses textes: on ne sort pas de ce vitalisme circulaire. «L'artiste doit faire de la vie. Il doit atteindre et exprimer l'humain et l'émotion», écrit Barbusse[15]. Et on apprécie les derniers écrivains bourgeois dont l'œuvre, comme celle de Verhaeren, peut être qualifiée d'«hymne à la vie»[16]; ou comme celle de Martin du Gard, se recommander

(12) Nizan, *Huma*, 24 avril 1937, 8.
(13) Aron, *Décadence*, 73.
(14) Marc Bernard, *Monde*, 22 oct. 1932, 11.
(15) *Monde*, 30 janv. 1932, 5.
(16) *Monde*, 11 juil. 1931, 4.

par «un sens profond du tragique et de la beauté de la vie»[17]. Les Soviétiques partagent avec les Français ce pathos de la «vie» comme critère du bien littéraire:

> La littérature soviétique est extraordinairement avide de vie, elle l'observe sans cesse, elle y puise ses connaissances.[18]

L'«humain» est un autre de ces mots-clés de l'entre-deux-guerres. Chez les communistes, l'«humain» est une façon, moins limitative, d'exiger du «social». Il faut «exprimer l'humain», «revenir à l'humain», «trouver l'humain»; il faut admirer dans un roman du talent, du style, mais d'abord «un livre avant tout humain»[19]. «Revenons à la simplicité, revenons à l'humain. [...] Nous nous plaçons dans la vie»[20].

L'«humain» sert aussi à conférer une portée durable à des œuvres de circonstance et de propagande militante dont on dira qu'elles «débouchent» sur «un contenu largement humain» etc. Le communisme se veut un humanisme qui va retrouver «ce qui fait le fond éternel de l'homme»[21], et qui sait «rejoindre l'humain»... Le capitalisme a «déshumanisé» la vie (ce néologisme a été créé pour dire exactement *cela*) et la littérature bourgeoise moderne est, éminemment, «déshumanisée», elle est factice, «loin de la vie», — si vous allez jusqu'à la tautologie: «loin de la vie réelle», «de la vie des hommes»...

Un seul adjectif vient préciser — si l'on peut dire — ce «réel» et cette «vie» qu'il conviendrait de «peindre», c'est «*social*», il faut peindre la «réalité sociale». «Social» qui depuis la Monarchie de Juillet a aggloméré toutes les connotations relatives aux «classes» et au «peuple». Il faut «peindre

(17) *Monde*, 8 févr. 1930, 3.
(18) *V.O.K.S.*, 7-8: 1934, 10.
(19) Sur Dabit, *Monde*, 23 mai 1931, 4.
(20) *L'Équipe*, 15.5.1939, 3.
(21) M. Bernard, *Monde*, 3 mai 1930, 12.

la réalité» mais laquelle? «Toute la réalité», précise-t-on avec fougue et avec flou:

> Notre métier, disent les artistes, est de peindre la réalité de notre époque. Soit [...] Mais spécifions: peindre *toute la réalité*. Peindre toute la réalité, cela implique la compréhension, la conscience du remuement contemporain.[22]

La totale réalité, ce ne sont pas la «psychologie» seule, ni la «vie artificielle» des salons et des cénacles, c'est la «large» réalité sociale. Ce ne sont pas les seuls individus solitaires de l'individualisme littéraire, ce sont «les masses» qu'il faut peindre, les «grandes forces qui ébranlent le monde» et pas seulement (il y a beaucoup de tolérance ironique dans ce «pas seulement») les «coucheries» et autres «petites histoires privées».

> Cette réalité n'est pas composée uniquement d'individus cloisonnés dans leur individualité, elle est composée aussi de foules [...] Aussi bien, les drames individuels sont comme des jouets dans le drame collectif [...] Même quand on considère un fait particulier, on doit le situer dans le fait collectif pour bâtir de la vérité.[23]

Barbusse finit par le dire, avec le simplisme de l'évidence, les «drames intérieurs» et les «conflits psychologiques» dont se délectent les esthètes bourgeois, ce n'est pas la «réalité». «La réalité est sociale. Le phénomène social prend toute la place. [...] Quel autre drame peut nous captiver que ce drame total qui est aussi drame personnel [...]? Le fait économique à la base, le fait politique au bout — telle est la réalité historique»[24].

Quelques années plus tard, la phraséologie n'a pas changé — et la question n'a pas progressé. Aragon, définissant le

(22) Barbusse, *Zola*, 287.
(23) Barbusse, *Zola*, 288-9.
(24) Ibid., 285.

réalisme socialiste, pose qu'«une littérature vraiment socialiste ne tombe pas du ciel bancaire [?] mais [...] naît des hommes mêmes, de la réalité sociale»[25]. Ce «social»-là a deux fonctions, celle de protester contre une littérature courante qui ne «voit» ni les classes exploitées, ni les luttes dans le monde, ni les révoltes et les souffrances des gens dépourvus de titres et de rentes, — c'est la fonction de l'évidence première. Et celle de tirer de cette évidence un programme ou une règle qui relève de la vieille topique qui dit que «tout le monde est pour la vertu». «Le peintre doit-il chercher ses sujets dans la vie sociale?» demande *Commune* à ses lecteurs[26]. Poser la question, c'est y répondre, comme on disait dans ces années-là. Comment se dérober? Il ne reste plus qu'à se féliciter de voir quelques artistes changer de style pour se conformer à ce grand principe:

> Dans beaucoup d'envois [au Salon des Indépendants de 1936] se perçoit la naissance d'un courant qui ramène le peintre vers l'homme, vers la réalité sociale.[27]

Le mot «social» dissimule à peine l'idée que, dans cette pensée militante fondée sur l'*unité* de la connaissance, il n'est de «social» véridique et «profond» que celui qui sera conforme à la vision du monde communiste de Marx à Staline. Quand on a besoin d'un synonyme plus actif de «social», c'est «révolutionnaire» qui fera l'affaire. Le roman du réalisme socialiste sera appelé à «coller» à la réalité dans son «développement révolutionnaire». Si le «monde réel» est «révolutionnaire», alors la «peinture» de la «réalité», si elle est correcte, va montrer le réel «dans son développement révolutionnaire». De même, dans l'ordre des idées, on ne peut qu'aller répétant que la connaissance du réel est

(25) Aragon, *Réalisme*, 57.
(26) *Commune*, août 1936, 1541.
(27) *Regards*, 142: 6 févr. 1936.

«révolutionnaire» et sa méconnaissance, réactionnaire: «Il y a une pensée efficace qui concerne l'analyse du monde réel et des forces qui y agissent: cette pensée est révolutionnaire. Il y a une pensée qui ne porte que sur les *apparences* et transforme les apparences en éléments du monde réel», écrit Nizan dont toute la réflexion sur l'art part du couple axiologique réalité *vs* apparence[28].

Un seul des mots de cette sommaire phraséologie désigne le médium, l'art ou la technique d'écrire. Or, ce mot est *emprunté* à l'art pictural: l'écrivain est chargé de «peindre» la réalité, de «peindre son époque», de «brosser le portrait» d'un type «social» etc... Acte manqué en forme de catachrèse! C'est l'avatar communiste de l'antique topos *Ut pictura poesis.* Il y a une dénégation dans ce verbe «peindre»: il s'agit seulement pour l'écrivain d'être «fidèle» au réel, d'en faire consciencieusement le portrait sans, promet-on, devoir y interpoler de la propagande, ni édulcorer ou «embellir» les choses. On peut y voir aussi une volonté de maintenir le travail du texte sous la garantie d'une *référence* à un monde connaissable, c'est-à-dire une manière de faire l'impasse sur tout travail *critique* du texte qui ne reviendrait pas à être une *peinture* ressemblante. Que cette peinture doive former un «reflet fidèle» de la «réalité sociale» tout en étant «révolutionnaire» et mise «au service du prolétariat», n'introduit aucune contradiction dans la logique ASDLR: *voir* le «réel» au-delà des apparences, c'est percevoir correctement le *sens* de l'histoire et en «dégager» les grandes tendances.

Le mot d'ordre, obscur et banal, de «retour à la réalité» ne prend un sens plus clair que si l'on comprend qu'il servait à *exclure* du débat tous ces futuristes, surréalistes, expressionnistes, constructivistes, qui parlaient de construire artistiquement une «nouvelle réalité». *Quesaco,* une nouvelle

(28) Nizan, c.r. *Masses, Monde,* 22 mars 1935.

réalité? Il n'y a qu'un «réel» et qu'une manière fondamentale de le représenter, celle du réalisme dont l'axiomatique a été fixée au XIXème siècle, de Balzac à Zola. Le mot d'ordre sert à retourner l'axiologie prédominante dans les arts: avec toutes leurs vaines recherches, les prétendues avant-gardes et les compagnons de route qui en proviennent se sont fourvoyés et ils sont réactionnaires puisqu'ils «faussent» la simple et fidèle «peinture» du réel. On va ainsi vers un réalisme sans distanciation dont le point de vue «révolutionnaire» sera tiré du côté de l'épique, du symphonique, de la «vie», non de la problématisation et de la critique.

Le réalisme socialiste

D'une évidence l'autre. «Réalisme» d'abord comme principe transhistorique, «socialiste» comme son avatar historique à «l'époque de l'édification socialiste». Ici intervient la première difficulté, cette équation vaut pour l'U.R.S.S., mais à ce compte, il ne saurait y avoir de réalisme socialiste hors du «pays du socialisme», à moins qu'on ne considère que la «construction du socialisme» irradie de son exemple toute l'humanité. La valorisation exclusive du «grand réalisme» était bien en route chez les Soviétiques dès le début des années trente et montrée «conforme» au marxisme-léninisme. Il ne manquait que l'adjectif, et depuis la disgrâce de la R.A.P.P., on savait que cet adjectif ne serait pas «prolétarien». Barbusse qui n'aimait pas les RAPPistes soviétiques et n'en était pas aimé, avait essayé en 1931 dans *Monde* de formuler quelques thèses autour de la formule qu'il proposait de «réalisme prolétarien», parce que c'était alors l'épithète dans la ligne, mais il avait spéculé là-dessus en des termes qui préfigurent à tous égards les définitions du prochain «réalisme socialiste».[29]

([29]) Voir notamment Barbusse, *Monde*, 5 déc. 1931, 3.

Le moment inaugural de l'activité doctrinaire des années trente est la résolution du Comité central du P.C.U.S. (b) d'avril 1932 sur l'organisation de l'Union des écrivains soviétiques. Dans la foulée, s'élabore une doctrine dont on voit bien qu'elle est appelée, quand elle sera bien conforme à la «ligne», à devenir la doctrine officielle, doctrine pour une littérature (il ne s'agit pas encore des arts plastiques dans ce premier débat) qui devra être pleinement «soviétique par le contenu» (il ne s'agit pas non plus, pas encore, d'étendre l'application de cette ligne littéraire à toute l'humanité «progressiste»).

Autour du syntagme «réalisme socialiste», en «moins de deux ans [1932-1934], les journaux et les revues [soviétiques] publièrent plus de 400 articles célébrant les mérites de la nouvelle "méthode"»[30]. Il me paraît que la première attestation en français, traduite du russe, est dans une analyse par Karl Radek de *Terres défrichées*, parue dans *L'Humanité* en décembre 1933:

> Cette œuvre est un modèle de réalisme socialiste. L'auteur ne donne pas une photographie de la vie, mais la grande dynamique de la lutte.[31]
>
> [On remarque dans ce passage une des dénotations de «socialiste», conjoint à un «réalisme» qui ne saurait être «photographique», mais «dynamique», entendez: allant clairement dans le sens révolutionnaire.]

Le Congrès de Moscou de 1934, sous la présidence de Gorki, «grand réaliste» par excellence, va être chargé de fixer la définition de ce que les Soviétiques appellent une «méthode». Ce sera, disent Youdine et Fadeev, traduits dans *Commune*, «la peinture véridique et historiquement concrète de la réalité dans son développement révolutionnaire»[32]. Autour de ces deux

(30) Voir Corbet, 1975, 115.

(31) *Humanité*, 25 déc. 1933, 8.

(32) *Commune*, 6: 1934, 1026.

termes, — peinture, révolutionnaire — déjà rencontrés, Youdine et Fadeev développent un lourd jargon: le réalisme socialiste est devenu la «méthode fondamentale de la littérature soviétique». Ce n'est évidemment «pas un dogme», mais une formule qui «ouvre un champ énorme aux recherches créatrices». «Seul le réalisme socialiste, armé d'une idéologie révolutionnaire, enrichi par les expériences de la construction victorieuse du socialisme, peut exposer la réalité dans son mouvement historique». Les Soviétiques n'ont pas — comme le sont les Français — à être embarrassés par cette conception de la littérature comme «arme» politique et de la grande esthétique nouvelle comme produit d'un apprentissage et d'une rééducation idéologiques: «L'écrivain doit s'approprier la philosophie de Marx, d'Engels, de Lénine, de Staline»[33].

Ce réalisme nouveau est aussi — en toute conformité à la vulgate du *diamat* — un dépassement dialectique, il comporte «l'assimilation critique de l'héritage littéraire du passé». Quant à la forme, il n'y aura jamais grand chose à en dire sinon qu'elle doit être «adaptée» à son contenu, et qu'elle doit être «brillante» et «riche». Le style a une fonction très précise cependant, il est chargé d'*intégrer*: l'«erreur» artistique serait dans la maladroite *juxtaposition* de l'idéologie et de la fiction. «L'idée du socialisme ne doit pas entrer dans l'œuvre comme un élément extérieur; elle doit apparaître comme l'essence même de l'œuvre, incarnée dans des images.» Les autres revues soviétiques comme *V.O.K.S.*, à la mi-1934, développent exactement les mêmes thèses:

> Par une étude tenace, profonde des phénomènes de la réalité vivante jointe à une compréhension critique de la vieille culture artistique l'écrivain soviétique se rend maître de la méthode créatrice qui détermine le développement de toute la littérature soviétique, la méthode du RÉALISME SOCIALISTE. Ce réalisme

(33) Ibid., 1027.

> consiste dans la description véridique et historiquement concrète de la réalité, dans son développement révolutionnaire, description capable d'entraîner le lecteur, de l'éduquer dans l'esprit de la lutte et de l'édification, dans l'esprit du socialisme. [Études anonymes][34]

On en est toujours à préciser une doctrine applicable à la seule littérature soviétique. Par ailleurs, *V.O.K.S.* fait état de nombreuses œuvres qui illustrent *déjà* le réalisme socialiste — celui-ci se présente donc, non comme une chose nouvelle, mais comme la *synthèse* extrapolée des grands succès littéraires soviétiques depuis dix ans (ni Babel ni Pilniak ne servant de modèles): *Terres défrichées* de Cholokhov, *La Communauté des gueux* de Panférov, *Énergie* de Gladkov, *Temps en avant* de Kataïev, *L'Homme changé de peau* de Yassenski figurent parmi ces modèles... Et parmi les poètes, Boris Pasternak sert d'exemple par son évolution édifiante et réaliste-socialiste, «Pasternak, éduqué sous l'ancien régime, lié aux traditions de la culture raffinée de la bourgeoisie et de la noblesse, mais ayant résolument rompu avec le monde capitaliste d'aujourd'hui et s'étant convaincu de la reconstruction socialiste du monde».

Dans un article publié en France avant le congrès de Moscou, I. Koussinov dissertant sur «le réalisme socialiste et le portrait psychologique», remontait lui aussi loin dans le passé, lui trouvant un modèle chez Tolstoï qui «dépeint des passions saines» et un accomplissement chez Maksim Gorki qui, loin des décadents et raffinés, avait «découvert la base de classe» de ce genre littéraire.[35]

Parmi les grands théoriciens bolcheviks, c'est Boukharine (qui n'est pas encore en disgrâce) qui avait pris en charge la philosophique notion de réalisme socialiste dont il prétendait

(34) *V.O.K.S.*, 7-8: 1934, 4.
(35) *Monde*, 21 juillet 1934, 5.

montrer qu'il était le *complément* esthétique de la pensée marxiste, «représent[ant] en art une méthode particulière correspondant au matérialisme dialectique et une transposition de ce dernier dans la poésie»[36]. Pour Boukharine, il n'y avait aucune ambiguïté, la valeur et l'intérêt du réalisme socialiste tenait à son idéologie et au «but» pratique poursuivi dans l'œuvre. La simple description du réel, dans toute sa complexité, ne vous qualifiait pas: il fallait aussi qu'on perçoive clairement dans vos écrits «le point de vue de la victoire du prolétariat»[37].

> Ce qui distingue le réalisme en général et le réalisme socialiste, c'est qu'au centre de ce dernier existe nécessairement une description de la construction socialiste, de la lutte du prolétariat, de l'homme nouveau. [...] Le point de vue de la victoire prolétarienne est, naturellement, un signe constant de toute la création du réalisme socialiste, son «sens social».

Cette idéologie et ce but à poursuivre devaient déterminer directement le choix des «matières» et des thèmes. On pourrait prendre pour héros, lisait-on dans *V.O.K.S.*, «un ouvrier, un paysan qui a rejeté les chaînes de l'exploitation»[38]. Plus largement, indiquait Boukharine, «au centre» du réalisme socialiste, «existe nécessairement une description de la construction socialiste, de la lutte du prolétariat, de l'homme nouveau»[39].

Il n'y a rien d'édulcoré ni de dissimulé dans ces textes russes de 1934. On ne débat pas de «réalisme»: tout le monde croit savoir ce que c'est, le réalisme — mais de «socialiste»,

(36) *Monde*, 21 sept. 1934, 5. C'est ce que Boukharine répètera dans *Commune*, oct. 1934, 55: «La base philosophique en est le matérialisme dialectique qu'il traduit dans le langage de l'art».

(37) *Commune*, oct. 1934, 56.

(38) *V.O.K.S.*, 7-8: 1934, 12.

(39) *Monde*, 21 sept. 1934, 9.

des thèmes et des fonctions d'une littérature *tendancieuse,* fière de l'être, fière de porter les couleurs du prolétariat. Zola, avec toute l'admiration qu'on lui doit, sert exactement à montrer ce qu'il faut *de plus* pour faire un réaliste socialiste que de décrire consciencieusement ce qu'on observe du monde «social»: c'est exactement, martèle Boukharine, de bien «montrer la tendance»[40]. Tourné vers l'avenir et non photographiquement rivé au présent, ce réalisme-là doit «rêver», aller au-delà du réel immédiat, et, tendancieux, il doit montrer les «tendances» de l'histoire. Si les lendemains chantent, ce réalisme nouveau ne saurait être sombre, morbide, pessimiste, mais (j'y viens plus loin) lyrique, optimiste, romantique-révolutionnaire. «Le réalisme socialiste peut et doit rêver en s'appuyant sur les tendances réalistes de développement», dit Boukharine[41].

Cette théorie qui est tout à fait claire dans une perspective bolchevique — si elle est obscure quant aux possibilités esthétiques qu'elle recèle — a été, on le notera, exclusivement conçue pour la littérature (poésie et prose du reste). Elle sera bientôt appliquée, vaille que vaille, à la peinture et à la sculpture (contre l'abstraction et la «déformation» du corps humain notamment). Un premier exemple de réalisme socialiste en peinture sera mis en valeur dans *V.O.K.S.* en 1935, c'est la toile d'A. Guérassimov, *Le rapport du camarade Staline au XVIème Congrès*[42]. La doctrine trouvera également un avatar en dramaturgie et le «Théâtre d'art» de Stanislavski devra démontrer s'y être conformé: «Le réalisme socialiste est la forme la plus complète et parfaite de l'art réaliste, et c'est à elle que le Théâtre d'Art est parvenu aujourd'hui»[43].

(40) Ibid.
(41) Ibid.
(42) *V.O.K.S.*, 9-10: 1935, 32.
(43) K. Stanislavski, «Le 40e anniversaire...», *Litt. internat.*, 9: 1938.

Vu de l'U.R.S.S. en 1934, le réalisme socialiste est à la fois: — un mot d'ordre à usage intérieur, — une prise en main idéologique directe du milieu littéraire, prélude à la stalinisation des lettres — et cependant, c'est aussi, au départ, une doctrine ouverte et tolérante à l'égard des «compagnons de route» par rapport aux idées sectaires, désormais disgraciées, de la «littérature prolétarienne».

Ceci ne veut pas dire que, bien qu'il s'agisse d'une doctrine inventée à Moscou et dans un contexte soviétique, dotée de tout le volontarisme de l'époque, elle n'entrait pas en large résonance avec toute une réflexion développée depuis quinze ans, hors de l'U.R.S.S., sur les caractères nécessaires et souhaitables d'une littérature révolutionnaire qui se distinguerait de la déchéance bourgeoise par son «réalisme». Le réalisme socialiste, accentuant le contrôle idéologique sur les lettres et la *partiinost'*, n'est qu'un des avatars de cette réflexion. On peut le voir aussi dans la continuité d'un bricolage d'idées qui a été continu depuis les années vingt. Barbusse qui avait d'abord concocté un «réalisme humaniste», devenu en 1931 le «réalisme prolétarien» (bien que condamné pour opportunisme et éclectisme à Kharkov en 1930) avait préfiguré, en un peu moins dogmatique, la théorie du «réalisme socialiste». Barbusse qui était parfois malin, appelait en effet en 1931 «réalisme prolétarien» une conception réaliste sans rivage défini, dépourvue de point de vue de classe déterminé et d'esprit de parti, radicalement opposée en ceci à la «littérature prolétarienne» des gens de la R.A.P.P.

> Ce nouveau réalisme, ce «révolutionnarisme» prendra la suite logique des écoles et tendances littéraires qui ont jusqu'à aujourd'hui approfondi l'humain, le réel, la nature. [...] C'est l'incorporation de cette grande notion de l'ensemble qui donnera son caractère à la littérature de demain.[44]

(44) *Monde*, 5 déc. 1931, 3.

Néanmoins Barbusse opposait déjà son «nouveau réalisme» (qui devait montrer une «profonde connaissance des forces sociales») au «naturalisme», celui d'un Zola, trop documentaire et pas assez totalisant: «les drames individuels sont comme des jouets dans le drame collectif. [...] Même quand on considère un fait particulier, on doit le situer dans le fait collectif pour bâtir de la vérité»[45]. À l'époque, le P.C.F., appliquant les *oukases* du Congrès de Kharkov, avait condamné les théories barbussiennes, où «manquait» en effet un point de vue de classe et de parti.

> Ce «réalisme prolétarien» sans esprit prolétarien qui «élargit les horizons et brise les cloisons des vies» n'[a] rien de commun avec l'idéologie révolutionnaire du prolétariat et [sert] en fait ses ennemis.[46]

Mais une fois liquidée la phase «classe contre classe», il y avait des éléments à récupérer chez Barbusse, l'idée de «stade» historique nouveau, le contraste avec le naturalisme... À cet égard, les différentes formules, en U.R.S.S. et ailleurs, ne diffèrent que par le degré de soumission aux directives du Parti.

La fixation d'une doctrine du «réalisme socialiste» et les paramètres qui le définissent ne prennent leur sens que par l'opposition diamétrale avec les caractères de la «littérature bourgeoise». Dès le Congrès de 1927 à Moscou, Lounatcharsky et Averbach avaient opposé ce qu'ils appelaient alors le «réalisme social» aux tendances modernistes. Karl Radek, au Congrès de 1934, avait conclu son discours en donnant le choix et en marquant l'alternative: «Joyce ou le réalisme socialiste». Radek avait attaqué aussi Proust (bien peu des congressistes avaient lu l'un ou l'autre). D'autres prendront le surréalisme comme un des termes de l'alternative entre la vérité et l'erreur esthétiques:

([45]) Barbusse, *Monde*, 30 janv. 1932, 5.

([46]) J. Fréville, «Contre-manifeste», *Huma*, 15 déc. 1931.

> Courant typique petit-bourgeois, [...] les surréalistes sont la dernière pointe de la décadence dont est imprégné l'art de la bourgeoisie pourrissante et parasite [...] Imbu d'un érotisme pervers et affecté, il puisait sa nourriture dans les recoins les plus sales du subconscient [...] Le surréalisme ne pouvait pas s'implanter dans la littérature de la révolution prolétarienne. Dans la méthode de travail des surréalistes, il n'y a aucun de ces éléments sains qui existent même dans le réalisme décadent bourgeois.[47]

Ce beau passage de prose stalinienne confirme que le jugement relevait de la «morale» révolutionnaire sinon de l'hygiène sociale. Je le répète: dans sa logique génétique, le réalisme socialiste ne s'établit que comme l'*antidote* au modernisme et le contraire systématique des caractères que, dès le tournant du siècle, tous les militantismes ouvriers ont reproché à cet art «décadent».

On vient de voir aussi — et ceci complète le paradigme — qu'opposé aux *excès* du modernisme, le réalisme socialiste s'oppose encore au naturalisme, «forme primitive, élémentaire, du réalisme»[48], auquel manque une perspective historique englobante, comme l'indiquera Aragon à son tour. Doctrine historiquement juste, le réalisme socialiste devient ainsi une doctrine du *juste milieu* entre deux erreurs contraires que, dialectiquement, il dépasse.

Aragon, gardien de la doctrine en France

«En France, le réalisme socialiste est une manière de sanctionner des œuvres plus qu'une recherche théorique», constate J.-P. Bernard[49]. Il faut dire qu'en U.R.S.S. aussi, cela deviendra vite une simulacre de théorie, alignant une phraséologie

(47) D. Mirsky, *Litt. internationale*, 5: 1935, 61.
(48) Aragon, *Vendredi*, 3 avril 1936, 5.
(49) 1972, 45.

sur les directives du Parti. Par contre, l'application de la «méthode» à une littérature de l'Europe capitaliste n'allait aucunement de soi. On a vu que pour Boukharine, ladite «méthode» était inséparable du «stade» atteint par la société soviétique. C'est Aragon, téléguidé sans doute, qui s'empare de la notion venue de l'Est et va en faire un instrument de valorisation des romans publiés dans la mouvance du P.C.F. Il sort en un volume en 1935 un recueil de conférences faites en 1934-1935, *Pour un réalisme socialiste*, recueil qui commence, curieusement et fâcheusement, par l'apologie de la «rééducation», science nouvelle, inventée par les Soviétiques dans les bagnes du *Bielomorstroï.* Suit une exégèse de la formule de Staline qui fait de l'écrivain «l'ingénieur des âmes»: Aragon, qui est déjà en possession de tous ses défauts à commencer par la jobardise lyrique, y admire «le métier d'écrivain remis sur ses pieds». Il y a vraiment peu de discussions d'idées — fût-ce fallacieuses — dans ce livre flou qui tourne autour du récit de la conversion d'Aragon lui-même à la «réalité». Tous les lieux communs de condamnation de la littérature bourgeoise, — malsaine, pessimiste, etc... — que nous avons relevés ailleurs sont repris avec fougue. D'autres textes d'Aragon suivront sur ce thème. Ils expliquent pourquoi le réalisme nouveau doit être dénommé «socialiste»: «Le réalisme est avant tout une attitude d'esprit du romancier qui est le résultat de sa conception du monde»[50]. Ces écrits opposeront indéfiniment le réalisme socialiste au pseudo-réalisme bourgeois, car «la classe dominante espère de nos jours maintenir l'activité créatrice du roman [...] dans les limites de la fantaisie et de la spéculation psychologique»[51]. Mais que peut la classe dominante contre les progrès du réalisme, prouvés par 1. Barbusse, 2. Céline, 3. Guilloux, 4. Malraux,

(50) Aragon dans *Europe*, 1938, 291.

(51) Aragon, *Commune*, janv. 1936, 565.

5. par le fait que Gide même ait fait l'éloge de Zola? Rien de nouveau là-dedans, sinon pas mal de confusion. L'éloge du réalisme socialiste sert surtout à Aragon pour extraire du lot courant et faire l'éloge inconditionnel des romans des camarades du parti: «Peut-être que jamais la réalité vivante dans ce qu'elle a d'actuel et de brûlant ne s'était peinte» comme dans les romans de Moussinac, Nizan et autres[52].

Quand le P.C.F. vire au tricolore et devient patriote-populaire en 1937, Aragon suit le virage avec un article significatif, «Réalisme socialiste et réalisme français» (publié dans *Europe*, 46: 1938) que Georges Sadoul salue comme un «chef-d'œuvre de lucidité». Un réalisme socialiste n'est possible que s'il se pare des couleurs de la France, s'il poursuit l'effort de la tradition réaliste française. «On n'atteint au réalisme socialiste que par la voie nationale»[53]. Ainsi les communistes contribueront-ils à «la création d'une culture vraiment humaine, parce qu'elle sera *nationale par la forme et socialiste par le contenu*», écrit Aragon, paraphrasant Staline avec dévotion[54]. Cette fois le *retour* au réalisme peut expressément être présenté comme un retour à Balzac, fleuron de cette tradition nationale: «Un Aragon, un Roger Martin du Gard, un Jules Romains continuent aujourd'hui la tâche des grands défricheurs de la réalité, Balzac et Zola»[55].

Tous les autres intellectuels communistes ont dit, tour à tour, l'importance décisive du réalisme socialiste. «Le réalisme [...] s'oriente vers le socialisme, non parce qu'il emprunte des thèmes à une doctrine mais parce que le socialisme est fondé sur les réalités humaines et qu'il est l'effort pratique vers la solution des problèmes», disserte Henri Lefebvre[56], tandis

(52) Ibid., 567.

(53) Loc.cit., 292

(54) Aragon, *Commune*, août 1932, 1421.

(55) *Commune*, janv. 1938, 606.

(56) Lefebvre, *Commune*, 1937, IV, 1482.

que Paul Vaillant-Couturier s'exalte: «Le réalisme socialiste, lui, trace la route lumineuse d'une littérature à la fois utile au sens le plus élevé du mot, libre et intelligente»[57].

Aucun de ces développements n'apporte une réflexion neuve. Le réalisme socialiste sert pourtant à quelque chose de précis, il sert d'étiquette que l'on va coller à des romans écrits par les communistes; il sert à les lancer et à les recommander. Il permet d'inventer une *littérature communiste*, seule valable pour le XXème siècle car seule inscrite dans le sens de l'histoire. *Les Cloches de Bâle* d'Aragon sont «une des premières œuvres à laquelle le terme de "réalisme socialiste" pourra s'appliquer»[58]. Sadoul l'applique donc à ce roman qui sera aussi, est-il décidé, «une date de notre histoire littéraire». Puis Aragon l'applique au *Cheval de Troie* de Nizan, et ainsi de suite... Faute d'un débat théorique, on montre des échantillons. «Le réalisme socialiste n'est qu'une sorte d'imprimatur apposé sur les livres d'Aragon et de Nizan [les autres et moindres personnages, Moussinac, Fréville, Garmy n'auront pas cette faveur] sans que l'on sache exactement ce dont il s'agit», conclut Jean-Pierre Bernard[59]. Le réalisme socialiste comme littérature-PCF ne s'épanouira qu'après la guerre. L'échantillon parfait ne sera réalisé que par André Stil en 1952 avec *Le premier choc*, qui sera honoré du Prix Staline. Et la doctrine se glorifiera alors de la contribution théorique de Maurice Thorez:

> Nous dénonçons tout ce qui viole, mutile et rabaisse l'homme, [...] nous préconisons une littérature résolument optimiste, tournée vers l'avenir, exaltant l'effort, la solidarité, la marche vers une société meilleure.[60]

([57]) Vaillant-Couturier, *Commune*, oct. 1934, 3.
([58]) Sadoul, *Commune*, 1935, II, 503.
([59]) 1972, 142.
([60]) Thorez, in Stil, 1952, 58.

La conception révolutionnaire du monde

Barbusse en 1931 n'avait réclamé du nouveau réalisme, étiqueté alors «prolétarien», qu'une qualité pour qu'il soit un instrument cognitif correct, s'opposant à la fragmentation, à la parcellarisation qu'il diagnostiquait chez divers modernistes: c'était d'embrasser la *totalité*. «L'écrivain [...] n'a qu'à montrer la réalité, soit; mais qu'il la montre toute d'un bout à l'autre. On ne lui demande pas plus! [...] Ne coupons pas la réalité en petits morceaux, rattachons les choses aux choses pour les évoquer telles qu'elles sont, en profondeur et en étendue.»[61] Quand plus tard il s'agira de définir la littérature révolutionnaire, cette exigence de totalité reviendra souvent: «... montrer l'homme dans sa totalité, l'homme tel qu'il est, dans la réalité, et dans sa réalité sociale»[62].

Nizan en opposant sans cesse le romancier bourgeois, fixé aux «apparences», au réaliste qui est capable de «démêler l'ensemble des forces motrices dont la composition aboutit à l'événement historique»[63] (qualité qui, selon Marx, se rencontrait chez Balzac), approfondit une réflexion analogue sur l'hypothèse qu'il n'est de connaissance *et d'art* authentiques que de la totalité. Mais Nizan passait de cette hypothèse à une autre idée, inspirée par sa foi militante, qui était que seul le «révolutionnaire» pouvait alors atteindre à ce «genre de connaissance» totalisante et qu'une seule voie esthétique, le «réalisme socialiste», pouvait y conduire «en unissant l'analyse réelle des forces et des passions et l'ouverture constante sur l'avenir humain que cette analyse fournit», — réflexion que la définition par Boukharine du réalisme socialiste (résumée plus haut) lui inspirait[64].

(61) Barbusse, *Monde*, 14 nov. 1931, 4.

(62) *Commune*, 1937, IV, 1384.

(63) Nizan, c.r. Chamson, *Monde*, 15 fév. 1935, 10.

(64) Ibid.

Une esthétique de la totalité était *aussi* le produit d'un *point de vue*, un point de vue de classe, — comme le diront les Soviétiques, le réalisme socialiste analysait le réel «du point de vue de la classe qui bâtit le socialisme»[65]. Cette classe avait historiquement le monopole de la totalité. La réflexion entamée par Nizan sur la totalité et le point de vue avait sans doute un potentiel, mais les idées de point de vue de classe (aussitôt assimilé au point de vue du parti) et de juste perspective historique (rendue synonyme de volontarisme optimiste) étaient, en pratique, la voie par laquelle allaient entrer les pires justifications du contrôle policier exercé sur des écrivains et les pires schémas épico-optimistes imposés par le stalino-jdanovisme. Subordonnant la création littéraire à la «conception révolutionnaire du monde» à laquelle l'écrivain est censé être parvenu, les critiques communistes trouvaient que tout s'enchaînait, que les objections sceptiques et philistines se réfutaient d'elles-mêmes et qu'on allait voir naître une littérature du bien, de la positivité, de l'espoir, de la beauté morale (de l'héroïsme) et du bonheur garanti. Le réalisme socialiste — art de la «transition révolutionnaire» — comporterait *encore* du négatif, des échecs et de la douleur, mais dans cet art, comme c'était le cas dans le réel, le positif devait l'emporter. Il fallait que l'écrivain réaliste socialiste, raisonnait L. Moussinac, comprenne «les grands exemples du passé [...], mais il nous est non moins nécessaire de rechercher des moyens et des méthodes nouvelles, de refondre les conceptions littéraires [...], de créer des œuvres où non seulement se reflétera mais où s'exprimera [...] notre prise de conscience du monde. Le fait que l'art soit mis au service d'une idée gêne la critique... Est-ce que son choix fait, l'écrivain peut imaginer construire, écrire enfin, autrement que désormais il a décidé d'agir? [...] Nous ne voulons pas bercer la

(65) *V.O.K.S.*, 7-8: 1934, 6.

douleur des hommes. Il n'y a pas moins de beauté et de grandeur à révéler aux hommes la douleur dans ses formes et dans ses causes, et à donner ainsi à ces mêmes hommes le goût du bonheur véritable»[66]. Contre toute logique étroitement positiviste, la peinture vraiment «réaliste» du présent, comportait déjà quelque chose de l'avenir, surtout si, grâce au matérialisme historique, «cet avenir n'est pas une fantaisie mais une possibilité scientifiquement fondée»[67]. Il fallait représenter la «vie», mais en faire percevoir aussi la transformation, le devenir positif — et tant qu'à faire y contribuer. En décrivant l'aujourd'hui, le romancier devait «regarder vers nos lendemains», ainsi que l'exigera Jdanov dès 1934[68]. Tourné vers ces espoirs, ou ces certitudes pour l'avenir, le réalisme socialiste ne pouvait, dans ses thèmes et ses intrigues, qu'être globalement positif.

> Le réalisme socialiste porte un caractère affirmatif qui, naturellement, ne l'empêche pas de combattre les défauts de la vie soviétique.[69]

Le «*romantisme révolutionnaire*» qui en faisait un roman «d'un type nouveau», dénotait, dans le point de vue du romancier, les personnages, la structure de l'intrigue, cette tendance positive et optimiste. Face aux «professionnels du désespoir», les Céline, les Döblin[70], les romanciers socialistes se mueraient en professionnels de l'espérance! Ils répondraient ainsi à la commande sociale, leur rappelait-on. En U.R.S.S., les «masses» exigeaient, à en croire la presse culturelle, qu'on «peigne» ou «dépeigne» l'héroïsme de leur vie quotidienne — et ce, dans un style exaltant et compréhensible, sans «vain formalisme».

(66) «Réalisme socialiste», *Europe*, 15 juin 1936, 183.
(67) Youdine et Fadeev, *Commune*, 6: 1934, 1030.
(68) Jdanov, texte du 17 août 1934, in 1950, 10.
(69) *V.O.K.S.*, 7-8: 1934, 12.
(70) J. Perus, *Europe*, 133: 15.1.1934, 151.

La doctrine implique en effet que l'on connaît le «goût des masses» et qu'elles légitiment le refus des recherches fastidieuses des artistes et des complications négatrices de l'intelligentsia. Le réalisme socialiste est légitimé notamment par le fait qu'il correspond à la demande spontanée des masses par son réalisme et à celle des militants conscients par son socialisme. L'avant-garde, les avant-gardes déplaisent aux «masses», leurs bizarres recherches choquent le prolétariat: or, celui-ci ne se trompe jamais, pas plus en matière esthétique qu'en politique. C'est aux écrivains à s'adapter à leur demande au lieu de poursuivre des recherches qui lui sont diamétralement contraires et qui portent les traits du repli individualiste, du nihilisme et, en fait, du mépris de classe.

Le «romantisme révolutionnaire» devenait ainsi l'élément essentiel du réalisme socialiste, selon Boukharine. Selon Gorki, les deux termes pouvaient même passer pour synonymes. Cela tenait à ce que la vision d'un présent était *englobée* dans les certitudes de l'avenir car «le réalisme socialiste n'est pas, écrit Boukharine, une simple constatation de la réalité mais, saisissant le fil du développement dans la vie actuelle, il conduit ce développement vers l'avenir»[71]. Dans cette vision en perspective, romantisme révolutionnaire et *optimisme* sont synonymes. Alors que la littérature capitaliste, sans avenir, croupit dans la désespérance et le pessimisme, la littérature soviétique s'épanouit «à la lumière d'une interprétation optimiste et matérialiste de la vie, propre au prolétariat»[72]. Vers 1935, certains montrent encore, comme le fait Nizan avec nuance, que cet espoir, cet optimisme n'ont pas à être lourdement inscrits dans l'explicite du texte, ni à éliminer le mal du monde et en gommer les contradictions:

(71) Boukharine, *Litt. internationale*, 2: 1935, 61.
(72) *V.O.K.S.*, 7-8: 1934, 11.

> Une littérature révolutionnaire n'est pas une littérature satisfaite, c'est une littérature qui comporte, en face de la description du malheur, l'espoir. Elle a donc un puissant élément de confiance, elle est en un certain sens, comme l'on dit, optimiste, mais elle ne saurait échapper à l'obligation d'être également tragique.[73]

Une telle interprétation, subtile (mais qui joue avec les textes venus de Moscou), sera vite rendue inacceptable. Dans la presse communiste, on reprochera aux romans les moins «bourgeois» de simplement *se terminer mal*: «La grève échoue, le livre se termine sur cette note vraie, mais trop pessimiste.»[74] Dans l'après-guerre, avec la stalinisation à outrance, on impose le héros positif (contrasté aux personnages veules et aux névrosés de la littérature capitaliste morbide) et on exige l'optimisme à tous crins:

> Nous préconisons une littérature optimiste, tournée vers l'avenir, exaltant l'effort, la solidarité, la marche vers une société meilleure qui est à bâtir de nos mains et que nous bâtirons. (Texte de Maurice Thorez en 1947)[75]

Entièrement soumise au contrôle politique et pur instrument destiné à servir, c'est-à-dire à enjoliver les choses, cacher les erreurs et soutenir le moral, la littérature met en récits et en images les thèmes de la propagande. Nizan qui tranchait sur les autres critiques communistes par l'exigence de ses réflexions, appelait «révolutionnaire» une littérature qui serait peut-être *ultimement* enthousiasmante, mais qui n'embellirait jamais un monde intolérable, qui ne simplifierait pas un monde conflictuel et n'en cacherait pas les laideurs ni, comme Nizan seul aime à le répéter, le «tragique». Reprochant à Dostoïevsky de consentir au malheur et de l'accepter religieusement, Nizan

(73) Nizan, «Dostoïevsky», *Monde*, 29 mars 1935.

(74) C.r. du *Pain quotidien*, *Masses*, janv. 1933, 16.

(75) Cité par Verdès-Leroux, 1983, 269.

ne croit pas que les temps soient venus pourtant d'une littérature unilatérale du bonheur ou du bien. Que le romancier, dans sa conscience révolutionnaire, refuse le «malheur» ne revient pas à dire qu'il ait à le gommer de ses écrits.

> La littérature révolutionnaire n'est pas une littérature de la facilité: elle décrit un monde intolérable dont elle n'affaiblit pas la réalité, sur laquelle elle ne jette aucun voile; elle cherche à empêcher les hommes de dormir tranquilles. Cette littérature n'est pas une idylle [...]. La littérature révolutionnaire est la forme moderne de la tragédie.[76]

Le conflit entre cette interprétation «ésotérique» du réalisme socialiste et la version courante est total. Le dogme officiel est logiquement simpliste: le romancier au service du bien et de la vérité historique ne saurait se complaire à «peindre» les méchants et leurs mensonges. Au service du bien, le romancier cherche une efficacité édifiante et propose aux masses des illusions roboratives. Nizan au contraire appelle révolutionnaire une littérature qui, sans être désespérée par pose ou par système, soit *sans illusions*. Il est conforme en ceci à Marx qui, dans la critique de l'illusion religieuse, disait précisément qu'«exiger la suppression de l'illusion, c'est exiger la suppression du monde qui ne peut se passer d'illusions.»

Je voudrais indiquer pour conclure que si les critiques communistes ont cherché, avec plus ou moins de simplisme ou de subtilité, à diffuser le dogme réaliste-socialiste tout en en rabotant les angles et en l'«adaptant» vaille que vaille à la France, cette doctrine n'est pas sortie du cercle des intellectuels au service du Parti. Dès qu'on s'en éloigne un peu, la méfiance et le rejet furent unanimes. Les intellectuels bruxellois de *Documents 35* (revue qui parvenait encore à rassembler des surréalistes, des oppositionnels et des communistes)

(76) Nizan, *L'Humanité*, mars 1936, dans Nizan, 1971, 189.

trouvent le concept «fort étriqué»[77] et peut-être, à l'usage, mortel pour la création. Ils redoutent tout de suite, commençant à connaître leur stalinisme, «qu'il ne donne bientôt naissance à un nouveau conformisme aussi redoutable que tous les conformismes»[78]. Les revues trotskystes voient aussitôt dans cette doctrine une étape nouvelle dans le cynique contrôle des arts et de la pensée par la bureaucratie stalinienne, un renforcement de «la dictature du secrétariat», comme disait de son côté Boris Souvarine. Quant aux écrivains qui disposent d'un capital de prestige international, ils n'eurent pas non plus à se mettre un bœuf sur la langue. Malraux, en deux ou trois discours à Moscou, rejette sereinement le réalisme socialiste en bloc et en détail. Dans son principe d'abord, «concevoir une littérature comme l'application d'une doctrine ne correspond jamais à une vérité»[79]. Dans son sens politique: Malraux en 1935 ne se prive pas de dire à l'État soviétique que cette «directive» est inopportune: l'État devrait «faire confiance», ironise-t-il, aux travailleurs du texte comme il prétend faire confiance aux autres travailleurs. Mais surtout, Malraux, allant plus loin, dans un texte peu diffusé alors, rejette l'idée même du *primat du réalisme* — esquissant les axiomes de l'esthétique qu'il développera plus tard et dont il n'est probablement pas faux de dire qu'elle part de *ce rejet*:

> Quel est essentiellement le travail d'un artiste occidental?
> On nous a dit: reproduire le monde.
> Il suffit de prendre des exemples pour comprendre qu'il n'en est rien.
> Le travail d'un artiste occidental consiste à créer un mythe personnel à travers une série de symboles.[80]

(77) *Documents 35*, 4: 1935, 23.
(78) Ibid., 26.
(79) Malraux, *Monde*, 2 nov. 1934, 8.
(80) Conférence de Malraux, transcrite par *Documents 35*, 1: 1935, 33.

VII

CLASSER, DÉMASQUER, DÉNONCER

Ceux qui créent de la vie

J'en viens aux critères avec lesquels la presse communiste juge — en bien ou en mal — des œuvres particulières. La phraséologie approbatrice de la critique ASDLR est à l'opposé d'une esthétique de la distanciation (à quoi réfléchit alors Brecht, par réaction à cette sorte d'«évidence» du camp révolutionnaire): elle exprime un *pathos vitaliste* qui demande instamment à l'écrivain de «créer de la vie», de «faire vivre des êtres», de «donner vie» à des problèmes sociaux, d'animer des «personnages de chair» qui «incarneront» ces problèmes ou leur solution. La critique laisse constamment paraître un désir *illusionniste*: le roman n'est que ce curieux instrument de connaissance illusoire qui parvient à «mettre de la chair» et à «insuffler la vie» à des concepts, des questionnements, des abstractions. Voyez cet éloge de Gorki dans les pages de *Monde*. Gorki est, nous dit-on, «le plus puissant écrivain de notre époque. Je dirais volontiers qu'immédiatement après lui il n'y a personne. [...] Aucun auteur [...] ne me semble avoir possédé mieux que lui ce prestigieux pouvoir de faire vivre des êtres avec des mots. [...] Il crée de la vie.»[1]

Sans doute, ce vitalisme est-il commun alors aux «révolutionnaires» et à un critique des plus «bourgeois» comme Edmond Jaloux. Quand Marc Bernard dans *Monde* pose que

(1) Marc Bernard, *Monde*, 22 oct. 1932, 11.

«le propre d'une grande œuvre c'est de nous faire pénétrer dans la peau des personnages»[2], il semble s'aligner sur la sorte d'esthétique «complicitaire» qui était celle du très académique critique du *Temps*. Cependant, dans la presse communisante, cette esthétique par projection ou identification prolonge la récusation des «complications psychologiques» morbides qui ne sont pas «la vie» et auxquelles se complaisent les bourgeois décadents. La «vie», dans cette phraséologie, est inséparable d'un mythe du «peuple», — simple, énergique et sain:

> Et que de personnages sympathiques dans ces pages, sympathiques et bien vivants, solidement appuyés sur leurs jambes qui regardent le monde et les choses avec simplicité[3].

Les critiques communistes qui réclament «de l'émotion», qui vibrent à la «poésie» qui «émane» de certaines pages, qui admirent les «œuvres animées par un souffle, un mouvement» — toute une phraséologie d'époque — aggravent cette esthétique irréfléchie dans la mesure où ils pensent *aussi* le monde comme d'abord intelligible, le texte littéraire devenant une simple traduction, une mise en scène et en images, d'un monde qui sera *retraduisible* conceptuellement.

Cette conception illusionniste qui fait de la littérature une agréable ou édifiante tromperie dont la pleine signification se trouve dans une retraduction en un langage abstrait, est renforcée par le goût très vif pour l'«épique» et le «symphonique», formes complexes et sublimes de l'illusion totale, stimulateurs grandioses de l'«émotion». Tel roman sera loué comme une «symphonie puissante faite du bruit du travail, des rumeurs de la nature, des cris d'amour ou de douleur...»[4] Ce goût pour les grandes orchestrations épiques

(2) *Monde*, 5 juillet 1930, 12.

(3) Ibid.

(4) *Monde*, 1er févr. 1930, 5.

qu'étanchaient les romans-fleuves soviétiques, explique que les communistes se soient aussi laissé prendre par la prose d'un Jean Giono, lequel «chante magnifiquement le poème du blé, du travail, de la production»[5], mais dont ils eussent, pour une fois, bien fait de noter avec suspicion le conservatisme politique derrière son lyrisme. Le goût de l'épique qui s'allie au penchant pour le côté grandiose des mouvements collectifs, récuse les «petits problèmes» du psychologisme bourgeois: il trahit une inquiétante indifférence aux mesquines complications et résistances des individus, laquelle transpose à sa manière la brutalité des planifications d'État.

De tels lieux communs esthétiques ne sont pas seulement équivoques et suspects. Ils subsistent en une tension contradictoire avec le principe concomitant qu'un déchiffrement politique clair et univoque des textes est possible. Au bout du compte, le jugement littéraire des années trente se ramène au critère suivant: en quoi l'œuvre que l'on juge peut-elle — une fois retraduite — s'*aligner* sur la vision du monde communiste, sur son manichéisme de classe et son optimisme historique? Un roman sera bon qui transposera adéquatement les «luttes» (ou la vision que les communistes en ont). Autant dire qu'il n'est que deux sortes de romans appréciables: ceux qui ont «insufflé la vie» dans l'apologie du prolétariat révolutionnaire et ceux qui, faute de ceci, ont au moins accouché d'un réquisitoire bien «vivant» contre la bourgeoisie et en ont montré les tares et l'ignominie. Il y avait en effet heureusement deux thèmes acceptables: l'écrivain ci-devant bourgeois, jugé progressiste, faute de pouvoir trouver son inspiration dans les luttes ouvrières, pouvait se racheter en mettant en pleine lumière les vices de sa classe. D'où l'espoir souvent exprimé que ce tableau négatif ne serait qu'une étape et que, fatigué de peindre l'infamie des siens, prenant pleine conscience

(5) *Monde*, 6 déc. 1930, 3.

du mouvement de l'histoire, l'écrivain, touché par la grâce et ayant acquis l'expérience nécessaire, donnerait un contenu de plus en plus positivement «révolutionnaire» à ses œuvres futures.

Dans le meilleur des cas, l'écrivain révolutionnaire est celui qui peint le prolétariat — mais attention! peindre le prolétariat exploité, routinièrement heureux ou malheureux, omettre de le peindre mandaté par l'Histoire, luttant et triomphant, ce serait encore être infidèle au «réel». C'est ce que font les Poulaille, les Lemonnier, et cela s'appelle du «populisme», sinon du «social-fascisme»...[6] *Le chiendent* de Queneau a reçu un très mauvais accueil chez les communistes; le rejet de ce roman montre que le prolétariat ne doit pas se confondre avec la réalité *apparente* des quartiers populaires et des banlieues! Le prolétariat, ce n'est pas le populo banlieusard que Queneau a montré «avec une nonchalance d'esthète désabusé»: le prolétariat est une allégorie héroïque telle qu'en lui-même le conçoit le réalisme communiste. Il se caractérise par le sens de classe et l'engagement révolutionnaire permanent.

> Certains ont pu penser que *Le chiendent* était un livre révolutionnaire [...] La banlieue n'est pas le monde de cocasses pouilleux et d'ivrognes dont s'amuse Queneau. Elle est la banlieue rouge qui fait trembler les belles dames[7].

On voit que le «réalisme» qu'on exige des écrivains ne se confond pas avec l'erreur d'observer certaines choses et de les décrire. Encore faut-il avoir, transcendantalement, une «vision juste». Au contraire, *Le chemin de février* de la romancière antinazie Anna Seghers offre un «tableau admirable de la réalité héroïque du prolétariat»[8]. Dans *La grande lutte* de Tristan

(6) Sadoul, *Commune*, 1934, 1019.

(7) Ibid.

(8) K. Schmückle, «Livres et portraits», *Litt. internationale*, 3: 1936.

Rémy, roman des grèves de 1936, «la classe ouvrière est dépeinte avec fidélité et avec amour»[9]. György Lukàcs théorisera ce *distinguo*: il y a des littératures de l'apparence — étiquetées «naturalistes» — qui demeurent aveugles au grand mouvement de l'histoire; selon Marx et Engels au contraire, il n'était par exemple qu'un sujet dramatique acceptable, celui qui allait droit au thème historique central:

> Le sujet du drame [du genre dramatique en général] ce sont *ces grandes luttes de classe de l'histoire universelle qui ont présidé à l'évolution de l'humanité.* [...] Ce sont bien ces conflits de classe [...] qui doivent être reflétés[10].

On en viendra à un corrélat auquel on ne pouvait qu'aboutir avec pareilles prémices: les œuvres *vraiment* accomplies sont celles qui mettent en scène des communistes et qui leur tendent le miroir avantageux où ils souhaitent se reconnaître. C'est pourquoi la critique, d'abord réticente, s'est montrée de plus en plus approbative à l'égard de Malraux, suspect et confus dans *Les conquérants*, en progrès avec *La condition humaine* où «les révolutionnaires communistes ont visiblement toute la sympathie de l'auteur»[11] et enfin parfait avec *Le temps du mépris*, puisque le héros en est «un communiste» et qu'il ne pouvait en aller autrement, les communistes étant «les héros de notre temps»[12].

S'il n'avait été permis pourtant d'admirer que les œuvres reflétant correctement la classe ouvrière militante, les occasions d'approbation eussent été rares. L'écrivain bourgeois ou petit-bourgeois n'aurait pu, faute de l'expérience de classe

(9) *Huma*, 15 mai 1937, 8.

(10) G. Lukas [Lukàcs], «M. et E. à propos de la dramaturgie», *Théâtre international*, 2: 1934, 10.

(11) Audard, *Commune*, juillet 1933, 72, — «à propos de la dramaturgie», *Théâtre international*, 2: 1934, 10.

(12) *Commune*, 1935, III, 85-.

nécessaire, que rester extérieur à l'objet qu'il aurait prétendu décrire. Cet écrivain pouvait cependant contribuer selon ses moyens et sa naissance à la peinture du «réel»: il lui incombait la tâche de «dénoncer» sa classe: c'est ce qui allait permettre d'enrôler Céline, Montherlant et jusqu'à Mauriac dans les rang des réalistes prometteurs. Aragon, encore lui, fournissait le modèle, qui dans *Les cloches de Bâle*, avait peint en se convertissant au réalisme, avec une grande vérité, «les milieux de la haute bourgeoisie dont la pourriture, le parasitisme et le cynisme nous rappellent notre belle époque de Staviski, Oustric et Tardieu»[13]. Le raisonnement est simple: la bourgeoisie est décadente, cynique, parasitaire, la décomposition de ses mœurs accompagne son agonie. Les romans qui «reflètent» ce triste état sont réalistes. Ceux qui ne le font pas ou ne le font pas assez résolument ne sauraient mériter cet éloge.

> Est-il possible de décrire et d'expliquer, même partiellement, la société actuelle [...] sans montrer la déchéance de la société bourgeoise [...] et sans montrer que toutes les chances de rectification et de régénérescence sont dans les grandes masses humaines?[14]

Une fois de plus, c'est Barbusse qui précise les choses avec le moins de détours et le moins de finesses. Il conclut dans sa foi tranquille: «Il n'est d'espoir que dans le prolétariat international».

Convaincus que le tableau de bourgeois cupides, lâches, pervers transformait les romanciers en «procureurs» révolutionnaires, en «témoins à charge» (ce vocabulaire de prétoire est significatif, j'y reviens plus loin), que leurs personnages devaient être déchiffrés comme les allégories dénonciatrices d'une classe «condamnée», les critiques communistes ont

(13) *Monde*, 6 déc. 1934, 10.

(14) Barbusse, *Zola*, 289.

trouvé dans une littérature moderne où les bourgeois sublimes ou admirables n'abondent pas, des «preuves» qu'ils ont régulièrement lues comme des «réquisitoires». L'art moderne confirmait leur propre acte d'accusation contre la classe dominante devant le tribunal de l'histoire. Trente ans plus tard, la presse du P.C.F. n'aura pas bougé de cette logique. Jeannine Verdès-Leroux, analysant un compte rendu de *L'Humanité* de 1976, note: «Si, malgré tout, Henry James est parfois sauvé, c'est parce qu'il serait le "témoin à charge d'un monde dépassé"»[15]! Les critiques ASDLR ont eu d'agréables surprises avec les écrivains dont je parlerai au chapitre X, qu'ils diagnostiquaient «à la croisée des chemins». Jusqu'alors réactionnaire, Montherlant avec *Les célibataires*, devenait un réaliste présentable: «Il découvre [enfin] la laideur d'un monde où tout est soumis au pouvoir de l'argent [...] Cependant [...] il s'arrête en chemin, retenu par ses préjugés.»[16]

Plus lucide, moins empêtré que le romancier qu'il juge, le critique l'encourage à clarifier son témoignage à charge. Dans cette lecture qui transforme la littérature en un procès permanent, *Le voyage au bout de la nuit* a été métamorphosé en «une attaque violente contre le capitalisme»[17], attaque à laquelle il ne manquait qu'un peu de positivité révolutionnaire. François Mauriac apparaît presque comme un crypto-communiste, les vices de ses personnages étant interprétés comme les produits d'un mode de production économique que le romancier landais «dénoncerait» implicitement:

> [*Les anges noirs.*] Dans ce château, les maîtres du pays: un vieillard menteur, rapace, cruel; sa fille, fausse, espionne, laide; sa femme passive, sensuelle, complice; son neveu, mal tenu,

(15) Verdès, 1983 (*Somnambules*), 314.

(16) Servèze, *Commune*, oct. 1934, 140.

(17) *Litt. internationale*, 5: 1933, 10. «Céline n'est pas un révélateur, c'est un adversaire inconscient du capitalisme. Il est simplement un grand artiste», ajoute le critique.

> brutal, idiot; son beau frère, [...] un aventurier chargé de crimes, enrichi par le commerce des drogues, tirant son revenu des chantages, ruiné par les escroqueries d'une vieille maquerelle que d'inavouables secrets unissent à lui. Telle est la peinture que Mauriac nous fait de la bourgeoisie landaise. [...] Mauriac, qui n'est pas nôtre, a peint avec puissance ce milieu corrompu qui est celui dont il est sorti. Mauriac, qui est l'un des derniers écrivains d'une classe, ne peut exprimer son talent qu'en condamnant sa classe[18].

Quelques autres écrivains «bourgeois» ont été enrôlés dans ce défilé de témoins à charge: Martin du Gard avec sa «peinture féroce»[19] de la *Vieille France*; Georges Duhamel, dans sa *Chronique des Pasquier*: «la réalité est souvent serrée de près, particulièrement l'hypocrisie, l'égoïsme sexuel et la soif d'enrichissement des petits-bourgeois»[20]; Emmanuel Bove dont «tous les personnages du *Beau-fils* sont odieux», — il a donc un «très grand talent»![21]... C'était d'ailleurs un procès à l'échelle de la planète où défilaient les grands écrivains de partout, Upton Sinclair et d'autres venant «démasquer toute la pourriture du capitalisme américain»[22] etc.

Tracer un portrait peu avantageux du bourgeois mondial ne suffit cependant pas. Il ne faut pas qu'on puisse soupçonner le peintre d'indulgence pour son triste modèle. Les modernistes sombres passent bien, les humoristes sont rejetés. Rendant compte d'un fameux roman léger de Gabriel Chevallier, G. Sadoul se donne le ridicule d'opposer l'U.R.S.S. à Clochemerle:

> En dehors du monde qu'il nous montre et pour lequel il n'a pas la moindre indulgence, M. Gabriel Chevallier ne semble pas

(18) *Regards*, 115: 26 mars 1936.

(19) P. Nizan, *Commune*, juil. 1933, 73.

(20) G. Servèze, *Commune*, mars 1935, 770.

(21) G. Sadoul, *Commune*, 1935, II, 627-8.

(22) B. Gauthier, *Monde*, 6 janv. 1934, 4.

> imaginer qu'il existe des hommes qui vivent et qui luttent pour édifier un monde où les bassesses et les ridicules dont il s'indigne ne pourront avoir place[23].

Témoigner, dénoncer et aller jusqu'au bout

Connaissance par image et fiction, simulacre animé de «vie», la littérature a donc pour fonction ou pour mandat de «témoigner», de «révéler» les ressorts réels de la société, et par là d'«éduquer» les hommes. La mission de l'artiste «est de porter témoignage et de prendre conscience d'un moment de l'histoire»[24]. L'écrivain «a pour fonction de définir et de révéler aux hommes leurs plus hautes valeurs et leurs plus vastes ambitions»[25]. Paul Nizan semble avoir essayé de clarifier un peu ce thème de la littérature-témoignage, du document historique et du mandat social des lettres. Cette conception testimoniale des lettres a à voir avec le *sérieux* militant. Elle découle de la condamnation de la «littérature bourgeoise», cette littérature qui ne «témoigne» de rien que de la subjectivité de l'auteur, où «c'est en vain que vous chercheriez l'actualité, la réalité sociale»[26] — littérature du fragment, du partiel, de l'incompréhensible alors que la littérature authentique doit témoigner de la *totalité* (c'est encore Barbusse qui lance cette thèse, que Lukàcs enveloppera d'une conceptualisation hegelienne):

> Peindre toute la réalité, cela implique la compréhension, la conscience du remuement contemporain[27].

(23) G. Sadoul, *Huma*, 4 sept. 1937, 8.
(24) Nizan, «Don Quichotte», *Huma*, 23 août 1936, 8.
(25) Nizan, «Sur l'humanisme», *Europe*, 15 juil. 1935, 456.
(26) Aragon, *Commune*, oct. 1933, 87.
(27) Barbusse, *Monde*, 30 janv. 1932, 5.

Ces conceptions du mandat littéraire s'appuient sur un axiome qui se répète sans qu'on en tire grand chose car c'est encore un simple principe polémique opposé aux zélateurs de la gratuité et de l'art: «l'art est connaissance»[28]; c'est une «forme» de connaissance qui obéit à ce qu'on appellera une «logique particulière», mais qui s'inscrit dans une division du travail cognitif avec les mêmes visées ultimes que «la science» (et, pour clore la tripartition, que la praxis — éminemment la praxis révolutionnaire). La spécificité de la connaissance littéraire n'est guère précisée (si ce n'est à travers la topique de l'«émotion» et de la «vie» qu'elle «crée»): le but est de poser que, forme de connaissance, la littérature est à sa façon et selon sa logique indexée sur *la vérité*, vouée à rechercher la vérité indivise et à la dire et qu'à cet égard, elle a sa place dans la connaissance humaine générale: «Le vrai savant, le littérateur clairvoyant et le vrai socialiste ne sont séparés que par la loi de la division du travail.»[29] C'est en tant qu'«instrument de connaissance» que la littérature se voit dotée de cette fonction sociale dont je viens de parler: «témoigner» du social, de l'histoire et «peindre» la totalité du réel. La *surestimation* du pouvoir de la littérature, qui peut passer pour un plaidoyer *pro domo* des militants intellectuels, mais qui surprend par sa persistance dans l'histoire culturelle du communisme, tient à cette fonction éminente dont on la dote. Les critiques ASDLR qui reprochent aux bourgeois d'exagérer l'importance de l'art — «un des plus sûrs symptômes d'une société bourgeoise décadente»[30] — ne leur font ce reproche que parce que la classe dominante est censée réduire l'œuvre à un jeu esthétique «coupé» du réel. Mais la littérature authentique, la littérature-connaissance et témoignage peut jouer un rôle décisif, «l'apport de l'écrivain à

(28) Nizan, texte de 1937, *in* Nizan, 1971, 230.

(29) Barbusse, *Monde*, 30 janv. 1932, 5.

(30) L. Werth, *Monde*, 24 janv. 1931, 4.

l'action politique peut être extrêmement précieux»[31]. Le manichéisme reparaît et se radicalise: l'art progressiste s'oppose à l'art bourgeois comme la connaissance vraie à la méconnaissance, comme le juste témoignage à la dénégation, comme le service de la vérité à la servilité du mensonge.

La critique ASDLR se caractérise par son *monisme* axiologique. Elle doit chercher à montrer que tout échec esthétique tient à une fausseté des perspectives sur le monde, à la fausse conscience de l'artiste — et quand on veut se montrer un peu plus sommaire, à l'ignominie de ses engagements politiques. La thèse de la littérature-connaissance permet d'intégrer l'esthétique au politique. Dans une excellente analyse d'un roman de Mauriac par Nizan (analyse de 1932 dont Sartre tirera des réminiscences dans son essai fameux sur Mauriac repris dans *Situations I*), le jeune critique de *Monde* s'efforce de montrer l'échec artistique qu'il impute à Mauriac comme corrélat de sa fausse conscience politique:

> *Mauriac est un grand romancier que ses limites étouffent.* Il voudrait affirmer Dieu partout, mais il ne le peut jamais que dans une conclusion en trompe-l'œil, conclusion parfois rejetée, comme dans ce livre. Il perd donc sur le tableau religieux. Mais il perd en même temps sur le tableau romanesque. Le romancier et le chrétien sont complètement séparés: le romancier écrit des romans en prévoyant la conclusion du chrétien, mais comme cette conclusion, pour des raisons esthétiques, est finalement absente ou manque de puissance, de conviction, les romans n'aboutissent pas. Mauriac écrit donc simplement un vaste roman des impasses. De plus en plus inhumains. [...] Dieu et Mammon mutilent l'homme, parce qu'ils ne lui donnent jamais que des dimensions imaginaires. Mauriac est leur victime comme ses personnages[32].

(31) A. Rossi, *Monde*, 9 avril 1932, 10.
(32) Nizan, *Monde*, 1er févr. 1935, 11.

C'est dans les colonnes de *Monde* et de *Commune* que s'est donc élaboré le *parallélisme politico-esthétique* qui est l'instrument essentiel de l'herméneutique communiste. À malfaisance ou aveuglement politiques, échec esthétique. Cette règle s'impose s'il y a une vérité de l'histoire et que l'art a pour mandat de la «refléter».

> Les romans des fascistes sont mauvais parce que le fascisme ne va pas vers le maximum d'universalité, mais vers le maximum de mensonge[33].

Paul Nizan écrit de Drieu devenu fasciste: «Mentant politiquement, il est contraint de mentir littérairement. On ne ment pas impunément. Il n'y a pas de plus grand enseignement littéraire que celui-là»[34]. Pour les écrivains prometteurs, tâtonnant encore dans l'obscurité de l'indécision face aux intimations de l'histoire, les communistes ont — conséquemment — appliqué une règle analogue: à compréhension partielle, échec esthétique partiel aussi. Les résistances du vieil homme idéologique expliquent les insuffisants «progrès» d'écrivains de talent. Le critique communiste qui sait où l'écrivain devrait aboutir pour son bien ne peut que témoigner de sa courte patience. Jules Romains paie d'une œuvre semi-ratée ses tergiversations politiques, mais il conserve des chances:

> Est-ce à dire que [J.] Romains a compris vraiment de quel côté il est de la dignité d'un porteur de culture de se ranger? Non sans doute. Mais il faut enregistrer ces oscillations nouvelles d'une pensée[35].

C. F. Ramuz, trop «paysan» pour admirer sans réserve l'industrialisation soviétique, paie cette limite de conscience

(33) Nizan, c.r. «Temps du mépris», *Monde*, 6 juin 1935, 8.

(34) *Huma*, 7 sept. 1937, 8.

(35) Aragon, *Monde*, 15 mars 1935, 3.

d'une œuvre, *Taille de l'homme*, qui est décevante: «L'esprit qui voulait voir clair redevient l'esprit qui se laisse duper.»[36]

Poser que la littérature remplit une fonction sociale, qu'elle est un instrument de connaissance, analogue dans son principe ultime à la science, c'était poser une thèse qui pouvait inviter à réfléchir sur cette spécificité et cette autonomie des lettres, mais qui plus «logiquement», menait à une conception utilitaire et subordonnée de l'art. Léon Trotsky lui-même (moins porté que d'autres bolcheviks à mettre la littérature au pas) avait posé que, pour la dialectique matérialiste, «l'art est toujours un serviteur social, historiquement utilitaire»[37]. «Historiquement», l'adverbe permettait du recul, mais il demeurait question de toute façon de juger des textes par une utilité, un mode d'emploi, une efficacité dont il allait paraître difficile que, dans une conjoncture jugée décisive, les politiques n'exigent pas le contrôle direct. Toutes les thèses que nous avons rencontrées sont des axiomes à géométrie variable qui se prêtent à une interprétation inflexible et rigide sans pourtant y contraindre. Que la littérature ait un mandat social, c'est un axiome qui, chez les critiques «compagnons de route», s'énonce aussi, mais en termes plus généraux, sans postuler une «détermination» de part en part et sans dire quelles conséquences politiques précises on doit en tirer. Jean-Richard Bloch, dans *Destin du théâtre* (1930), énonce cette thèse large qui ménage une part au «tempérament de l'artiste»: «L'écrivain puise sa sève, son inspiration, son élan dans la société qui le nourrit. Il résume en lui les courants qui circulent à travers son époque. Sa nervosité même, qui fait de lui un artiste, le rend capable de percevoir les plus fines variations de ces courants, et il les traduit en utilisant plus ou moins adroitement son aptitude à la déformation, au gros-

(36) Nizan, *Monde*, 22 mars 1935, 9.

(37) Trotsky, 1951, 147.

sissement, à la concentration»[38]. Au contraire, pour Dimitrov, avec tout son prestige de héros communiste, la littérature est instrumentalisée et l'écrivain brutalement interpellé, il lui appartient de fournir des «armes» à la propagande: «donnez-nous sous une forme artistique, vers, romans, nouvelles, une arme tranchante dans la lutte!»[39]

L'*instrumentalisation* de la littérature, médiée chez Bloch, directe chez Dimitrov, permet de mesurer la marge de ces thèses intuitives de la critique «révolutionnaire»; dans cette marge même, la volonté militante de rigueur et de «pureté» interdit de se contenter de l'image de l'écrivain comme médium inspiré de son temps, elle invite à exiger de lui un apport politique plus direct. Dans la phraséologie courante, la fonction sociale de l'art fait de l'artiste soit un *procureur* soit un *instituteur*. J'ai déjà signalé ce lexique: le romancier doit «dénoncer», son art est une «mise en accusation»[40], «une accusation accablante pour la société capitaliste»[41], un «réquisitoire féroce» contre la bourgeoisie[42], un «vigoureux réquisitoire» qui «étale les horreurs» du régime capitaliste, etc. L'artiste qui «s'attaque» à la société capitaliste, qui «démasque» les forces qui dominent le monde a tous les mérites, — talent,

(38) P. 12.

(39) Dimitrov, *Commune*, avril 1935, 835.

(40) Nizan, *Humanité*, 20 mars 1937, 8.

(41) *Monde*, 6 déc. 1934, 10.

(42) «Salacrou», *Humanité*, 19 déc. 1936, 8. Il y a encore le cas, — tout aussi édifiant dans cette perspective de «tribunal social permanent», — où le romancier bourgeois, témoin à décharge maladroit, «dénonce sans le savoir» sa classe: «...je voudrais montrer comment un écrivain bourgeois [Constantin-Rieder] s'accuse lui-même et accuse son régime en le voulant défendre et glorifier». Le critique ajoute, montrant que cet effet contradictoire tient à la logique du réalisme qui dépasse les intentions mêmes de l'auteur: «Pour peu qu'il soit fidèle à sa vocation d'artiste, pour peu qu'il s'inspire de la réalité, il dénonce sans s'en apercevoir toutes les turpitudes du régime». (L.S., «Un sourire dans la tempête», *Monde*, 25 janv. 1935, 10)

puissance, acuité. Sans doute, le malentendu n'est pas seulement dans le verbe «dénoncer», mais aussi dans l'objet que l'art est censé dénoncer, cette «société capitaliste» dont le critique *interpole* l'acte d'accusation. Le malentendu est dans la dénotation juridique de *dénoncer*, car si la littérature moderne parfois «dénonce» à sa façon, il est faux qu'elle le fasse au nom de valeurs civiques explicites et qu'elle s'installe ès qualités devant le prétoire de l'Histoire. Les critiques ASDLR n'ont jamais soupçonné le malentendu qui transformait chez eux la négativité (la *négatricité*) de l'écriture littéraire en une assertion, une protestation positive, une mise en accusation au nom d'un Sens reconnu du monde. Lorsque *Commune* approuve André Gide qui, selon la revue, préconiserait désormais «une littérature de dénonciation [...] la seule à laquelle puisse s'appliquer un écrivain issu de la bourgeoisie, ou formé au moule de la culture bourgeoise», cette retraduction militante trahit de façon éclatante ce malentendu, — mais c'est un malentendu dont le Gide de 1936, encore imbibé de la grâce communiste, se fait complice en refusant d'assumer une pratique littéraire qui eût été *injustifiable*.

Que la critique négatrice du texte polysémique puisse se *justifier* — avec beaucoup de volontarisme et de mauvaise foi — comme une «dénonciation» du cours des choses, cela a paru à tant d'écrivains la seule façon de sortir de la déréliction et de l'innocuité — et cela a permis aux politiques de répliquer aux littérateurs: nous voici d'accord, nous pouvons donc être alliés, mais en attaquant l'ordre inique des choses, il va falloir vous montrer de plus en plus clairs, affirmatifs, éducatifs. Soyez conséquents! Il faudra «aller jusqu'au bout», «tirer les leçons», dire «au nom de quoi» votre critique s'énonce. Sans qu'on exige que la «création de la vie» se mette au pas d'une simple propagande, on trouve logique de presser l'écrivain à compléter sa tâche et à dire le *positif*. C'est en quoi une littérature révolutionnaire est censée supérieure à toute autre: on a montré l'infamie de l'ancien monde, il s'agit maintenant de dire la «dignité» du nouveau, et de se rééduquer pour cette tâche *complémentaire*. «La grande littérature [...] émeut les masses et contribue à la formation des consciences.» «C'est de volonté, de savoir, d'ardeur militante que l'écrivain d'aujourd'hui a besoin pour parler aux masses. Il faut leur apporter des raisons de vivre, c'est-à-dire de lutter»[43]. «Une des premières tâches d'une littérature révolutionnaire consiste donc à faire connaître *la dignité des objets* qu'elle embrasse»[44]. De procureur, l'écrivain devient ainsi éducateur. Le critique le presse de compléter ses «dénonciations» par une recherche de «solutions». S'il assume cette mission, comment refuserait-il d'aller «jusqu'au bout» et de confesser la vérité, après avoir dépeint le mal et l'erreur? Le critique militant s'étonne à chaque fois de ce que les écrivains s'arrêtent tous quelque part en chemin: «Réquisitoire contre le colonialisme [...], mais pourquoi D. M. ne va-t-elle pas jusqu'au bout?»[45] «Ce livre [...] ne nous donne pas de solution. Il ne nous explique pas pourquoi la bourgeoisie se sert de l'antisémitisme. Il ne nous dit pas comment l'antisémitisme disparaîtra.»[46] C'était l'objection même que Barbusse avait faite au *naturalisme* de Zola. Zola dans *L'assommoir* «n'indique pas les vraies causes du mal, ce qui lui interdit d'en faire envisager les remèdes»[47]. Si Zola avait exposé les remèdes, il eût atteint à la conscience révolutionnaire et à la pleine réussite artistique.

> Un chef d'œuvre comme *L'assommoir* n'a pas été, faute de conclusions précises, l'acte social qu'il aurait pu être[48].

(43) *Monde*, 9 janv. 1932, 5.
(44) Nizan, «Guegen», *Monde*, 15 mars 1935, 10.
(45) *Monde*, 297: 1934, 9.
(46) «M. Matvéev, *Les traqués*», *Monde*, 302: 1934, 16.
(47) Barbusse, *Zola*, 114.
(48) Barbusse, *Monde*, 25 juil. 1931, 4.

En exigeant l'accomplissement explicite d'une fonction sociale *positive* pour la littérature, la critique ASDLR aboutit à cette aporie: que l'art ne pourra s'accomplir qu'en s'abolissant en des mots d'ordre et des conclusions univoques. «Il faut donner aux hommes la *conscience d'eux-mêmes même s'ils ne le veulent pas*. Il ne faut pas que l'art soit modeste», écrit Nizan[49].

Un schéma typique apparaît dans les comptes rendus des romans qui sont appréciés, il ressemble à l'annotation scolaire «Bien, mais peut mieux». Montherlant «aperçoit la bassesse sordide de la bourgeoisie» — ce qui n'est pas mal de sa part, *mais* «il s'arrête en chemin retenu par ses préjugés»[50]. Le critique a d'ailleurs une suggestion pour faire progresser l'auteur des *Célibataires*: «il lui faudrait se tourner vers l'U.R.S.S.»... Gabriel Chevallier a fait des progrès avec *Clochemerle*, mais — toujours *mais* — «il ne suffit pas de ridiculiser la société bourgeoise. Une telle satire doit être en même temps une arme puissante contre le fascisme». On espère que l'auteur se corrigera dans son prochain roman[51]. André Chamson publie *L'année des vaincus*: même schéma, aboutissant à une intimation de service politique plus directe encore:

> Et sans doute faut-il saluer ces dernières paroles du livre comme il faut saluer toutes les paroles qui disent qu'il ne faut pas désespérer. Mais cet espoir et ce ton pathétique de l'homme solitaire ne changeront pas le monde, ne vaincront pas le fascisme et ne détruiront pas les systèmes d'écrasement. Ce sont là les limites d'un homme comme Chamson[52].

S'il s'agit en effet de (contribuer à) vaincre le fascisme ou, en U.R.S.S., de construire le socialisme, la «spécificité» de la

(49) Nizan, *Monde*, 6 juin 1935, 8.
(50) Servèze, *Commune*, II, 1934, 139.
(51) *Monde*, 22 juin 1934, 12.
(52) Nizan, *Monde*, 15 févr. 1935, 10.

connaissance littéraire ne saurait résister à cette mise en demeure. On voit poindre le stalino-jdanovisme qui en viendra à indiquer aux écrivains les «bons» sujets et la façon politiquement appropriée d'en traiter.

Valeur politique, valeur esthétique

Le mandat social attribué à la littérature a servi à légitimer le jugement directement politique des œuvres qui paraissaient. Rejetant violemment la thèse philistine selon quoi le texte esthétique devait se juger en «lui-même», les critiques révolutionnaires ont clairement proclamé que leur jugement, justifié lui-même par les urgences de l'histoire, portait sur le rôle joué, la fonction remplie, le service rendu dans un monde divisé en deux. «Cette question se pose tout d'abord pour nous en présence d'une œuvre d'art: À quoi sert-elle? À quoi sert-elle dans le malheur et l'espérance du temps?» écrit Barbusse[53]. L'opération herméneutique que cette critique juge puissamment révélatrice — et facile — consiste alors à mettre à jour le «contenu social ou antisocial»[54] des livres qui paraissent, à en «dégager le sens politique». La lutte des classes passe par les arts, des affrontements se déroulent sur le «front» littéraire et, comme l'écrit Aragon, transposant les propos d'un célèbre inquisiteur, «la Révolution reconnaîtra les siens»[55]. Cette herméneutique politique suit sa pente: ce qu'on nomme stalinisation passe par quelques *topoï* que l'on voit naître dans les pages de *Commune*, le *topos* du «service objectif», le *topos* complémentaire de l'apolitique au service du fascisme, le *topos* des œuvres dangereuses et le *topos* de la bassesse morale.

(53) Barbusse, *Monde*, 30 janv. 1932, 5.

(54) Stalova, *Monde*, 5 avril 1935, 8 (sur Rops).

(55) Aragon, *Commune*, 1934, 788.

Face aux œuvres qui paraissent, le critique stalinisé ne saurait se borner à «dégager» une signification politique plus ou moins patente. À chaque page, il doit se demander, selon une logique policière, *Cui prodest*? À qui cet esthétisme, cet apolitisme, cet agnosticisme, cet idéalisme (etc.) profitent-ils? À quel régime politique exactement? Si l'on croit que les «raisonnements» d'un Vychinski furent une cynique manipulation d'un despotisme terroriste, on omet de voir que ce genre de raisonnement du «service objectif» a été spontanément conduit auparavant pour «condamner» philosophiquement ou esthétiquement. Dans *Joseph et ses frères*, écrit A. Kurella, «Th. Mann est parvenu à des notions sur la nature de l'homme qui ne peuvent rendre service qu'à M. Gœbbels et à sa propagande»[56]. Plusieurs écrivains et philosophes sont sous cette perspective mués en Jean-Baptiste du stade fasciste. En lisant Gottfried Benn ou Martin Heidegger, «on ignorait encore à quel dictateur fasciste ces théories préparaient la voie»[57]. Avec Hitler au pouvoir, on comprend tout désormais!

Je ne dis pas qu'en dépit de ces courts-circuits, cette herméneutique politique ne soit pas lointainement fondée dans son principe. Ce qu'il importe de voir, c'est comment elle se ramène à des homologies d'un style policier à mesure que des écrivains vont se voir coller les étiquettes de «fascistes», «social-fascistes», «trotskystes» etc... Aragon dénonce certains *poètes* qui «jouent le rôle de la social-démocratie sur le plan politique»[58]. On a vu que G. Benn et Thomas Mann sont devenus «objectivement» les fourriers de la barbarie hitlérienne. En France, P. Morand, A. Maurois et P. Valéry «s'orientent brusquement [en 1934] vers les formes réactionnaires du

(56) Kurella, *Commune*, 1-2: 1934, 615.
(57) Ibid., 619.
(58) Aragon, *Commune*, oct, 1933, 91.

fascisme»[59]. On connaît d'ailleurs ce style diagnostic qui recourt à l'adverbe «objectivement» pour couvrir les dénégations de l'accusé: «Objectivement, cette publication [*Le couple France-Allemagne* de J. Romains] fait le jeu de Hitler et de ses patrons.»[60]

En matière d'amalgames paranoïdes et d'homologies brutales, les Français n'atteindront pas le fanatisme policier des Soviétiques. Ni le style si particulier qui se répand dans *Littérature internationale.* S. Anassimov y condamne le romancier populiste Maxence Van der Meersch, comme «un modèle pour l'abominable social-fascisme...» Il «ne dissimule point qu'il est un chien de garde du capitalisme, [car ses] œuvres dévoilent l'abomination de la littérature social-démocrate»[61].

Le *topos* complémentaire, qui fait qu'il n'y avait pas d'échappatoire possible, pose que l'écrivain «apolitique» est fatalement au service de la réaction.

> Benda, plus conséquent [qu'Alain] dans son divorce avec le réel, se laisse résolument quoique passivement situer dans le camp de la réaction la plus pure [...], — dans la région apolitique où les squelettes enfin décharnés discutent vraiment entre égaux le problème des fins dernières[62].

Le troisième *topos* enfin, qui relève des pensées *totalitaires*, consiste à assimiler service esthétique, malfaisance politique et *ignominie morale.* Autant Aragon que Nizan ne peuvent s'empêcher de condamner toujours aussi moralement — c'est ce que les oppositionnels et les surréalistes ont dénoncé comme le côté «curé» de la presse stalinienne. Aragon écrit par exemple:

(59) Secrétar. U.I.E.R., *Litt. internationale*, 3: 1934, 119.

(60) Aragon, *Monde*, 15 mars 1935, 3.

(61) *Litt. internationale*, 2: 1934, 159-60.

(62) *Monde*, 30 mai 1931, 4.

> Ce qui vaut qu'on s'arrête sur ces livres nuls, d'écrivains nuls, [...] c'est seulement ce qu'ils ont de commun, un certain caractère de servilité et de bassesse[63].

Qu'est-ce qu'une œuvre «objectivement» contre-révolutionnaire, mais pouvant paraître subtile, séduisante, habile, trompeuse? Je crois avoir correctement suivi cette logique de tribunaux en aboutissant à ce dernier *topos*: il s'agit de «mettre en garde» contre elle car cette œuvre doit être classée *dangereuse*, et dangereuse la «besogne» faite par l'écrivain assez adroit pour dissimuler son rôle «objectif». Il faut les dénoncer ces auteurs dangereux, faute de pouvoir les mettre «hors d'état de nuire». «Œuvre dangereuse», «le danger de ce livre» étiquettent à tour de bras les critiques ASDLR, faisant de la vigilance, vertu.

> Cette philosophie brumeuse et mystique, cette exaltation malsaine de la douleur [...] sont dangereuses: il convient de ne pas les ignorer[64].

> Le vague [de certaines œuvres] constitue un considérable danger quand il s'adresse aux adolescents et aux petits-bourgeois, aux personnages historiques dont le destin comporte le maximum d'incertitude et de confusion. [...] Ce vague dissimule des menaces définies[65].

Jules Romains (pour Aragon) est un être «dangereux» par la séduction même qu'il exerce, c'est «un esprit qui risque d'être l'exemple sur lequel se modèleront des milliers d'hommes jeunes et qui n'ont pas encore choisi leur chemin»[66]. Anassimov parlait plus haut de «chiens de garde» (et Paul Nizan l'avait fait en condamnant les philosophes français néo-kantiens), mais c'est bien un tel rôle qu'assume

(63) Aragon, *Commune*, juil. 1933, 71.
(64) Stalova, *Monde*, 5 avril 1935, 8.
(65) Nizan «Service public», *Monde*, 1 fév. 1935, 11.
(66) Aragon, *Monde*, 15 mars 1935, 3.

la critique communiste, un rôle de surveillant, de milicien des lettres où il ne s'agit ni d'apprécier ni de discuter. Il s'agit de dénoncer au peuple des êtres «nocifs», des écrits «dangereux», au service de l'ennemi. Il y a de la colère, mais on perçoit aussi une sorte de bonheur brutal dans ces dénonciations qui frappent de tous côtés. Sur Émile Durkheim:

> Telle est l'«attitude scientifique» de Durkheim, odieuse et scandaleuse entre toutes [...], Durkheim l'un des plus roués d'entre les plus roués suppôts de la bourgeoisie [...] en face du Prolétariat, — l'un de ses plus mortels ennemis[67].

Sur Bergson:

> Que M. Bergson ait cru ou non à la mission qu'il a remplie de justifier [...] les desseins de l'impérialisme français...[68]

Sur Paul Valéry, autre chien:

> Paul Valéry, illustre chien de garde littéraire de la démocratie bourgeoise[69].

Sur le poète surréaliste type, amuseur des oisifs:

> Il est un des ornements de la haute bourgeoisie ou de l'aristocratie [...] et il vaut pour ces classes ce que vaut pour elles l'ornement du bouchon du radiateur de l'Hispano[70].

André Maurois a beaucoup servi de preuve pédagogique, lui qui semblait dans l'entre-deux-guerres incarner une littérature de pure «commande de classe».

> En romançant la biographie des grands hommes de la bourgeoisie, Maurois répondait aux secrètes inquiétudes de sa classe qu'effraie l'écrasement de l'individu dans le monde rationalisé

(67) H.-Leconte, *Masses*, févr. 1933, 12.
(68) *Monde*, 21 mai 1932, 4.
(69) G. Servèze, *Commune*, nov. 1933, 267.
(70) *Monde*, 24 janv. 1931, 4.

> d'aujourd'hui et qui sent confusément que l'avenir ne lui appartient plus[71].

Au terme de la dénonciation de ceux que «la bourgeoisie utilise» pour ses «sales besognes», la diffamation n'est plus qu'une clause de style. On suggère volontiers dans *Commune* que les écrivains réprouvés *touchent* le prix de leur prostitution: «La France [...] a toujours possédé des littérateurs dociles aux mots d'ordre de la rue Oudinot [Ministère des Colonies].»[72] «Ayant mis sa plume au service de l'ambassadeur de Russie [tsariste], M. André Tardieu trompe systématiquement l'opinion française.»[73]

À mesure que, dans la montée des fascismes et l'approche de la guerre, le sentiment de vivre sous urgence dans un monde coupé en deux camps imprègne plus intensément le commentaire littéraire, la critique communiste devient de plus en plus opportuniste; il s'agit moins que jamais de faire dans la nuance et l'irénisme intemporel: les écrivains qui rejoignent le bon camp ont du talent et, s'il le faut, on révise son opinion sur eux (un cas typique sera celui de Victor Margueritte, moderniste faisandé, qui joint l'A.E.A.R. en octobre 1934, *Commune* changeant *ipso facto* de discours sur son compte). Impossible d'émettre des réserves sur l'œuvre, les thèmes, le style et le génie des écrivains classés «révolutionnaires»: Romain Rolland, au premier chef, a bénéficié de cette approbation inconditionnelle. Les romanciers allemands persécutés par les nazis, dans les camps ou en exil, sont admirables littérairement et politiquement — à moins qu'ils ne soient social-démocrates ou trotskysants. Tout écrivain qui déplaît aux fascistes («Voilà des déclarations qui fâcheront bien des fascistes...»[74]) bénéficie d'un préjugé littéraire hautement favorable.

(71) Habaru, *Monde*, 2 mai 1931, 4.
(72) *Commune*, oct. 1933, 93.
(73) *Monde*, 1er févr. 1930, 12.
(74) Nizan, sur Martin du Gard, *Commune*, juil. 1933, 74.

Pas de propagande!

Cette critique dénonciatrice demeure contradictoire, poussée à affirmer la fonction politique et cognitive de l'art, conservant cependant l'intuition d'une «particularité» irréductible du texte littéraire, puis cherchant encore à se persuader que — dans sa spécificité même et sans jamais «tomber» dans la démonstration ni la propagande — la bonne littérature (ne) peut (que) «choisir son camp», confirmer la vision communiste de l'histoire et des «luttes», prouver que les communistes ont raison, par une sorte de preuve indirecte qui ne procède pas par concepts et arguments — preuve historique qui sera d'autant plus convaincante qu'elle demeurera *implicite*, qu'elle se «dégagera» d'une peinture objectivement «correcte» du réel. Le critique ASDLR croit vouloir une littérature qui ne soit pas étouffée par l'idéologie (on a vu plus haut Nizan définir le catholique Mauriac comme «un grand romancier que ses limites étouffent»), qui soit un simple «miroir» du réel dans sa totale complexité. Mais par sa «fidélité» même, il faut que la littérature-miroir confirme la vérité du socialisme, puisque les communistes *ont raison*. Autrement dit, c'est en toute «liberté» et en toute «spécificité» qu'on attend du texte littéraire qu'il confirme sans l'avoir cherché la vision «marxiste» du monde.

Dans le nœud de contradictions dont je tente de reconstituer les entrelacs se dissimule un naïf *double bind*. On continue à dire à la littérature: sois toi-même, ne te soumets à aucune propagande, pas même à la nôtre, reflète «fidèlement» le monde, mais, bien entendu, tu ne pourras au bout du compte que refléter ce que nous, communistes, savons déjà. C'est en toute liberté créatrice que le «mouvement littéraire révolutionnaire»[75] va donc produire des textes qui se

(75) *Commune*, nov. 1933, 245.

mettent au service du bon camp. Loin de vouloir le soumettre à un programme politique, la thèse du *primat du réalisme* veut que rien ne vienne s'interposer entre l'artiste et le monde. Que le romancier observe et transcrive, cela doit suffire puisqu'on est bien sûr que le romancier «honnête» et talentueux, servant de «miroir» à la conjoncture historique, montrera la décadence bourgeoise et la montée des forces prolétariennes. Il serait malencontreux de demander à l'artiste de se mettre au diapason d'un programme politique puisque sa libre «dénonciation» et les «réquisitoires» qui se «dégageront» de ses écrits n'auront de prix que par leur qualité de «documents» esthétiquement accomplis.

Je ne crois pas que ce raisonnement qui dit à l'écrivain 'Vas-y en toute liberté artistique… mais nous jugerons des résultats' ait été explicité: il est sous-jacent aux contradictions intuitives quant à la fonction sociale de l'art. La littérature sera une *d'autant meilleure preuve du sens de l'histoire qu'elle ne cherchera pas et ne doit pas chercher à prouver.* Quitte à donner quelques coups de pouce pour que l'écrivain n'oublie tout de même pas les urgences et les choix qu'impose la conjoncture et pour que le critique «dégage» correctement d'un écrit imagé et polysémique sa conformité avec les thèses communistes. Le critique devient d'autant plus important dans cette économie de la culture qu'on admet que l'écrivain ne «conclue» pas, mais que l'on veut que, d'une œuvre vraiment «réussie», le message de classe et le sens historique se «dégagent» sans trop de contorsions herméneutiques. Dans la littérature de voyage consacrée à l'U.R.S.S., la thèse de la «liberté» de l'écrivain comme preuve mise sur la somme est *toujours* affirmée:

> L'auteur qui est un poète a visité longuement l'Union soviétique. […] Il conte honnêtement, en témoin, tout ce qu'il a vu et admiré aussi bien dans le domaine des arts que dans celui des

> mœurs. Et son livre se termine par des notes qui sont une adhésion passionnée à la défense du monde nouveau[76].

La doctrine esthétique du *reflet* a servi essentiellement à *aligner* deux séries de raisons d'approbation (ou de désapprobation) en posant une homologie entre ces séries: «Il y a plusieurs raisons de lire ce livre. Des *raisons littéraires* et des *raisons politiques…*»[77] Cette homologie permet à l'occasion de réconcilier les deux sens de «révolutionnaire», appliqué soit à l'action, soit à l'art: «Toute œuvre qui parvient jusqu'au sens profond des révoltes contre l'ordre des choses actuel a une valeur révolutionnaire.»[78] Il en résulte que les livres qui portent haut et clair les espérances du bon camp ne sauraient être que des chefs-d'œuvre. Aragon donne l'un des premiers échantillons de son enthousiasme illimité pour les écrits des siens dans le dithyrambe qu'il produit à la sortie du *Staline* de Barbusse:

> Dans le livre d'Henri Barbusse, *Staline*, c'est tout l'espoir, toute la volonté de combat et de victoire des travailleurs révolutionnaires […] qui prend corps, qui nous porte de page en page[79].

Inversement, il suffit de lire une quelconque «insanité contre-révolutionnaire» pour constater que «la valeur littéraire est quasi absente»[80]. Ce que j'ai montré jusqu'ici, c'est qu'il y a une *cohérence* sous-jacente à cette harmonie des jugements — si on nomme cohérence la volonté proprement idéologique de masquer les apories. On ne sera pas surpris dans ce contexte de voir tous les communistes et communisants affirmer tour à tour que la littérature n'est *pas* propagande, qu'une littérature qui chercherait à démontrer ou à convaincre, fût-ce pour

(76) «Fr. Drujon», *Humanité*, 13 sept. 1936, 8.

(77) *Monde*, 6 juin 1935, 8.

(78) *Monde*, 5 déc. 1931, 3.

(79) Aragon, *Monde*, 13 juin 1935, 8.

(80) *Masses*, mai-juin 1931, 6.

la bonne cause, serait un échec: «il y a antinomie entre la propagande et l'art», écrit Magdeleine Paz[81]. «Il ne s'agit pas de transformer les livres en manifestes. [...] La littérature n'a pas à se lier au mouvement politique comme une sorte de service annexe», pose judicieusement Gide dans son éloge funèbre de Barbusse, lequel s'était dans son *Staline* exactement établi en «service annexe»[82]. «Un roman communiste [...] dans le style de l'image pieuse [...] serait une propagande. [Il] manquerait entièrement d'efficacité», reconnaît Nizan en montrant que *Le temps du mépris* ne relève aucunement de cette sorte de littérature démonstrative et donc ratée[83]. Même Jacques Duclos en 1938 avait relancé le message au nom du Parti:

> En premier lieu, nous ne confondons nullement littérature et propagande politique et nous pensons qu'un homme ne peut pas être considéré comme un grand littérateur uniquement en raison de ses opinions politiques[84].

En U.R.S.S. également, les services rendus par la littérature ne l'alignaient aucunement sur une propagande. «En U.R.S.S. triomphe un principe essentiel: l'art doit servir la société. Mais cela signifie-t-il que l'art doive être esclave d'une propagande politique? Point du tout. Ce qu'on demande aux auteurs et aux artistes soviétiques, c'est de célébrer des sentiments qui s'accordent avec les buts les plus élevés de l'humanité.»[85] S'il arrivait pourtant que les moins orthodoxes des critiques communisants fissent des réserves sur les romans soviétiques, c'était une certaine «propagande»

(81) M. Paz, *Monde*, 14 janv. 1933, 12.

(82) Gide, *Monde*, 12 sept. 1935, 9.

(83) Nizan, *Monde*, 6 juin 1935, 8.

(84) Discours de Jacques Duclos, Maison de la Culture, 1.6.1938, *Droits*, 54.

(85) *Huma*, 8 nov. 1936, 8.

qu'ils y regrettaient — confirmant par là que l'art est justement d'une autre nature. Eugène Dabit admirant *Énergie* de Gladkov, émet ainsi une réserve:

> On peut regretter [...] que certaine volonté de propagande s'exerce, je n'écrirai pas: aux dépens de l'art mais aux dépens du mystère et de la vie qu'on pourrait espérer recevoir d'un si long roman[86].

Ce n'est pas qu'une thèse plus rigide, plus «classe contre classe» n'ait été exprimée à la même époque, et qui pouvait se réclamer de Lénine: si tout est politique, de part en part politique, s'il n'est de littérature et de pensée que *positionnées* dans les luttes de classe, alors, *tout est propagande*, inévitablement. Cette thèse a été exprimée une fois ou deux par Nizan, avec la fougue d'une jeunesse sectaire, dans la *Revue des vivants* (1932); il la tempérera ultérieurement (pouvant s'apparaître à lui-même plus «nuancé» et assagi):

> Toute littérature est une propagande. La propagande bourgeoise est idéaliste, elle cache son jeu, elle dissimule les fins qu'elle poursuit en secret [...] La propagande révolutionnaire sait qu'elle est propagande, elle publie ses fins avec une franchise complète. L'art est pour nous ce qui rend la propagande efficace, ce qui est capable d'émouvoir les hommes dans le sens même que nous souhaitons[87].

Barbusse à la même époque était plus *astucieux* face à l'aporie dont je parle: l'art n'est pas propagande, répète-t-il à qui veut l'entendre, «je ne fais pas dépendre notre credo artistique d'un credo politique»,... *mais* l'art authentique, ajoutait-il derechef, «aboutit forcément» à confirmer la vérité révolutionnaire![88] Il n'était pas question de renoncer à l'art, *mais*

(86) *Europe*, III, 1935, 589.
(87) *R. des vivants*, sept.-oct. 1932, cit. 1971, 34.
(88) Barbusse, *Zola*, 292.

une œuvre allait être d'autant plus efficace politiquement qu'elle était plus accomplie esthétiquement. Il restait à mesurer son efficacité politique pour évaluer *ipso facto* sa valeur esthétique. Si le XXème siècle portait les espérances révolutionnaires, il était fatal que ces espérances vinssent se refléter dans les œuvres de talent. «La preuve exclut l'art [...] Le romancier n'est pas un homme qui prouve». Le romancier ne démontre pas, il *adhère* à une vision du monde[89]. *Mais* sans lui imposer la voie à suivre, on pouvait — pour son bien — le mettre en garde contre une erreur mortelle: «il ne sera un écrivain digne de ce nom que s'il reste indépendant des forces qui veulent maintenir l'exploitation de l'homme par l'homme»[90].

Une grande maîtrise artistique

Le parallèle esthético-politique résout à sa manière le problème de la forme: la «spécificité» formelle du texte littéraire, quelle qu'elle soit, n'est qu'une *adaptation* technique au contenu, sa valeur dépendra directement de la valeur de ce contenu et de son adéquation à lui. C'est l'axiome du *primat du contenu*. Barbusse le pose en une homologie bien usée et bien fausse: «la forme doit être organiquement liée au fond comme le corps est anatomiquement et physiologiquement lié à la vie»[91]. La «forme» est un instrument adéquat, un moyen adapté à exprimer autre chose, qu'on désigne *ad libitum* comme le «sujet», le «contenu» ou le «fond». «Le mode d'expression doit s'adapter techniquement, scientifiquement, c'est-à-dire avec des procédés variés, au sujet traité»[92]. On n'en saura

(89) Nizan, *Monde*, 6 juin 1935 (sur Malraux, *Temps*).
(90) Duclos, *Droits*, 57.
(91) Barbusse, *Russie*, 159.
(92) Ibid., 162.

jamais plus. La «forme» — comme elle l'était pour Bri-d'oison — est d'une importance éminente: «gardons-nous de sous-estimer l'importance d'une forme de haute qualité»[93], «nous devons affirmer la nécessité d'une expression pleine et maîtresse d'elle-même»[94]... Toutefois, si les œuvres accomplies «marient» une haute «portée révolutionnaire» à une grande «maîtrise technique», l'*excès formel* est toujours dénoncé comme symptôme de décadence: il ne faut jamais déployer trop de «recherches stylistiques»[95], il ne faut pas que le *quantum* de «forme» excède ce qui est exigé par le sujet. Dans cette casuistique toute verbale, l'originalité de la forme est synonyme d'adaptation parfaite aux besoins du contenu — «l'écrivain doit travailler avec ses propres moyens dans les formes qu'il élabore selon son besoin créateur»[96].

Si le *trop* de recherches formelles caractérise la perversion esthétique «bourgeoise», le *trop peu* entache fréquemment des écrits d'origine prolétarienne: insuffisance formelle qui peut être compensée par l'authenticité de l'expérience de classe. Défauts «techniques», dira-t-on plutôt: le style est un outil, son maniement est un apprentissage, l'écrivain est un ouvrier du langage; l'ouvrier devenu écrivain ne peut s'offusquer si, en toute cordialité, des techniciens mieux entraînés lui recommandent de remettre le texte sur l'établi et d'en raboter les angles.

> Nombre d'entre eux [d'écrivains prolétariens] possèdent mal la technique littéraire. Par contre, ils possèdent l'expérience inappréciable du travail à la fabrique, à l'usine même, au kolkhoz[97].

(93) Ibid., 162.
(94) *Monde*, 5 déc. 1931, 3.
(95) Ibid.
(96) A. Rossi, *Monde*, 9 avril 1932, 10.
(97) Vl. Lidine, *V.O.K.S.*, 6: 1931, 71.

Les critiques professionnels de *Monde* et de *Commune* donnent aux rares écrivains ouvriers français de cordiaux conseils «techniques». «Sans doute le livre manque de la stylisation nécessaire. Un grand art exige plus de sacrifices. [...] Mais sa vocation d'écrivain n'est pas douteuse.»[98] Dans le compagnonnage des lettres, si Georgette Guegen, auteur de *Tu seras ouvrier*, est encore une apprentie prometteuse, H. Barbusse est au contraire devenu un «maître» et un modèle pour ses camarades d'atelier: il possède la «technique», rendue parfaitement adéquate au matériau qu'il travaille — «unissant une grande maîtrise artistique à une participation active dans la lutte libératrice des millions»[99].

Casuistique, disais-je: ces propos flous, contradictoires, mais récurrents, tiennent lieu d'une réflexion sur la spécificité littéraire et sur le rôle possible de l'écriture dans la connaissance du monde ou la mobilisation des hommes. Au contraire, la catachrèse du «corps» et de la «vie» permet un de ces transferts de fausse évidence dont se nourrit toute idéologie. L'image de l'artiste comme travailleur ou apprenti, acquérant du savoir-faire, des techniques par une connaissance approfondie de son matériau forme une agréable comparaison d'allure ouvriériste qui permet de se débarrasser des inopportuns débats sur l'autonomie ou la prévalence de la «forme». Dans la presse soviétique, les écrivains, à leur poste, promettent, en style de tractoriste, de «perfectionner» leur technique pour la «mettre à la hauteur» du contenu socialiste. Autocritiques, ils confessent le «retard» pris par les écrivains sur les «progrès techniques» en d'autres secteurs du Plan. Ils promettent de redoubler d'efforts, la difficulté technique à résoudre, dans le français maladroit des revues de Moscou, étant de parvenir à manier «artistiquement l'idée révolutionnaire

(98) Nizan, *Monde*, 15 mars 1935, 10.
(99) R. Rolland, *Monde*, 5 sept. 1935, 3.

concrète, le point de vue de classe, et l'expression poétique»[100]. S'il est parfois question de «briser les vieux moules» et de «trouver un langage nouveau», si on semble reprendre des mots d'ordre futuristes, cubistes, acméistes de cette sorte, il va de soi que dans le contexte des années trente ce n'est pas pour endosser les tentations décadentes et pathologiques des ci-devant avant-gardismes. Staline a donné la formule officielle qui résout la question de la forme en ramenant le problème à celui des langues et traditions populaires nationales dans un État pluriethnique: la littérature soviétique devait être «nationale par la forme et socialiste par le contenu»[101].

Herméneutique de classe

La critique ASDLR ne se borne pas à juger des œuvres qui paraissent. Elle se donne un mandat quasi scientifique plus ambitieux, une tâche accomplie à la lumière du «marxisme», qui consiste à expliquer, socialement et historiquement, les mérites, les défauts, les limites de l'œuvre examinée par l'*origine de classe* de l'auteur. Cette herméneutique déterministe fait la spécificité de la critique ASDLR. Or, on n'a pas analysé la typologie et les instruments de ces «explications de classe», mesuré leur ambition, si on connaît les fondements doctrinaux puisés chez Marx, Engels, Lénine (contradictoires entre eux) qui imposaient et légitimaient ce genre d'explication. Fondements contradictoires dont il eût fallu trouver les médiations. Ou bien, «les idées de la classe dominante sont aussi les idées dominantes de chaque époque» (et dans ce cas, il ne semble guère y avoir place pour des idées, une littérature de la classe dominée)[102]. Ou bien, «tout art est un

(100) *V.O.K.S.*, 6: 1931, 16.
(101) Cit. *V.O.K.S.*, 7-8: 1934, 3.
(102) Marx, 1954, 144.

art de classe», ce que pose, je l'ai dit, un théoricien prolétarien comme Marcel Martinet, approuvé par Poulaille dans son *Nouvel Âge*:

> La vérité est qu'il n'y a pas, qu'il n'y a jamais eu, en aucune période sociale saine, d'autre art qu'un art de classe. Je sais bien que ce n'est pas là une opinion distinguée, mais ce n'est pas une opinion: c'est un fait[103].

Ou encore, on pouvait glisser de la détermination de classe de tout texte au caractère politiquement «tendancieux» — *tendensioznost'* — des textes, confusion qui n'est permise que si toute «attitude sociale» est congénitalement liée à une appartenance de classe distincte: «Dans une société divisée en classes, il n'y a pas de littérature sans tendance. Toute création artistique exprime une attitude sociale déterminée.»[104] L'art «exprime» ainsi soit la base économique, soit l'époque, soit la classe de l'auteur, soit son «attitude» politique: ces choses ne sont co-pensables que si l'on établit un déterminisme rigoureux entre elles. La question n'est pas de savoir si le lecteur ou moi sommes disposés à critiquer ou à rejeter cette herméneutique. Le vrai problème, la vraie perplexité viennent de constater que les critiques communistes eux-mêmes — les mêmes qui l'ont affirmé, ce déterminisme, de façon absolument rigide — ne l'ont jamais *assumée*. Ils ont pensé, certainement, que Maurois était «déterminé» par sa classe d'origine, qu'il n'en sortirait jamais, qu'il était voué corps et âme à son «service», mais au fond l'herméneutique de classe ne *marchait* que pour les **médiocres** écrivains. Dès qu'il s'agissait d'un écrivain «important», et à tout coup si cet écrivain était peu ou prou «révolutionnaire», l'herméneutique de classe gagnait en perspicacité ce qu'elle perdait en rigueur et en «applicabilité». Lénine avait montré dans un

(103) Martinet, cit. Poulaille, *Nouvel Âge*, 151.
(104) Fréville in Marx/Engels, *Sur la litt.*, 17.

essai fameux, — modèle de la critique marxiste d'alors, — que Tolstoï avait «exprimé» le point de vue des «masses paysannes russes» (une fois de plus, non leur point de vue empirique, aliéné, mais le point de vue «révolutionnaire» qu'on leur prêtait «historiquement»), que Tolstoï n'était pas limité comme artiste par sa classe aristocratique de naissance, d'éducation, de condition sociologique, sa classe «de fait». De même, Gorki était, pour Lénine, «le plus grand représentant de l'art prolétarien» sans pour cela travailler à l'usine ni sortir de la classe ouvrière. On pouvait donc «échapper» à sa classe ou s'y «enfoncer», un roman pouvait présenter des côtés révolutionnaires et des «résidus» d'une conscience née du côté des exploiteurs: cela devenait intéressant, mais il eût fallu commencer par expliquer ce déterminisme non déterminant et ces mutations volontaristes. Or, et dans les mêmes pages souvent, le déterminisme le plus rigoureux demeurait l'alpha et l'oméga théoriques.

> L'écrivain est rivé à son milieu social; quoi qu'il fasse, il ne peut s'échapper ni s'isoler du monde ambiant et ne peut cesser d'en subir l'influence à son insu et malgré lui: qu'il se plonge dans le passé ou s'élance vers l'avenir, dans l'un ou l'autre sens, il ne saurait aller plus loin que ne le comportent les données de son époque[105]. [Notez qu'on est passé de «rivé à son milieu» à «déterminé par l'époque», c'est-à-dire d'un axiome douteux à un truisme: Balzac, homme de 1830, n'aurait pu, quelque effort qu'il fît, écrire comme on le fera en 1930. Qui n'en tomberait d'accord?]

Dans d'autres textes de doctrine, l'appartenance de classe est fermement posée, chaque écrivain exprime une classe, mais ce n'est pas toujours *sa* classe, c'est une classe qui, ni dominante ni révolutionnaire, semble, dans une conjoncture difficile, avoir eu à se trouver un «porte-parole», en

([105]) *Humanité*, 5 déc. 1936, 8.

avoir déniché un, à travers lequel elle aurait produit un discours ventriloque — thèse inspirée de certaines analyses de Plekhanov et de Lénine:

> Chaque écrivain, qu'il le veuille ou non, est le porte-parole d'une classe, il reflète ses aspirations et son univers. Dostoïevsky et Tchekhov représentent, à des degrés divers et à des époques différentes, la petite bourgeoisie russe, écrasée par le tsarisme, impuissante et résignée. Tolstoï exprime ces tendances contradictoires de la paysannerie russe au début du XIXème siècle, de cette paysannerie dressée contre le tsar, contre le pope, contre le propriétaire foncier, mais impuissante par suite de son éparpillement [...], du manque de liaison avec le prolétariat, de son apathie et de son fatalisme. Ce qui différencie Gorki de Dostoïevsky, de Tchekhov, de Tolstoï, c'est l'amour de l'homme qui n'aboutit pas comme chez eux à la soumission et au pessimisme mais à une volonté précise de transformation révolutionnaire. Pourquoi? Parce que Gorki exprime l'idéologie d'une classe nouvelle: le prolétariat[106].

Les pensées sectaires sont aussi des pensées floues et éclectiques; entre le déterminisme par l'époque (qui dit que l'époque «fournit» à l'écrivain des idées, des personnages, des genres — mais que fait avec ce matériau l'œuvre accomplie?) et le rôle de l'écrivain comme porte-parole d'une classe, classe congénitale ou classe élue, l'herméneutique de classe est d'autant plus immuable que, d'un contexte à l'autre, elle procède selon des voies intuitives très différentes. Cette herméneutique permet avant tout de «régler» un problème immédiat: comment se faisait-il que certains écrivains petits-bourgeois se «rangeaient» dans le camp prolétarien alors que la majorité restait rivée à ses «origines»?

La question que se pose la critique ASDLR, c'est donc: quelle classe s'exprime ici par la voix de cet auteur? Car *une*

(106) *Humanité*, 5 juil. 1936, 8.

voix se fait entendre dans le texte. Abstraction faite du style, de la polysémie, de la multiplicité des points de vue, on peut lire *une* vision des choses dans tout texte et il est possible d'*assigner* cette vision, d'établir un lien univoque avec une position sociale. Il reste à se demander comment procéder. De l'«explication de classe» irradie une sorte d'«*eureka Erlebnis*», une jubilation devant la perspicacité dont le critique ASDLR se targue:

> À lire vingt lignes d'un écrivain, je connais non pas exactement son budget annuel, mais sa relation aux puissances d'argent et à l'académie conformiste qui en est complémentaire[107].

Cette explication va au-delà d'un jugement sur le «talent»; sans doute le talent va avec la classe de son possesseur, mais l'explication fournie a un caractère diagnostique, clinique et existentiel global.

> Il n'est pas question ici d'attaquer ni d'étudier le talent de Jules Romains [...], mais seulement d'analyser l'idéologie de classe qui l'inspire[108].

Le critique-clinicien reconnaît et met sous les yeux de l'auteur une *détermination* qui échappe à celui-ci, qu'il ne veut pas voir, «la connaissance du mécanisme *de classe* de [son] inspiration poétique»[109]. Il se met en devoir d'«analyser l'idéologie de classe qui l'inspire», mais il sait que l'écrivain, ventriloque réticent d'un Sujet collectif, n'est pas conscient de ce rôle de porte-parole. Toute littérature est «alignée», mais elle l'est à l'insu de l'auteur qu'il faut bien réveiller de ses rêveries sur la «liberté» créatrice. «Vous n'êtes point ce que vous croyez être, dit le marxiste. C'est une affirmation dont les hommes et les écrivains ont horreur mais elle commande

(107) L. Werth, *Monde*, 24 janv. 1931, 4.
(108) G. Servèze, *Commune*, nov. 1933, 266.
(109) Aragon, *Commune*, oct. 1933, 83.

une efficacité extrême de l'analyse.»[110] Analyse «efficace» mais herméneutique de l'*illusion*, qui prétend que l'écrivain trompe et se trompe: là où il voit sa création, le marxiste voit sa détermination; là où il place sa conscience et ses valeurs, le marxiste lit ses intérêts, et les «services» qu'il rend à ceux de son espèce, là, enfin, où il croit affirmer sa liberté.

En matière d'assignation de classe, les critiques soviétiques possédaient un éventail de catégories et un tour-de-main diagnostique dont les Français ne parvinrent pas à émuler l'aplomb et le coup d'œil. Lounatcharsky explique ainsi (il n'était pas le premier) Fedor Dostoïevsky. Quelle classe Dostoïevsky «exprime»-t-il? Ce n'est pas trop compliqué. Il exprime la «petite bourgeoisie», mais aussi la «noblesse décadente»[111]. Il est passé finalement «dans le camp de la petite-bourgeoisie décadente» après avoir failli se rallier au «camp de l'avant-garde petite-bourgeoise des paysans et des prolétaires». Ces tergiversations ne l'empêchèrent pas d'être un «écrivain génial représentatif d'une époque de notre histoire», mais «la partie saine de notre société» soviétique ne l'adopte évidemment pas comme «SON écrivain»[112]. Voilà qui est réglé!

Pour les Français, à quelques rares écrivains près qu'on pouvait assigner à la paysannerie et à la classe ouvrière, le choix était restreint à «bourgeois» ou «petit bourgeois» — et l'intuition faisait le reste. Quand une œuvre par ailleurs sympathique présentait des défauts du point de vue «formel» et politique, une résiduelle appartenance de classe en était la cause. Ainsi on percevait des «dissonances» dans les pamphlets et essais d'Emmanuel Berl: «Elles remontent toutes à des éléments non encore liquidés de la culture bourgeoise.»[113]

(110) Nizan, *Humanité*, 24 avril 1937, 8.
(111) *Litt. internationale*, 5: 1933.
(112) Ibid.
(113) *Monde*, 30 août 1930, 13.

«Non encore liquidés»: le pronostic demeurait favorable. Mauriac et Maurois servaient au contraire de parangons d'âmes damnées de la classe bourgeoise. Ils en étaient les si évidents «porte-parole» et les «représentants» que leurs cas, de roman en roman, confirmaient la pertinence de l'herméneutique classiste. Certes, s'il s'agissait de caractériser «Monsieur François Mauriac, romancier de la propriété provinciale», on ne voit pas que cette définition ait dû exiger une perspicacité particulière. Mauriac ne faisait pas mystère dans ses romans de cet attachement et s'il «dénonçait» sa classe sans la renier, il ne faisait que confirmer son rôle de «représentant». «Ainsi, M. Mauriac rejoint-il cette classe dont il est, *sa* classe, qu'il connaît bien pour avoir passé sa vie à nous en dire les hontes.»[114] À mauvaise origine de classe, médiocre talent. Aragon ne craignait pas de le dire: «représentant des couches réactionnaires de la bourgeoisie», Mauriac était un «piètre prosateur»[115]. La poésie mauriacienne n'en était pas moins au service d'une classe, mais — autre trait décisif de cette herméneutique, un service qui était *toujours aussi une involontaire trahison*. L'écrivain «porte-parole» défend ses privilèges, mais il *trahit* aussi dans ses écrits, inconsciemment, la peur, le pessimisme des siens, leur sentiment de défaite et d'agonie, la haine intime pour ceux qui vont vous arracher vos privilèges. Tout ceci, poétiquement:

> Cette poésie [de Mauriac] est avant tout symptomatique de la crainte qu'a toute une catégorie sociale dont M. Mauriac est le porte-parole de voir disparaître à jamais ses privilèges[116].

L'autre porte-parole, plus typique encore (car plus porté à peindre les charmes discrets de la bourgeoisie que ses vices) était «M. Maurois [qui] représente admirablement une

(114) *Monde*, 10 juin 1933, 6.
(115) Aragon, *Commune*, oct. 1933, 85.
(116) Ibid., 86.

bourgeoisie, la nôtre, qui voit se finir son rôle historique»[117]. On perçoit, je l'ai dit, une jubilation brutale dans une critique «matérialiste» qui s'efforce d'expliquer le talent aussi bien que l'étiage moral des écrivains par leurs revenus et leurs relations mondaines. Mauriac, «le chroniqueur de *L'Écho de Paris* et convive de Schuschnigg» [chancelier d'Autriche] ne peut être qu'un écrivain assez bas[118]. Le romancier bourgeois «pour qui les conditions de la création sont inséparables du maintien d'un certain niveau de vie (60.000 francs par an comme c'est le cas de M. Drieu la Rochelle)»[119], permet d'évaluer son talent littéraire par son asservissement à l'argent. L'herméneutique de classe assimile les écrivains de la classe dominante aux produits de luxe que cette classe peut se payer:

> [Jacques de Lacretelle] n'a pas le talent d'un Mauriac, mais ses romans, consciencieusement écrits, soignés et polis à loisir, se recommandent au bon goût d'une clientèle qui achète ses ananas chez Hédiard et ses petits fours chez Poiré-Blanche[120].

À côté du diagnostic de «bourgeois», il n'y en avait qu'un second cas possible, le «petit bourgeois» avec son esthétique qui reflète la psychologie de la classe intermédiaire, hésitante, ballottée, pusillanime. Les critiques ASDLR ne se sont pas mis d'accord sur la classe de Drieu la Rochelle. Pour les uns, il était «bourgeois» et il en présentait tous les traits: «Drieu la Rochelle appartient à une classe, il est, il le reconnaît même avec une certaine ostentation, bourgeois. [...] Désarroi, [...] pessimisme, [...] fatigue physique et morale, [...] Drieu appartient au passé.»[121] Mais il y avait aussi dans l'œuvre de

(117) *Commune*, déc. 1935, 477.
(118) Sadoul, c.r. *La fin de la nuit*, *Commune*, mars 1935.
(119) Nizan, *Humanité*, 7 août 1937, 8.
(120) Sadoul, c.r. Lacretelle, *Commune*, juillet 1935.
(121) Marc Bernard, *Monde*, 22 mars 1930, 5.

Drieu ce non-conformisme, ces oscillations entre la gauche et l'extrême-droite. Tout du petit-bourgeois!

> Drieu est un homme qui n'a jamais échappé à sa classe qui est *la petite bourgeoisie* : il a fait ce qu'il a pu, il n'a pas réussi. Et il essaie de s'arranger avec lui-même en se mettant à exalter le monde qu'il n'a pu fuir. Il proclame donc sa fierté d'être un petit-bourgeois[122].

Un autre essayiste qui s'est fait régulièrement diagnostiquer «petit bourgeois» jusqu'au jour où, sans doute lassé, il s'inscrivit au P.C.F. en 1938, était Jean-Richard Bloch. Bloch était «un écrivain caractéristique des couches intellectuelles petites bourgeoises»[123], diagnostic pénible à lui asséner mais sincère, qui expliquait «l'énorme difficulté à passer à la révolution prolétarienne»[124] et — on ne le lui envoyait pas dire — de gros risques de «tomber» dans le trotskysme ou le social-fascisme. Le type psycho-social «petit-bourgeois», — on penserait à le rapprocher des arbitraires types raciaux auxquels travaillent dans les mêmes années un Georges Montandon et autres spécialistes de l'ethnie française — s'applique donc curieusement à des écrivains bien divers: Drieu, Bloch, Céline avec son «révolutionnarisme de petit bourgeois exaspéré»[125], André Gide quoique encore dans le camp révolutionnaire, mais avec «sa perpétuelle dualité, dont le fond est et restera foncièrement petit-bourgeois et individualiste»[126], les dadaïstes allemands des années vingt, «ballottant entre les classes sociales sans vouloir connaître aucune de leurs responsabilités vis-à-vis de la vie collective»[127] — et enfin (mais ceci en U.R.S.S. en 1933 était la moindre des critiques) Léon Trotsky lui-même!

([122]) Nizan, *Monde*, 25 janv. 1935, 10.

([123]) *Commune*, nov. 1933, 245.

([124]) *Commune*, nov. 1933, 254.

([125]) A. Ferrat, *Commune*, nov. 1933, 278.

([126]) *Camarades*, 4-5: 1936.

([127]) Grosz et Herzfeld, *Monde*, 11 janv. 1930, 14.

> Trotsky est un radical petit-bourgeois chez qui la phraséologie gauchiste couvre un fond opportuniste social-démocrate. Il n'est ni léniniste ni marxiste[128].

Deux remarques pour compléter cette analyse. L'herméneutique de classe se combine volontiers (surtout dans les cas d'écrivains peu estimables) avec l'explication comme «produits d'une époque». Loin d'être un créateur, l'écrivain est une «empreinte» passive de circonstances qui le dépassent: «M. Drieu comme produit de la dernière période de l'impérialisme en France...»[129] C'est même ce qui permet ironiquement de leur garantir une pérennité: les futures générations, incrédules, reliront à travers leurs œuvres l'état de perversité décadente auquel la ci-devant classe dominante était parvenue. Si leurs œuvres ne doivent pas rester par leur «forme» ou leur «contenu», elles resteront comme d'édifiants «documents» dans le Musée des horreurs de l'avenir radieux: «On ira rechercher dans de tels livres l'image dégoûtante et répulsive du type social aboli du romancier bourgeois de notre époque.»[130]

Enfin dans ce déterminisme inconséquent, pétri de volontarisme, de même que l'écrivain bourgeois, apparemment «rivé» à sa classe, peut rejoindre le bon camp, de même l'écrivain prolétaire qui se recommande par cette qualité — par delà le style et le talent — qu'est «un sens de classe très net»[131], risque de se laisser corrompre par la culture bourgeoise ou par les «illusions démocratiques»: son mérite esthético-politique sera donc dans les meilleurs cas de rester fidèle à sa classe[132]. Eugène Dabit a pu inquiéter, la fidélité ouvrière

(128) *Litt. internationale*, 2-3: 1933, 212.

(129) Aragon, *Commune*, juil. 1933, 64.

(130) Aragon, ibid., 71.

(131) M. Bernard, sur Neel Doff, *Monde*, 2 août 1930, 12.

(132) *Monde*, 128: 1930, 4.

étant chose fragile: «E. Dabit est un ouvrier devenu écrivain, que peut-être la bourgeoisie a failli perdre et qui revient à sa classe.»[133]

Les critiques non communistes n'ont pas manqué d'ironiser sur cette herméneutique à la fois floue et pleine d'aplomb, qui autorisait des explications peu explicatives: «Je [vois] mal en quoi le *Cimetière marin* ou l'œuvre de Giraudoux sert le Comité des forges, non plus que la philosophie bergsonienne qui en est, paraît-il, le plus ferme rempart», s'interroge Emmanuel Berl, faussement naïf[134]. Cette critique a été une *arme* et non une *lumière* (distinction que fait Jean Grenier); elle marque bien sa rupture avec le commentaire idéaliste et mondain, mais elle éclaire fort peu l'œuvre qu'elle prétend critiquer. Elle sert plutôt à conforter la courte science d'intuitions militantes qui se collent l'étiquette «marxiste».

([133]) C.r. Dabit, *Faubourg de Paris*, par P. Nizan, *Huma*, 24 fév. 1933.
([134]) E. Berl, «Une littérature communiste est-elle possible?»

VIII

UN MARXISME D'INTENTION

J'ai pu analyser jusqu'ici la critique communiste sans référence systématique à la pensée ou à la «science» censées l'avoir inspirée, le marxisme. Ce n'est pas par hasard que l'examen de cette chose — un marxisme présent-absent, *évoqué* mais inopérant — peut être renvoyé à la fin d'analyses qui n'ont pas grand chose à faire de ses catégories.

Les analyses qui suivent viennent ajouter quelques données à ce qu'on a pu appeler «le marxisme introuvable» et «l'*invention* du marxisme en France», du guesdisme au communisme. Elles viennent montrer une fois encore comment Karl Marx — ni lu ni compris — a fourni une référence, fictive et ésotérique, à des propagandes politiques et des rhétoriques d'idées qui se *réclamaient* de lui. Dans le cas de la critique littéraire des années trente, il faut parler non pas d'un certain rapport des analyses proposées avec la pensée de Marx (ce rapport fût-il distordu) mais d'un *marxisme d'intention*[1] qui, avec un personnel tout différent, non plus avec des autodidactes mais avec des agrégés de philo, n'a fait que proroger la «docte ignorance» des auto-proclamés marxistes français des années 1880, les Jules Guesde, Paul Lafargue, Gabriel Deville... Je ne m'intéresse pas dans ce livre, il est vrai, aux philosophes du P.C.F. — Paul Nizan, Georges Politzer, Henri Lefebvre — dans ceux de leurs écrits qui ont pu directement

(1) Marie Ymonet utilise la formule «les marxistes d'intention» dans son étude sur «Les héritiers du Capital», *Actes de la recherche*, 55: 1984, c.-à-d. sur les guesdistes.

se réclamer du matérialisme historique (l'histoire de ce marxisme-là reste à faire — avec celle d'autres «marxismes» des années vingt et trente, d'Emmanuel Berl aux surréalistes). Je me limite à examiner la critique littéraire et culturelle. Ses premières figures importantes, à l'aube des années vingt, Romain Rolland et Henri Barbusse, ont bricolé une invocation idéaliste et humanitariste à un marxisme de pure fantaisie. Quant aux jeunes critiques qui vont s'emparer de *Monde* et dominer à *Commune* — en dépit du fait que leur «bagage» philosophique était d'un poids bien variable, de Nizan à Aragon par exemple — leur rapport à la chose «marxisme» dans leur pratique courante a été fondamentalement analogue de l'un à l'autre: c'est-à-dire *fictif*, comme je le disais, et de pure *intention*, ils voulaient *être* marxistes, ou plus précisément être «marxistes-léninistes», ils prétendaient développer leur critique à la lumière du «matérialisme historique», mais la présence agissante de cette pensée dans leur conceptualisation est mal décelable. La question n'est pas de savoir s'ils avaient lu Marx, Engels, Lénine et Staline (il faut bien joindre ce dernier à la liste puisqu'il était le premier coryphée du marxisme): ils l'avaient sans doute fait, mais qu'en avaient-ils retenu et qu'en ont-ils effectivement intégré à leur conception des lettres et de la culture? La réponse est: à peu près rien.

Si la question avait été (mais ce n'était nullement le cas) de mener un travail d'érudition, beaucoup d'écrits de Marx et d'Engels, dans des traductions plus ou moins fiables, étaient disponibles, traduits en français entre 1872 et 1914 chez des éditeurs évanouis et dans des revues disparues. Ces traductions sont relevées dans *Les faiseurs de nuages* de Thierry Paquot (Le Sycomore, 1980) aux pages 70-75. La plupart de ces écrits et quelques inédits avaient été republiés et diffusés par les Éditions sociales internationales et autres éditeurs communistes depuis 1920. *Le Capital*, *Le dix-huit brumaire*,

La critique du programme de Gotha, etc. étaient disponibles et largement diffusés. (Par contre les manuscrits «de jeunesse» de Karl Marx et les fameux *Grundriße* attendaient encore leur traducteur et éditeur). Les œuvres complètes de Lénine par ailleurs comportaient en 1930 douze volumes et ne cessaient de s'accroître. Enfin, des textes de Staline, jusqu'au moindre speech, ne cessaient de paraître en brochures en français.

Il n'y a pas d'histoire suivie du marxisme en France, de son introduction et de ses avatars; cette histoire, si on la fait un jour, sera extrêmement complexe, le «marxisme», du Parti Ouvrier de Jules Guesde au Parti de Maurice Thorez, formant à tout moment un mélange éclectique d'idées, de mots d'ordre et de thèses où apparaissent des références à Marx et à Engels, mais dans des contextes souvent biscornus et incorrects. Les ouvrages de Daniel Lindenberg, de Thierry Paquot, l'étude perspicace de Marie Ymonet portent sur la période d'avant 1914, alors que Jeannine Verdès-Leroux étudie fort longuement le «marxisme» du P.C.F. entre 1945 et 1985. Les marxismes de l'entre-deux-guerres demeurent dans une certaine mesure à analyser[2].

L'étude que j'ai développée jusqu'ici a fait apparaître positivement des thèmes, des paradigmes, des approches propres à la critique ASDLR voguant sous le pavillon «marxiste-léniniste». On peut apprécier déjà ce qu'il y a dans tout ceci qui bricole un sommaire et volontariste marxisme vulgarisé. Ce qui frappe chez les «littéraires» français et qui les distingue radicalement des intellectuels soviétiques ou «mittel-européens», c'est leur indifférence aux choses philosophiques et, disons-le plus simplement, leur répugnance envers les pensées difficiles. Les relais du «marxisme littéraire», Franz Mehring et G. Plekhanov, à la fin du siècle passé, semblent ignorés

(2) Voir à la bibliographie secondaire, les références à ces travaux.

(ou plutôt *ré*oubliés car eux aussi avaient été traduits et discutés avant 1914), mais de toute façon le *niveau* philosophique de la critique qui s'exprime en Union Soviétique, — celle de Lounatcharsky, de Trotsky même, des Fritsche, Péreverztev, Tynianov, Bakhtine (et de ses disciples, Medvedev et Volochinov), échappe aux Français en bloc et en détail. Je le dirai en passant comme une évidence, mais que je ne vois posée nulle part: la connaissance de Marx et des penseurs du XIXème siècle ouvrier-révolutionnaire se trouve vers 1930 au plus bas et très inférieure à l'abondance de débats compétents (y compris de débats byzantins) qui s'exprimaient dans la *Revue socialiste* ou le *Mouvement socialiste* avant la guerre.

Ce qui apparaît dans les publications littéraires du mouvement communiste, ce n'est donc pas un quelconque marxisme intégré aux jugements critiques, c'est une *thématisation* de Karl Marx, comme fondateur d'une science révolutionnaire, bientôt hypostasié dans la trinité Marx-Lénine-Staline, et une pauvre référence à quelques axiomes supposés de cette science, référence dont il faut constater *d'abord* qu'elle est de toute façon sans le moindre rapport avec la critique de la «littérature bourgeoise» qui s'invente dans *Monde* et les revues subséquentes.

Romain Rolland avait fait de Marx une sorte de pamphlétaire moderne sapant l'idéologie bourgeoise, le mentor d'une rééducation des esprits déformés par l'idéalisme:

> Ce qui fait, pour nous, le principal prix du génie de Marx, c'est l'impitoyable lucidité avec laquelle il perce à jour l'idéologie bourgeoise. Il nous arrache les illusions dont nous nous laissions envelopper. Même au risque de nous blesser, il nous aide à nous délivrer[3].

Dans les revues soviétiques, on trouve au contraire l'apologie d'un «système» dont la vérité «scientifique» résulte d'une

(3) Rolland, *Quinze ans*, LIX.

rupture épistémologique décisive (l'interpolation de cette notion est anachroniquement pertinente) avec les systèmes de connaissance antérieurs, science ultime et véridique qui se désigne alternativement comme le «marxisme-léninisme» et le «matérialisme historique». Cette science nouvelle est, en même temps, l'«arme» cognitive du prolétariat et la garante de sa prochaine victoire historique. Aucune tentative n'est faite pour concilier cette double conception, à la fois positiviste et militante, du «système» issu de Marx. La définition suivante qui est de Lounatcharsky (auteur, dès 1904, d'un *Essai d'esthétique positive* hégélo-marxien), résume le catéchisme bolchevik de façon typique:

> Le marxisme-léninisme est un système unique et intégral d'idées. C'est la conception du monde et la théorie de la connaissance du prolétariat en tant que classe. Se développant de toute la somme des connaissances accumulées par l'humanité, mais fondé sur une base entièrement nouvelle, base devenue possible seulement en raison de la situation sociale particulière de la nouvelle classe, le marxisme-léninisme dépasse du point de vue scientifique tous les systèmes conçus par les esprits humains des différentes époques et des différentes classes. [...] Il est l'arme de l'avant-garde du prolétariat[4].

Pour les soviétiques, l'étude de la littérature forme un sous-secteur intégré dans ce système scientifique, secteur qui, comme les autres, connaît des progrès décisifs en U.R.S.S.:

> L'étude littéraire marxiste-léniniste traverse maintenant une étape de croissance impétueuse. Dans sa lutte contre les différentes théories idéalistes et mécanistes, aussi bien que dans son travail positif de recherche, l'héritage de Lénine est la boussole la plus sûre[5].

(4) Lounatcharsky, *Litt. internationale*, 1: 1935, 64.
(5) Lounatcharsky, *Litt. internationale*, 3: 1935, 103.

On prête à Marx une esthétique qui serait partie intégrante de sa pensée et que son disciple, Lénine, aurait brillamment développée: «les conceptions esthétiques de Marx sont partie intégrante de ses conceptions révolutionnaires», écrit M. Lifchitz. Ceci en attendant qu'elles soient encore enrichies par Joseph Staline... Ce thème de la progression en trois étapes: Marx-Engels (duumvirat fondateur ou savant en une seule personne), puis Lénine, puis Staline, cette science incarnée en quatre «génies» successifs et une cohorte de glossateurs, semble satisfaire en France où les bolcheviks, toute révérence due aux deux fondateurs, mettent surtout en valeur la «contribution» de Lénine: «On sait aujourd'hui parfaitement que si le marxisme-léninisme a sa philosophie propre et que celle-ci est le *matérialisme historique*, c'est entièrement ou presque exclusivement à cause de Lénine.»[6]

La science marxiste vient se *substituer* à une pensée bourgeoise devenue «stérile»: la bourgeoisie montante a «engendré» des Spinoza, des Linné et des Voltaire, mais la bourgeoisie du XXème siècle n'a plus de grands penseurs ni de grands savants. Cela s'explique historiquement, elle n'est plus à même de «pousser en avant la connaissance objective du monde»[7]. La pensée bourgeoise est morte alors que le marxisme est une «théorie vivante, une théorie révolutionnaire, le guide sûr d'une classe éminemment révolutionnaire: le prolétariat»[8]. «Aucune autre doctrine sociale ne peut, même de loin, égaler la valeur théorique et la portée pratique du marxisme»[9]. Un autre thème fréquent est que — les sciences valant ce que valent leur application et la vérification de leurs hypothèses — le marxisme a été *prouvé* par la révolution bolchevique et par la suite des événements depuis 1917. «Le

(6) Barbusse et Kurella, introd. aux *Lettres de Lénine*, 72.

(7) *Revue marxiste*, 1: 1929, 1.

(8) *Revue marxiste*, 1: 1929, 54.

(9) *Revue marxiste*, 1: 1929, 3.

premier fruit du marxisme, c'est la révolution de Lénine, c'est la domination du prolétariat sur un sixième du globe.»[10]

Pour permettre aux communistes de connaître l'enseignement du marxisme-léninisme en matière de littérature, les Éditions Sociales Internationales avaient confié, au début des années trente, à ce bureaucrate de l'ombre qu'était le prétendu «Jean Fréville» le soin de compiler deux anthologies couplées, l'une de Marx-Engels, *Sur la littérature et l'art* (1936), l'autre de Vladimir I. Lénine et Joseph Staline sur les mêmes sujets (1937), ensemble peu cohérent d'extraits, souvent hors contexte, de passages de ceux-ci, y compris tirés de remarques occasionnelles de la correspondance de ces quatre auteurs où il était question de littérature et d'esthétique. Les essais de Lénine sur Tolstoï y forment un des échantillons les plus substantiels d'une critique militante armée d'une herméneutique «de classe». Jean Fréville compile aussi — pour démontrer qu'il y a eu tout de même une contribution française au marxisme-léninisme littéraire — une anthologie des *Critiques littéraires* de Paul Lafargue, esprit primesautier et pamphlétaire qui, en dépit de ses liens familiaux, n'avait eu avec la pensée de Karl Marx, son beau-père, que des rapports infiniment lointains. Pour les besoins de la cause, Lafargue est transformé en un marxiste de stricte obédience:

> Lafargue a porté l'investigation marxiste dans un domaine où les créateurs du socialisme scientifique, absorbés par leurs tâches immenses n'avaient pu que poser des jalons. Il a su appliquer à la littérature leur méthode, la méthode du socialisme scientifique[11].

Fréville qui place Lafargue «aux côtés» de Plekhanov et de Mehring (affirmation sans risque puisque personne ne connaît plus ces deux théoriciens, actifs sous la Seconde

(10) Ibid., 2.

(11) Fréville, Introd. Lafargue, *Critiques*, IX-X.

Internationale[12]) déclare le satirique du *Droit à la paresse* victime d'un ostracisme «dicté par un esprit de classe». Les Éditions Sociales publient aussi un recueil de textes tardifs et orthodoxes de Maksim Gorki, *La culture et le peuple* (1938) et le Parti diffuse de nombreuses brochures de Staline touchant à la culture[13] et des conférences de Maurice Thorez (rédigées par d'autres que lui) qui complètent ces «sources» incohérentes destinées à fixer une orthodoxie-par-citations qui servira à *entrelarder* les commentaires littéraires.

Pour le reste, les comptes rendus des congrès de 1930 et 1934, quelques rares traductions de «classiques» (un texte de Rosa Luxembourg sur le rôle de l'écrivain, dans *Monde* par exemple), quelques études, traduites elles aussi, impliquant une connaissance effective des sources (un «Friedrich Engels, théoricien de la littérature et de la critique littéraire», attribué à un «G. Lukas», à savoir György Lukàcs paraît dans *Commune*[14]) viennent apporter un minimum de conceptualisation.

Pourtant, la critique ASDLR se dit «marxiste» — ce qui est à la fois une confession d'orthodoxie et une revendication de qualité et de véracité. Revendication qui s'accompagne du rejet des «diffamations» bourgeoises sur son compte: la «critique marxiste» n'est pas une «explication grossière», proteste-t-on; elle n'est pas un «dogme» mais «une méthode vivante» (adjectif fréquent à l'époque). Elle seule «pénètre la raison profonde et substantielle des phénomènes et même de ceux de la création artistique»[15].

Dans les années trente, une seule monographie esthétique expressément et systématiquement marxiste paraît en France,

(12) Ibid. XXIII.

(13) Par exemple: *Deux mondes: bilan capitaliste, bilan socialiste; L'Homme: le capital le plus précieux*; *Le socialisme et la science; Sur la voie du communisme*, etc.

(14) *Commune*, déc. 1935, 444-.

(15) Jean Cassou, *Humanité*, 21 janv. 1937, 8.

fortement teintée de sectarisme stalinien du reste, c'est le *Proudhon, Marx, Picasso* de l'historien d'art germanophone Max Raphaël[16]. Monographie dogmatique qui montre Picasso (qui est encore loin de rejoindre le Parti de Staline) comme «l'expression type de l'art bourgeois du XXème siècle».

Tandis que l'analyse de la pensée de Marx ou une relance de cette analyse commencent au P.C.F. avec la collection «Problèmes» conçue avec la visée de faire *concorder* les résultats actuels des sciences avec le marxisme-léninisme, une collection «Socialisme et Culture» aux Éditions Sociales Internationales va rassembler quelques monographies, celle de Nizan sur les matérialistes de l'Antiquité, un *Cervantès* de Cassou, un *Diderot* de Luppol, cherchant à donner de ces auteurs une interprétation matérialiste.

En prétendant que le marxisme-léninisme est exalté et surtout *revendiqué*, mais sans exercer d'influence sur la critique, je ne veux pas dire que cette critique française, toute a-marxiste ou para-marxiste qu'elle fût, n'a pas inventé une conception «révolutionnaire» du bien et du mal esthétiques, conception qui était indispensable au mouvement communiste et qui a intéressé à l'étranger. De Barbusse à Nizan, ce livre cherche à faire voir l'invention de cette chose, l'invention d'une manière de se positionner face aux lettres et de poser des jugements qui, pour manquer de base théorique, n'en était pas moins indispensable aux militants intellectuels de tous les pays. J'ai suggéré à quelques reprises dans les premiers chapitres que G. Lukàcs, s'instituant le philosophe esthétique du marxisme soviétique, n'a pas créé sa doctrine *contre* cette critique «révolutionnaire» banale et spontanée, mais qu'il a cherché — à la façon typique des penseurs d'orthodoxies — à donner une légitimité philosophique à ce discours spontané même en le

(16) *Proudhon, Marx, Picasso. Trois études sur la sociologie de l'art*, Paris: Excelsior, 1933.

«retraduisant». Ce qui se cherche dans *Monde* dans les années vingt, autour de ces intuitions — «décadence bourgeoise», «individualisme», «pessimisme», «réalisme prolétarien» — avait besoin d'un fort supplément de hegelianisme et de marxisme pour acquérir une certaine consistance digne d'une grande philosophie émancipatrice. C'est exactement l'apport de G. Lukàcs dont les contributions d'avant-guerre aux revues soviétiques montrent une reprise philosophante, conceptualisée, conciliatrice et harmonisée de ces «idées» que nous avons rencontrées partout. Ainsi de sa seule longue étude parue dans *Littérature internationale* sur «Le roman et l'épopée» qui relie les fils de thèses et de mots d'ordre épars tout en validant le schéma binaire: *ou* réalisme socialiste *ou* dégénérescence subjectiviste bourgeoise.

> En même temps, le dilemme subjectivisme/objectivisme conservant toujours la force, le subjectivisme individualiste se développe sans cesse davantage. Cette orientation tend à la désagrégation complète des formes à l'époque de l'impérialisme: Proust, Joyce [...]. Du fait même de ses conditions d'existence, le prolétariat est appelé à créer le réalisme socialiste [...] du problème même de la lutte de classe doit nécessairement naître la possibilité de créer un héros «positif» sous les traits du travailleur ayant la conscience de sa classe [...]. Cependant l'accentuation de la tendance à l'épopée ne coupe pas les fils qui nous relient au développement classique du roman. Car l'édification du nouveau et la destruction objective et subjective du vieux sont indissolublement liées entre elles dialectiquement[17].

J'en reviens au paradoxe du début: la critique ASDLR non seulement ne témoigne pas d'une connaissance quelconque de la pensée de Marx, ne retenant que ce qui lui paraît, au premier degré, y entretenir la flamme révolutionnaire, mais encore, les quelques idées qu'elle présente régulièrement

(17) No 2: 1936.

comme *décisives* dans le matérialisme dialectique lui sont aussi absolument inutiles et elle se garde bien de vouloir les «appliquer»!

Cette critique, en outre, fonctionne dans une ignorance bienheureuse des esthétiques matérialistes des vieux Mehring et Plekhanov et — parfaitement hexagonale à ce titre — dans une méconnaissance générale des idées littéraires «progressistes» ou socialisantes de toutes natures produites en allemand, en russe et en anglais à la fin du siècle passé et dans le premier tiers du siècle. Elle n'a de marxiste que le fait approximatif qu'en effet (mais dans une grande discordance de conjoncture), Marx pense parfois *comme eux*, face aux prodromes du modernisme et en quête d'œuvres révolutionnaires. Mais Marx, bien entendu, pense aussi *contre eux*, en tant que critique matérialiste: il a réfuté d'avance, si l'on peut dire, le réalisme socialiste dans l'analyse impitoyable qu'il fait d'Eugène Suë et de ses *Mystères de Paris*, expression accomplie du romantisme social, dans *La Sainte famille*, ouvrage décisif dont les brefs extraits fournis par Fréville auraient pu orienter une réflexion authentiquement «critique».

Quelques axiomes de ce marxisme

Le marxisme imaginaire inventé par les littérateurs des années vingt et trente est composé de quelques axiomes qui s'expliquent non tant par la lecture de Marx que par l'histoire de la propagande des partis et par la constitution de la mentalité socialiste révolutionnaire depuis la Commune. L'histoire a un sens, — ce sens est connu, — le mode de production capitaliste a fait son temps, — la volonté aveugle des faits entraîne les sociétés vers la révolution mondiale qui sera ultime et dont la victoire est assurée, — mais la classe exploitée, le prolétariat, a reçu mandat d'y pousser et elle est certaine d'abattre le capitalisme, — la bourgeoisie agonisante peut être redoutable toutefois en ses derniers soubresauts, — une société sans classe, régie par un État devenu simple «administration des choses», va naître sur les décombres du capitalisme après une période transitoire de dictature du prolétariat.

La critique ASDLR ne part pas d'idées sur la littérature, mais de théorèmes sur le monde: on est au milieu du conflit historique entre le capitalisme et le socialisme, conflit final dont l'issue n'est pas douteuse; l'artiste, l'intellectuel ont pour premier devoir de «se préoccuper du conflit gigantesque et définitif, de la lutte finale qui met aux prises l'ordre ancien avec l'ordre nouveau»[18]. Ce n'est pas l'axiome d'une science historique, mais l'article d'une foi qui s'énonce ici: «Nous faisons confiance au prolétariat parce que nous faisons confiance à l'histoire»[19]. Et Vaillant-Couturier: «Nous combattons armés de *notre confiance absolue dans les destinées de l'homme*»[20]. La science dite marxiste est une science prédictive qui garantit la victoire du camp révolutionnaire au bout de dernières vicissitudes: «dans notre faiblesse d'aujourd'hui nous voyons germer notre puissance de demain», écrivait Victor Serge[21]. Le critique littéraire, fuyant sa tour d'ivoire, doit participer, dans l'*unité* d'un monde devenu intelligible, à la défense de «la culture» qui «sert l'humanité dans sa marche ascendante»[22]. Cette science infuse de l'histoire qui fait partie du marxisme imaginaire de l'époque n'est qu'un acte de foi masqué d'un «système» introuvable et d'arguments sophistiques[23].

(18) Barbusse, *Monde*, 5 sept. 1935, 9.

(19) *Monde*, 5 déc. 1931, 3.

(20) *Commune*, juil. 1935, 1262.

(21) V. Serge, republication de 1932, 41.

(22) Aragon (Discours d'Argenteuil), *Huma*, 25 févr. 1937, 8.

(23) «C'est un trait frappant des dix dernières années que le brusque passage d'un doute absolu à une foi totale et parallèlement du désespoir sans limites à un espoir sans limites également». (J. Grenier, *Essai sur l'esprit*, 27.)

Le second axiome de ce marxisme fictif est celui de la *base-et-superstructure,* celui de la détermination de la production intellectuelle par la «base» économique. Ce que j'appelle des axiomes sont plutôt d'ailleurs des formules à géométrie variables prises chez Marx et paraphrasées avec opportunisme — certaines paraphrases offrant de ce déterminisme une expression suffisamment large pour ne former qu'une thèse vague qui ne saurait être fausse: «Que démontre l'histoire de la pensée si ce n'est que la production intellectuelle se transforme avec la production matérielle?»[24] À la limite, c'est une intuition première de *toute sociologie*, opposée à une idéaliste autonomie ontologique de la conscience, axiome dont la portée est évidemment plus large que le marxisme quel qu'il soit:

> L'écrivain est l'expression de son temps et son œuvre n'est pas seulement fixée par sa propre personnalité, mais par la société où il vit[25].

Dans d'autres circonstances catéchétiques, le déterminisme économique est présenté comme rigoureux, univoque et pleinement explicatif. C'est ce qui s'enseigne dans les écoles du Parti:

> Le matérialisme historique explique le développement social, politique, philosophique, littéraire, artistique, d'une société donnée par son développement économique[26].

Ce déterminisme économique qui est présenté dans les années trente comme **la** découverte du «marxisme» est monté en épingle, mais sans que les critiques essayent de l'appliquer vaille que vaille à des «cas» concrets. En pratique, on affirme que

(24) *Jeune révolution*, 5: 1933, 3. (citation littérale de Marx non signalée comme telle).

(25) *Monde*, 30 mars 1929, 12.

(26) *Cahiers du contre-enseignement prolétarien*, 3: 1932, 5.

les œuvres «reflètent» l'infrastructure sauf dans le cas où, perversement, elles s'ingénient à la contredire! Individualisme, onirisme, humanisme sont ainsi les principales dénégations, bourgeoises, du «reflet» des réalités économiques:

> *L'individu* acquiert à leurs yeux [de certains écrivains bourgeois] l'importance d'un monde complet à lui seul, ne dépendant aucunement de l'ensemble humain (*analyses psychologiques*) [...], d'aucuns s'insurgent *contre la réalité* même, mettant le rêve à la base de leur art (*surréalistes*). D'autres se proclament les bardes des «*constantes humaines*» (amour, haine, joie, tristesse, etc...) communes à tous les hommes et à toutes les époques, oubliant que le *contenu* de ces sentiments évolue aussi essentiellement, en liaison directe avec *la structure économique, base de tout ordre social*[27].

La thèse du déterminisme économique direct est à la fois présentée comme l'essentiel de Marx... et pratiquement montrée inutilisable. 1. L'art et la littérature sont des «idéologies», des «superstructures idéologiques», c'est en quoi le marxisme a prise sur eux: «ni l'art ni la littérature ne demeurent en dehors du marxisme»[28]. 2. Mais il faut admettre entre la base et ces superstructures «des influences intermédiaires et complexes» en grand nombre (ceci, c'est du Plekhanov)[29], «les faits économiques représentent l'ultime (mais non l'unique) fondement de toutes les idéologies, donc également de l'art»[30]. Or, ces «catégories intermédiaires» s'accumulent en des énumérations floues, changeantes et ouvertes:

> ...l'État, les formes politiques de la lutte des classes, les formes juridiques et enfin les conceptions intellectuelles, c'est-à-dire les réflexes que provoquent ces combats réels dans le cerveau des

(27) Versou, «Sadi de Gorter», *Monde,* 5 avril 1935, 8.

(28) Fréville, introd. *Marx/Engels,* 9.

(29) Ibid.

(30) Raphaël, *Proudhon*, 126.

> participants: théories politiques, juridiques, philosophiques, conceptions religieuses, etc...[31]

De sorte que la thèse déterministe demeure à l'état de principe en effet «ultime» au milieu d'influences «dialectiques» en tous sens qu'on a certainement raison de convoquer mais qu'on ne songe même pas à hiérarchiser ou à circonscrire:

> Il [Paul Lafargue] ne considère pas la création artistique comme une sphère indépendante, dégagée des contingences terrestres [...], il y découvre un produit des conflits sociaux et, pour la classe au pouvoir, un instrument de domination[32].

De cette thèse de la «détermination économique en dernière instance», répétée sans être *jamais* développée ni testée, les critiques communistes ne tireront rien. Ce qui semble s'en rapprocher dans les comptes rendus, ce sont les «explications» qu'on propose de l'œuvre par le mode de vie de l'écrivain — exemple: Mauriac, grand propriétaire landais — explications anecdotiques qui sont, de toute façon, d'un tout autre ordre. De même, quand Max Raphaël a recours à la notion vague de «présupposition», elle lui permet de dire quelque chose d'à la fois irréfutable et de valeur explicative nulle: «l'art nègre» de Picasso et autres artistes «présuppose la politique coloniale du capitalisme»[33]!

Une poignée de *catachrèses* autour des mots de «reflet» et «miroir» suggère intuitivement le lien déterministe de la production littéraire avec les «infrastructures». Mais reflet de quoi? De n'importe quoi! Selon les contextes, la littérature qu'on examine va «refléter les grands courants de l'évolution» (métaphore sur métaphore), ou «l'époque», ou «le siècle», ou «la classe» de l'auteur, ou «la psychologie d'une classe», ou «les rapports sociaux», ou «la situation sociale»,

(31) Raphaël, 128.
(32) Fréville, *Commune*, oct. 1933, 74.
(33) *VOKS*, 9-10: 1935, 3.

ou «la réalité sociale» ou enfin «la base économique»... Autrement dit, le pidgin-marxisme a eu pour effet non pas de stimuler mais de bloquer toute réflexion «sociale». Il a incité à accumuler autant de contradictions que de mots. Jean Fréville rend hommage à la pensée de Paul Lafargue:

> Pour Lafargue, la littérature est le reflet des rapports sociaux; elle est une arme de classe; elle est un moyen de connaissance[34].

Phrase typique des textes que j'ai pu lire, qui juxtapose sans autre développement trois propositions contradictoires et incompatibles. Nous sommes dans l'ordre d'une *confession de foi* dont les termes, indéfiniment variables, posent le principe d'un «reflet», mais un «reflet» qui peut être faussé, partiel, distordu, et de choses reflétées qui sont désignées dans une parfaite imprécision selon ce qui peut «coller» intuitivement dans un contexte donné. «Ce que nous pensons», titre *Monde*, qui propose comme synthèse de la poétique de Karl Marx le charabia suivant:

> La littérature est pour Marx une superstructure idéologique élevée sur la base de conditions économiques données et qui, tout en dépendant en définitive de cette base, forme avec elle la trame vivante de la vie sociale[35].

Par ailleurs, l'«art» est une superstructure parmi d'autres, mais il présente tout de même un je ne sais quoi de cognitivement spécifique: «L'art, **superstructure idéologique**, est un instrument spécifique de compréhension et d'interprétation de la réalité.»[36]

(34) Fréville, Lafargue, *Critique*, X. De la même veine: «L'artiste est, avant tout, un être social. Il est le fils d'un milieu social dont il enregistre — consciemment ou non — et reproduit en les amplifiant les multiples vibrations». (*Cahiers de contre-enseignement*, 3: 1932, 6.)

(35) Raphaël, *Proudhon*, 211.

(36) Fréville, Lafargue, *Critiques*, XIX.

Il est inutile d'accumuler les citations, toutes analogues, alternant entre le principe rigide et l'imprécision pratique. Rien ne progresse dans cette vulgate. Les mots, ou catachrèses, qui marquent la relation entre base et superstructure, — «produit de...», «reflet», «miroir», «représentation» (on ira jusqu'à «creuset», «fusion»!) — demeurent des images adaptées *ad libitum* à des contextes variés. L'axiome ne prend sens que polémique, c'est-à-dire pour se dresser contre un hypothétique idéalisme absolu qui se représenterait l'art comme dégagé de toute contingence:

> La 'littérature' d'une époque a toujours été consciemment ou non, représentative de la situation sociale, c'est-à-dire économique et politique de cette époque[37].

> Jamais Racine et Hugo n'auraient été proclamés par leurs contemporains des grands génies, si leurs œuvres, ainsi que des miroirs, n'avaient reflété les hommes de leur milieu social, avec leur manière de voir, de sentir, de penser et de s'exprimer[38].

Mais on peut énoncer l'exact contraire de ces axiomes pour peu que cela semble venir de Marx également. *Masses* paraphrase, sans indication de source, le passage des *Grundriße* où Marx (parlant de l'art grec, de Shakespeare et des «charmes de l'enfance» des cultures) contredit la thèse du «reflet»: «Pour l'art, on sait que les périodes de floraison ne sont nullement en rapport etc...»[39] Max Raphaël approuve le propos d'Engels mettant en garde contre les «explications» économiques: «l'on ne pourrait «sans pédanterie» et «sans se rendre ridicule», avait écrit Engels, «expliquer chaque fait idéologique par des raisons économiques»[40].

(37) *Monde*, 5 déc. 1931.
(38) *L'Humanité*, 5 déc. 1936, 8.
(39) *Masses*, janv. 1933.
(40) Raphaël, *Proudhon*, 128.

Autrement dit, la thèse économico-déterministe étant figée dans un catéchisme, il était néanmoins permis de rappeler que les coryphées du marxisme ne l'avaient jamais endossée! Dans les rares cas où la critique va montrer une œuvre ou une école comme reflétant quelque chose de «social», il ne paraîtra pas absurde de poser qu'il y a eu «reflet», que c'est un bel exemple de «reflet»...tout en faisant des œuvres dont on parle l'expression d'un fait de classe *et* du phénomène contraire. Whitman, Zola et Émile Verhaeren, pose A. Habaru, présentent des traits communs qui les montrent en réaction contre «l'esthétisme» de leur temps.

> Cette réaction a une base sociale et elle reflète tantôt les aspirations encore confuses d'une classe nouvelle, le prolétariat et tantôt [...] les efforts croissants du capitalisme lui-même vers l'organisation et le monopole[41].

Tous les écrivains et les artistes «reflètent» donc quelque chose, simplement ils le font chacun à leur façon! Il suffit que, si abracadabrant que soit le reflet, on l'affirme bien comme tel pour que les apparences d'une herméneutique marxiste soient sauvée. Picasso n'a «pas de génie», constate sévèrement *Monde*, mais «si vides que puissent être certaines formes actuelles de l'académisme "abracadabrant", elles expriment l'époque à leur façon.»[42]

Au bout du compte, ce marxisme introuvable prend quelque consistance dans la critique ASDLR: il s'exprime par (ou se substitue à lui) l'*herméneutique de classe* dont j'ai traité au chapitre précédent. Cette psychologie de classe a une origine principale dans la tradition social-démocrate marxisante, c'est l'œuvre de Plekhanov. La critique ASDLR est plekhanovienne, un peu par connaissance directe et beaucoup par réinvention de ce paradigme utile et facile. «La littérature

(41) Habaru, *Monde*, 22 févr. 1930, 3.
(42) *Monde*, 24 mai 1930, 8.

est le reflet de la psychologie d'une classe, d'une lutte de classes»[43]. (Les deux prédicats de cette thèse ne sont pas coïntelligibles). On suppose l'existence de classes sociales bien distinctes, dotées d'individualité et de volition, dotées aussi de capacité inconsciente d'erreur, de mensonge et de fausses représentations. Par cette médiation «psychologique», on retrouve la perspective militante d'une lutte finale entre deux classes, l'une perverse, l'autre saine, avec leurs consciences *ad hoc* dont les œuvres littéraires, parmi d'autres, témoignent. Les cadres du Parti reçoivent cet enseignement où le mot-clé de «reflet» retrouve sa place.

> L'art est l'expression directe d'une psychologie de classe. En ce sens, l'art est un reflet de la vie. [...] Selon la conception matérialiste, toute littérature est le reflet d'une psychologie de classe, fortement influencée par la lutte de classes, elle-même déterminée par la situation économique et politique d'une société donnée[44].

(43) *Cahiers de contre-enseignement*, 3: 1932, 13.
(44) *Cahiers de contre-enseignement*, 2: 1932.

IX

RÉVOLUTIONNAIRES ET PRÉCURSEURS

Dans les huit premiers chapitres de ce livre, j'ai reconstitué le système axiologique et discursif de la critique communiste. Il convient maintenant d'aborder le «classement» littéraire qui en est résulté et les appréciations concrètes des livres qui paraissaient et des œuvres du passé.

Le Panthéon communiste

Très tôt le Parti communiste a commencé à enrôler à titre posthume des écrivains et des penseurs des siècles écoulés — humanistes du XVIème siècle, rationalistes et libertins du XVIIème, philosophes et encyclopédistes du XVIIIème, réalistes de tous les temps — pour en constituer l'«héritage culturel» du camp révolutionnaire. Cette quête de prédécesseurs, peu systématique dans la période «classe contre classe», a été menée tous azimuts quand le Parti a évolué vers la stratégie de front antifasciste et puis vers celle de parti «aux couleurs de la France». De ces artistes du passé, il ne fallait sans doute pas regarder de trop près les appartenances «objectives»: si l'on s'était demandé «au service» de quoi ou de qui, de quels princes, de quels papes, ils avaient écrit ou peint, on n'aurait pu guère sauver qu'une poignée d'artistes plébéiens. Il s'agissait au contraire de ratisser large si le camp prolétarien devait se constituer en récipiendaire du «meilleur» de l'héritage des siècles.

Face à ces morts illustres qui conféraient une légitimité rétrospective aux thèmes et aux formes ASDLR, les critiques ont maintenu deux attitudes contradictoires: entendant lester le prolétariat révolutionnaire d'une tradition, ils ont recommandé à l'admiration des masses ces «ancêtres», selon les cas, du réalisme socialiste, de l'antifascisme ou de la révolution prolétarienne. Mais ils étaient trop imbus du sentiment des progrès historiques et de la «supériorité» de l'esthétique socialiste pour ne pas se servir aussi pédagogiquement d'eux en vue de montrer les limites, les aveuglements, les insuffisances de leur vision du monde dépassée et de leurs moyens esthétiques. Même les modernes — les Zola, Walt Whitman, Émile Verhaeren — fort appréciables, et prémonitoires de l'art de masse ou du réalisme socialiste, offraient seulement les imparfaits prototypes de la juste esthétique. Il fallait les replacer dans leur temps, apprécier leur résistance aux sirènes du décadentisme bourgeois et montrer à partir d'eux une *évolution* qui devait aboutir aux réalistes socialistes d'aujourd'hui et de demain.

Ce modèle communiste de l'histoire culturelle est parfaitement bourgeois dans son vocabulaire et sa logique héréditaire: les uns *lèguent*, les autres *héritent*, les fils continuent dans la voie tracée par les pères. «Un Aragon, un Roger Martin du Gard, un Jules Romains continuent aujourd'hui la tâche des grands défricheurs de la réalité, Balzac et Zola»[1]. Barbusse est «l'héritier des meilleures traditions de la culture française, le petit-fils des encyclopédistes français»[2].

Lorsque le P.C.F. vire à la tactique de front populaire, il va se poser explicitement en héritier naturel de toute une culture et cette prétention à recueillir seul l'héritage de la France et à prendre la suite devient son exigence première. «Nous sommes, dira Jacques Duclos, les héritiers de tous les humanistes, de tous ceux qui ont eu le culte et le respect de

(1) *Commune*, janv. 1938, 606.

(2) Radek, *Monde*, 5 sept. 1935, 10.

l'homme, de tous ceux qui ont lutté pour défendre l'homme»[3]. Et Paul Vaillant-Couturier s'exclamera à la même époque, en plus chauvin:

> Nous continuons la France. Nos militants sont profondément attachés à son sol. Leurs noms ont la saveur de nos terroirs. [...] Nous continuons la France. Et c'est parce que nous continuons la France que nous voulons sauver la culture.[4]

«Continuer la France», en matière littéraire, c'était continuer cette «grande tradition populaire» qu'on évoque dans les meetings en se gardant de préciser qui elle englobe. Il eût fallu que les précurseurs élus par le Parti fussent impeccables, à la fois comme artistes et comme «militants», comme citoyens impliqués dans les «luttes» de leur temps. C'était rarement le cas. On se contentait de passer sur le légitimisme et l'ultramontanisme de Balzac — puisque Marx avait montré qu'en dépit de ses opinions réactionnaires, l'auteur de la *Comédie humaine* était un «grand réaliste» et un critique perspicace du capitalisme. Au prix de quelque anachronisme, on pouvait enrôler de façon posthume Voltaire-Calas et Zola-Dreyfus dans le parti qui luttait pour la libération de Dimitrov.

La réflexion sur les écrivains «progressistes» du passé, qui ne fut pas le fait d'érudits (les critiques du P.C.F. connaissaient mal, en fait, les écrivains plébéiens ou ouvriers de jadis, ou ceux de la Révolution bourgeoise ou même les écrivains socialisants du XIXème siècle) *transpose* un débat qui était né avant la Révolution bolchevique dans l'extrême gauche en Russie: quel usage les masses révolutionnaires allaient-elles pouvoir faire des écrivains du passé, de Pouchkine, de Lermontov, de Tolstoï (dont on entrevoyait un usage possible, avec des réserves) ou de Dostoïevsky (irrécupérable)? Ce débat s'était développé contre les thèses bogdanovistes de la «table rase»

([3]) Duclos, *Droits*, 29.

([4]) Vaillant-Couturier, *Service*, 31.

prolétarienne: la prétention à «hériter du *meilleur* du passé» faisait dans les années trente partie de l'orthodoxie soviétique.

> Il est impossible d'édifier la culture prolétarienne sans l'élaboration de tout ce que l'humanité a créé dans le domaine de la culture. Lénine le dit expressément. C'est aussi l'avis du Camarade Staline.[5]

Dans la littérature mondiale, Homère, Cervantès, Dickens et Balzac figuraient en tête de liste de ces «grands réalistes» qui devaient être admirés par la culture socialiste — légitimés par «le grand prix que Marx attachait aux œuvres des grands écrivains réalistes du passé»[6]. J'ai exposé ailleurs (au chapitre III) qu'il s'était imposé un *modèle explicatif* schématique de l'évolution littéraire bourgeoise avec sa «phase ascendante», réaliste, et sa phase de décadence au XXème siècle aboutissant à la liquidation fasciste de toute culture. Cette littérature dégénérée avait donc été «forte et grande, et bienfaisante comme tout ce qui est la vie»[7]. Racine — qu'il s'agissait d'arracher à ses admirateurs d'Action française, — Molière, Voltaire, Diderot surtout, qui «exprime une conception purement matérialiste de l'univers»[8] figurent dans le panthéon éclectique des ancêtres et précurseurs, de pair avec des auteurs étrangers, — les plus souvent cités étant Shakespeare, Cervantès, Byron, Heine et Dickens... Un grand éclectisme a évidemment présidé à cette sélection. Balzac est le «précurseur» par excellence du réalisme — prolétarien ou socialiste[9]. Victor Hugo, démocrate bourgeois, est sauvé par son génie démocratique, mais avec des réserves. Son «cas»,

(5) A. Debonine, *Litt. internat.*, I: 1936, 58.
(6) *Litt. internat.*, 5: 1935, 151.
(7) Martinet, *Spartacus*, 14 déc. 1934, 7.
(8) *Monde*, 17 janv. 1931, 8.
(9) *Monde*, 1 oct. 1932, 5.

tel qu'il est présenté aux militants, illustre le fait que les grands hommes servent aussi d'exemple d'insuffisances esthético-politiques dues à leur attitude de classe incorrecte, insuffisances qui doivent être dépassées: l'œuvre de Hugo témoigne, explique-t-on, du «désarroi des hommes de bonne volonté contemporains de Karl Marx qui n'avaient pas encore atteint les doctrines scientifiques du socialisme»[10]. Il serait difficile de ne pas diagnostiquer chez l'auteur des *Misérables* «une absence totale du sens des classes, l'ignorance la plus absolue de leurs luttes», constate-t-on.

Une poignée d'écrivains plébéiens et communards, au premier rang desquels on pouvait nommer Jules Vallès et Eugène Pottier[11] était plus proche d'une préfiguration de la juste origine et de la juste ligne. Finalement, seul Émile Zola, réellement lu par le «peuple» et ayant seul dépeint avec réalisme la classe ouvrière en lutte, est apparu comme un précurseur à peu près irréprochable. Barbusse lui consacre un livre en 1932 et Zola demeure pour les critiques orthodoxes de *Commune* le rare exemple d'«un grand homme dépassant ses propres limites et [atteignant] à une vérité» historique[12]. Pour Jean Fréville et pour d'autres, Zola a représenté le grand écrivain «social», presque contemporain, dont l'art robuste et populaire était à *l'opposé* de la décadence moderniste, ce qui prouvait que cette décadence n'était pas fatale. Zola, pour tout dire, c'était l'*anti-Proust*: «dédaignant les raffinements psychologiques d'esthètes épuisés, il s'est tourné vers l'humanité au travail»[13]. La littérature réaliste-socialiste n'avait alors qu'à *reprendre à Zola* l'évolution normale et saine de l'expression littéraire, à faire un pas plus loin que son naturalisme tout

(10) S. Priacel, *Monde*, 17 févr. 1934, 9.

(11) «Pottier, fils du peuple français, modèle d'honneur, de probité, de talent...», G. Sadoul, *Huma*, 2.10.1937, 8.

(12) Nizan, *Monde*, 15 mars 1935, 10.

(13) Fréville, préface à Paul Lafargue, *Critique*, XIX.

en retenant consciencieusement ses «leçons». Zola était le dernier relais satisfaisant avant la complète décomposition littéraire bourgeoise — c'était aux communistes à remonter à lui, à reprendre le flambeau de ses mains en «approfondissant» sa manière et en y mettant la conscience de la conjoncture historique.

La formation du camp révolutionnaire

Les communistes ont toujours souhaité que la reconnaissance «bourgeoise» vienne d'abord légitimer leurs grands écrivains, quittes à chercher à les arracher ensuite aux éloges «empoisonnés» de la bourgeoisie **ou** à montrer que celle-ci se trouvait contrainte à admirer des auteurs qui la «condamnaient». Dès les années vingt, le Parti a reçu avec le sentiment d'une simple justice historique, l'adhésion de trois écrivains mondialement connus: Anatole France, Romain Rolland et Henri Barbusse.

Anatole France passera pour avoir adhéré au P.C.F. en 1921 — ce qui n'est pas[14]. Admirateur des bolcheviks, premier mais improbable «compagnon de route», il n'en était pas moins, à sa mort en 1923, l'écrivain français dans toute sa gloire — reconnu tel par les lettrés du monde entier. Son «adhésion» fut transmuée en signe des temps et le Parti exigea de ses jeunes intellectuels une admiration sans réserve pour l'auteur de *M. Bergeret à Paris*. Cette admiration, politiquement motivée, n'était pas facile à commander, ni aux surréalistes qui se rebiffèrent, ni aux communisants de *Clarté* pour qui Anatole France incarnait tout ce que d'instinct ils détestaient. «L'œuvre de M. France [...] nie toute l'idéologie prolétarienne dont est

(14) «Inscrit au Parti communiste», dira encore de lui *Commune*, févr. 1936; 756.

issue la révolution russe. Par son scepticisme supérieur et sa rhétorique onctueuse, M. France s'apparente singulièrement à toute la lignée des socialistes bourgeois français», objectait *Clarté.* Ceci n'était que trop vrai, mais France avait rejoint le bon camp et il ne fallait pas faire la fine bouche! «Passé du monde bourgeois à la cause populaire»[15] (il était bien difficile de le qualifier de «prolétarien»), France sera l'objet d'un culte jusque dans *Commune.* (Mais on n'ira pas jusqu'à recommander aux militants la lecture assidue de son œuvre!)

Avec Henri Barbusse et Romain Rolland, l'adhésion avait été effective et l'admiration était beaucoup moins forcée. Tous deux incarnaient le cas de «génies» littéraires reconnus, transfuges de la bourgeoisie esthète et venus, par leur protestation contre la guerre impérialiste, à la Révolution. Ils servaient de preuve anticipée à la thèse optimiste qui prédisait que la littérature du proche avenir serait révolutionnaire ou ne serait pas. Romain Rolland, «pur esthète», entré en août 1914 presque malgré lui dans la politique internationale, mais auquel on pouvait reconnaître des «préoccupations sociales» depuis son *Jean Christophe*, a conté sa conversion de l'idéalisme abstrait à la révolution communiste dans *Quinze ans de combat.* Il fut le compagnon de route le plus mondialement réputé et respecté et, du reste, le plus sûr de l'entre-deux-guerres. Il appartenait en outre à la classe de ces «grandes consciences» dont l'œuvre est censée transcender les simples appréciations esthétiques. «Il y a des hommes [...] qui ne sont pas simplement grands par ce qu'ils écrivent, mais par ce qu'ils sont», admire Nizan[16]. R. Rolland sera enrôlé par le Parti dans toutes ses initiatives sur le «front» culturel, il sera le directeur en titre de *Commune.* Romain Rolland, «cet homme qui a trouvé sa voie à travers la culture jusque dans

(15) *Commune*, févr. 1936, 755.

(16) Nizan, *Humanité*, 26 janv. 1936, 8.

les rang mêmes du prolétariat»[17], incarne également la grande littérature révolutionnaire française pour les Soviétiques. Boukharine est chargé de faire son éloge[18]. Quand en 1936, Rolland fête ses soixante-dix ans, la presse communiste mondiale chante sa gloire qui rejaillit sur le camp de la révolution[19].

Si la gloire de Romain Rolland lui permettait de rester dans une hautaine et bienveillante disponibilité sans qu'il ait eu en général à se salir les mains en des combats propagandistes douteux, celle de moindre ampleur d'Henri Barbusse fut mise par celui-ci au service de la révolution, de l'Internationale et du stalinisme sans la moindre restriction et en dépit de bien des humiliations et des mécomptes. L'auteur du *Feu* et créateur de *Clarté*, — revue conçue en vue de la constitution d'une «internationale de la pensée», — adhéra au P.C.F. en février 1923. Il créa et dirigea, tout en s'efforçant de conserver sa liberté de manœuvre, la revue de la littérature révolutionnaire mondiale, *Monde* (voir chapitre I). En novembre 1930, les Soviétiques, loin d'apprécier les services que sa réputation et son talent rendaient au camp communiste, exigèrent de lui, au Congrès de Kharkov, l'autocritique de ses «erreurs» politiques. On lui retira la page littéraire de *L'Humanité*, qu'il dirigeait depuis 1927. Son *Jésus* — un Jésus marxisant — le fit interdire en U.R.S.S. à la même époque où les surréalistes n'avaient de cesse d'insulter à Paris «le vieil emmerdeur bien connu» (*dixit* André Breton). Mais Barbusse, ne se laissant pas rebuter, allait se racheter en mettant sa plume au service de l'U.R.S.S. et sa pensée au service d'une esthétique à inventer qu'il nomma d'abord «réalisme prolétarien». Ses livres successifs, *Russie*, *Zola*, et surtout son *Staline*, montrèrent aux dirigeants qu'il était capable de se

(17) *Commune*, janv.-févr. 1934, 819.

(18) *Commune*, août 1935.

(19) «Hommage à Romain Rolland», *Commune*, mars 1936; voir aussi *Regards*, 30 janv. 1936.

réformer. Tandis que *Monde* passe sous le contrôle exclusif des communistes, Barbusse avec *Staline* est censé démontrer que le talent qu'il avait mis dans le pacifiste et anti-impérialiste *Feu* se trouvait encore accru en s'attaquant à un sujet vraiment grandiose: tracer «les traits simples et rudes de ce héros des temps modernes»[20], le Secrétaire général du P.C.U.S. (b). Avec le *Staline*, les anciennes réserves sur l'individualisme et l'éclectisme de Barbusse avaient disparu.

> *Staline*, c'est tout l'espoir, toute la volonté de combat et de victoire des travailleurs révolutionnaires. Henri Barbusse, historiographe de Staline, traduit par son dernier livre la poussée nouvelle des masses, écrit Aragon.[21]

Barbusse meurt inopinément à Moscou le 30 août 1935, «au milieu de ce peuple soviétique qui l'aimait». Sa mort le transfigure: mort, il ne gène plus et, tel qu'en lui-même enfin ce décès prématuré le change, il incarne désormais pour les années à venir la littérature révolutionnaire, il montre à tous le chemin du dilettantisme bourgeois à l'engagement, de l'obscur talent symboliste des *Pleureuses* au génie artistique du *Staline*. «Les antifascistes du monde entier saluent le grand écrivain, l'initiateur du mouvement mondial contre la guerre et le fascisme, le grand militant tombé dans la bataille»[22]. Le P.C.F. lui organise des obsèques «triomphales» (c'est l'adjectif dont use *L'Humanité*; l'extrême-gauche a de tous temps cultivé une politique des obsèques de masse). La mort de Barbusse (dont il n'est plus question d'évoquer les «erreurs») permet au Parti de mettre au point une de ses premières mises en scène grandioses avec «cette cérémonie dont on reparlera dans des siècles», comme l'écrit le lendemain un chroniqueur enivré[23]. Barbusse

(20) Sadoul, *Commune*, sept. 1935, 94.
(21) Aragon, *Monde*, 13 juin 1935.
(22) *Front mondial*, 47bis: 7 sept. 1935.
(23) F. Baupréau, *Monde*, 5 sept. 1935.

post mortem servira à marquer «le grand tournant de notre littérature»[24]: les éléments sains y répudiaient la décomposition et la déchéance dont Barbusse, dans tout ses écrits critiques, avec peu de nuances et de subtilité, s'était fait en effet le dénonciateur acharné. Le «dilettante sensible» de jadis devenu le «pèlerin de l'humanité, [l']apôtre de la paix»[25], va être transfiguré en «intellectuel des temps nouveaux, mettant son génie au service du peuple»[26]. À mon sens, Barbusse dont le talent périclite après *Le Feu* (roman que Norton Cru avait considéré, sur le plan documentaire au moins, comme une pure imposture — mais ceci relève du problème général de ce qu'est la «vérité» littéraire), était un humaniste républicain qui s'était assimilé un certain léninisme transposé en clé idéaliste. Adhérant au P.C.F., Barbusse a versé dans le roman à thèse et évolué de l'art à la propagande avec une grande bonne volonté, évolution dont le monument est son *Staline,* ouvrage qui a son importance historique puisqu'il a été le coup d'envoi, non seulement français mais mondial, du «culte de la personnalité».

Créer une littérature de parti

Les trois écrivains dont je viens de parler avaient tous reçu d'abord de la bourgeoisie la reconnaissance de leur «génie» ou de leur talent avant d'adhérer. Il fallait mieux et davantage. Ce qu'il s'est agi de créer de toutes pièces dans les années trente (vue de l'extérieur, l'entreprise pouvait sembler surprenante) c'est une *littérature de parti*. Non de s'enorgueillir d'une cohorte de littérateurs sympathisants, mais de produire une littérature en quelque sorte *toute faite et sur mesure*, avec son canon, ses genres, ses éditeurs et son personnel propres. Au bout

(24) Fréville, 1935, cité par Brett, 1963.
(25) *Humanité*, 28 août 1937, 8.
(26) *Humanité*, 11 avril 1937, 8.

du compte, cette littérature (qui va s'auto-légitimer en 1935 par le *label* du «réalisme socialiste») s'incarna dans deux écrivains (et quelques comparses), — Louis Aragon et Paul Nizan. L'entreprise sera poursuivie et perfectionnée après 1945.

Plusieurs monographies détaillées et perspicaces ont analysé de façon parfois fort critique la carrière littéraire et militante de Nizan. Pour Aragon, bien que beaucoup ait aussi été écrit sur lui — de façon moins sereine, partagée entre l'admiration, la désolation et le mépris — il faut attendre une biographie rigoureuse. Je ne reviendrai pas sur les données connues, l'adhésion d'Aragon au P.C.F. en 1927, son entrée à *L'Humanité* comme journaliste d'information générale en 1933, son rôle au Congrès de Moscou en 1934, ses fonctions de chef de file littéraire dans *Commune* et progressivement dans toute la presse du Parti (ceci, en tandem et en concurrence avec Paul Nizan dès le début). À mesure que la puissance d'Aragon comme premier doctrinaire et littérateur communiste croît, les oppositionnels vont dénoncer en lui un homme qui a vendu son âme au stalinisme le plus fanatique et le plus calculateur. «Aragon ayant adhéré au seul grand parti révolutionnaire [s'est] vu soumis à l'influence déformante de celui-ci et à ses règles souvent jésuitiques», constate la revue communisante bruxelloise *Documents 35*[27]. Aragon a travaillé lui-même à confirmer son image de courageux transfuge, du surréalisme venu au «monde réel», l'image d'un écrivain entièrement rééduqué par son propre effort, mué en poète révolutionnaire, en romancier du «monde réel» et en théoricien du réalisme socialiste, en inconditionnel de Moscou et de Staline: «Aragon dont le passage du surréalisme à la révolution est [...] un magnifique exemple de re-création de l'écrivain par lui-même.»[28] Ce qui retient ici, c'est cette *image*

(27) *Documents 35*, 2: 1935, 35.

(28) Nizan, *Monde*, 12 août 1935.

de parfaite rééducation politique et de parfaite incarnation de la littérature «de l'avenir» qu'Aragon se donne et qu'on lui accorde. Une image que Moscou a entérinée aussi vite que Paris, car on peut dire que la fonction était à prendre et que le rôle de rééduqué littéraire n'attendait que son acteur.

> Que le surréaliste Aragon soit devenu un écrivain prolétarien, c'est là un événement d'une importance mondiale [...]. Qu'il ait pu tuer un artiste pour permettre à un autre de se manifester, un autre qui ne ressemble presque en rien au premier, voici qui démontre les grandes ressources de cet homme. Aragon est un écrivain communiste chez qui la conception artistique est entièrement pénétrée de sa compréhension politique de l'histoire.[29]

Alternant entre la vanité littéraire et l'humilité militante, émulant les poètes soviétiques qui se proclamaient «au service des masses» et leur soumettaient leur production, Aragon a offert ses premiers ouvrages réalistes socialistes en demandant au prolétariat de confirmer qu'il avait bien répondu à la «commande sociale».

> Pour moi qui fais ici devant vous mon rapport comme un ouvrier devant son usine, je pose devant vous mes deux derniers livres, les poèmes de *Hourra l'Oural* et mon roman *Les cloches de Bâle*, et je vous demande: «Camarades, est-ce bien ainsi?»[30]

Le ci-devant poète de la «dictée de l'inconscient» avait d'abord renié ses anciennes erreurs avec la poésie-propagande de *Hourra l'Oural*:

> [...] Et dans le ciel de six heures il y avait un grand écriteau rouge
> où l'on lisait
>   Salut au Parti Bolchévik
>   **VKP**
>   **b**
>   et à son chef le camarade Staline[31]

(29) *Litt. internat.*, 5: 1935, 62-63.
(30) *Réalisme socialiste*, 57.
(31) p. 148.

Avec *Les cloches de Bâle*, Aragon livrait ensuite le premier roman du réalisme socialiste — dont le canon avait, de fait, précédé les réalisations. Les critiques communistes le lisant, *reconnurent* aussitôt, dans ce roman de mœurs barrésien auquel est greffé un épisode de lutte ouvrière, le roman que le camp de la révolution et l'«évolution littéraire» attendaient. *Les cloches de Bâle* «marque un tournant [...] dans l'histoire de la jeune littérature révolutionnaire»[32]. La parution de ce seul roman prouve, selon *L'Humanité*, que le réalisme socialiste «est la tendance vivante de notre littérature»[33]. «Une littérature nouvelle naît en France, qui est un courant fécond, celui du réalisme socialiste»[34]. La *Literaturnaja Gazeta* ne s'y trompera pas non plus: *Les cloches* signalent la naissance d'un «écrivain communiste»[35]. Le roman était aussi censé prouver cette thèse optimiste, que j'ai exposée ailleurs: en se mettant au service de la Révolution, Aragon, loin de l'amoindrir, améliorait son talent natif:

> Aragon, poète de l'illusion, était un grand écrivain; poète du monde réel, il reste un grand poète, un plus grand poète même, parce que plus complet et s'obligeant à dire non plus seulement l'envers des choses, mais aussi leur face.[36]

Après *Les cloches*, Aragon se hâta de raffiner encore sa technique avec *Les beaux quartiers* — qu'on pourrait cependant classer sans effort dans la plus conventionnelle des littératures romanesques des années trente sur les thèmes appariés de la bourgeoisie provinciale et des femmes. Ainsi Aragon, constamment approuvé du Parti parce que constamment sensible à

(32) *Monde*, 6 déc. 1934.

(33) *L'Humanité*, 19 déc. 1934, 8.

(34) *Regards*, 7 mai 1936.

(35) Reprod. *Humanité*, 22 janv. 1935 et voir D. Mirsky, *Litt. internat.*, 5: 1935.

(36) *L'Humanité*, 5 déc. 1936, 8.

ses attentes — du moins en apparence — s'achemine vers *Les communistes* (1950) qu'André Stil reconnaîtra aussitôt (l'œuvre d'Aragon communiste est scandée par ces factices effets de reconnaissance) comme «le plus grand roman de notre histoire littéraire»[37]. Que pouvait-on dire de plus?

Paul Nizan entré au P.C.F. en 1929, s'il diffère à tous égards d'Aragon par la formation, le tempérament et par le type de talent, permet par là même d'observer de fortes analogies dans leurs vies militantes parallèles, de comprendre que la fonction militante crée l'organe et détermine dans une large mesure les attitudes et les choix. Nizan participe à la prise de contrôle de *Monde* (1931), il devient critique régulier à *L'Humanité* (1932) où il donnera des comptes rendus jusqu'à l'époque du Pacte. Séjournant à Moscou en 1934-35, il dirige la publication de plusieurs numéros de *Littérature internationale.* Secrétaire de rédaction de *Commune*, «il prétend représenter la culture révolutionnaire en quelque sorte officiellement», note avec peu de sympathie une revue dissidente[38]. James Steel, un de ses biographes récents, fait de Nizan le principal agent du P.C.F. pour la bolchevisation et la stalinisation des intellectuels et des gens de lettres. Chose certaine, Nizan ne fut pas moins sectaire, malléable et orthodoxe qu'Aragon, mais il était doué d'une intelligence plus subtile et d'un sentiment des enjeux théoriques en littérature qui lui permettaient de jouer au plus fin et de laisser entrevoir derrière la «ligne» qu'il défendait et dont il ne s'écartait guère, une perspicacité qui ne s'en laisse pas conter. Nizan qui avait publié au tournant des années trente le très révolté *Aden-Arabie* et le pamphlet *Les chiens de garde*, va livrer ensuite une série de romans «bien écrits» à thématique sociale dont *Antoine Bloyé* (1933), histoire misérable d'un traître à sa

(37) Stil, 1952, 57.

(38) C.r. d'*Antoine Bloyé*, *Documents 34*, 2: 1934, 16.

classe, qu'Aragon, toujours prêt à rendre la politesse, qualifie aussitôt d'«expression de ce *réalisme socialiste* [...] où la réalité a son visage de classe»[39]. On peut rappeler que l'étiquette de «réalisme socialiste» allait servir exclusivement à qualifier les fictions produites par des gens de *Commune,* les militants littéraires du Parti, à l'exclusion de tous autres.

Le Cheval de Troie (1935), roman «à chaud» des luttes de 1934, est encore plus conforme aux attentes communistes: c'est le seul roman du travail révolutionnaire et des grèves, publié au moment où le P.C.F. s'arrange avec le Front populaire et avec la voie électorale. (Ce roman comporte un personnage d'intellectuel non-engagé, Lange, qui tourne au fasciste. Le petit camarade Sartre s'y reconnut avec colère.) Roman à deux lectures, comme tous ceux de Nizan: un niveau de certitudes léninistes, une strate d'angoisse existentielle[40]. *La conspiration* sera le dernier roman de Nizan (1938). Celui-ci, qui avait réalisé un parcours sans faute dans les rangs du Parti, rompt brusquement après le Pacte germano-soviétique, envoyant sa lettre de démission le 23 septembre 1939. Il est tué à la guerre. Il sera qualifié, par Maurice Thorez le premier dans un article clandestin de 1940, d'«agent de police» — diffamation que le Parti soutiendra pendant plus de quarante ans.

Les autres œuvres qui furent dignes du label réaliste-socialiste n'abondent pas, ce sont *Manifestation interdite* de Léon Moussinac[41], *Pain de brique* de Jean Fréville, *Les massacres de*

(39) *Commune*, 1934, 826.

(40) Scriven, in Scriven & Tate, *1988*, 129-30: «In his novels Nizan speaks with a forked tongue. He uses two different languages, two different voices within each narrative site, one political and historical, the other literary and metaphysical:

Communist discourse — Historical authority: LENIN
Existential discourse — Metaphysical *Angst*: DOSTOIEVSKY»

(41) C.r. *Commune*, 1935, III, 471.

Paris de Jean Cassou (roman historique sur la Commune), — tous accueillis avec enthousiasme par *Commune*. On pourrait signaler dans les rangs des écrivains communistes, Paul Vaillant-Couturier mais ses activités à la tête de l'A.E.A.R. et d'autres innombrables entreprises militantes l'ont dévoré. Enfin une œuvre «littéraire» hors-catégorie a mérité de figurer au premier rang peut-être, c'était l'autobiographie du secrétaire général du P.C.F., Maurice Thorez, *Fils du peuple* (dont il est démontré qu'elle fut rédigée par Jean Fréville et quelques autres), chef-d'œuvre stylistique et «exemple de noblesse et de bonté»[42] où s'élabore le culte français de la personnalité, qui sera un reflet du culte du «Chef des peuples» dans l'empyrée stalinien.

> L'individualité brillante et riche de Thorez ne se dissout pas, ne disparaît pas dans la vie du Parti et de la classe ouvrière, mais elle s'unit si organiquement à cette vie que chaque page de l'histoire du Parti communiste est en même temps une page de la biographie de Thorez. […] C'est au pays où sous la direction du chef des peuples, le camarade Staline, a été édifié le socialisme, c'est à l'U.R.S.S. que va surtout l'ardent amour de Thorez.[43]

Le Parti a donné aussi son approbation — plus mesurée — à quelques écrivains d'origine ouvrière qu'il est parvenu à dénicher. Ce n'est pas qu'il ait mis grand zèle à promouvoir cette littérature «de classe» dont sur papier on attendait tant, mais il fallait faire barrage aux deux autres groupes qui prétendaient, hors du Parti, témoigner de l'expérience ouvrière: les «prolétariens» groupés autour de Poulaille et les populistes proches de L. Lemonnier. La presse du Parti a donc donné tout son appui à quelques romans qui se recommandaient aux lecteurs par leur origine de classe — «Voici le livre d'un

(42) C.r. *Cahiers de la jeunesse*, 15 nov. 1937, 25.
(43) E. Knipovitch, «Critique…», *Litt. internat.*, 3: 1938.

ouvrier métallurgiste du bassin lorrain....»[44] — sans que l'enthousiasme pour le produit ait jamais paru excessif. Il arrive qu'on se contente d'espérer leur venue, à ces écrivains prolétariens, à la façon de la Méthode Coué où à force de répéter on s'autosuggère: «Ils viennent, ils naissent de la foule prolétarienne, les poètes révolutionnaires français...»[45] On vit finalement paraître quelques romans rédigés par des héros communistes et écrivains du dimanche dont les critiques de *Commune* se bornent à souligner l'«authenticité»:

> Ce qui frappe dans un livre comme celui-là, c'est la sûreté et la facilité de ce rapport de l'auteur à *son* peuple. De là, une authenticité qui ne s'imite pas.[46]

Des écrivains d'origine ouvrière qui avaient du métier et de la notoriété, le P.C.F. n'a proposé à l'admiration des siens que *deux* qui n'appartenaient pas à des groupes ou des milieux qui lui étaient hostiles, mais qui n'avaient pas à ma connaissance rejoint les rangs du Parti: Eugène Dabit et Tristan Rémy. Il les a admirés sans leur conférer cependant l'admission dans les rangs plus que clairsemés des «réalistes socialistes». Eugène Dabit, ancien ajusteur, vrai écrivain prolo, talentueux auteur d'*Hôtel du Nord*, de *La zone verte*, meurt à Moscou en 1936 à trente-huit ans. Dans les deux capitales, il sera pleuré comme l'un des plus authentiques et prometteurs des prolétaires écrivains. «Dabit aimait l'Union soviétique. — Dabit voulait écrire après avoir vu la vie radieuse, l'heureuse vie du Pays des Soviets.»[47]

Quant à Tristan Rémy, proche de Dabit par l'inspiration, auteur de *Porte Clignancourt*, son roman *La grande lutte* (1937), roman de la lutte syndicale, des grèves en juin 1936

(44) *Commune*, févr. 1936, 753.

(45) Aragon, *Commune*, oct. 1933, 93.

(46) Nizan, *Humanité*, 7 août 1937, 8.

(47) *Litt. internat.*, 8: 1935, 135.

et de victoire, fait écho aux espérances du Front populaire — «... En effet, dit Simonin, tout arrive. Tout arrivera!» — il aurait mérité de se qualifier pour représenter le «réalisme socialiste» si les camarades de *Commune* n'avaient pas jalousement conservé le qualificatif pour eux.

J'ai parlé ailleurs du Groupe des Écrivains prolétariens, autour d'Henry Poulaille, dont le serment littéraire était de rester «fidèles à leur classe» et dont plusieurs ne manquaient ni d'originalité ni de talent — à commencer par Poulaille lui-même avec ses *Damnés de la terre*. Mais, avec leurs penchants syndicalistes-révolutionnaires ou trotskysants, ces écrivains se sont tenus suffisamment éloignés de l'appareil stalinien pour ne susciter dans la presse du Parti que des comptes rendus sur la réserve, lesquels deviendront avec le temps des dénonciations politiques explicites.

Le vrai romancier prolétarien talentueux des années trente était Louis Guilloux, et le grand roman de l'année 1935 avait été *Le sang noir*. Mais Guilloux que les staliniens classaient comme un déplorable «anarchiste», a détesté toute sa vie et à chaque page de son œuvre ce qui juge, discipline, moralise et normalise: à cet égard, il était inaccessible au canon du réalisme socialiste et à la ligne d'un parti — quoique ses personnages qui n'ignorent pas la révolte et la haine, ne sont pas non plus des «céliniens» avec leur cynisme et leur ressentiment. Aragon se donnera les gants d'écrire une critique chaudement admirative du *Sang noir* dans *Commune*[48] — exemple des petites libertés que s'accordaient à eux-mêmes les critiques du Parti.

Pour être complet, il faut mentionner que la critique ASDLR a canonisé aussi sa poignée d'«écrivains paysans», vague catégorie où on pouvait colloquer Henri Pourrat, Ludovic Massé, C. F. Ramuz, Émile Guillaumin (un authentique

(48) 1935, III, 350 -. V. aussi Dabit, ibid., III, 1936, 545.

paysan du Bourbonnais, lui), Henri Bosco et Jean Giono. Ils ont eu pour ce dernier et pour son panthéisme lyrique une admiration constante et confiante qui ne dut se réformer sur le tard que quand il devint certain que Giono — sans hyperbole cette fois dans le qualificatif — tournait au fasciste.

Parmi les écrivains étrangers considérés comme révolutionnaires et analysés dans la presse communiste des années trente, on relève d'abord les victimes et dénonciateurs du nazisme, Heinrich Mann (le frère de Thomas Mann), auteur de *Der Haß*, Anna Seghers, la romancière autrichienne du *Chemin de février*, Ignazio Silone, auteur de l'antifasciste *Fontamara* (1934). Ensuite et avec une prédilection particulière, les réalistes américains de gauche, Upton Sinclair, Theodor Dreiser, John Dos Passos, mais aussi des écrivains de toute une internationale de littérature de combat comme le fameux romancier anticolonialiste néerlandais Multatuli et «le premier poète révolutionnaire du monde», Herman De Gorter[49].

Dans la France lettrée gallocentrique des années d'entre-deux-guerres, les communistes ont contribué, parallèlement à la *N.R.F.*, à faire connaître à toute une jeunesse les littératures étrangères, soviétique certes, mais aussi d'Europe centrale, et — paradoxalement et surtout — le roman *américain*. Quoique non étiquetés «révolutionnaires», ceux-ci (mais en tout cas on pouvait les dire «antifascistes»), on peut signaler, parmi les écrivains des États-Unis admirés, Sinclair Lewis, Langston Hughes et Charles Faulkner[50].

(49) *Monde*, 22 oct. 1932, 11.

(50) «Un des plus grands parmi les nouveaux romanciers américains», écrit Nizan, *Monde*, 320: 25.1.1935, 10, avec sa «conception tragique de l'érotisme et de la mort». Pas très réaliste-socialiste, ce critère!

Admirations mesurées et critiques: le cas Malraux

Les critiques ASDLR, en arbitres sévères, vigilants, mais équitables d'une production bourgeoise où les œuvres à sauver en partie n'abondaient de toutes façons pas, ont reconnu le «talent» d'auteurs qui étaient loin de partager toutes leurs vues. Ils ont pu le faire par habileté, exhibant ainsi une largeur de vue qui les lavait du soupçon de sectarisme. Ils l'ont fait aussi sincèrement, parce qu'ils pensaient que les voies de la Révolution sont impénétrables, que le talent, pourvu qu'il fût au service d'un certain réalisme qui ne pouvait que se combiner à une critique romanesque de l'ordre bourgeois, pouvait sinon vous rallier tout de suite l'écrivain, du moins en faire un allié utile. François Mauriac a bénéficié ainsi de ces concessions au talent mis au service d'une certaine férocité pour les mœurs de «sa classe».

> Nous sommes par ailleurs suffisamment ses adversaires d'idées pour n'être aucunement gênés en lui reconnaissant un talent littéraire certain.[51]

Au reste, au cours de la Guerre d'Espagne, tant Mauriac que Bernanos, adversaires catholiques reconnus talentueux, sont apparus «trahissant» le camp du fascisme, le camp de la bourgeoisie: les encouragements n'avaient pas été si mal placés.

Les critiques communistes ont apprécié — en faisant la même sorte de partage — l'œuvre de Roger Martin du Gard, grand bourgeois étranger aux valeurs communistes, mais grand réaliste, et il n'y en avait pas tant. Ils ont même passé l'éponge sur le côté «malsain» de Victor Margueritte lorsque celui-ci rejoignit le front antifasciste: l'auteur de *La Garçonne* soudain apprécié par Vaillant-Couturier, il fallait le faire! Ils ont accordé beaucoup d'approbations et d'encouragements

(51) *Humanité*, 2 avril 1925.

à des écrivains mineurs qui comme Pierre Hamp, maître du «document romancé», ou Édouard Peisson, «romancier de la mer», avaient le sens du peuple, des masses, des réalités économiques et sociales, sens dont des écrivains plus en vue étaient parfaitement dépourvus, et qui auraient pu tenir une place honorable dans la littérature d'un pays socialiste. Ils ont évidemment exalté les «compagnons de route» qui comme Jean-Richard Bloch mettaient leur plume au service du camp socialiste et du combat anti-fasciste (dans *Espagne! Espagne!* notamment)[52].

Ils ont, au contraire, montré une suspicieuse sévérité — c'est un paradoxe de toute position de combat — pour des écrivains qui s'étaient placés sur le terrain de la classe ouvrière, de la lutte mondiale contre le fascisme et de la révolution, mais sans accepter la vision des choses ni se laisser influencer par la discipline du parti et en opposant une indépendance de pensée et de création aux dogmes socialistes. J'aurais pu prendre les cas de Louis Guilloux ou de Jean Guéhenno pour montrer à quel point les relations avec ces francs-tireurs ont été heurtées et difficiles. Mais le *cas* le plus complexe à gérer et sur lequel je vais me concentrer, a été celui d'André Malraux, compagnon de route malcommode, révolutionnaire aventurier hors des normes et des disciplines, romancier enfin dont l'écriture moderniste et l'ambivalence axiologique créaient de sérieux «problèmes». Malraux a été parfois invité à contribuer à la presse littéraire communiste, mais ses vues sur la littérature étaient incompatibles avec celles défendues par *Commune*, qui reproduit cependant son essai «L'Art est une conquête» dans son numéro de septembre-octobre 1934[53], de même que *Monde* avait reproduit son intervention «improvisée» au Congrès de Moscou

(52) Compte rendu, *Humanité*, 19 déc. 1936, 8.
(53) 68-72.

de 1934.[54] Malraux qui écrivait et disait les choses comme il les avait pensées et qui n'était pas porté aux concessions à l'orthodoxie, développait dans ces deux textes des thèses qui, si elles avaient été discutées — mais on se garda bien de le faire — eussent radicalement remis en question le marxisme mécaniste, les conceptions de la littérature-reflet et le dogme réaliste: «C'est seulement dans l'élément positif d'une civilisation que l'œuvre d'art trouve sa force. [...] L'artiste et la société moderne sont par leur nature même opposés. [...] Un désaccord fondamental s'établit entre l'esprit, d'une part, et les institutions sociales d'autre part», avait déclaré à Moscou l'auteur de *La Condition humaine.*

Libre de sa parole et refusant tout conformisme, André Malraux va permettre à quelques critiques soviétiques de s'appuyer sur les thèses par lui publiquement exprimées et sur une citation, ironiquement sollicitée, du camarade Staline pour dire des choses qui, inspirées par un autre, eussent passé pour parfaitement hérétiques et détestables. On verra pour illustrer ce que je dis un article d'A. Leites dans *Littérature internationale*, «La mort et le courage dans la littérature soviétique»:

> De même Malraux disait au Congrès des écrivains de l'URSS: «Si "les écrivains sont les ingénieurs de l'âme", n'oubliez pas que la plus haute fonction d'un ingénieur est d'inventer. L'art n'est pas une soumission, c'est une conquête. La conquête de quoi? Des sentiments et des moyens de les exprimer. Sur quoi? Sur l'inconscient presque toujours, sur la logique très souvent.» Or la littérature bolchevique se distingue précisément de la littérature bourgeoise et des œuvres bellicistes de l'Occident en ce qu'elle n'indique pas comment il faut mourir, mais comment il faut vivre.[55]

(54) *Monde*, 2 nov. 1934, 8-9.
(55) # 2: 1936.

«L'art n'est pas une soumission, c'est une conquête»: ce propos sibyllin était peut-être bien, du haut de la tribune à Moscou, une condamnation du réalisme socialiste en gestation et de toute directive qui vienne brimer l'invention artistique et rejeter les voies modernes de cette invention. Malraux avait d'ailleurs mal commencé. *Les Conquérants* (1928) était apparu aux communistes comme un roman de la décadence bourgeoise (modernisme de l'écriture, individualisme, morbidité, sexualité, pessimisme...) avec la circonstance *aggravante* de traiter, sous des perspectives tout à fait «fausses», de choses révolutionnaires. G. Altmann dans *l'Humanité* y décèle «une atmosphère assez malsaine de désespoir» et conclut: «à ce livre, il manque très peu pour être contre-révolutionnaire»[56]. Nizan, débutant à la *Revue des vivants*, va signaler avec mépris «ce groupe des hommes de bonnes volontés impuissantes, comme Guéhenno et Bloch [...] comme Berl et Malraux [...], tant de préjugés les retiennent encore, tant de prudence, de timidité»[57]. *Les Conquérants* n'avait pas du tout plu à Moscou non plus: Malraux était un littérateur petit-bourgeois et son Garine, un aventurier et non un bolchevik, du moins un bolchevik tel qu'idéalisé par l'Internationale (ce qui est parfaitement exact!)

Avec *La Condition humaine*, les choses ne s'étaient pas arrangées. Malraux, demeuré «individualiste», ne rejoignait pas franchement le camp prolétarien, sa mentalité de classe le rendait incapable de comprendre le «vrai» révolutionnaire dont on sait qu'il est taillé dans une étoffe à part. Ici encore, Jean Fréville ne s'y trompait pas: «La Révolution est [chez Malraux] un moyen romantique d'évasion qui permet à l'individu de "mourir" le plus haut possible»[58]. Fidèles à leur

(56) 22 octobre 1928.

(57) *Revue des vivants*, 1932 (repr. Nizan, 1971, 38-9).

(58) Fréville, c.r. *Humanité*, 11 déc. 1933.

attitude pédagogique mais «ferme», les critiques militants «encouragèrent» Malraux, mais ils lui montraient aussi qu'il avait encore un long chemin à faire pour dépouiller ses erreurs. D'ailleurs, Malraux divise à cette époque les communistes... il les divise sur le degré et l'étendue de la *condamnation* qu'on doit lui réserver, entre l'approbation très mesurée et les encouragements grondeurs (ce qui était dans la logique officielle) et la condamnation politique et littéraire absolue que souhaitaient d'autres. Dans *Commune*, J. Audard reconnaît à *la Condition humaine* des «qualités littéraires», une certaine union réussie «du psychologique et du social». Il s'en faut qu'il soit dithyrambique[59]. Mais c'est déjà trop. Dans le numéro suivant, on publie une réplique choquée d'un certain R. Joly: le roman de Malraux est politiquement condamnable par son «pessimisme radical» qui est le contraire de «la joie de vivre du révolutionnaire»[60]. Cet échange polémique dans *Commune* est intéressant parce qu'il montre en toute clarté que les deux critiques en désaccord vont à l'envers de la *logique* du texte romanesque, éprouvant de l'embarras ou de l'hostilité dès que ce texte travaille dans la polyphonie, l'ambivalence et l'énigmaticité. On rencontre enfin dans *Monde* une analyse tout à fait positive de la *Condition*, qui annexe Malraux au camp révolutionnaire, mais cette critique relève du même contresens puisque Philippe Lamour y prétend admirer un roman de la positivité, de la certitude et de l'espérance: «une esthétique [...] qui exprime toutes les espérances de l'avenir [...]. Il pose enfin les vrais problèmes»[61].

Pourtant avec *Le temps du mépris* tout s'arrange. Malraux figure désormais dans la courte liste des artistes qui sont allés

([59]) Audard, *Commune*, juil. 1933, 71-73.

([60]) Oct. 1933, 158.

([61]) Ph. Lamour, *Monde*, 18 mars 1933, 7.

de l'erreur à la clarté. En 1935, Malraux produit enfin un roman communiste, juge-t-on. Un roman par lequel «le communisme revendique tous les titres d'une civilisation totale», comme le dit avec emphase la rhétorique du temps[62].

> Malraux trouve dans le communisme des justifications qui vont dans le sens de la plus grande noblesse, de la plus grande conscience: ses justifications sont donc des découvertes de plus en plus étendues, de plus en plus profondes capables d'entraîner la plus vaste adhésion, par exemple l'idée de fraternité. Sans parler de la conscience qu'il peut avoir d'aller dans le sens de l'histoire.[63]

> (Petite parenthèse sur le comique des opportunismes dogmatiques: le même roman, en 1947, sera jugé en appel par Roger Garaudy, critique en chef du Parti, comme l'échantillon typique d'une «littérature de fossoyeurs» — Malraux dans l'entre-temps étant devenu gaulliste[64].)

Avec l'admiration portée au *Temps du mépris*, le malentendu persiste cependant car Malraux est approuvé pour deux choses, ou trois: le caractère univoque et limpide du message, l'optimisme ultime et la simplification de la forme. Malraux met «ses dons d'écrivain au service de l'efficacité de son message», prétend-on approbativement[65].

> Livre entièrement positif, tourné vers l'affirmation de certaines valeurs, moins complexe que *La condition humaine*, plus fort. [...] Malraux a avancé depuis *La condition humaine*. Il est l'un des plus grands parmi nous.[66]

(62) Nizan, *Monde*, 6 juin 1935, 8.

(63) Ibid.

(64) Garaudy, *1947*, 38: «Il porte témoignage d'une époque, d'une classe et de la décadence dont il est la fine fleur. Le monde de Malraux, le seul qui existe pour qui refuse de combattre de front le régime, est celui du désespoir.»

(65) *Documents 35*, 5: 1935, 19.

(66) Nizan, *Monde*, 6 juin 1935, 8.

Ces bons points accordés au grand roman antinazi où les communistes reconnaissent leur héroïsme dans les luttes[67], vont, on l'aura noté, au roman le plus «à thèse» de Malraux. Déjà avec *L'espoir* on a affaire à une œuvre plus complexe, plus problématisée. Mais en 1937, Malraux est au front en Espagne. La critique du roman s'incline surtout devant le courage de l'officier aviateur des Brigades internationales. «Son activité révolutionnaire étant difficilement contestable par les communistes, ceux-ci ne pouvaient qu'englober dans un même éloge le combattant de Teruel et *L'espoir*»[68].

Lucien Goldmann voyait dans *L'espoir* un roman acquis aux thèses staliniennes. Susan Suleiman au contraire y analyse une œuvre équivoque qui «peut à la fois maintenir le modèle» monologique et binaire du roman à thèse et par ailleurs parvient à «le dialogiser ou le relativiser»[69]. En tout cas, le Malraux d'avant-guerre a fini, après bien des avatars et pour un temps seulement, par figurer le type de l'écrivain qui était allé, *parallèlement*, de la bourgeoisie à la révolution et de la décadence stylistique à l'écriture claire et révolutionnaire (quoique jamais à ma connaissance le rare épithète de «réaliste socialiste» n'ait été apposé sur sa personne: cette étiquette étant décidément réservée aux membres du Parti).

(67) «Nous pouvons réclamer comme nôtre ce livre dont il est difficile de parler parce qu'il y a de l'impudeur à dire comme les choses nous touchent.», Aragon, *Commune*, sept. 35, 88.

(68) Bernard, 1972, 188.

(69) Suleiman, 1983, 165.

X

LA CROISÉE DES CHEMINS

Le grand nombre des écrivains français de quelque notoriété et de quelque attrait dans les années trente ne se classait pour les communistes ni dans le «camp révolutionnaire», ni dans ce groupe qui, consciemment, «faisait le jeu» de la bourgeoisie et du fascisme — c'était tout un — et dont je parlerai au chapitre XI. Le critique ASDLR qui, prosélyte, observe l'«évolution» des uns et des autres va *soit* devoir les placer dans la catégorie de ceux qui, indéfiniment, «ballotteront» sans parvenir à choisir, sans «se ranger» du bon (ni même du mauvais) côté, *soit* dans la catégorie plus intéressante de ceux qui semblent «en marche», qui, d'un livre à l'autre, se rapprochent de «nous», qui opèrent un parcours dont on prend le risque de prédire qu'il les mènera *là* où ils ne savent pas encore que, nécessairement, ils aboutiront. Position conjecturale, parfois prophétique qui contraint le critique ASDLR à démêler à sa place les contradictions de l'auteur, à l'encourager, à le flatter, à le tancer au besoin, pour que l'écrivain interpelé fasse enfin *le saut*.

Cette critique conversionniste explique le «cas» des hommes de lettres indéfiniment «ballottés»: ils appartiennent à cette classe, la petite bourgeoisie, dont la position intermédiaire explique l'hésitation congénitale à se ranger résolument du côté du prolétariat ou à tirer plein avantage des services qu'ils rendent à la bourgeoisie — classe plus que toute autre portée à l'illusion sur soi et à l'indécision chronique, inapte au «réel» et à l'action. Les dadaïstes allemands des années vingt «ballottant entre les classes sociales sans vouloir connaître aucune de leurs responsabilités vis-à-vis de la vie collective»[1] illustrent l'expression littéraire de ce désarroi, de cette immaturité historique que dissimule un vain révolutionnarisme esthétique — et ce diagnostic vaut pour les dadaïstes et surréalistes français. Inquiet mais aveugle, le littérateur petit-bourgeois, vélléitaire politique et esthétique, hésite, ne comprend qu'à moitié, ne franchit jamais le pas. L'*inquiétude*, thème à tout faire des essayistes des années vingt, avec le narcissisme que ce thème comportait, est diagnostiquée comme un trait de nature de classe *et* comme une déficience morale, une incapacité quasi-névrotique à «s'engager». Face à ces romans et ces essais qui — de Berl à Guéhenno — thématisent «l'inquiétude contemporaine», la critique ASDLR voit se confirmer ses diagnostics: le *Journal d'un homme de quarante ans* de Jean Guéhenno par exemple donne «une image aussi véridique que possible» de cette catégorie d'intellectuels français d'après guerre «qui traversent aujourd'hui une pénible crise de conscience et qui *voguent désemparés, poussés à la dérive,* incapables, pour le moment du moins, de *s'accrocher* à un canot de *sauvetage* qui les mènerait au *bon port*»[2]. Toute la phraséologie est là, qui assimile le littérateur petit-bourgeois à un bouchon ballotté sur les vagues de l'histoire. Le petit bourgeois a peur: il a peur à droite et à gauche et ne sait jamais ce qu'il doit craindre le plus.

> Ce livre caractérise l'état d'esprit du petit bourgeois effrayé par la rationalisation, effaré par l'absence d'individualisme d'un capitalisme décadent...[3]

Il s'agit toujours d'expliquer pourquoi à un moment précis, l'essayiste ou le romancier qui semblait pourtant «sur la bonne voie», la seule voie à suivre, atteint sa *limite de conscience*

(1) *Monde*, 11.1.1930, 14.
(2) G. Walter, c. r. Guéhenno, *Monde*, 4.1.1935.
(3) *Monde*, # 297: 1934, 9, sur J. Pallu, *J'ai failli boucler la boucle*.

(ici encore on verra se développer la conceptualisation lukàcsienne d'une idée constitutive de toute critique militante). Le critique voit, à sa place, devant quoi il renâcle: «nos routes se séparent quand l'auteur s'arrêtant à la forme d'exploitation ne voit pas les raisons premières, n'essaye même pas de les découvrir». L'incapacité de distinguer entre l'U.R.S.S. et le monde capitaliste, entre le blanc et le noir, fut le grand critère et la grande preuve de fausse conscience d'une classe congénitalement confuse: «N'y a-t-il pas une profonde différence entre la rationalisation capitaliste et la rationalisation qui se poursuit en U.R.S.S.?»[4]

Emmanuel Berl, «révolutionnaire dépourvu de toute crédulité à l'égard de l'U.R.S.S. (chose très singulière à l'époque) et inventeur du personnage, promis à un riche avenir, de l'intellectuel «engagé» qu'un conflit perpétuel oppose ostensiblement à la bourgeoisie, au parti communiste et à lui-même»[5], posait un problème: hostile à «l'esprit des petits bourgeois»[6] et *objectivement* issu lui-même de la grande bourgeoisie, mais compagnon de route plus qu'incertain, souvent approuvé mais jamais digne de «confiance», il a laissé la critique ASDLR parfois ravie de ses prises de position mais toujours suspicieuse: si *le* critère était la défense de l'U.R.S.S., l'incrédulité d'Emmanuel Berl à son égard permettait de craindre le pire.

Parmi les écrivains qui n'ont pas terminé leur voyage, qui hésitent à la «croisée des chemins», ceux qui finalement semblent enclins à emprunter le chemin escarpé qui conduit au «camp» révolutionnaire, méritent pourtant des encouragements. Les critiques ASDLR, sans être prodigues

(4) *Ibid.*

(5) Morel, 1985, 227.

(6) «Naturellement, Berl déteste l'esprit des petits bourgeois: ses goûts le portent du côté des grands bourgeois ou des révolutionnaires» (*Monde*, # 322: 8.12.1935).

de flatteries, ont cru de leur devoir de *tendre la perche* aux plus prometteurs. Il fallait les sauver d'eux-mêmes, les tancer, les secouer, les flatter en les rudoyant. Or, la critique ASDLR s'est livrée à cette tâche délicate avec une erreur constante de perspicacité «historique» — erreur si constante qu'il faut essayer de la comprendre. Passe qu'on approuve les romanciers de *sagas* réalistes, les Duhamel, les Romains, les Bloch, les Martin du Gard: ils ont quelque juste sentiment de ce que la critique communiste désignait comme «la réalité», c'est-à-dire une réalité pertinemment tendancieuse:

> La réalité est souvent serrée de près, particulièrement l'hypocrisie, l'égoïsme sexuel des petits bourgeois. [Sur la *Chronique des Pasquier* de Georges Duhamel][7].

Même fort loin du Parti, les romanciers ou poètes qui ne semblent pas irrévocablement allergiques au «social», ni rebutés par les «masses», méritent qu'on les salue et qu'on escompte leur «évolution». Les unanimistes d'avant quatorze méritaient ce salut: ces poètes étaient sur la «bonne voie», alors que dada puis le surréalisme semblaient avoir réussi à déclasser leur esthétique anti-individualiste.

La critique ASDLR est volontariste: elle cherche à lire des «évolutions» et y voir reflétée la fatalité historique qui a signé l'arrêt de mort du monde bourgeois et capitaliste. Il suffit pour approuver que l'on puisse diagnostiquer, d'un livre à l'autre, un *progrès* selon les critères *ad hoc* du Sens de l'histoire. Roger Martin du Gard qui, en 1937, publie *L'Été 14* ne peut qu'être approuvé: ce dernier épisode des *Thibault*, du privé débouche sur la vie publique, des affaires personnelles sur les destinées historiques: cette «évolution», lisible dans l'œuvre d'un romancier grand bourgeois estimable, se déchiffre comme l'intersigne d'une eschatologie

(7) G. Servèze, *Commune*, 1935, II, 770.

matérialiste que la littérature qui se publie est chargée de confirmer[8].

Cependant, la critique communiste a donné de puissants encouragements — suivant en ceci sans nul doute les goûts «privés» des critiques eux-mêmes, ceux des Nizan, des Aragon — avec une rare constance dans l'erreur, à des écrivains qui ont résolument *démérité* des espoirs qu'on mettait en eux. Il s'agit d'erreurs de jugement indissociablement esthétiques *et* politiques: les semi-secrètes préférences des critiques les portaient (mais savaient-ils pourquoi?) vers Drieu la Rochelle, vers Jules Romains parfois, vers Montherlant souvent, et vers Céline à coup sûr malgré des réserves «politiques» que le nihilisme du *Voyage* avait forcé tout de même à inscrire d'emblée. Qu'est-ce qui légitimait au premier degré de décerner des «encouragements», pesés et mesurés, à tel romancier? Sans doute, d'abord, contre tout le diagnostic négatif qui caractérise la culture bourgeoise agonisante, vide, malsaine, ce sens de la «réalité» qui consent à montrer quelque chose de «social» et des «luttes», mais aussi, — paradoxe essentiel — ce réalisme qui, chez un écrivain appartenant à un monde «ignoble», lui faisait transcrire littérairement cette ignominie, fût-ce en continuant à s'y complaire. C'est ici que Drieu a pu être utile et paradoxalement apprécié: dans *Rêveuse bourgeoisie,* «il décrit de l'intérieur le monde assez ignoble auquel il appartient»[9], *pars destruens* d'une critique romanesque dont Nizan sent bien que la *pars construens* — le ralliement de Drieu aux luttes du prolétariat — risque indéfiniment de se faire attendre!

De même, Montherlant quand il publie *Les Célibataires*, consentant à montrer «sa classe» dans la vérité de sa perverse décadence, suscite une agréable surprise: jusqu'alors

(8) Voir le c. r. de Nizan dans la *NRF*, repris dans Nizan, 1971, 229-234.

(9) Nizan, *Humanité*, 7.8.1937, 8.

réactionnaire plein de «talent», le voici en bonne voie[10]. Signes trompeurs d'un modernisme — qu'il soit celui de Drieu la Rochelle, de Montherlant, de Céline — dont l'esthétique négative et la déréliction auraient dû pour les communistes se *transformer* en engagement positif: quand ces écrivains bientôt choisiront explicitement leur camp, ce sera, hélas, à tout coup, le pire.

Ceux des littérateurs mêmes qui, par quelque adhésion ou acte public, viendront rejoindre le front des «antifascistes», après bien des tribulations, ne seront pas tirés d'affaire: à titre civique, ils ont sauté le pas, mais l'autocritique radicale n'a pas suivi, ils n'ont pas toujours abjuré leurs erreurs: Julien Benda, le chantre d'Eleuthère, avait indigné autrefois en accusant de trahison intellectuelle, au même titre, le clerc au service de la Nation et celui au service de la Classe — c'était la thèse du premier chapitre de la *Trahison des clercs,* ne l'oublions pas. On l'accueille avec joie comme antifasciste, mais on lui rappelle que la «cléricature» telle qu'il la prône est «contradictoire» pour un communiste avec ses positions de gauche[11]. Benda ne cessera de redire qu'il n'a jamais taxé de «trahison» les intellectuels dreyfusards par exemple et que lui-même défend, en tant que clerc à principe et non clerc au service de passions séculières, certains principes de gauche, — les critiques communistes ne l'entendront jamais de cette oreille.

Emmanuel Berl encore, se *rapproche* et de plus en plus; il frôle la ligne juste: «Berl est arrivé dans sa recherche sincère à des positions qui sont celles d'un matérialiste militant, c'est-à-dire d'un révolutionnaire»[12]. Et pourtant, quelque chose décidément le bloque, l'empêtre: au-delà d'encouragements

(10) *Commune*, oct. 1934, 139.

(11) Nizan, *Humanité*, 14.8.1937,8.

(12) Rossi, *Monde*, 30.8.1930,13; cf. Berl par Nizan, 1971 (texte de 1930), 32.

tactiques, les critiques font la part de déceptions beaucoup plus fréquentes que les métamorphoses d'un écrivain devenu estimable en «l'un des nôtres». Et quand on croit pouvoir triompher enfin, qui va-t-on sauver? Jean Nocher! «J. Nocher renie un monde en décomposition, il hait le fascisme, il est des nôtres»[13].

Face aux écrivains à la «croisée des chemins», le critique communiste manie la carotte et le bâton. Il peut accorder à l'égaré qui donne quelques signes d'être enfin «touché par les grands problèmes de notre époque» deux qualités qui sont censées permettre le dialogue: le «talent» (dans l'ordre l'esthétique) et la «sincérité» (au moral). Mais cet écrivain dont soudainement on reconnaît le «grand talent», risque toujours de «s'arrêter en route» et même de «se fourvoyer» — car il y a bien des sirènes fascisantes et trotskystes — il faut l'en préserver. Le critique de *Monde*, de *Commune* va l'*aider* à ne pas succomber et lui montrer la route à suivre. Ceci demande du tact — d'autant que le grand *présupposé* de la critique ASDLR ne pouvait que hérisser l'interpelé, ce présupposé étant que l'écrivain ne contrôle pas ni ne comprend le sens «historique» de son œuvre, qu'il ne voit pas où cette œuvre le mène, qu'il n'arbitre pas en lui le conflit entre l'ancien et le nouveau-malgré-lui. Il témoigne de la conjoncture révolutionnaire, mais sans le savoir: on le lui dit en l'encourageant. On proteste qu'on ne veut pas lui forcer la main: on montre aux recrues potentielles à travers les tendances mêmes de *leur* œuvre récente, qu'il y a des choix qui pour eux «s'imposent», des choix qu'un jour où l'autre ils devront faire. Ils hésitent? On les comprend: il faudrait du «courage»...

> M. de Montherlant en est au point, semble-t-il, où s'étant aperçu qu'on est dans l'erreur, il en coûte de passer hardiment de

(13) *Commune*, 1935, II 1034.

> l'«autre côté». Il y faut du courage, une sorte d'héroïsme qui devrait lui plaire cependant[14].

Le critique fait résonner de bien gros sabots: en évoquant l'«héroïsme», on ne dira pas qu'il ne cherche pas à flatter celui qu'Aragon — animé d'un égal prosélytisme — qualifiera de «l'un des meilleurs représentants» de l'intelligence française[15]. Un autre argument servira pour séduire l'écrivain bourgeois: cet être narcissique, s'il ne sait pas où est son *devoir* historique, cultive, bien individualistement, son talent? Eh bien, on le lui promet: lorsqu'il aura enfin tout compris — l'histoire, les luttes, la Révolution, l'U.R.S.S.... — il fera une œuvre pleinement «vivante», son talent s'épanouira au service des masses révolutionnaires.

La critique ASDLR n'est pas retenue par ce qu'on nomme le «respect humain»; elle a sa tâche qui passe devant les scrupules de délicatesse. Tout passe devant la nécessité d'amener chacun à «faire son choix» au plus tôt. Non seulement on ouvre les bras à l'enfant prodigue sur le seuil du camp antifasciste — «sa place est à côté de nous...» —, non seulement on lui marque ostentatoirement une extrême patience — «On aurait tort de brusquer une évolution qui s'annonce comme inévitable. Le jour n'est pas loin où Guéhenno se rendra compte qu'une société humaine ne se construit pas avec des rêves...»[16] — mais on lui promet un secours esthétique direct, s'il semble en avoir besoin: «L'A.E.A.R. est prête à l'aider à repartir...»[17]

C'est de cette tactique lourdement habile que Paul Nizan use à l'égard de son petit camarade Jean-Paul Sartre, auteur de *La Nausée*. D'abord les reproches auxquels le petit-bourgeois

(14) Sur *Les Célibataires*, *L'Étudiant d'avant-garde*, 5:1934; 10.

(15) Aragon, *Commune*, déc. 1935; 465.

(16) G. Walter, *Monde*, 4.1.1935.

(17) V.-Couturier, *Commune*, 1934; 1015.

Sartre devait s'attendre: «roman de la solitude», malencontreuse influence de Dostoïevsky, etc., traits négatifs relevés sans complaisance — et puis la perche que l'on tend au petit-bourgeois talentueux: Sartre «a des dons trop précis et trop cruels de romancier pour ne pas s'engager dans les grandes dénonciations, pour ne pas déboucher totalement dans la réalité»[18]. Je crois bien qu'en élaborant *Les Chemins de la liberté*, Sartre montrera qu'il avait entendu une partie de ce message.

Il y avait donc une route à suivre, une seule, qui aboutit tout à la fois au réalisme, au prolétariat, à la défense de l'U.R.S.S. et à la Révolution. Ceux qu'on encourage sont ceux qu'une «crise» qu'on espère féconde a conduits à la «croisée des chemins» — dont l'un, assurément, est le Chemin de Damas. C'est ce qui est peu tolérable dans cette critique en possession de la vérité: le critique sait déjà et il sait tout, il sait à la place de l'écrivain aveuglé, qu'il juge de haut et propose de guider. Il est allé au bout de ce chemin où péniblement se traîne son littérateur. Position de supériorité unilatérale qui fait juger le texte avec une balance où les mérites n'effacent jamais les «réserves» motivées. Ces réserves qui obligent à dire au Malraux de *La Condition humaine*: c'est bien, mais encore un effort, puisque vous en êtes arrivé là justement, éliminez ces taches, ces nuances, ces relents de «pessimisme», ces restes de «formalisme», adhérez *en bloc* et renoncez à ces réticences qu'inspire l'orgueil. Ce compte rendu ressemble à une admonestation de nature religieuse: il faut faire son salut et le critique prouve son amour littéraire en châtiant bien. Une supériorité «en béton» du critique sur l'artiste est la conséquence fatale de cette certitude d'en savoir *plus*, de n'avoir rien à en apprendre, et de l'encourager avec la connotation méprisante de quelqu'un qui observe, qui n'hésite pas sur le diagnostic et attend l'issue:

([18]) C. r. de 1938, in Nizan, *1971*, 286.

> Est-ce à dire que [Jules] Romains a compris vraiment de quel côté il est de la dignité d'un porteur de culture de se ranger? Non, sans doute. Mais il faut enregistrer ces oscillations nouvelles d'une pensée que certains ont peut-être prématurément crue définitivement acquise au Moyen-âge de la place de la Concorde et du Reichstag en feu[19].

«Carrefour»: c'est le mot-clé de cette critique qui connaît la topographie que l'écrivain, pour son risque, ignore et où il tâtonne.

> Toutefois, il nous est apparu clairement que ce jeune poète, non dépourvu de talent, se trouve à un carrefour dangereux pour son orientation future. Nous disons «carrefour», car [Sadi] De Gorter, trop prudent pour choisir à l'aveugle, se montre encore hésitant, et «dangereux» parce que la tendance qui prédomine actuellement en lui pourrait très bien l'entraîner dans une des impasses littéraires que nous avons évoquées — ce qui serait franchement regrettable[20].

Position de supériorité qui dérive du sentiment d'occuper une position claire dans un monde terrible mais simple. S'adressant au romancier hésitant à la croisée des chemins, le critique ASDLR cherche à le persuader que le choix à faire ne requiert pas tant d'hésitations. La figure rhétorique de la subjection — le critique *in fine* s'adressant directement au littérateur récalcitrant — traduit souvent l'exaspération face à des tergiversations sans motif. Jean Fréville, s'adressant à Montherlant par exemple:

> De nos jours le choix sans aucun doute ne se pose qu'entre deux termes: fascisme — anti-fascisme. Pour lequel des deux allez-vous opter?[21]

(19) Aragon, «J.R. au carrefour», *Monde*, 15.3.1935.
(20) Versou, «S. De Gorter», *Monde*, 5.4.1935.
(21) *Humanité*, 24.10.1934;8.

Le mépris perce quand il s'agit de pousser dans la voie de l'évidence ces «hommes de bonnes volontés impuissantes»: «tant de préjugés les retiennent encore, tant de prudence, de timidité», raille Nizan[22].

À force de simplifier le monde, le critique qui sait, lui, ce que le critiqué ne sait pas sur lui-même, en vient à faire de la *récupération*, purement et simplement. Bernanos, monarchiste et catholique, a paru — quoique venant d'un autre pôle politique — exprimer des idées que les communistes pouvaient non seulement approuver, mais auxquelles ils croyaient pouvoir adhérer — sans doute ne le croyaient-ils que parce que leur propre critique de la «décadence» capitaliste et du monde moderne n'était pas indemne de pulsions antimodernistes analogues à celles du royaliste Bernanos. La récupération idéologique combinée à la position de lucidité critique s'exprime alors ainsi chez Claude Morgan: «Mais Bernanos est royaliste, dira-t-on. Sans doute. Ce qu'il est — ou croit être — importe moins à l'heure actuelle que les idées qu'il énonce dans son livre retentissant»[23]. Eh bien non évidemment! *Nous autres Français* demeure pleinement, avec sa force et sa générosité, un livre de droite et Bernanos sait bien «ce qu'il est» — on peut soupçonner que c'est au contraire l'approbation de Claude Morgan qui dénote un certain degré d'aveuglement.

Le critique ASDLR, Sœur Anne escomptant des conversions, attendant un changement d'hégémonie précurseur de la fin du capitalisme, relève avec joie les cas de ces «bourgeois» qui, les yeux dessillés, «trahissent» leur camp et leur classe: Mauriac avec la Guerre d'Espagne, Montherlant avec *La Rose des Sables* et avec *Service inutile*, Bernanos à la même époque... Ils croient méritoire de se dissimuler que Mauriac, converti

(22) *R. des Vivants*, 1932 (=*1971*, 38-9).
(23) Cl. Morgan, *Commune*, 1939, 1216.

à l'antifascisme, reste catholique et anti-communiste. Montherlant, critique du colonialisme, demeure un réactionnaire, d'ailleurs imbu de mystique militaire et «virile».

Avec cet aveuglement, on s'expose à des mécomptes: Mauriac, Montherlant, Bernanos ne rejoindront jamais le «bon camp» — ni Romains, ni Céline, ni Drieu, ni quelques autres. En effet, l'erreur de ces invites et de ces évaluations tient à la fois à une incapacité «politique» de comprendre la *logique* de l'écriture moderniste, mais — sur le terrain même de la politique — à déchiffrer le sens des *fictions* d'un Montherlant ou d'un Céline et ce, sans avoir à attendre *Bagatelles pour un massacre*, ni *Solstice d'automne*.

Une autre durable erreur esthétique et politique sera l'admiration confiante investie en Jean Giono, lequel a adhéré à l'A.E.A.R. par pacifisme: *Le Poids du ciel* (1939), élucubration cosmique antimoderniste, exprimera ouvertement une certaine «haine des masses» comme le constate, consterné un peu tard, Georges Sadoul[24]. Giono qui y qualifie la Pasionaria de «chienne à soldat», n'est décidément plus le «grand écrivain, le plus grand peut-être de nos poètes lyriques vivants»[25] qu'il était un an encore auparavant pour *Commune*.

Jules Romains a éminemment figuré — entre 1930 et 1935 — parmi les compagnons de route potentiels de la littérature «révolutionnaire». Dans *Monde* et dans *Commune*, Romains était choyé. Au minimum, il est de ceux, rares et estimables, qui ont voulu «peindre notre époque»[26]. Aragon titre dans *Monde*: «J. R. au carrefour»[27]. Encore le carrefour! Il a droit à son tour au grand jeu de «encore un effort!» «Homme honnête», Romains doit venir au marxisme; la seule bonne volonté n'y suffit pas:

([24]) G. Sadoul, *Commune*, févr. 1939.

([25]) *Commune*, févr. 1938, 732.

([26]) *Monde*, 25.3.1933,10.

([27]) *Monde*, 15.3.1935.

> Le marxisme, aujourd'hui, ne peut plus se considérer sans ses conséquences, sans ses triomphes. [...] Et ses conséquences, Jules Romains ne les a pas niées. Il doit faire mieux: il doit les comprendre[28].

La critique ASDLR sait se montrer reconnaissante tout en s'avouant «intéressée»:

> Nous estimons à sa valeur, qui est considérable, le secours qu'il apporte à notre cause par l'autorité universelle de son nom, l'aisance lucide de sa parole et de ses écrits[29].

Peut-être dira-t-on que du point de vue des *intérêts* de la critique communiste, l'erreur sur la personne et l'œuvre de Romains était explicable. En ce qui touche à Montherlant et à Céline, l'«erreur» fut plus essentielle. Il y avait du volontarisme et des calculs tactiques dans les éloges, mais on y décèle aussi un véritable espoir stimulé par une profonde admiration où l'esprit critique est pris en défaut. Pour Henry de Montherlant, l'enthousiasme et la campagne de séduction de la part des communistes datent des *Célibataires* (1934) — tout indique pourtant que l'admiration «privée» est bien plus ancienne et que la divine surprise créée par *les Célibataires* permit de l'exprimer ouvertement. Autry dans *Spartacus* lit dans ce roman la «faillite des valeurs bourgeoises», dépeinte avec puissance, mais il ne voit encore dans le cas Montherlant que la «preuve supplémentaire du désarroi qui règne chez les meilleurs et les plus intelligents des écrivains d'aujourd'hui»[30]. C'est le paralogisme déjà rencontré: le *désarroi* ne sert de preuve et ne prend de sens qu'à l'aune des *certitudes* communistes. Tout de même, ce roman méritait une bonne note artistico-politique:

(28) Ibid.
(29) R. Maublanc, *Monde*, 10.10.1935.
(30) *Spartacus*, 7.12.1934, 5.

> Jugeant d'un point de vue révolutionnaire et bien que jusqu'ici les ouvrages de Montherlant aient toujours suivi une tendance réactionnaire, le critique n'en est pas moins obligé de convenir que leur valeur artistique, et particulièrement celle des *Célibataires*, est des plus remarquables (*sic*)[31].

Montherlant «aperçoit la bassesse sordide de la bourgeoisie»: c'est bien mais ce n'est pas assez, «il s'arrête en chemin»: que lui manque-t-il? «Il lui faudrait se tourner vers l'U.R.S.S.» On peut toujours espérer... Les encouragements se font plus appuyés un peu plus tard et on prend le risque d'une prudente «récupération»: «dans la mesure où M. de Montherlant est un écrivain consciencieux, soucieux des réalités, probe, il se rapproche des vues révolutionnaires»[32]. Aragon à son tour appuie encore l'éloge de «l'un des meilleurs représentants» de l'intelligence française[33]. *Commune,* en juin 1936, publie en bonnes feuilles des fragments des *Jeunes filles* — rien ne semble y choquer des progressistes dont le féminisme, il est vrai, n'était pas le fort. Or, Montherlant ne déçoit pas tout de suite: les communistes ont choisi une lecture très sélective de *Service inutile* et de *La Rose des Sables*. Avec *Service inutile*, Aragon juge qu'il se range «sans retour du côté des opprimés contre les oppresseurs». Il se porte garant que «dans l'avenir Montherlant ne peut plus être du côté d'un fascisme français»[34]. En fin de compte, on lui met franchement le marché en main. On ne lui dit pas de rallier le Parti, mais qu'au moins il préserve son «talent»: «Ou bien Montherlant, effrayé de sa propre audace, s'arrêtera en cours de route et sa mort littéraire est assurée [...] Ou bien alors il poussera plus avant son effort. Il le poussera jusqu'à ses conséquences extrêmes avec ce que cela implique de renoncements de toutes

(31) G. Servèze, *Commune*, 1934, I, 139.
(32) G. Sadoul, *Commune*, 1935, 916.
(33) Aragon, *Commune*, déc. 1935, 465.
(34) Ibid.

sortes». C'est qu'avec *La Rose des Sables* — roman qui décrit les rapports d'un officier français avec une fillette marocaine de douze ans, prostituée — Montherlant gagne ses galons de «dénonciateur» de la réalité coloniale. Voire! Jusqu'en 1938, *Commune* s'inclinera devant «la fascinante personnalité de Montherlant».

Le raisonnement ou le paralogisme par lequel la *peinture* du négatif, d'une aristocratie «décadente», d'une armée trahissant ses «valeurs», d'un colonialisme inhumain et hypocrite — vaudrait pour une *critique* anti-bourgeoise, anti-colonialiste et l'idée que cette critique devrait alors se compléter logiquement d'une *adhésion*, ces deux idées mises bout à bout forment le grand sophisme, le *prôton pseudos* non seulement de la critique communiste mais de toute critique «civique» face au texte moderniste lequel ne saurait, axiomatiquement, faire de bonne littérature avec de bons sentiments.

Avec Louis-Ferdinand Céline, les «espoirs» ont été plus tôt déçus. Ils ont été, pourtant, au moment du *Voyage*, plus vifs et plus admiratifs encore. Céline, c'était un Dabit plus un Barbusse, — plus le génie. Le *Voyage*, c'était *Le Feu, Hôtel du Nord* moins la banalité de l'écriture et le conventionnalisme des idées. Aragon et Elsa Triolet traduiront et feront publier à Moscou en 1934 ce *Voyage au bout de la nuit*, préfacé par Anassimov, qui en fait «le livre du capitalisme au plein sens du terme»[35]. Ceux qui veulent admirer le livre y lisent un «réquisitoire» — toujours ce vocabulaire des assises. *Monde* approuve dans le *Voyage* «un livre salubre»[36]. Aragon, fasciné, fait à Céline comme il l'a fait à d'autres, le coup de la «croisée des chemins» et de l'interpellation virile:

> Le grand problème pour vous, Louis-Ferdinand Céline, sera quoi que vous en croyez, de sortir de l'agnosticisme [...]. Nous

(35) Cité par Ph. Alméras, *Les Idées de Céline* (Berg, 1994), 51.
(36) *Monde*, 18.2.1933, 10.

> vous verrons un jour dans la bataille. Permettez-moi de souhaiter que ce soit du côté des exploités et non pas des exploiteurs[37].

En rendant compte du *Voyage*, Nizan, plus réservé, avait constaté: «Céline n'est pas parmi nous». C'était le moins qu'on pût dire! «...Impossible d'accepter sa profonde anarchie, son mépris, sa répulsion générale qui n'exceptent point le prolétariat»[38]. Mais parlant du *Voyage* (et même «déçus» plus tard par *L'Église*, par *Mort à crédit*), les communistes n'ont que des «réserves» idéologiques — et qui n'étouffent pas l'éloge, un éloge dont, du point de vue même qui était le leur, ils eussent bien fait de creuser les motifs: «œuvre singulière et qui, malgré les réserves qu'on peut faire sur son idéologie, est certainement l'un des livres les plus originaux et les plus puissants de ces dernières années»[39]. Ce sont de telles erreurs sur la personne, de telles faiblesses que la ligne réaliste-socialiste se chargera de corriger.

D'autres critiques seront plus *vigilants*. Ils liront d'emblée dans le *Voyage* «la soumission la plus complète au régime capitaliste»[40]. Ils verront bien que la «biographie» de Bardamu ne brille pas par l'espoir anthropologique ni historique:

> *Voyage au bout de la nuit* dit merde à la vie. Nous, nous ne disons pas merde à la vie; nous disons merde à ceux qui nous la font si noire. Pour nous, une lumière brille là-bas, en U.R.S.S. Nous allons dans la lutte vers l'étoile du socialisme[41].

On le voit: pour énoncer ce qu'il fallait énoncer d'un point de vue militant communiste, il fallait dire *aussi* des niaiseries. Céline qui relevait avec soin les critiques de son premier

(37) Aragon, *Commune*, nov. 1933.
(38) Nizan, *1971* (texte de 1932), 44-5.
(39) *L'Humanité*, 18.5.1936, 6.
(40) *Commune*, nov. 1933, 278 — mais note «des qualités d'écrivain».
(41) *L'Étudiant révolutionnaire*, 3:1932, 14.

roman et dont l'état d'esprit d'alors ne fait aucun doute, a dû ricaner!

> Il manque à cet homme, par ailleurs sympathique et dont le talent est indéniable, une générosité de nature et la compréhension du mouvement historique[42].

Les critiques mêmes montrent les limites et le flou de désapprobations qui cherchent à opposer par exemple Céline à Louis Guilloux (*Le Sang noir*) dont les personnages n'ignorent pas, au moins, la révolte[43] ou rapprochent au contraire dans la même réprobation Céline et Döblin, «professionnels du désespoir», — ainsi les classe Jean Pérus qui ne pardonne pas, en fait, à Döblin ses positions antistaliniennes. C'est Céline en tout cas qui lui-même forcera à rectifier le tir: *L'Église* avec son «révolutionnarisme de petit bourgeois exaspéré» (on eût pu y relever *aussi* l'antisémitisme) ne plaît guère à l'extrême gauche[44]. Le style «ordurier», juge-t-on, tourne au poncif dans *Mort à crédit*. La presse communiste dira que le second roman vaut bien moins que le premier — ce que *L'Action française* (en dépit de l'enthousiasme premier de Léon Daudet) dira aussi: Céline ne le pardonnera ni aux uns ni aux autres.

> Céline ne vaut pas son premier rang. Dans le *Voyage*, une sorte de violence anarchique, liée au personnage de Bardamu, transportait le lecteur d'un bout à l'autre de ce volume de 800 pages. Cette violence, ce souffle n'animent plus *Mort à crédit*. Le héros, Ferdinand est un assez terne adolescent, entouré de personnages en grisaille[45].

(42) *L'Étincelle*, 1:1933, 4. Cf. aussi le c.r. du Dr. Duclos, *Prolétariat* (de Poulaille), 2:1933, 133-4, qui juge Céline du point de vue déontologique et militant: «En fait de frisson nouveau, il n'a mis au point qu'un émétique infaillible».

(43) *Litt. internationale*, 1:1936, art. de P. Herbart.

(44) A. Ferrat, *Commune*, 11:1933, 278.

(45) *Regards*, 125: 4 juin 1936.

Ce n'est pas *Bagatelle pour un massacre* (1937), mais le retour de l'U.R.S.S. célinien, *Mea Culpa* (décembre 1936) qui décide du lâchage de L.-F. Destouches coupable de «manque absolu de confiance en l'homme»[46]. L'U.R.S.S., une fois de plus a servi de pierre de touche.

En faisant la part de roublardises tactiques dans les hauts et les bas des jugements sur ces écrivains de premier plan qu'on eût voulu voir se rapprocher, il faut relever une massive illusion de perception, de schématisation des «données». Illusion politique sur la conjoncture historique *et* illusion sur la portée signifiante même du texte littéraire moderne: principe espérance et principe signifiance où la vision émancipatrice de l'histoire et la conception du texte comme voué à la «clarification» du monde (et non comme conscience mauvaise et déréliction) forment une seule et même erreur «objective» — comme on eût écrit en ces temps-là.

([46]) *Commune*, mai 1937, 1070.

XI

RENÉGATS, DÉCADENTS, FASCISTES ET AUTRES RÉPROUVÉS

André Gide et autres renégats

Avant André Gide qui deviendra le renégat-type, vomi à la mesure de l'enthousiasme que sa conversion avait suscité chez les communistes, il y eut d'autres renégats en petit nombre. Un seul écrivain de talent, prolétaire d'origine et d'inspiration, «le Gorki balkanique» comme l'avait baptisé Romain Rolland: **Panaït Istrati**. Écrivain roumain de langue française, militant qui, même après son terrible livre de 1929 sur l'U.R.S.S. et le stalinisme, persistera à se dire «révolutionnaire» et «prolétarien», Istrati sera poursuivi par les furies communistes jusqu'à sa mort prématurée en 1935. On peut voir dans ce premier cas de mise à mort symbolique, où la haine unanime et soudaine pour celui qui désavoue l'espoir «historique» n'a exigé ni consigne ni modèle, un exemple de ce fanatisme spontané qu'engendrent les aveuglements idéologiques. Istrati deviendra après 1929 le littérateur traître au socialisme par excellence, il sera jeté dans le sac où grouillaient déjà Boris Souvarine et ses pareils. Istrati qui était jusqu'alors «le plus connu des représentants de la littérature prolétarienne»[1] et qui avait été dans les années vingt l'écrivain favori de Barbusse et du P.C.F., va changer brutalement d'image quand il publie en 1929 «L'Affaire Roussakov» dans la *N.R.F.* et le premier volume de *Vers l'autre flamme*, récit d'un voyage

(1) Poulaille, *Nouvel Âge*, 348.

en U.R.S.S. qui alla de déceptions en désespoirs. Pour les critiques ASDLR, le choc de cette «trahison» était rude mais édifiant: ce n'est pas joli-joli de devoir «s'occuper de ceux qui dégringolent dans la boue»[2], de dire son fait à un «compagnon de combat qui est devenu un lâche et un traître»[3], à un contre-révolutionnaire, un fasciste avoué, un «haïdouk de la *Siguranza* [la police secrète roumaine]», mais les yeux au moins se dessillent et on apprend à connaître son monde: «l'homme au fond, malgré ses promesses, ne valait pas grand chose»[4]. Le renégat Istrati chute vite: devenu critique à l'égard de l'État soviétique, il se révèle un chauvin grand-roumain, un fasciste, un indicateur de police «acheté par l'ennemi pour trahir ses ex-frères de misère»[5]. Il avait du talent, il n'en a plus aucun: «le talent d'Istrati, écrit Nizan, était porté par son courage, sa bassesse d'aujourd'hui l'a détruit».

L'exécution de Panaït Istrati a servi de répétition générale à celle qu'il allait falloir infliger à André Gide en qui le monde communiste avait mis toutes ses espérances. On trouvera dans l'ouvrage de Jean-Pierre Bernard (1982), un historique du ralliement de Gide à l'U.R.S.S. et au communisme et de la rupture ultérieure. Le tableau est à trois volets: avant, pendant, après. *Avant* la conversion, Gide ne valait pas cher, incarnant l'individualisme bourgeois et le goût du «malsain», lui qui avait «porté l'homosexualité à la hauteur d'un art», *dixit* Barbusse, toujours fanfaron de la santé morale pour son compte[6].

Quand, en 1932, Gide se met à publier dans la *N.R.F.* des fragments de son «Journal» qui le montrent enthousiaste à l'égard des Soviets, c'est une divine surprise. Le voilà qui

(2) Barbusse, *Monde*, 22 fév. 1935, 3.

(3) Ibid.

(4) Ibid.

(5) Nizan, *Monde*, 8 fév. 1935, 10.

(6) Barbusse, *Russie*, 173.

«prend position avec la netteté, le courage, la flamme qui lui sont habituels, en faveur de l'U.R.S.S.»[7]. On le découvre d'un œil nouveau! Gide dédie ses *Nouvelles nourritures terrestres,* si naïvement politisées, aux «Jeunes gens de l'U.R.S.S.»[8]. Il proclame en vibrant: «S'il fallait ma vie pour assurer le succès de l'U.R.S.S., je la donnerais aussitôt»[8]. Il glorifie dans «Littérature et révolution» (*Commune*, novembre 1934) les doctrines artistiques soviétiques et admire en U.R.S.S. «une extraordinaire éclosion d'œuvres littéraires». Il fait le voyage à Moscou en 1936 et il discourt sur la Place Rouge aux funérailles de Gorki le 20 juin. Cet épisode est le point suprême de son apothéose dans la presse communiste. Lui qui avait été le chantre subjectif de la «disponibilité», quelle heureuse et opportune métamorphose, admirent les critiques ASDLR. Leur thèse (où entre un peu de roublardise et qui permet d'effacer des propos anciens bien peu aimables) est qu'il n'y a pas eu de «conversion» chez Gide, si on y réfléchit bien: le plus grand écrivain européen (ou mondial) est devenu communiste parce qu'il voulait être *fidèle* à ses valeurs et à son génie: «Gide adoptant la Révolution est un homme fidèle à ce qu'il avait commencé d'être.»[9] «Sa reconnaissance de la nécessité du communisme» est brandie comme une *preuve* — la preuve du sens de l'histoire, celle de la «vérité révolutionnaire»[10]. Il y a eu une «évolution» chez Gide, mais elle est logique car ce grand bourgeois de génie a toujours voulu «publier la vérité»; or, «les événements ont instruit Gide» et finalement le choix «de Gide est fait, entre l'univers de la tricherie et de l'oppression et le nouveau monde de la loyauté et de la libération»[11]. En 1932, Gide a reconnu,

(7) *Monde*, 10 sept. 1932, 7.

(8) *Commune*, nov. 1935.

(9) Nizan, *Monde*, 22 mars 1935, 10.

(10) Unik, *Commune*, 1934, II, 131.

(11) Nizan, «A. Gide», *Littérature internat.*, 3: 1934, 126-133.

dit-on — en poussant un peu — «la vérité scientifique, morale et humaine du marxisme»[12], mais à y bien regarder, il n'aurait jamais cherché le communisme s'il ne l'avait depuis toujours trouvé, si son œuvre n'était celle d'un authentique communiste avant la lettre: «L'œuvre entière [sic] d'André Gide est un chant en l'honneur de la libération de l'individu brimé, mutilé, diminué par la société bourgeoise.»[12] «Rien de plus clair, de plus *nécessaire*, que le ralliement de Gide au communisme», démontre Paul Nizan, triomphalement.[13]

À Moscou, l'enthousiasme n'est pas moindre et pas moins habilement exploité le cas d'«un des plus grands écrivains bourgeois de l'Europe contemporaine [...] qui rompt avec le capitalisme»[14]. On découvre des vertus bolcheviques à *Paludes* et aux premières *Nourritures* tout en dissertant lourdement sur le fait que Gide, encombré d'erreurs artistiques «bourgeoises», n'y était pas encore en pleine maîtrise de son talent. Les *Nouvelles nourritures*, œuvre engagée, invitent à relire d'un œil nouveau ses proses et romans d'autrefois.

> Le lecteur soviétique lira toujours *L'immoraliste*, *Prométhée mal enchaîné* et les *Faux-monnayeurs* avec une estime profonde pour l'auteur, qui en tant qu'artiste et en tant qu'homme n'a pas choisi la voie la plus facile. [...] C'est pourquoi le violent «table rase» de Gide reflète merveilleusement cette force de rupture qu'il faut comprendre, la liaison profonde qui rattache notre culture communiste aux plus grandes traditions de l'Occident, pour s'élancer vers l'avenir comme le fait Gide.[15]

Génial, rallié au communisme et fidèle à lui-même, Gide pendant trois ans va servir de signe des temps; il est cette hirondelle qui annonce le printemps des peuples: «C'est le

(12) Aragon, «A.G. et notre temps», *Humanité*, 8 juil. 1935.

(13) Ibid.

(14) *Litt. internat.*, 4: 1933, 113.

(15) *Litt. internat.*, 1: 1936, «Nouvelles nourritures».

signe du passage au prolétariat de toute la culture que la bourgeoisie laisse échapper de ses mains sanglantes, c'est le gage de la victoire mondiale du prolétariat.»[16] Enthousiasme, hélas, prématuré. Le *Retour de l'U.R.S.S.* (novembre 1936), aggravé par les *Retouches* (juin 1937), suraggravé par le large succès de ces livres (le *Retour* vend 146 300 exemplaires en un an) va d'abord mettre la presse communiste en état de choc: pendant un mois, estomaquée, elle garde le silence avant de trouver des explications retorses. On n'a pas dit que le choc et la réprobation n'ont pas été moindres dans toute la gauche qui réprouve une sincérité inopportune dans ce qu'elle nomme une «palinodie» (Jean Guéhenno)[17]. Même Emmanuel Berl qui admire la «probité de Gide» et demeure personnellement sceptique à l'égard de l'U.R.S.S., n'est pas sans regret des conséquences: «Ce livre admirable de probité intellectuelle, il va sans nul doute combler de joie les pharisiens. Et précisément ceux que Gide déteste le plus»[18].

Le phénomène n'était, à vrai dire, pas nouveau. De précédents «retours de l'U.R.S.S.» fort négatifs, commis par des écrivains bourgeois dans lesquels on avait mis à tort quelques espoirs et à qui on avait souhaité bon voyage, avaient déjà indigné les communistes. Victor Boret avec *Le paradis infernal* (1932) avait été un exemple de ce genre de faiseur de «calomnie» littéraire. Maurice Constantin-Weyer avec quelques articles très critiques publiés en 1933 «à la suite d'un tout petit séjour en U.R.S.S.», avait été l'objet d'hallucinations: il avait cru voir des mendiants et des gens mourant de faim à Léningrad alors que «je vous assure que je n'y ai jamais vu», moi, rien de tout ça, s'exclamait le critique.[19] On passait ces «diffamations» aux profits et pertes. Avec Gide, le choc était

(16) Aragon, *Humanité*, 25 juin 1934, 8.

(17) *Vendredi*, 17 déc. 1937.

(18) Berl, *Marianne*, 18 nov. 1936.

(19) X., *Monde*, 6 janv. 1934, 2.

bien plus rude. On aurait pu marquer le coup en ne dramatisant pas. C'est ce qu'essaya Nizan: le pauvre Gide s'était perdu dans des questions trop vastes pour lui, Gide n'était même pas un «trotskyste», mais un simple et borné «libéral»[20]. Cette tactique pondérée aurait eu certains avantages, notamment celui de dissimuler la profondeur du traumatisme. Mais — on l'a vu pour le cas Istrati — la palinodie, la calomnie, le reniement ne se traitent pas par l'indifférence affectée, mais réclament la *haine*. André Wurmser sera chargé de répondre vertement, et coup sur coup, aux deux livres «diffamatoires». Pour le *Retour*, son papier s'intitule «L'U.R.S.S. jugée par André Gide»[21]. Ironique, méprisant, pas ébranlé, Wurmser, tout en argumentant contre les jugements négatifs et affligées, veut montrer que Gide se contredit, qu'il radote, qu'il ne sait pas ce qu'il dit, qu'il s'impatiente à tort, qu'il commet de grossières erreurs. Individualiste impatient, Gide a tort de juger l'U.R.S.S. sur une conjoncture et sur des détails «isolés»: c'est le grand argument, il resservira indéfiniment. Déjà M. Constantin-Weyer avait halluciné à partir de détails sans prendre une vue dialectique des choses. «L'U.R.S.S. dont le dynamisme seul doit nous importer, comment la juger sur un moment quelconque de sa course?» Relever des erreurs et des misères en U.R.S.S., ce n'est pas nécessairement se tromper sur le fait immanent, mais c'est suivre un cours *dangereux*. Wurmser, un peu tard, essaye d'inculquer au bourgeois Gide les éléments de la dialectique: «S'attacher à dénoncer les erreurs particulières d'une révolution vivante peut aider à compromettre le *succès* d'une cause universelle». Enfin, la flèche du Parthes — elle resservira — Gide qui s'énerve à propos d'une loi anti-homosexuelle soviétique (il ne le fait pourtant que dans une note

(20) Nizan, *Vendredi*, 29 janv. 1937, 5.

(21) *Commune*, janvier 1937.

en bas de page) confond «la révolution et la pédérastie»![22] Avec les *Retouches*, parues six mois plus tard et aggravant de données et de statistiques le premier bilan globalement négatif, Wurmser remonte aux barricades et n'a plus à prendre de gants: «Propos d'un pharisien», tel est son titre[23]. Le nom de Gide a été entretemps effacé du comité de rédaction de *Commune*. On emploie le terme mérité finalement: Gide est devenu un «antisoviétique». C'est aussi un pharisien, un hypocrite (car d'ascendance protestante), un jobard renseigné par les trotskystes, et derechef un pédéraste: «c'est Corydon qui juge l'Union soviétique», — pédéraste, stipendié et intéressé: Gide fait «beaucoup d'argent» avec ce livre (ce qui dans la sophistique communiste *veut dire* qu'il calomnie pour s'enrichir). «M. Gide est pour le camp antisoviétique une recrue de tout repos»[24]. L'individu qui se livre à cette «sale besogne» n'a plus aucun talent, son style n'est qu'hystérique avec ses «accents de susceptibilité froissée, de hargne, de rancune, d'insulte, de trivialité voulue [...], de haine impuissante, de rage aveugle»[25].

Le papier se termine par une autre réflexion, typique de la sophistique en question: la preuve que, par ses deux livres mensongers, Gide s'est mué en bas renégat, c'est qu'il... y trahit l'Espagne sur laquelle il feint de s'apitoyer! (car l'U.R.S.S. soutient les Républicains, or Gide débine l'U.R.S.S., donc Gide s'amuse à poignarder dans le dos l'Espagne républicaine.)[26]

Après ces articles, c'est la curée. D'innombrables *Répliques* militantes à Gide vont chercher à replâtrer l'image paradisiaque de l'U.R.S.S. Les communistes parviennent à intimider si

(22) Ibid., 574.

(23) *Commune*, août 1937, 1422. V. aussi *L'Humanité*, 31 juillet 1937, 8.

(24) P. 1433.

(25) P. 1436

(26) P. 1423.

bien que même *Vendredi*, magazine des «compagnons de route», censure Gide et le met à l'écart. Gide se trompe, répète-t-on, et il se trompe sciemment en se mettant au service du mal absolu. Le *Retour* est «un livre où l'ignorance des problèmes effleurés semble être [la] principale condamnation»[27], mais la *vraie* condamnation découle du sophisme *cui prodest*? — c'est le troisième grand sophisme stalinien qu'on applique: dis-moi à qui ça profite et je dirai qui, d'une manière ou de l'autre, te *paye*. «Qui profite de ces campagnes! Qui a besoin d'un nouveau cas Koutiépov?»[28] Aragon réagissait au cours de ces crises avec une sorte de paranoïa spontanée qui le rendait très efficace dans ce genre de salissage.

Que Gide ait «trahi» par ses deux livres Madrid assiégée, cela va se redire partout: pour les communistes ce raisonnement fonctionne dans la forte logique de l'évidence. José Bergamín, au Congrès international des écrivains de Madrid, *prouve* que le dernier livre de Gide est faux et diffamatoire en évoquant «le terrible silence accusateur du sang versé à Madrid»[29].

Parmi les renégats ultérieurs, il faut mentionner Louis-Ferdinand Céline qu'on avait tout fait pour envoyer là-bas. Son *Mea culpa* est antérieur à ses pamphlets antisémites, mais il sape toute espérance en une conversion à l'optimisme historique de Bardamu: l'image de l'U.R.S.S. y est totalement négative. Il est vrai qu'en dépit d'une vive admiration pour ce talentueux pourfendeur du «capitalisme», des doutes avaient tôt surgi quant à la possibilité d'enrôler un jour le cynique Céline dans le bon camp. *Mea culpa* est condamné comme l'aveu d'un «manque absolu de confiance en l'homme»[30]. Céline s'y donnait un brevet de moindre

(27) R. Blech, *Commune,* fév. 1937, 735.

(28) Aragon, *Commune,* 1937, IV, 804.

(29) Cité par *L'Humanité,* 17 juil. 1937, 8.

(30) *Commune,* mai 1937, 1070.

jobardise et de pertinent scepticisme dont le pauvre Gide, à son avis, avait manqué gravement:

> Jamais j'ai monté sur l'estrade pour gueuler... à tous les échos, *urbi et orbi*... «Moi j'en suis, moi j'en croque! [...] je vous adore, mon Staline! mon Litvinoff adoré! mon Comintern!» Jamais j'ai signé de manifeste... pour les martyrs de ceci... les torturés de par là... vous pouvez être bien tranquilles... c'est toujours d'un Juif qu'il s'agit.[31]

D'autres renégats, sinon convertis et membres du parti, du moins proches recrues possibles, passeront dans les années trente de l'exaltation à l'abaissement. Ramón Fernandez qui «aimait les trains qui partent», bifurque brusquement de la sympathie communisante au fascisme, — il n'écrira plus à partir de là que des «livres manqués»[32]. Fasciste, il a perdu tout talent, constate G. Sadoul[33]. Jules Romains dans lequel on avait mis des espoirs, s'intéresse au planisme et peut-être donc évolue-t-il par là vers le nazisme[34]. Lui aussi est en forte baisse. Jean Guéhenno, compagnon de route critique mais fidèle en dépit de tout, se met à avoir de graves doutes en 1937 dans *Vendredi* sur les procès de Moscou: Aragon espère qu'il aura «honte un jour» de ses soupçons diffamatoires[35].

Enfin, il y eut Jean Giono. Il ne s'était pas expressément «converti» au communisme comme Gide, mais le cas est assez semblable. Après la trahison de Gide, Giono était devenu *le* grand écrivain français, «paysan» de classe et d'esthétique et jugé proche du parti. Jusqu'à Munich, il est très admiré, c'est «un grand écrivain, le plus grand peut-être de nos poètes lyriques vivants»[36]. Les communistes aimaient

(31) *Bagatelles pour un massacre,* 45.
(32) Nizan, «Les Violents», *Monde,* 8 août 1935, 8.
(33) Sadoul, *Commune,* sept. 1935, 101.
(34) Maublanc, *Commune,* avril 1935, 863-.
(35) *Commune,* mars 1937.
(36) *Commune,* févr. 1938, 732.

ça, le panthéisme naturaliste de Giono. Ils lisaient dans la prose gionesque «la réconciliation de l'homme et de la vie»[37]. Soit! Or, Giono qui était entré avec enthousiasme à l'A.E.A.R. en 1934 devient éperdument munichois en 1938 et se met soudain à dénoncer les communistes «bellicistes». Son talent baisse alors brutalement, et sa chute dans le fascisme est jugée inévitable d'autant qu'il qualifie la Pasionaria de «chienne à soldats». *Le poids du ciel* (1939), élucubration antimoderniste, permet de l'exécuter.

Écrivains de la classe ennemie: Proust, ou la décadence

Quand les critiques ASDLR pensent à un écrivain typique de la décadence bourgeoise, c'est le nom de Marcel Proust qui leur vient d'abord à l'esprit. Proust est l'épitomé de ces «écrivains qu'intéressent uniquement les raffinements des âmes oisives, le mouvement cosmopolite des palaces ou le jeu enivrant des vocables»[38]. Proust, «aimé du snobisme fatigué»[39], passe pour avoir du génie dans certains milieux faisandés. *Monde* n'y coupe pas, Proust est un toqué: l'auteur de *La recherche* «n'est un cas vraiment intéressant que pour les littérateurs de métier et surtout pour les psychiâtres» [sic][40]. C'est Barbusse le premier qui a fait de Proust dont l'art lui était odieux, l'incarnation de l'imposture bourgeoise-décadente, un écrivain malsain, étroit et ennuyeux: «Ce fut un bureaucrate de salon et un couturier pour poupées, un collectionneur et un aligneur fastidieux de menus

(37) Nizan, *Monde,* 8 mai 1935, 8. Ou encore: «Il accomplit sa mission de poète en nous faisant aimer les hommes et la vie», Claude Morgan, *Commune,* nov. 1937, 357.

(38) *Monde*, 9 août 1930, 4.

(39) *Monde*, 2 mai 1931, 4.

(40) *Monde*, 1er août 1931, 4.

détails»[41]. C'est Barbusse encore qui désigne, je dirais presque qui dénonce Proust, de pair avec James Joyce, aux Soviétiques comme le représentant accompli de la «littérature du capitalisme moribond» ainsi que le classera Karl Radek au premier Congrès des écrivains soviétiques[42], — Marcel Proust avec ses «héros salonnards» et son «bistouri de l'analyse».

L'autre décadent-type, c'est en effet James Joyce, caractérisé par le «délire d'asile d'aliénés dont il entoure les actes et les pensées de ses personnages». Radek ajoute à l'adresse des deux avec ce qui devait passer pour de la vigueur bolchevique: vos œuvres sont «un tas de fumier [vu] à travers un microscope». Ce sont les deux mêmes images — le microscope, la pourriture — qui reviennent décrire cette littérature bourgeoise exacerbée dont j'ai analysé la condamnation plus haut (v. chapitre III). Proust va devenir pour les Soviétiques l'exemple accompli et suréminent du talent dégénéré au service d'un capitalisme en décomposition:

> Marcel Proust est un triste exemple d'un tel isolement [dans un monde qui se meurt], d'une telle solitude. Un styliste raffiné, mais un artiste stérile. Quelle pauvreté d'émotions! Quel «idéal» borné, étroit, naïf, infantile et impuissant! Or, cette fragilité maladive [...] distrait les masses de la lutte contre le capitalisme.[43]

Si Barbusse a attaché le grelot, il ne fait guère de doute qu'il écrivait ce que tous ou la plupart pensaient. Quelques années plus tard, *Commune* félicitera Léon-Pierre Quint pour avoir dénoncé Proust, «insensible à la réalité profonde de la vie sociale» et refusant de «sortir de sa tour d'ivoire» (encore la *tour d'ivoire*!); c'était «un écrivain malsain, snob, hypocrite et réactionnaire» qui n'aimait que «les aristocrates riches,

([41]) Barbusse, *Russie*, 172.
([42]) Radek, cité par *Commune*, oct. 1934, 46-.
([43]) A. Karavaïeva, *V.O.K.S.*, 7-8: 1934, 116.

oisifs et dépravés»[44]. Voilà ce qu'il fallait écrire... Hélas, Léon-Pierre Quint avait un retournement à la fin de son essai, qui désolait *Commune,* car il finissait par avouer: «mes sentiments hostiles n'ont guère résisté à son extraordinaire poésie, à la profondeur de son analyse». *Commune* s'inscrivait en faux contre cette coupable faiblesse et explicitait ce qu'il fallait penser de l'auteur de la *Recherche* si on se plaçait dans la ligne: «Proust reste pour nous un auteur inférieur même artistiquement»[45].

Sans la moindre exception, Proust incarne donc chez les critiques ASDLR l'ennemi de classe avec son raffinement malsain. Si on lui concède du talent, c'est pour signaler qu'il l'a dévoyé en de «microscopiques» faux problèmes: on oppose inlassablement la madeleine et la tasse de thé aux formidables luttes sociales qu'il eût pu décrire, s'il avait été autre qu'il n'était. Il y avait ici (encore) une de ces évidences qui en imposaient aux compagnons de route susceptibles de dissimuler des goûts coupables. Pierre Abraham confesse ses réserves et ses reproches dans *Vendredi*:

> Impossible de masquer le fait que Proust ne s'est en aucune manière soucié du fait social. [...] À plus forte raison ne prononce-t-il aucun mot sur les conditions de la vie quotidienne. Comment ses personnages travaillent-ils? (etc.)[46]

Le populisme, erreur esthétique complémentaire

Face au condamnable modernisme littéraire, les communistes ont ensuite créé pour faire *pendant*, une autre catégorie de

(44) Léon-Pierre Quint, *Dix ans plus tard* (1936) cité par *Commune*, mars 1936, 893.

(45) B. Goriély, *Commune,* mars 1936, 894.

(46) *Vendredi*, 7 février 1936, 5.

l'erreur esthétique bourgeoise en dénonçant à tour de bras les romanciers «populistes». Il fallait qu'ils eussent bien besoin de cette seconde catégorie d'ennemis, de cette seconde erreur diamétralement opposée au décadentisme proustien pour donner une importance énorme à la faiblarde école littéraire fondée par Léon Lemonnier avec son *Manifeste du roman populiste* (1929). Proust ne dépeignait que des aristocrates névrosés, — c'était condamnable. Mais les populistes prétendaient dépeindre *apolitiquement* le peuple travailleur — d'une certaine façon, c'était pire! Le populiste était un imposteur contre-révolutionnaire infiltré sur le terrain propre du Parti. C'était un romancier bourgeois, totalement et sereinement apolitique, prétendant se donner pour objets le «peuple», les petites gens, le populo, — jamais bien entendu le Prolétariat conscient et organisé! Léon Lemonnier, son compère André Thérive et une poignée d'autres, prétendaient, disaient-ils, «en finir avec les personnages du beau monde, les pécores qui n'ont d'autres occupations que de mettre du rouge, les vices soi-disant élégants. Il faut peindre les petites gens, les gens médiocres qui sont la masse de la Société et dont la vie, elle aussi, compte des drames»[47]. Le plat manifeste de Lemonnier et ses tentatives de s'annexer Eugène Dabit ou Louis Guilloux ne méritaient pas une telle tempête, mais, comme je l'ai dit, Lemonnier prétendait envahir un terrain d'où les occupants légitimes, — les communistes et le «groupe prolétarien» de Poulaille, eux-mêmes en conflit de voisinage — n'entendaient pas se laisser déloger par des littérateurs de la classe ennemie en quête d'exotisme social et de misérabilisme. Les populistes étaient des «fascistes», écrira-t-on à Moscou, rien de moins! Leur manifeste était le produit d'un complot à l'échelle du capitalisme: «La bourgeoisie essaye

(47) L. Lemonnier, *Manifeste*, 102.

de donner le change en voulant créer [...] une nouvelle école littéraire comme le populisme»[48].

Barbusse le premier (il a eu décidément le premier des idées que tous lui ont reprises) va montrer le populisme, sous le vocable de «néo-naturalisme»[49], comme *l'erreur complémentaire* de la décadence formaliste bourgeoise illustrée par Proust. «Ce pseudo-naturalisme en retard de soixante ans» dépeint des aspects du réel social, mais il reste «à la surface», il «l'édulcore», le «stérilise» car il manque dans ses romans «le sens de classe, de solidarité et de lutte»[50]. C'est toujours le défaut du *microscope*: les populistes voient certains types sociaux, ils décrivent la vie quotidienne et ses menus détails, mais ils sont aveugles à *l'ensemble* — sinon ils discerneraient la lutte des classes et indiqueraient le sens de l'Histoire. «Le détail est exact comme la photographie d'art est exacte, mais cela ne va pas plus loin...»[51] Il en résulte qu'on ne trouve dans leurs romans «aucune conclusion»[52], c'est-à-dire aucune thèse politique correcte et éducative. Même sorte de reproche d'ailleurs à l'égard de ces innombrables romans de la vie paysanne qui paraissent à la même époque:

> Où sont les luttes des paysans? [...] G. David ne se sent-il pas d'autre vocation que d'enregistrer avec art le détail? [sur son roman, *Madeluche*][53]

Ainsi se construit le paradigme de la double erreur, — snobisme décadent et populisme — et c'est par rapport à cette double erreur (qui *toutes deux*, de façon morbide, magnifient l'insignifiant et ne *voient* jamais l'ensemble historique) que

(48) *Monde*, 1er nov. 1930, 3.
(49) Barbusse, *Zola*, 291.
(50) *Monde*, 23 mai 1931, 4.
(51) *Monde*, 3 févr. 1934, 8.
(52) Ibid.
(53) *Monde*, 24 févr. 1934, 8.

les doctrines d'une esthétique réaliste «remise sur ses pieds» vont se formuler *a contrario*.

Fascistes de tous acabits

Des écrivains représentatifs de la décomposition morale et esthétique bourgeoise, on arrive aux écrivains franchement ennemis. De la bourgeoisie agonisante on passe à la bourgeoisie fascisante. Écrivains irrécupérables qui ont jeté «bas les masques» et qui font cyniquement une «sale besogne» au service du fascisme, stade suprême du capitalisme, ils n'ont droit à aucune indulgence. Les écrivains catholiques étaient pour la plupart sur la pente savonneuse du fascisme, tel Maxence Van der Meersch qui étale avec «naïveté la haine bourgeoise contre les ouvriers»[54], Jacques Maritain, «une des intelligences les plus malfaisantes de ce temps»[55], Daniel-Rops («nul livre ne montre mieux le rôle infâme de l'Église dans le processus de fascisation»[56]), Henri Massis et Paul Claudel… Pour François Mauriac, qui avait servi à montrer la largeur d'esprit des communistes lesquels lui reconnaissaient, en dépit de tout, un «très grand talent», mais qui était aussi le plus typique romancier d'une classe pourrie à laquelle il demeurait attaché, la bourgeoisie landaise corrompue et dévote, son passage, lors de la Guerre d'Espagne, à des positions anti-franquistes viendra comme une divine surprise. De même Georges Bernanos, dont les communistes avaient toujours senti que le catholicisme extrême ne pouvait plaire aux dames d'œuvre ni aux notables catholiques et pensé qu'on pouvait attendre quelque chose de sa révolte

([54]) *Humanité*, 19 déc. 1936, 8.
([55]) *Monde*, 25 janv. 1930, 3.
([56]) Stalova, «Mort où est…», *Monde*, 5 avril 1935, 8.

contre le cours des choses (fût-ce au nom du monarchisme et de la théocratie): quand sortent *Les grands cimetières sous la lune*, Aragon peut dire publiquement à Bernanos toute son admiration dont il avait refoulé l'aveu jusque là[57].

Cela a été la thèse politique la plus dangereusement sectaire du communisme des années trente: le fascisme était le stade suprême du capitalisme et le point d'aboutissement de la civilisation bourgeoise. Devant l'affrontement ultime qui se préparait, toute société bourgeoise allait embrasser le fascisme abandonnant ses apparences démocratiques et leurs libertés «formelles». Que cette thèse englobât dans le camp ennemi les sociaux-démocrates — les «social-fascistes» — ou au contraire, avec le changement de ligne de 1935, qu'elle aboutît à vouloir rassembler un front populaire large contre le danger fasciste, cet artefact de combat finit par imposer aux militants une vision plus que jamais manichéenne d'affrontement en deux systèmes totaux, reléguant le parlementarisme, les pratiques démocratiques et l'état de droit au rang de pures et simples apparences au service d'une bourgeoisie «aux abois» qui jetait «bas les masques».

Il devait se faire qu'en littérature aussi la thèse de la «fascisation» imminente de tous les écrivains demeurés dans le «camp» bourgeois apparût comme attestée: dans les variations brusques et les réalignements imprévisibles d'intellectuels français entre la prise du pouvoir par les nazis et le pacte germano-soviétique, il y eut suffisamment de littérateurs qui confessèrent une sympathie soudaine pour l'Italie fasciste, pour l'Espagne franquiste, pour Doriot, ou pour Déat, pour alimenter cette thèse de la «fascisation» générale. Au reste, les communistes et toute l'extrême gauche qui ratissent large — et devinent certains entraînements — classent dans un vaste «fascisme» générique, les «planistes» à la

(57) Aragon, *Commune*, 1938, VI, 1228-.

De Man, les «frontistes» à la Bergery, les «troisième-voie», les «personnalistes» d'*Esprit* — groupe bigarré auquel les communistes staliniens adjoignent encore, éminemment, les trotskystes et autres oppositionnels de gauche.

C'est avec cette arme de l'amalgame que les critiques ASDLR examinent une littérature bourgeoise où, il est vrai, les littérateurs qui vont jeter «bas les masques» ne manquent pas: Alfred Fabre-Luce, Alphonse de Chateaubriant, Jean Prévost, Léon Daudet, Thierry Maulnier liés à l'Action française, Paul Morand, ami des Croix-de-feu, Robert Brasillach, devenu critique littéraire de l'*A.F.*, Henri Béraud[58], Jacques Maritain, André Tardieu, Henri Massis, les chroniqueurs de *Marianne*, de *Gringoire*, de *Je suis partout*, — je cite en vrac des écrivains alors notoires qui donnent des gages à l'extrême droite ou lui témoignent d'explicites sympathies.

Les hyperboles, les amalgames, la violence, la mauvaise foi de la critique communiste des années trente ne peuvent se juger adéquatement que si l'on voit sa presse comme elle la voyait: *encerclée* par une presse culturelle de droite, très répandue, très virulente et d'une degré de bassesse et de mauvaise foi sensiblement supérieur en dépit de tout. *Candide*, *Gringoire* tirent à un demi-million chacun. Les journaux de gauche sont très loin de ce chiffre. Qualifier ces feuilles de «fascistes» n'a rien d'hyperbolique puisque c'est du fascisme qu'expressément elles se réclamaient — et il faut y joindre, plus doctrinaires, *L'Action française* et *Je suis partout.* Les critiques littéraires qui expriment le point de vue de ces milieux — Pierre Gaxotte, Jacques Banville, Lucien Rebatet, Fernand Vanderem, André Rousseaux, Léon Daudet — défendent une conception chauvine, réactionnaire, élitiste de la littérature et résistent éperdûment à toute nouveauté esthétique

([58]) «L'année 1934 a vu Henri Béraud passer définitivement dans la bauge fasciste», signale *Commune*, avril 1935, 897.

d'où qu'elle vienne. Quant aux *Nouvelles littéraires*, à *Marianne* (dirigée par Emmanuel Berl), les communistes jugeaient ces feuilles centristes «peu sûres» dans la mesure où tout le milieu intellectuel d'alors est sujet à des équivoques et des entraînements. Les communistes qui maintiennent la barre droit sur l'U.R.S.S. dans une période déboussolée se sentent, par les hostilités mêmes qu'ils suscitent, *constamment* confirmés dans leur vision des choses. Sur ce terrain, les communistes observent en effet avec une certaine perspicacité des entraînements, des hésitations, des tolérances qui leur apparaissent confirmer la «fascisation» de piliers de la bourgeoisie comme André Maurois:

> Le libéralisme est mort. Il va bien falloir devenir fasciste. M. Maurois est trop poli pour dire le mot: il se contente d'évoquer la chose [...] Cette timidité est un trait du fascisme français, dans la mesure où les idéologues l'expriment.[59]

Ils signalent (et ils ne se trompent pas) des écrivains qui, un court ou un long moment, ont pu se réclamer de la gauche (sinon flirter avec la Révolution), passant avec armes et bagages du côté des chemises noires ou brunes. Ainsi de Ramón Fernandez, l'homme-qui-aimait-les-trains-qui-partent. Selon le procédé qui a fait ses preuves, les communistes se bornent à signaler qu'à mesure que l'écrivain «donne des gages» à l'ennemi, le peu de talent qu'il avait s'évanouit. Du *Pari* de Ramón Fernandez (1932), premier roman postérieur à son «reniement»:

> C'est long, distingué, sans aucun rapport avec la vie présente: on est assez satisfait de voir l'épuisement progressif de la littérature bourgeoise que manifeste un pareil livre.[60]

(59) P. Nizan, «A. Maurois», *Monde*, 1 mars 1935, 10.
(60) Nizan, *Humanité*, 16 déc. 1932, 4.

Loin de moi donc de prétendre que les reniements de la gauche au cours des années trente par des gens qui avaient pu poser aux progressistes, les soudaines sympathies à l'égard du régime de Berlin, de Rome ou de Burgos, l'intérêt pour les solutions musclées manifesté par des gens de lettres qu'affolait le six-février, que tout cela n'était pas susceptible d'alarmer les critiques de l'extrême-gauche, communistes ou démocrates. Il y avait dans la gauche non-communiste (et par ceci même suspecte *a priori*) plus d'un littérateur qui s'abandonnait à des bienveillances, des concessions — l'antistalinisme d'une part, l'aveuglement pacifiste de l'autre étant pour l'essentiel dans ces évolutions-là. Qu'on songe à Emmanuel Berl, parfait exemple du glissement du gauchisme de salon à la réaction anticommuniste, qu'on songe à Jules Romains intéressé vers 1935 par le planisme et qui met un temps ses espérances dans le redressement de l'Allemagne sous la férule des nazis[61]. Simplement (c'est le cas de le dire), les communistes ont vu des fascistes partout et ont mis dans le même sac — selon le *topos* «qui n'est pas avec nous est contre nous» — les gens qui avaient des sympathies pour Hitler et ceux qui avaient des antipathies pour Staline, les admirateurs de la Croisade franquiste et les dénonciateurs des Procès de Moscou, convaincus que ce devait être, que ce ne pouvait être que les *mêmes*, «objectivement» parlant. Cet amalgame aux conséquences incalculables est le trait décisif de la mentalité stalinienne. Les staliniens ont qualifié de fascistes Emmanuel Mounier et les collaborateurs d'*Esprit*[62], mais aussi le romancier belge Charles Plisnier, devenu trotskyste, dont la nouvelle «Iegor» est une première et sinistre représentation littéraire des grands procès[63], Panaït Istrati, dont j'ai parlé plus

(61) *Commune*, avril 1935, 863-. V. aussi Aragon, *Monde*, 15 mars 1935, 3. J. Romains fait en effet des conférences à Berlin en 1934.

(62) Nizan, à propos d'*Esprit*, dans *Commune*, oct. 1933, 108.

(63) Ajoutée à *Faux passeports* en 1937.

haut, communiste devenu, dans la plus grande solitude, un pamphlétaire antistalinien («le talent d'Istrati était porté par son courage: sa lâcheté, sa bassesse d'aujourd'hui l'ont détruit et c'est une chose qu'il faut bien dire quoiqu'elle semble justifier je ne sais quelle idée mythique de punition», écrit Nizan[64].) Ils ont montré du doigt, glissant sur la pente fasciste, des écrivains qui n'ont finalement pas démérité: ainsi *Commune* prophétise pour Jean-Richard Bloch le scenario fatal suivant (dont les deux premières étapes sont acquises): origines petites-bourgeoises → humanisme → trotskysme → fascisme![65] Jean-Richard Bloch fera machine arrière sur cette pente savonneuse puisqu'il rejoindra le P.C.F. au Congrès d'Arles (1937). Parmi les prédictions démenties (puisqu'il dénoncera la guerre d'Espagne), il y avait la certitude souvent prophétisée que François Mauriac n'attendait que l'occasion pour ôter le masque. Quand la violence fasciste éclatera en France, assurait Nizan en 1932, «M. François Mauriac saluera en elle le dernier effort de sa classe»[66].

Les critiques des poètes et romanciers fascistes n'avaient pas à prendre des gants. Et lorsque le *fascisme* de l'auteur se combine au *modernisme* du texte et à la *pourriture* des thèmes abordés, on obtient la rare confirmation concentrée de *tout* le système ASDLR. C'est ce cocktail que procure Alberto Moravia avec *Les indifférents*:

> Roman [...] Non, vomissement. Histoire malpropre qui répand dans ce livre l'absolue totalité de ses complexes abjections durant trente heures; au bout de quoi la poubelle est pleine. [...] La bourgeoisie italienne n'a pas eu grand peine à se reconnaître en ce livre. [...] Décadence pourrie sur le fumier de laquelle ne naissent que des champignons vénéneux. [...] Gamines veules, prêtes à tout sauf au travail; crasse des corps, boue des âmes.[67]

(64) Nizan, *Monde*, 8 févr. 1935.
(65) *Commune*, nov. 1933, 253.
(66) Nizan, *Commune*, oct. 1933, 112.
(67) *Monde*, 9 janv. 1932, 5.

Pour les critiques ASDLR, sans doute parce qu'ils conservaient une admiration refoulée pour lui, l'écrivain fasciste à réprimander par excellence a été Drieu la Rochelle[68]. C'est aussi que Drieu leur faisait la partie belle, ayant fait ostentatoirement son *thème* littéraire de la tentation fasciste elle-même — tout d'un tenant avec la vie de salon, le goût des femmes, le cynisme et le décadentisme. Les romans «malsains» avec leurs «coucheries» à répétition et les essais «fascistes» au nietzschéisme prétentieux de Drieu la Rochelle semblent parfois n'avoir été écrits que pour se rendre odieux aux communistes. L'homme qui a eu le front d'écrire dans *Socialisme fasciste*, «J'ai besoin de si peu de choses: 60.000 francs par an. Deux chambres et une salle de bains. Quelques taxis. Deux costumes, un peu d'argent de poche. Un ou deux voyages en Europe. J'ai renoncé à l'Asie et aux enfants. Je suis un moine», faisait tout pour confirmer qu'il relevait, comme l'avait diagnostiqué Aragon, de «cette espèce parasitaire d'écrivains dont M. Drieu est le type le plus distingué», espèce qui était le «produit de la dernière période de l'impérialisme»[69]. Drieu a si bien confirmé le *pire* de ce qu'on attendait de lui qu'il a procuré aux critiques ASDLR une sorte de bonheur pédagogique dans la démonstration de la «mauvaise pente». «Drieu propose à la jeunesse bourgeoise préfasciste la pensée nietzschéenne comme une machine de guerre contre le marxisme.»[70] Par ailleurs, le talent de Drieu suivait cette pente descendante: «C'est dans ce style aussi plat qu'ennuyeux que M. Drieu la Rochelle qui eut du talent, il y a

(68) La France a eu parmi ses écrivains «fascistes» un romancier qui s'est mis notoirement au service de Rome et de sa politique abyssine, c'est Henry de Monfreid, sur qui Etiemble, qui collaborait assez fréquemment à *Commune,* conclut pertinemment: «rien ne saurait augmenter le dégoût qu'il inspire» (*Commune,* juin 1936, 1263).

(69) *Commune*, juil. 1933, 64.

(70) Aragon, *Commune*, juil. 1933, 69.

quinze ans, a écrit ce récit où il a affublé d'oripeaux de foire certains héros contemporains.»[71] Quant aux essais de politique fasciste et doriotistes de Drieu, ils signalent surtout qu'il n'est pas vraiment à son affaire dans des questions qui le dépassent:

> Assez de fausse profondeur. Si Drieu ne peut pas penser à fond son rapport à la politique, qu'il retourne aux femmes.[72]

Drieu qui s'enfonçait à la fois dans la complaisance bourgeoise, la débauche et le culte de Doriot avec *Rêveuse bourgeoisie* (1937) confirmait point par point la vulgate communiste. Et pourtant... On retrouve dans le cas de Drieu, les peu explicables sympathies littéraires des critiques communistes pour leurs diamétralement opposés. On a déjà vu ce trait à l'égard de ces écrivains jugés «à la croisée des chemins» (et il est vrai que certaines oscillations de forte amplitude pouvaient toujours faire espérer un brusque retournement dans ces années obscures). On méprise donc littérairement et politiquement Drieu et pourtant on laisse voir un regret de ses erreurs et une sympathie pour lui au-delà du communisme et du fascisme. Ce que fait Paul Nizan dans le compte rendu des misérables essais *Socialisme fasciste* et *Journal d'un homme trompé*:

> Et pourtant, il y a dans Drieu des accents qui font regretter qu'un homme qui était en lui ne soit perdu et qu'il y a de moins en moins de chances de le voir se retrouver. Drieu ne sera pas la seule victime du temps de l'après-guerre prête à se transformer en domestique des bourreaux...[73]

Bien au-delà du mépris, parfois nuancé d'ambivalence, qui accueille les écrivains fascistes, on rencontre enfin, au fond

(71) Sur *Beloukia* de Drieu, *Humanité*, 13 sept. 1936, 8.

(72) Nizan, *Monde*, 25 janv. 1935, 10.

(73) Ibid. Je n'approfondirai pas ici le parallèle que tout suggère, Drieu/Aragon.

du trou, les essayistes et romanciers anti-staliniens. Ceux-ci vraiment, rien ne les sauve. Le *Staline* de Boris Souvarine: «Le capitalisme le plus réactionnaire a passé commande à M. Boris Souvarine, [...] ce faussaire appointé [...], ce renégat.»[74] «Chapelet de calomnies»[75], «bassesse», «esprit haineux», «incoercible nausée», «la bave du crapaud tient lieu d'encre...»[76]: tel est le ton du compte rendu. Les retours d'U.R.S.S. forment alors un genre littéraire qui se divise nettement en approbateurs aveuglés et en plus que critiques; après les livres de Gide et le *Mea culpa* de Céline, c'est le *Vive la liberté!* de Roland Dorgelès qui a suscité le plus vigoureux tir de barrage. On mentionnerait aussi auparavant l'«agent provocateur» Maurice Constantin-Weyer dont le roman *Le drapeau rouge* écœure à tel point le revuiste de *Monde* qu'il recrée sans effort pour le condamner au tribunal de l'esthétique communiste le prochain vocabulaire zoologique d'un Vychinski: «bave,...vomissure,.... rire carnassier et voix empâtée, etc...»[77]

(74) Sadoul, *Commune*, sept. 1935, 95.
(75) Sur les Frères Tharaud, voir *Commune*, 1934, II, 148.
(76) *Monde*, 25 mars 1933, 10, à propos d'un essai sur Lénine.
(77) *Monde*, 30 janv. 1932, 4.

XII

CONCLUSION

COMMUNISME, MODERNISME ET BARBARIE

Affaire jugée?

Tout se passe comme si, dialoguant à travers les générations intellectuelles, le relativisme et le scepticisme contemporains représentaient l'autocritique tardive et par quelques côtés excessive des certitudes en béton des intellectuels engagés des années trente et du danger de telles convictions. Le pyrrhonisme à la mode ne facilite pas la compréhension des grandes certitudes des années trente ni celle de la dynamique qui a transformé à l'extrême gauche la discussion militante des premières années de *Monde* en figement sectaire des années ultérieures. La critique des années trente choque non pas seulement parce qu'elle fut sectaire, mais parce que c'est une critique qui *jugeait* et *tranchait*. Cette attitude heurte le «ne jugez point» de l'éclectisme dilettante qui est revenu en force sous des oripeaux post-modernes. Si les thèses d'alors sont critiquables, elles sont aussi rejetées par un implicite «argument par les conséquences», conséquences pour la prospérité des théories relativistes aujourd'hui dominantes. C'est le seul fait qu'un Lukàcs ait cru avoir à *choisir* entre Balzac et Flaubert, Thomas Mann et Musil, Soljenitsyne et Severo Sarduy — plus encore que ses choix et ses arguments — qui indispose l'éclectisme contemporain. Écrire aujourd'hui que l'art d'un Philippe Sollers est isomorphe de son désespoir politique et de son nihilisme paraîtrait à la fois intolérable et indécent.

On pourrait conclure ce livre en deux mots: affaire jugée! Que dire de plus d'une critique de la littérature par elle étiquetée «bourgeoise» qui ne s'est développée — avec sa révolte et sa bonne volonté — qu'au nom d'une «littérature totalitaire» (Golomstock, 1990) qui allait se figer en monopole esthétique d'État? Que dire d'une critique qui s'est faite contre toute la littérature de son temps prenant souvent pour de la lucidité ses aveuglements et pour de la vertu militante sa papelardise? À l'instar de la révolution, cette critique a «dévoré ses enfants»[1]. Ayant prétendu fonder en certitude historique et en progressisme le jugement esthétique, elle n'est plus qu'une perte totale. *Væ victis!* Quand ce ne serait que par sa phraséologie, stade suprême de l'idéologie, cette critique est souvent simplement insupportable:

> Pour nous écrivains révolutionnaires, faire œuvre de réalisme socialiste, c'est précisément cueillir la fleur vivante…[2]

Je connais bien des gens pour qui cette «fleur vivante» suffit pour laisser tomber. Prétendre par ailleurs que le fade lyrisme qui accompagne des doctrines à la fois rigides et confuses et qui enrobe des paralogismes policiers et des amalgames, que tout cela a tenu au «malheur des temps», et ajouter qu'il faudrait s'incliner — en dépit de la servitude volontaire à quoi menait la soumission à la «ligne» — devant tant de «révoltes logiques», d'élans du cœur et de l'esprit, de volontés de comprendre et de «servir», tant de talents, grands et petits, au service d'une littérature impossible, de débats truqués et d'un sombre sectarisme, ce serait esquiver le problème et faire à son tour preuve de papelardise. De Charles

(1) Selon le mot de Vergniaud sous la Terreur.

(2) Léon Moussinac, *Humanité*, 22 mars 1936, 8.

Fourier à Nietzsche, des penseurs radicaux du siècle passé ont répété que «tous les moralistes sont des canailles» (le propos est de Fourier); on peut étendre ce jugement en posant que les gens conduits par une volonté bonne de changer le monde, animés par une exigence de réforme sociale globale courent le danger immédiat de se muer en jocrisses et en «policiers de l'esprit» (comme le formulaient les surréalistes). Si l'évolution des intellectuels communistes des années trente illustre cette thèse pessimiste, il faudrait simplement le reconnaître. Et si une argumentation différente permet de rendre compte de leur évolution sans pourtant faire l'impasse sur les erreurs et les mensonges, apprécions cette argumentation sur pièces!

Le «malheur des temps» qu'invoque parfois une défense sophistique, n'était pas une fatalité. Certes, les critiques dont j'ai analysé les thèses ont pensé et écrit sous la hantise de la guerre, de la «peste brune», des crimes franquistes en Espagne. Vers 1937, tout converge, tout s'accumule, la crise économique — «preuve» peut-être encourageante de la faillite du capitalisme — la menace de guerre, les progrès du fascisme en Europe. L'intellectuel communiste suit simultanément les combats autour de Madrid et les procès moscoutaires du «Centre trotskyste-zinoviéviste», et quelle que soit la synthèse qu'il se fait de ces événements, ceux-ci projettent leur ombre sur toute évaluation qu'il fait des œuvres de l'esprit. Ces menaces grandissantes ont été autant d'alibis qui permettaient d'inviter à ne pas «discuter sur le sexe des anges»: Byzance était assiégée et les écrivains avaient des «tâches» à remplir, fût-ce au détriment de la maturation et de la perfection artistiques[3]. En demandant à la littérature de *pouvoir*

(3) Romain Rolland développe ce point du «rôle de l'artiste dans une société en état de guerre» dans *Commune*, 1935, II, 929. Notre critique est une critique «sous la menace de dictature», dit *Documents 35*, 3: 1935, 1. Ce que je vois comme une justification par la conjoncture forme un thème

quelque chose contre le fascisme et le bellicisme menaçants, le critique ASDLR lui demandait à la fois la moindre des choses et formulait pourtant une exigence exorbitante. C'est à cette contradiction que je vais en venir.

Ceci dit, le malheur des temps n'explique ni n'excuse les aveuglements et les sectarismes qui ne furent que ceux d'un groupe d'intellectuels déterminé. C'est *d'abord* dans les années trente que la critique des communistes et leur littérature ont été rejetées, non par de tièdes ou cyniques littérateurs bourgeois, mais par des gens qui se plaçaient dans le camp révolutionnaire, même si les staliniens voulaient les en exclure. Par tous les oppositionnels, des trotskystes aux surréalistes, aux syndicalistes-révolutionnaires, qui ont les premiers attaché l'étiquette péjorative de «stalinienne» à cette critique. L'attitude de ces dissidents était analogue, sans qu'ils le sussent, à la position anti-sectaire adoptée par Léon Trotsky dans les années vingt face aux méthodes brutales des bureaucrates du Proletkult. Le texte suivant de Trotsky ne sera connu en français qu'en 1964:

> Certains écrivains marxistes se sont mis à reprendre des méthodes de pogrom à l'égard des futuristes, des «Frères Serapion», des imaginistes et en général de tous les compagnons de route [comme Boris Pilniak], ensemble et individuellement[4].

Les débats qui ont eu de la vigueur, mais qui ont vite tourné au tragique en Russie — dès 1918 — où toutes les questions ont été abordées, n'ont été connus en d'autres langues que le russe que cinquante ans plus tard — ainsi des textes de Viktor Chklovsky s'en prenant dès 1919 à cette «théorie

repérable fréquemment: «Le monde vit dans la hantise de la guerre, dans la crainte ou sous la chappe de plomb de la servitude, dans l'effroi au milieu de l'abondance de manquer du pain quotidien», écrit Vaillant-Couturier, *Service,* 3.

(4) Trotsky, 1964, 186.

qui n'est ni scientifique ni marxiste, [...] théorie de l'existence d'une musique bourgeoise. [...]Il faudrait commencer par démontrer la possibilité d'une musique idéologique». Il concluait: «Au nom de la propagande, débarrassez l'art de la propagande»[5].

En France, le système idéologique que j'ai décrit n'a pas étendu son influence au-delà du parti et de quelques compagnons de route. Dans les pages mêmes de *Commune*, les contributions de Gide et de Malraux — c'est-à-dire les propos d'intellectuels autonomes — en dépit de concessions de phraséologie, disent autre chose et, avec quelques prudences ésopiques, rejettent en bloc les présupposés ASDLR. André Malraux au Congrès de 1934 (*Monde* se sentira obligé de reproduire son discours) déclara très sereinement du haut de la tribune moscovite: «Concevoir une littérature comme l'application d'une doctrine ne correspond jamais à une réalité...»[6] Au nom de ce qui pouvait s'interpréter comme une «idéaliste» exception en faveur du génie, Malraux dans le même mouvement, rejetait la notion de «littérature bourgeoise» en la ramenant au seul secteur de la grande diffusion: «Ce n'est ni Claudel ni Proust qui *signifient* la bourgeoisie, c'est Henry Bordeaux»[7].

Ce ne saurait être un hasard si les écrivains d'inspiration populaire et ouvrière, dans toute l'Europe capitaliste, sont restés à l'écart des partis bolcheviks (cas de Guéhenno, de Dabit), ou bien ont été poussés à une attitude oppositionnelle (cas de Poulaille et ses amis). Ce fut aussi le cas de Döblin dont le *Berlin Alexanderplatz* avait été condamné, au nom de la ligne, dans *Linkskürve* (1930) et qui, en réplique, avait donné de la critique ASDLR en version allemande, une

(5) Chklovsky (1919), 1973, 42.

(6) Malraux, «Problèmes littéraires», *Monde*, 2 nov. 1934, 8-9.

(7) Ibid.

définition machiniste qui en constitue la condamnation la plus perspicace:

> La chose est un appareil. Elle produit à la machine de la critique standardisée, ses jugements doivent être produits en série. Un enfant pourrait se servir de l'appareil: c'est un automate doté d'un dispositif qui protège contre toute pensée indépendante[8].

Gide a confié au papier, dans ses moments les plus bolchevistes, l'aveu de ce que les communistes (s'ils avaient pu lire son journal) auraient jugé comme la quintessence de l'irrécupérable individualisme bourgeois:

> La chose à laquelle je tiens le plus, c'est mon art. Que l'entente de l'art et de la doctrine communiste soit possible, je veux le croire. Mais il me faut avouer que le point d'accord et de fusion, je n'ai su jusqu'à présent l'obtenir[9].

L'essayiste des années trente qui s'est le plus perspicacement donné pour objet la politique et la culture communistes fut Jean Grenier dans ses essais sur «l'esprit d'orthodoxie». Il ne mâchait pas non plus ses mots à l'égard de la critique de parti: «c'est à une entreprise de rabaissement intellectuel que l'on travaille aujourd'hui sous prétexte de répandre une nouvelle culture, qui serait la véritable»[10].

(8) Cité par Morel, 1985, 273.

(9) Gide, 1950, 64. Gide écrira en 1937, reprenant la notion d'«orthodoxie» de Jean Grenier dont je dis quelques mots plus loin: «Je me suis toujours déclaré l'ennemi de toutes les orthodoxies, celle du marxisme me paraît aujourd'hui tout aussi dangereuse, du moins pour l'œuvre d'art» (loc.cit., p. 73-4). On voit que pour Gide l'art est vraiment le seul critère de jugement!

(10) Jean Grenier, «L'Âge des orthodoxies», *NRF*, avril 1936; voir aussi son *Essai sur l'esprit d'orthodoxie*. La thèse de Jean Grenier dans son *Essai sur l'esprit d'orthodoxie* peut se résumer dans ce propos: «En somme l'on peut assurer que le marxisme s'est décomposé en tant que croyance et qu'il n'a pu se maintenir et se propager que parce qu'il s'est transformé en "orthodoxie"» (p. 18) suggérant que l'orthodoxie est (aussi) une réaction à

Pour clore ce bref panorama des refus, des réfutations, des dissidences, on peut indiquer que quelques rares jeunes intellectuels dans le Parti ont aussi refusé d'ânonner ce «pidgin-marxisme»[11] et sont parvenus à écrire sur un autre ton et à partir d'autres thèses dans sa presse même. Je pense à Henri Lefebvre qui cependant a donné bien des gages au stalinisme ultérieurement. On pourrait signaler aussi René Étiemble, alors proche du P.C., dans ses contributions à *Commune*. Henri Lefebvre, dans un article de 1937, rejette purement et simplement la thèse que «l'œuvre d'art [soit] l'expression d'un temps ou d'un groupe», schéma qu'il attribue à Taine, qu'il juge étranger au matérialisme dialectique et qui ne mène à son avis qu'au «pédantisme»[12]. En d'autres termes, Lefebvre rejette l'axiome même sur lequel toute la «machine» était alors construite.

Axiomatique

Il me semble, en dépit de ce que je viens de concéder, qu'il demeure des choses à apprendre de la critique communiste et des questions qui restent ouvertes et ne sauraient être englobées dans l'«affaire jugée». C'est ce sentiment qui justifie mon entreprise. Il faut procéder, avant de poursuivre, à une synthèse qui rassemble en quelques paragraphes ce qui est *axiomatique* dans cette critique ASDLR. Dire qu'elle a *politisé* la littérature, c'est exprimer en un mot son caractère le plus évident mais aussi le plus *aporétique*. Car en effet —

la décomposition interne d'un système dont il faut maintenir à tout prix l'omnipotence.

([11]) J'emprunte l'expression à Pierre Bourdieu qui l'applique, je pense, à l'«air du temps» des années 1960-70. Je crois que la transposition aux années trente est pertinente.

([12]) *Commune*, août 1937, 1473.

c'était une évidence pour les communistes, mais aussi pour un Emmanuel Berl, pour les surréalistes, pour tous les gens de gauche — que pourrait être une critique *purement* formelle sinon un exercice de conformisme et de platitude dont les intellectuels des années trente voyaient l'expression accomplie dans les feuilletons d'Edmond Jaloux, le pontife littéraire du *Temps*. Ou plutôt ils disaient que la critique «de classe» de Jaloux était, de façon implicite et philistine, *totalement* politique elle aussi. Je crois qu'il faut leur accorder ceci. À cette hypocrisie, les communistes opposaient une critique qui, non seulement mettait cartes sur table, mais qui s'attribuait un rôle *total*. Toute critique s'arroge un droit de juger, mais chez les communistes tout a prise: l'auteur, ses origines, ses mœurs, ses intérêts, ses revenus et son «héritage». Le tout-est-politique, commun aux maurrasiens et aux communistes, est un trait d'époque. Pour mesurer son emprise, il suffit de relever certains textes de Gide converti, développant lui aussi, l'espace d'un moment, cette thèse «moniste» de la prédominance du politique comme quelque chose dont la conjoncture imposait l'évidence. Gide écrivait par exemple dans son éloge nécrologique de Barbusse:

> En apportant à la genèse d'un grand rassemblement des intellectuels cette constatation historique de la forme que prend aux jours où nous sommes le remuement collectif des hommes et la tragédie de leur aventure, et qui ressuscite, avec des solutions plus décisives, les grands conflits de l'histoire entre les forces du passé et celles de l'avenir, nous nous élevons violemment contre la formule: «pas de politique», qui est la formule jésuitique ou lâche du conformisme dans une période où les gouvernements sont les ennemis des peuples — mais nous nous tenons cependant au-dessus de la lutte militante des partis politiques[13]. (Une fois de plus, Gide faisait *in fine* une réserve au

(13) Gide, «Le testament d'H.B.», *Monde*, 12 sept. 1935, 9.

nom de l'art,— pleinement politique, soit, mais «au-dessus» du militantisme courant.)

Cette thèse, il suffisait de peu pour en faire un dogme. Ce que faisait par exemple Jean Fréville, âme damnée de l'esprit de parti: «Il n'y a pas, dans une société fondée sur la division des classes, de critique neutre»[14]. Le tout-est-politique comportait un jugement *moral*: s'abstraire de la politique, pour un écrivain comme pour tout autre être social, était une «lâcheté». Deux conséquences massives en découlaient, conséquences qui entraînaient d'irrévocables malentendus: la critique allait devoir dire *à la place* de l'écrivain, — perdu dans ses recherches d'art égocentriques, — le *sens* historico-dialectique de son œuvre: il suffisait de traiter l'ambivalence textuelle et la polyphonie comme de contingentes insuffisances et d'y substituer par décantation de la *monosémie* et de la lisibilité historique.

Une autre conséquence venait de loin: depuis le romantisme, l'amalgame avait été tentant entre la «révolte» de l'art et la révolte politique, la révolution sociale. Il suffisait d'*absorber* celle-là dans celle-ci pour unifier le jugement critique sur le monde et refuser à l'art toute autonomie. Raymond Aron a bien analysé ceci, qu'il décrit dans *L'opium des intellectuels*: «L'artiste dénonce le philistin, le marxiste, la bourgeoisie. Ils pouvaient se croire solidaires dans le même combat contre le même ennemi. Avant-garde artistique et avant-garde politique ont rêvé parfois d'une aventure menée en commun en vue de la même libération»[15]. Paul Nizan a développé (avec un vocabulaire symptomatiquement juridique) ce paralogisme qui part de l'esthétique moderne comme *protestation* pour dire à l'artiste: «vous et nous, même combat!»

(14) Fréville, *Lafargue*, XI.
(15) Aron, 1955, 55.

> Aucune œuvre de première grandeur qui n'ait été une mise en accusation du monde, un procès de la condition de l'homme dans le monde. Les plus grandes sont celles qui ont uni à ce procès une volonté de transformer le monde qui faisait l'objet du réquisitoire[16].

Viktor Chklovsky, en 1919, avec sa tournure d'esprit «formaliste», s'était obstiné à montrer qu'il y avait un sophisme dans cette équivalence ou cette intégration: «La plus grave erreur de ceux qui écrivent actuellement sur l'art, relevait-il, me paraît être l'équation entre la révolution sociale et la révolution des formes artistiques qu'ils tentent d'imposer.» Il était impossible que la confrontation entre les «deux sortes de révoltes» soit faite en des termes suffisamment précis pour éliminer le verbalisme et les taches aveugles. Mais encore une fois, ce n'est pas parce que la question de ces incommensurables a été résolue en termes faux et volontaristes que cette question même serait sans réalité et sans portée. Sans doute demeure-t-elle un casse-tête dont les solutions attestées ne sont guère satisfaisantes. Cependant toutes les réflexions esthétiques des années trente et quarante qui se sont développées contre le simplisme ASDLR sont, à l'évidence, parties d'une *reformulation du même problème:* l'art servant à «dominer le destin», ce qui est la définition de Malraux quelques années plus tard, vise à réconcilier dans une idéalité ultime l'art, incapable de se mettre *hic et nunc* au service des espérances militantes, et l'action révolutionnaire recomposée au-delà des aveuglements et des mensonges inhérents à ses espérances.

Je crois que ce qu'on désigne comme la «politisation» du littéraire peut s'expliquer fondamentalement comme une **volonté de *monisme*.** Unité du monde en voie d'accomplissement révolutionnaire, unité des activités humaines et de la

(16) Nizan, *Cahiers de la jeunesse*, 15 déc. 1938 repris dans Nizan, 1971, 295.

connaissance: il y a dans ces axiomes une quasi philosophie, issue du principe Espérance et d'un naïf positivisme, qui engendre un pathos de la cohérence et de la clarté dont nous avons rencontré maint exemple:

> Une classe s'effondre, une autre s'élève portant en elle toutes les espérances. Elle ne tend pas à emprisonner l'esprit mais à «faire des hommes», à réaliser l'unité du monde. Dès lors il faut être avec elle et puisque sa lutte est politique ne pas refuser le langage politique[17].

Le devenir historique est pensé comme une totalité susceptible d'être connue (et agie) pleinement, unitairement et donc clairement, harmonieusement. Le matérialisme dialectique, dira Lukàcs, s'appuie sur l'axiome de l'*unité* de la réalité en ceci que toutes ses manifestations, qu'elles soient inorganiques, organiques ou sociales se déroulent entre elles selon certaines séries causales. Ainsi, le réalisme accomplit-il un mandat transhistorique, qui est de servir la cause de l'humanité (celle du prolétariat) dans son devenir émancipateur progressif. Autant dire que le concept de réalisme est, pour Lukàcs, totalement déterminé *hors* du texte, de ses techniques et de ses formes. La doctrine «réaliste» pose que l'œuvre doit «refléter» en une représentation «holomorphe» (non ironique, non fragmentée) la totalité de l'humain, du *Mensch Ganz*. Lucien Goldmann avait vu la difficulté et parlait de l'œuvre comme d'une «presque totalité» — ce qui ne faisait qu'avouer le problème en y donnant une solution purement verbale. Quant à Theodor W. Adorno, c'est évidemment le terrain qu'il a choisi pour attaquer Lukàcs dans son article «Über die Besonderheit als Kategorie der Ästhetik», paru en 1956.

Chez l'écrivain et le critique militants, agit en profondeur ce besoin premier de n'être pas «coupé» — des masses, du

([17]) Ibid.

«réel», de l'histoire. Dans une histoire *une*, il n'y a qu'*une* cause légitime à servir: «L'artiste [...] sert et doit servir la même cause que les mouvements politiques d'émancipation»[18]. Les éloges des écrivains révolutionnaires comportent tous cette image de la *fusion* existentielle opérée dans leur personnalité et avec le Tout: «Barbusse [...] a été un grand écrivain, un penseur génial et un militant magnifique»[19]. Chez Paul Lafargue, «le savant et le militant ne font qu'un. Le critique complète et continue le sociologue.» Etc[20].

Cette aspiration, en deçà de toute théorie ou pensée objectivées, entraîne un terrible besoin de cohérence, elle va légitimer les rigides alternatives du «tout ou rien». La critique ASDLR n'impose pas seulement une herméneutique des contenus et de l'univoque; dans les «contenus» eux-mêmes, il y en a qui pourraient sembler échapper à l'explication «de classe». Mais non, quand le texte thématise l'amour, la passion, la volupté, le critique militant, bardé contre le grotesque, va juger avec sa pierre de touche «classiste»: s'agit-il de «coucheries» bourgeoises, de perversions décadentes — homologues à l'état de la classe capitaliste en décomposition, — ou bien de saines amours prolétariennes? Ceci peut expliquer, en effet, pourquoi, en dehors de l'explication par un tempérament austère (explication qui ne s'applique guère à Aragon, Nizan, Sadoul et al.), c'est à tout coup en parlant de sexualité que la critique ASDLR donne la mesure de sa niaiserie. Qu'il y ait plus de choses sur la terre et au ciel que n'en peut enserrer une herméneutique de classe, voilà ce que la critique ASDLR ne peut tolérer; si elle reconnaissait ceci, elle irait à la ruine. Elle devine, cette critique, que la peinture littéraire de «saines amours» bolcheviques ne peut être

(18) Barbusse, *Monde*, 30 janv. 1932, 5.

(19) P. Gsell, *Monde*, 5 sept. 1935, 4.

(20) Fréville, *Lafargue*, 14.

à la fois que fallacieuse et ennuyeuse, mais elle ne peut concéder qu'il y a quelque rapport entre les «coucheries» dépeintes par Morand ou par Drieu et une *perversité* nécessaire, essentielle, du texte moderne. En assignant à l'influence de la bourgeoisie décadente, ces choses que le critique ASDLR *nomme* avec aveuglement «pessimistes, malsaines, faisandées, perverses, pédérastiques, décadentes...», la critique feint de croire qu'il s'agit de contenus au service desquels des artistes «de classe» adjoindraient une forme recherchée, byzantine etc. Or, c'est au contraire: c'est pour parvenir à déployer un certain travail «formel» que l'artiste juge que la peinture de saines amours militantes forme, décidément, un mauvais matériau.

De ce monisme cognitif et éthique s'engendre ce que Jean-Pierre Morel a dénommé «le désir de simplifier»[21]. Simplifier le texte et le monde, se donner l'illusion d'une compréhension globale, dissipant toutes les nuées, faisant un monde terrible mais sans énigme, produire une herméneutique littéraire sans reste ni doute ni incertitude — enchaînant ainsi les notations justes, probables, conjecturales, chimériques et enfin absurdes avec un sentiment de *continuité*. Comme on disait autrefois dans les cellules: «Il faut être conséquent, camarade!» La prétention de l'art d'être «indépendant de la vie»[22], la dissociation de la «forme» et du «contenu» étaient les deux sophismes bourgeois qu'il fallait d'abord rejeter. Selon la thèse stalinienne, «le fond précède la forme»: Proust c'est la société condamnée des Guermantes — plus un certain style... La *rection* de la forme par le contenu permettait d'éliminer cette idée hérétique qu'une œuvre puisse être belle *et* fausse (antisociale, au service d'une classe condamnée etc.) — ce *scandale*, ce non-sens pour les yeux monistes. C'est

(21) Morel, 454.

(22) La formule célèbre de V. Chklovsky est commentée avec blâme par G. Zelinski dans *V.O.K.S.*, 7-8: 1934, 35 (et ailleurs...)

l'*unité* politico-esthétique que proclame au contraire B. Goriély en admirant Gide (il n'en dira plus autant un an plus tard):

> Le *Journal* de Gide par exemple n'est pas vrai parce qu'il est beau, mais au contraire il est beau parce qu'il est vrai[23].

De ce monisme procède le manichéisme: du point de vue cognitif, le manichéisme revient à *substantialiser* l'acte critique, à s'appuyer pour critiquer sur une prétendue alternative: il n'y a pas que le refus, il y a un *choix* objectif. À Drieu et à Céline, on pourra opposer Gorki. S'il y a deux camps politiques, il y a aussi, sans médiation, deux camps philosophiques (donc une philosophie au service du fascisme), et deux camps littéraires — d'autant plus tranchés et divisés que la lutte est entrée, répète-t-on, dans sa phase décisive. Ici *encore*, Malraux percevant les enjeux, fait dire à un personnage de *L'espoir* le danger de ce sophisme:

> Or, les moyens de l'action sont manichéens parce que *toute action* est manichéenne. [Alors que] le grand intellectuel [...] est par définition, par essence, antimanichéen[24].

À la volonté de voir le monde comme unifié, cohérent, intelligible (et prochainement réconcilié) *correspond* une appréhension étroite de la littérature, la littérature conçue comme «comédie humaine» et rien d'autre, ayant à inlassablement produire des procès-verbaux et des témoignages sur le «réel» — définition selon laquelle il serait tout à fait pertinent d'exiger d'elle que les luttes de la C.G.T. lui présentent au moins autant sinon plus d'intérêt que les «mots» d'Oriane de Guermantes. Or, cette conception encyclopédique du mandat littéraire ne correspond simplement à rien de ce que la littérature a jamais pu ou voulu faire. Si la littérature, dans la longue durée, du classique au moderne, n'a jamais eu pour

(23) Goriely, *Commune*, mars 1936, 894.

(24) Malraux, «L'Espoir», *Romans* (Pléïade), 761.

fonction (sinon très occasionnellement et en apparence) de dresser des procès-verbaux, si la connaissance positive du «monde» ou de l'«âme» lui échappent parce que ce qu'elle *peut* est d'un autre ordre, alors toute la réflexion sur le juste «reflet» et toutes les exigences de «réalisme» tiennent du contresens, parfois latent, parfois patent, un contresens axiomatique dont les partis pris et formules toutes faites qu'il engendre sont les symptômes. Que le militant exige que la littérature lui parle des «choses» qui l'intéressent et pour lesquelles il se dit prêt à mourir, cela se conçoit, mais la critique militante part d'un axiome sur la nature de la littérature qui est une fausseté, une erreur de perspective.

Ce contresens est aggravé par l'*esprit de sérieux* du critique engagé. Dans tout compte rendu militant, on relève des indices de cet esprit qui se représente par exemple l'ouvrier et l'ouvrière — «aliénés» par la chansonnette, le feuilleton, la T.S.F. et la presse à sensation — aspirant à ne se nourrir jamais que de récits peignant la «vie» du peuple, les luttes sociales et alimentant la juste conscience politique de ses lecteurs. Dans un esprit activiste, toute fiction et tout lyrisme sont suspects de contribuer au sommeil de la conscience, d'être des opiums du lecteur. Cette anthropologie «idéale» qui s'affirme *contre* les hommes réels, avec leurs contradictions, leurs frivolités, leurs rêveries et leur irrationalité, est la grande et dangereuse «folie» de toute position militante: on peut voir son aboutissement, trop logique, dans l'inhumanité du stalinisme.

Comme la littérature qui se faisait ne répondait à peu près jamais aux *desiderata* du militant, celui-ci — toujours moniste — a transformé les objections et les critiques que lui inspirait l'art de son temps en une *pars destruens*, — métamorphose rhétorique par laquelle ce qu'on rejette se mue par renversement des termes en une contre-proposition, un contre-programme, une *pars construens* de statut ontologique équivalent, la vision utopique de l'émergence fatale d'une *autre* littérature — qui allait être, par antonymie, réaliste, non fragmentée, non ironisée, accessible aux masses, roborative, débouchant sur l'harmonie, thématisant le «bonheur». On procède, on le voit, à une «substantification» des contre-termes de l'alternative. Un pamphlétaire comme Emmanuel Berl avait conduit avec véhémence la partie destructive du programme avec ses deux essais décapants, *Mort de la morale* et *Mort de la pensée bourgeoises* (1929) mais, — n'étant qu'un «petit-bourgeois» — on jugeait qu'il n'était pas allé «jusqu'au bout»! Il n'avait fait que refuser le monde d'hier. Les communistes allaient *construire*. Ils allaient montrer ce qu'entraîne la métamorphose d'une critique radicale en un programme positif. Les communistes se mirent donc à exalter le réalisme au moment même où la réalité soviétique était de plus en plus truquée, occultée et déniée. Ce qui fait problème dans la production réaliste-socialiste, ce n'est pas sa didactique sociale, laquelle s'avoue telle, c'est le réalisme truqué qui l'enrobe, réalisme dont les formules stylistiques sont du reste un emprunt au passé. À mesure que le volontarisme de cette époque croit *construire*, il ne progresse que dans le contresens et le malentendu. Les romans réalistes-socialistes d'Aragon et de Nizan sont modernistes dans la forme, socialistes dans l'intention. *Hourra l'Oural!* est cubiste et dadaïste dans la forme, bolchevik dans la surenchère: rien n'est net dans ces compromis entre une esthétique intenable et un instinct artistique opposé à celle-ci. Les romans de Nizan, d'Aragon ne conservent quelque intérêt «esthétique» que parce qu'en dépit du volontarisme réaliste-socialiste, ils thématisent le dérisoire, l'absurde, et comme le formulait le jeune Lukàcs, «la non-coïncidence entre l'immanence du sens et la vie empirique» (*Théorie du roman*).

La *pars construens* élaborée par les communistes part de très simples, très légitimes, très essentiels *desiderata*. On l'a répété cent fois aux écrivains: on n'exige pas de vous, on ne veut pas d'une littérature qui plaide et qui juge, une littérature-propagande, mais on croit possible et nécessaire que l'écrivain, renonçant à son narcissisme, s'oriente vers une forme d'écriture qui *clarifierait* un peu ce monde contradictoire, qui répondrait aux questions des gens ordinaires autrement que par figures sibyllines et énigmes, et qui parviendrait à le faire parce qu'il y a dans le monde, des indices sûrs, des ordonnancements, des configurations à relever, d'où le texte dégagera des sortes de «preuves». Alors l'esthétique sera l'instrument d'une connaissance qui la *justifiera*. Il y aura un principe de réalité historique au bout du travail du texte. On dit ne pas du tout exiger une littérature optimiste. On est convaincu, comme Nizan que ceci obsède, de la perpétuation impossible, inconcevable d'une «littérature du malheur», cette sorte de littérature qui implique chez un Dostoïevsky, une sorte d'«adhésion» au malheur. Puisque pour le communiste (et pour tous les penseurs modernes de Morelly, Saint-Just et Babeuf à nos jours), le malheur a ses racines dans le système social injuste et non dans quelque malédiction métaphysique, on croit percevoir les prodromes d'une *littérature du Bien*, rédigée par des gens de lettres voulant le bien des hommes et s'étant mis à leur service — avec leurs thèmes et leurs formes tout d'un tenant. Cette «bonne» littérature doit s'instaurer fatalement contre la déréliction, le chaos et l'opacité des choses, si le mal est contingent. «*La littérature du socialisme serait une littérature du bonheur.* Ses héros comporteront de moins en moins d'analogies avec les héros du monde où il n'y avait pas d'issue», pensait Nizan[25].

Quant au dernier *desideratum* de ce programme volontariste, qui réclame que cette littérature bonne et nécessaire soit *accessible aux masses*, il n'était pas le moins évident. La

(25) P. Nizan, «Dostoïevsky», *Monde*, 29 mars 1935, 8.

culture depuis toujours réservée à l'élite faisait et continue à faire scandale — simplement ce qui caractérisait ici encore les communistes, c'est qu'ils avaient une *solution* à portée de main. Leurs conceptions étaient inséparables d'une haute ambition qu'ils nourrissaient pour les œuvres de l'esprit: qu'elles deviennent des objets de première nécessité pour tout le monde. Jean Guéhenno qui passa sa vie à tourner autour de ce scandale, voyait (et c'est ce qui ne plaisait pas chez lui du côté de *Commune*) qu'entre «le peuple» et les intellectuels, les artistes, il y avait quelque chose d'irréconciliable, une antinomie qui était à la fois intolérable et *insurmontable,* — et d'une certaine manière scandaleusement nécessaire.

Mais on pourrait montrer, non dans le seul cadre des années trente mais plus généralement dans tout le XXème siècle, que ce ne sont pas seulement les professionnels du civisme littéraire — les Romain Rolland, les Barbusse — qui ont demandé à la littérature de *servir* à quelque chose de bien, d'éthique dans un monde dépossédé et injuste, mais que ce sont les modernistes et les «esthètes» mêmes — à commencer par Gide — qui ont avoué que l'opacité, la polysémie, la non-référentialité du texte, l'autisme du travail textuel se traduisaient peut-être en effet en termes civiques par le nihilisme, le scepticisme, l'égoïsme, l'ataraxie, — toutes choses qu'en tant qu'êtres civiques qu'ils se voulaient aussi, ils récusaient, qu'ils ne pouvaient que récuser. Tant d'écrivains au XXème siècle et les plus grands n'ont pu se contenter d'être de «purs» artistes! Ils ont voulu être de hautains prophètes, de modestes militants, de sages conseillers politiques. Ou ils ont voulu simplement jouer un rôle, en reconnaissant à l'art une «mission sociale» (comme le formulait Bernard Lazare dès 1896).

On pourrait remonter dans le temps et on retrouverait sous d'innombrables formules à partir de Hegel jusqu'à nos jours, par tous les biais et de manière de plus en plus contradictoire, cette *volonté* de voir se rétablir un jour prochain l'«accord naturel» entre le beau et le bien, entre la réussite artistique et le bienfait social — accord que postule le fouriériste Désiré Laverdant en 1845 dans la toute première brochure qui interroge le rapport du littéraire et du «social». Il donne pour rare exemple du mariage du beau et du bien, de la réussite civico-esthétique — il fallait s'y attendre! — «les triomphes de l'auteur des *Mystères de Paris*»[26].

Le monisme de la vision du monde et le contresens sur la nature et le potentiel du texte littéraire allaient ensemble. Illusion politique sur la conjoncture historique *et* illusion sur la signifiance du texte dont j'ai montré le lien, la connexité au chapitre XI.

La stalinisation de la critique ASDLR

Qu'est-ce alors exactement que la «stalinisation» de la critique ASDLR? Certains traits frappent d'abord, mais ils sont anecdotiques: la citation révérencieuse (et généralement sans pertinence) des propos du Secrétaire général, l'intégration au commentaire sur les livres qui paraissent de la dénonciation des «trotskystes-zinoviévistes»... Mais la dynamique sectaire qui va «bétonner» la critique ASDLR en un système inexpugnable, ayant conclu avant toute discussion, va au-delà du culte de Staline et de l'adhésion aux inexpiables fables inventées par Moscou. Cette dynamique est celle d'une terrible *cohérence* de la «logique révolutionnaire» dont sont éliminés les débats, les nuances, les hésitations, les ambiguïtés jusqu'au moment où le discours conquiert son monopole d'énonciation de la vérité. La «stalinisation» semble désigner alors la «dégénérescence bureaucratique» en des formules rigides

(26) Laverdant, 1845, 21-22.

d'une série de thèses et de conjectures qui sont aussi vieilles que la mise en cause de l'«art bourgeois» par les partis ouvriers depuis les années 1880.

La phase de stalinisation littéraire est en effet concomitante des Procès de Moscou (de décembre 1934 à la fin de 1938). Quelque chose du «style» du procureur Vychinski («rats visqueux», «vipères lubriques»...) se met à passer en pastiches respectueux, dans la presse du P.C.F., y compris dans *Commune*. Tout se confond en un combat unique: la lutte antifasciste, la dénonciation des saboteurs trotskystes, la glorification de Dimitroff, le tableau enchanteur du Canal de la Mer Blanche, la «vigilance», la soumission aux «directives» et les jugements littéraires. Dans une idéologie qui se donne le monopole de l'interprétation de l'histoire, la critique qui y correspond réclame naturellement le monopole du jugement littéraire. La critique ASDLR devient un système inexpugnable, inaccessible au doute — en parallèle avec la transformation du P.C.F. en «institution totale». Mais il convient de rappeler l'évidence: la tendance à former un discours moniste, exclusif et «orthodoxe», en seule possession de la vérité, était présente *depuis toujours* dans le discours révolutionnaire, qui, dans les années vingt, présentait *encore* cependant de la dissension et du flou. L'évolution des années trente ne comporte pas une *perversion*, tout au plus un renforcement, une rigidification d'un système dans sa logique de toujours. Éliminer les divergences, fixer la doctrine, déterminer de justes critères, éviter l'éclectisme, les tolérances sans principe, tel était depuis toujours le but collectif des critiques ASDLR. La critique communiste au milieu des années trente en devenant une orthodoxie devient ce que ses défenseurs (et ses exclus mêmes) avaient toujours souhaité qu'elle parviendrait à être. Le discours est ainsi devenu un discours qui (selon le mot de Lénine sur le révolutionnaire) «*a TOUJOURS raison*», nécessairement, au-delà des apparences, en dépit des «attaques» et une fois pour toutes.

Cette orthodoxie stalinienne n'a été si bien intériorisée, acceptée que parce que, dès ses années de néophyte, le jeune communiste avec zèle s'est mis à *dénoncer.* Cela lui est venu naturellement, tant par ambition révolutionnaire que par ascèse militante. À la *Revue des vivants,* Nizan en 1932 dénonce les vieilles barbes de *Monde* pour leur opportunisme, leur bonne-ententisme; il croit faire preuve de vigilance en réclamant leurs têtes: «C'est le groupe des traîtres. [Il] joue un jeu fort précis de trahison révolutionnaire...»[27] Ces jeunes «purs» ont, à leur tour, été dénoncés par leurs victimes, elles ont invoqué la nécessité de préserver des alliances (prouvant par là aux yeux des «purs» leur confuse impureté). *Monde* a reproché aux «dogmatiques» l'absurdité d'«enfermer dans des cadres rigoureux» la création littéraire, de «lui tracer par avance un programme»[28]. Les gens de *Monde* confirmaient par là aux yeux des «jeunes», la traîtrise opportuniste dont ceux-ci les avaient accusés. Pierre Hervé l'a confessé beaucoup plus tard en revenant sur son passé stalinien en un aphorisme terrible: «si l'absolu existe, tout est permis»[29].

Le tournant dogmatique en U.R.S.S. se date assez bien de 1929 avec les «affaires» Pilniak et Zamjatyn: la «calomnie antisoviétique» commence en effet à caractériser les œuvres dénoncées. On s'achemine vers les camps et les pelotons d'exécution. Lénine en 1905 avait formulé le mot d'ordre «À bas la littérature sans parti!» Il n'en avait pas tiré les conséquences concrètes que peut en tirer un appareil d'État mis sur la défensive. Paul Nizan dans son séjour à Moscou de 1934 devait être le signataire (avec B. Illès et S. Ludkewicz) de la «mise en demeure» la plus dure adressée à l'Association [française] des écrivains et artistes révolutionnaires,

(27) *Revue des vivants*, sept.-oct., 1932.
(28) P. Autry, *Monde*, 8 oct. 1932, 7.
(29) Hervé in Dioujeva et al., 1982, 264.

l'A.E.A.R. Ce texte, rédigé par Nizan que les hasards d'un séjour prolongé avaient transformé en bureaucrate moscovite, montre combien il est aisé de s'enivrer de l'illusion de dictature intellectuelle. Dans la logique des institutions, la fonction crée l'organe et décide du langage que l'on tient:

> L'A.E.A.R. doit engager à fond une lutte théorique: [...] lutter [...], démasquer [...], entreprendre une critique impitoyable [...], achever la défaite [...]. Elle ne doit admettre aucune lâcheté théorique, aucune tendance conciliatrice. Une grande souplesse doit présider à ces diverses activités[30].

À mesure qu'on avance dans les années trente, les collaborateurs (eux-mêmes terrorisés) des revues soviétiques radicalisent un commentaire «littéraire» qui s'aligne sur le pathos brutal des meetings et des procès populaires: on peut lire dans *Littérature internationale* des critiques entrecoupées de «Mort aux ennemis du peuple! Mort au trotskysme! Mort au fascisme! Mort aux assassins de Maxime Gorki!»[31] Au reste, la mainmise totale — au nom du C.C. du P.C. (b) de l'U.R.S.S. — ne sera atteinte qu'après la guerre: les fameuses directives de Jdanov en 1946 où il dénonce Akhmatova («poésie décadente») et Zostchenko («morale répugnante») représentent l'*acmé* de cette conception policière de la littérature[32].

En U.R.S.S., l'enjeu pour la bureaucratie était d'exercer un contrôle total mettant bientôt tous les écrivains au pas. Les critiques du P.C.F. ne pouvaient avoir cette «ambition». Leur stalinisme se constate pourtant même dans leur alternance docile, au cours du Front populaire, entre le mot d'ordre de «large ouverture aux écrivains antifascistes» et le mot d'ordre concomitant de «ne pas dissimuler son pavillon

(30) Secrétariat de l'U.I.E.R., *Litt. internationale*, 3: 1934, 121-4.

(31) *Litt. intern.*, 3: 1938, 110.

(32) Voir Jdanov, 1950.

révolutionnaire réaliste-socialiste». Cela donne une critique ambiguë: sectaire dans le fond, mais «front populaire» dans la forme! Une critique qui sans leur être pleinement acceptable, doit paraître du moins «intéressante» au vaste rassemblement d'intellectuels antifascistes. Une critique qui concède, louvoie, énonce des principes intransigeants mais n'exige pas trop brutalement qu'on s'y soumette — et puis au bout du compte, ne conçoit pas qu'on puisse s'obstiner en d'autres voies.

En France, on perçoit rigoureusement une *synchronie* entre les changements de ligne du Parti et les virages thématiques de *Commune* et autres organes littéraires. Quand le P.C.F. à l'automne 1937, prend son virage patriotique-populaire, Aragon transpose aussitôt en amendant le réalisme socialiste en un «réalisme français». Cependant, le P.C.F. avait une *stratégie* (de contrôle des lettres et des littérateurs); les critiques de parti, tout en acceptant de consolider ladite stratégie, ont bricolé une herméneutique et une axiologie dont on peut dire qu'elles étaient bien à eux et qu'avec leur soumission aux directives, ils en contrôlaient cependant la logique.

Double jeu et mauvaise foi

La question de la bonne foi des critiques communistes doit être posée — même si cette question est conjecturale, et oiseuse en ce qu'elle débouche vite sur un jugement moral — ne serait-ce que parce que tous les historiens la posent. Les biographes le font, évidemment. Les historiens de l'«intellectuel de parti» se heurtent à ce paradoxe sociologique d'intellectuels occupés à saper l'*autonomie* du champ dans lequel ils opèrent. C'est ce paradoxe qui revient hanter les deux volumes de Jeanine Verdès-Leroux sur *Le Parti communiste, les intellectuels et la culture*. Le débat où intervient toujours une forme de stupéfaction de la part de l'historien[33], revient à chercher à expliquer un «double jeu» qui paraît à la fois attesté et incompréhensible, s'étendant sur la durée d'une vie bien souvent. Cette thèse du double jeu, de la discordance perpétuelle entre les actes, les écrits et le «for intérieur» se heurte d'ailleurs à une objection préalable. Il faudrait supposer chez des individus de caractère et de formation aussi divers que Barbusse, Aragon, Nizan, Sadoul, etc. une même discordance *intime* entre les convictions de for intérieur et les écrits au service d'une «ligne».

Quatre sortes d'hypothèses (dont on peut combiner les éléments) ont été proposées par les uns et les autres, qui viennent expliquer (explications qui débouchent sur d'autres énigmes) les attitudes des intellectuels militants, une fois exclue l'hypothèse «zéro» qui serait celle de la pure et simple jobardise: ce sont le *vœu de servitude*, la *simulation*, la *perversité* et la *metanoïa*.

Dans la première, on suppose qu'un choix irrétractable est fait un jour en faveur d'un objet assez élevé pour qu'on juge qu'il ne sera jamais atteint par les vicissitudes de la vie. Il reste à s'y tenir. C'est l'explication offerte par James Steel face au cas de Nizan. «Nizan, écrit-il, s'enchaîna volontairement à une cause qu'il estimait digne de lui: la Révolution»[34]. Une telle explication ne peut cependant, sans multiplier les problèmes, se répercuter sur toutes les contradictions successives et les dénis de réalité ultérieurs. On sait par le cas même de Nizan qu'il arrive un jour où l'enchantement stoïque prend fin.

La deuxième thèse est celle de la simulation perpétuelle. On l'a évoquée pour Aragon, qui n'est pas sans poser à l'historien

(33) Par ex.: «Comment un peuple réputé incrédule a-t-il pu tomber dans la religiosité stalinienne?», ajoute M. Winock, in Dioujeva, 1982, 95.

(34) Steel, 1987, 13.

un problème plus étrange et étendu dans la durée. Paul Morelle se demande expressément «si, dans son affirmation de communiste, il a jamais été sincère ou toujours simulateur»[35]. Tous les biographes d'Aragon concluent à un certain double jeu, mais un tel double jeu perpétuel devient une affaire pathologique. «Après [1935], il s'installera dans des fonctions d'inspirateur de la nouvelle culture, poussant les gens qu'il méprise, morigénant des écrivains et des artistes qu'il admire secrètement», écrit Fr. Kupferman[36]. Cette thèse du double jeu est cependant confirmée dans certaines «confessions» mêmes contenues dans les mémoires des ex-communistes. Claude Roy l'exprime aussi explicitement que possible:

> Je votais pour Jean-Jacques Rousseau et pour Marx aux élections de l'histoire. Mais au scrutin secret de l'individu, je votais plutôt pour Schopenhauer et Godot[37].

Je relève un propos d'un intellectuel resté communiste jusqu'à sa mort, André Wurmser, propos daté de 1956, cité dans sa notice au *Dictionnaire du mouvement ouvrier* de Maîtron, qui laisse apparaître que cette simulation et ce double langage lui paraissaient évidents (et un peu bêtes et déplacés les gens qui s'avisaient de les lui reprocher). Wurmser écrit ceci — qui est tout de même étonnant: «il ne faut pas juger ce que les uns et les autres nous avons alors pensé d'après ce que nous avons dit»[38].

De la simulation, on passe sans peine à la thèse de la perversité, à celle d'une volonté névrotique de se rouler dans le sectarisme, l'obscurantisme et le mensonge. «Je me demande si certains n'éprouvaient pas une sorte de jubilation perverse à proférer les âneries que nous avons entendu rappeler»,

(35) Morelle, 1984, 13.

(36) Fr. Kupferman, in Dioujeva, 1982, 83.

(37) Claude Roy, *Nous* (Gallimard, 1972), 388.

(38) Maîtron, *Dictionnaire du mouvement ouvr.*, vol. «W», 396.

s'interroge Michel Winock au cours d'un colloque en 1981 sur «Staline à Paris». Cette hystérie collective se *trahirait* a contrario par les petites ruses, assez faciles à déceler, par lesquelles les critiques de *Commune* par exemple transgressent sous cape la ligne, écrivent au vol d'équivoques hérésies, jouent au plus fin avec les directives politiques. Cette «petite marge» qu'on se donne dans un système totalitaire permet de façon puérile de se donner l'illusion de la liberté d'esprit. Il n'y a aucun doute que par rapport aux thèses absurdes et aux modèles de phraséologies aberrants qu'ils recevaient du pays de la «littérature idéologiquement la plus avancée du monde», les gens de *Commune* ont mis leur culture bien «française» au service d'une critique plus ouverte et presque nuancée, ce qui leur a permis de rationaliser leur rôle de relais *et de filtre* des mots d'ordre soviétiques.

Servitude volontaire ou involontaire, hystérie militante? Toutes ces hypothèses hésitent sur la *conscience*, le degré de conscience, l'intention des agents dans ce prétendu double jeu. Une quatrième hypothèse, la moins incomplète à mon sens, combine les deux termes en centrant son intérêt sur une *metanoïa*, c'est à dire sur un travail, au départ délibéré mais de plus en plus névrotique, de *rééducation*, travail conforté par une adaptation de moins en moins malaisée à un parti devenu «institution totale». L'intellectuel militant parviendrait à «briser des os dans sa tête» pour admirer au-delà de la bonne et de la mauvaise foi ce qu'il juge médiocre et vouer à l'exécration ce qu'il persiste à admirer par faiblesse petite-bourgeoise. Toute la critique ASDLR, dans la spontanéité de l'abêtissement pascalien, peut se lire comme un interminable travail de *rééducation*. Au départ de l'expérience de ces jeunes hommes des années vingt, il y avait eu quelque chose de sain, d'authentique et d'intense: le *dégoût* pour un monde dont le cours depuis 1914 leur apparaissait inacceptable, intolérable. «Tout est balayé, écrit Nizan en 1932, dans le scandale permanent de la civilisation où nous sommes, dans la ruine générale où les hommes sont en train de s'abîmer»[39]. Leur rééducation qui leur permettait de s'établir en ennemis de ce monde intolérable, fut d'autant plus heurtée qu'elle travaillait sur des composantes contradictoires: honte de la culture reçue face aux exploités dépossédés, peur de se faire taxer de «petit-bourgeois» ou d'«opportuniste» *ad libitum*, volontarisme militant dont la logique — celle de l'écrivain qui se veut révolutionnaire — est celle de la surenchère et de l'excès de zèle. L'outrance dans le propos sectaire, l'admiration de commande, la réprimande esthético-politique brutale furent des moyens pour le critique de se prouver à lui-même la force de ses convictions — en même temps qu'un certain pouvoir d'intimidation qu'il exerçait lui offrait des «bénéfices secondaires».

Tout ceci (qui n'est pas simple et où les alternatives entre ce qui est intérieur ou imposé, délibéré ou inconscient, sont des distinctions abstraites) fait intérioriser une idéologie jusqu'au jour où l'intellectuel, rééduqué, parvient à proférer un discours de certitude dont l'*inauthenticité* sue de chaque mot:

> Nous marcherons vers l'avenir avec la certitude de vaincre. Coude à coude. Fraternellement. Dans cet élan profond de camaraderie qui lie ceux qui ont fait sans geste le sacrifice de leur vie à la cause du Prolétariat. Avec cette discipline qui est notre meilleure arme [...]. Nous serons conduits par le même grand rêve de lumière, et non par les rêves angoissés qui tourmentent le crépuscule des privilégiés de ce régime [...] La mort peut venir avant la victoire, nous savons que nous serons vengés [...] Marchons fièrement à l'avenir avec notre haine et notre amour, notre audace et notre fierté[40].

(39) Nizan, «Cahier des revendications», *N.R.F.*, déc. 1932. Voir ce qu'écrit G. Friedmann sur son éveil à la politique (*Monde*, 5 sept. 1935): «Ah! ils nous avaient bien trompés, parents, maîtres, journaux...»

(40) *L'étudiant d'avant-garde*, 5: 1934, 2.

En présentant le discours ASDLR comme le produit (et le symptôme) d'une rééducation personnelle, je n'applique à ce système de croyance que ce qui est vrai de *tout* dispositif idéologique dont les agents se donnent à la fois une justification de soi et une certitude quant au monde. La critique ASDLR n'a pas eu à se montrer dogmatique et figée pour s'être conformée à une «ligne» imposée du dehors: l'*invention* d'une littérature «anti-bourgeoise» a été le fait spontané d'une succession d'individus qui ont été dans les mêmes directions, ont rencontré d'analogues souhaits. Ce n'est qu'après avoir inventé et réinventé la critique de l'esthétique moderne qu'ils se sont soumis *aussi* — dans un repli idéologique de plus en plus intransigeant — à ce travail d'auto-rééducation qui les poussait à assumer les thèses les plus rigides et les plus intolérantes et à intégrer sans broncher les mots d'ordre venus de l'Internationale et du Parti.

Une critique aporétique

On ne va pas reprocher à la critique ASDLR d'avoir été, faute d'une littérature qui satisfît ses espérances et ses exigences, une critique de *refus*. On peut vouloir démêler ce qu'il y avait de vrai, de volontariste et d'erroné, de dénégateur dans ses thèses. Mais il ne s'agit pas de suggérer que la littérature du monde est le tribunal du monde! La critique communiste a *refusé* toutes sortes d'usages confortables et lâches des belles lettres. Refus de ce qui vient charmer les narcissismes de classe, de ce qui propose des complicités, de ce qui offre des alibis, refus des «intérêts désintéressés» (Bourdieu) et de leur dénégation, refus de ce qui dans l'art permet de ne pas «regarder le monde en face». Ce ne sont pas les seuls critiques communistes, mais tous les intellectuels de gauche, les Emmanuel Berl, les Guéhenno, les Jean-Richard Bloch, les André

Breton qui se sont avisés, dans les années vingt, de voir la littérature établie comme *toujours aussi* une imposture complicitaire qui sert à l'élite à reconnaître les siens.

La littérature est une pratique *impure.* Il faudrait beaucoup d'irréalisme pour nier qu'en masse et en détail, le texte littéraire est conçu pour servir des alibis sociaux, des narcissismes et des dissimulations. C'est une rétorsion purement verbale que de suggérer aussitôt que l'inouï de l'écriture, la créativité des «grands» texte transcendent immanquablement cette misérable contingence. Il est plus fort de constater que fonctionnalité adaptative et créativité restent face à face, coprésentes, sans que l'une ne rachète l'autre, ni que l'autre ne résorbe le potentiel de l'une.

L'idée que la pratique littéraire moderniste telle qu'elle renverse et élimine l'ancienne tradition des lettres, n'aurait rien à voir avec ce que Jean Guéhenno appelle «le mensonge intime du monde moderne»[41], que la culture lettrée, de prestige établi ou d'avant-garde, ne serait pas aussi par quelque côté permanent un instrument de méconnaissance, l'orgue des nouvelles barbaries, c'est une conception au moins aussi pharisaïque que le furent les certitudes «révolutionnaires». Si les critiques ASDLR, dans leur fuite en avant, se sont laissés muer en jocrisses et en policiers de l'esprit, si paraît condamnée *a priori* cette critique qui ne cessait de pontifier que «le premier devoir de l'artiste est de servir la vérité» en s'appuyant sur des mensonges d'État et sur de la jobardise militante, elle fait voir du moins *l'aporie* et l'antinomie entre *toute* critique sociale possible et le *texte* moderne.

Seriner que dans la littérature «le sens est à la fois posé et déçu» (Barthes — pour ne citer qu'une des formules qui, de Bakhtine et Chklovsky aux déconstructionnistes, disent de ces sortes de choses), dire ceci ne peut que déboucher sur la

(41) J. Guéhenno, *Conversion à l'humain* (Paris, 1934), 2.

question immédiatement suivante: qu'est-ce qui justifie *cela*? À quoi bon ce mode discursif dans un monde dont on ne peut nier qu'il est déjà opaque et tragique, où les hommes semblent soupirer après un peu de clarté et de sens? Ce mode du sens posé-déçu, il n'est évidemment pas dit qu'il *serve* à quelque chose, qu'il se légitime en dehors de lui-même et la littérature, ainsi strictement conçue, ne peut en même temps être fétichisée comme «héritage de l'humanité» qu'au prix d'un anachronique irréalisme. Qu'une critique, au contraire, qui (se) demande en abordant le roman du jour: «Est-ce que Madrid tiendra?» ne puisse qu'être impertinente, insensible à l'art, à côté de la plaque, à la limite être absurde, c'est vrai. Mais réclamer de la critique qu'elle n'aborde jamais les textes avec ces sortes de questions fâcheuses, cela veut dire quoi? Exiger au contraire que la littérature serve, dénonce, encourage, se mette au service, c'est être aveugle à ce qui, même dans les écrits les plus «sainement» réalistes, y contredit l'apparence de clarté, d'accessibilité, de référence, de monosémie. Mais ces contresens ne permettent pas de se débarrasser de l'insolente question: pourquoi la littérature serait-elle *incapable* de servir le vrai, le juste, le bien, le «bonheur» (comme le disait Nizan)? Et pourquoi ne faut-il pas le souhaiter?

À cette difficulté, si on veut couper court, il n'y a qu'une réponse, contingente, mais à la fin de ce XXème siècle passablement convaincante: le réalisme socialiste a été cette expérience volontariste d'une littérature au service du bien et son échec total démontre *a contrario* qu'une littérature au service de ce qui est (perçu à un moment donné comme le) bien n'est ni possible ni souhaitable. — Échec, le terme est inapproprié: le réalisme socialiste a réussi, en suivant sa logique, à produire une littérature parfaitement mensongère et aliénante et mise au service du plus inexpiable des crimes. Il y a une sorte de «leçon» à tirer de cette parfaite réussite à l'envers.

L'avantage que présentent les apories pour les rhéteurs de ce monde, c'est qu'elles autorisent la recherche indéfinie de dépassements verbalistes des contradictions en présence, recherche soutenue par le besoin trop humain de transcender le scandale des choses. L'aporétique ce n'est pas le (simple) dilemme, c'est là où les éléments en présence font *scandale* l'un par rapport à l'autre, où la «logique» de l'un démolit la logique, sape les fondements, prive de raison (d'être) l'autre — et réciproquement. Et cependant où l'un ne vient pas à bout de l'autre, ne le résorbe pas. Prétendre par exemple que le texte littéraire vient subvertir les «discours de pouvoir», comme le répète le conformisme contemporain en y voyant une tâche libertaire sympathique, c'est omettre de dire qu'il sape aussi, aveuglement, les discours de résistance et d'espoir et qu'il n'en montre pas moins (voir Flaubert et *L'éducation sentimentale* face au socialisme de quarante-huit) la «vanité».

Tout dans la critique ASDLR renvoie ultimement à un *raisonnement par les conséquences*: *si* l'histoire a un sens, *si* le progrès humain doit conduire à une harmonie, une réconciliation ultimes, *si* une révolution «prolétarienne», imminente, universelle, doit faire passer le monde de l'exploitation au «règne de la liberté», *si* l'exclusion des «masses» loin des œuvres de l'esprit est injuste à la face même des choses et si elle est contre-nature, *si* — hypothèse intermédiaire nécessaire — la littérature reflète quelque chose de la société et présage du sens de son évolution, *alors* il faut que la littérature moderne soit nulle et non avenue, qu'elle soit une perversion contingente, produit d'une classe «agonisante» — il faut que la vraie littérature, tendant un miroir «réaliste» au réel, reflète le devenir socialiste du monde, il faut que ce qui éloigne les «masses» de la littérature tienne à un vain formalisme, il faut que le pessimisme, l'immoralisme, le nihilisme qu'on diagnostique dans les écrits modernes ne «reflètent» que la fausse conscience de l'individualiste «bourgeois».

Si telle chose est nécessaire, axiomatique, alors telles et telles autres sont impossibles, inacceptables, elles ne peuvent être vraies; elles ne le sont donc pas! Il y a dans le «raisonnement» par les conséquences (qui est un *non*-raisonnement, un obstacle mis à la possibilité de raisonner ou un raisonnement *magique*), ce renversement de logique qui est d'interpréter le monde avec des conclusions irrévocablement arrêtées, réorganisant rétroactivement les données de façon à ce qu'elles comportent les conclusions «préalables» — et ce renversement est le très simple régime de toute rhétorique idéologique. D'où une conséquence à haute probabilité empirique: le discours sera organisé, par dénégation, de façon à ce que ce raisonnement inversé n'apparaisse pas en surface. D'où enfin, la conséquence de méthode qui est pour le chercheur d'avoir à dégager, par une lecture symptomale, cette «chose» au fond du discours, ce refoulé, ce rejeté, cet intolérable: si Kafka est un réaliste, alors ce que le très vieux Lukàcs appelait obstinément, en se donnant *in extremis* le droit d'admirer Soljénitsyne et de reconnaître le système concentrationnaire de l'U.R.S.S., «l'espoir pour le XXIème siècle» n'est qu'une postulation subjective, une chimère. Ce n'est pas qu'on préfère, «au fond de soi-même» la prose de Gladkov à celle de Proust ou de Joyce, mais si ce n'est pas celle-là qui a «raison», alors la réalité éclatée, sans issue ni transcendance, pourrait être la vraie. *Si... alors*...! Toute l'habileté dialectique *et* le simplisme logique des critiques militants (simplisme: par exemple que la satire des mœurs bourgeoises chez Montherlant *vaudrait pour* l'adhésion à d'autres valeurs et l'espoir dans la construction d'un autre monde) visent à faire barrage à la mise en cause des axiomes.

En deçà de ces sortes de raisonnement, on trouverait chez les «ASDLR» une épistémologie, disons aristotélicienne, celle d'une rationalité d'un monde clos, homogène et connaissable selon ses règles immanentes. Or cette épistémologie-ci (guère «matérialiste») entre en conflit avec l'*épistémologie latente* des lettres depuis le romantisme — ironique, pluraliste, herméneutique-ouverte. De Schlegel à Kafka, *quelque chose* dans les lettres modernes mettait dangereusement en cause les grandes certitudes et les grands récits, les grandes translations d'un passé expliqué à un futur certain. Au bout du compte, toute la question de la critique communiste semble avoir été: à quel prix (argumentatif, axiologique, psychologique, politique) pouvait-on *donner tort* à la littérature moderne?

La critique ASDLR s'est heurtée à quelque chose — selon son axiomatique «révolutionnaire» — d'*objectivement* intolérable pour elle. Elle ne s'est pas trompée du tout au tout sur les lettres modernes. Au contraire. Elle a transformé le scepticisme polyphonique des grandes œuvres modernes en un déficit moral: elle a parlé d'individualisme, pessimisme, goût du faisandé, etc... Donner raison à la protestation des critiques ASDLR contre une littérature indifférente à la misère du monde, n'ayant rien à dire contre l'injustice, inaccessible à la majorité des hommes, thématisant (à l'exception de rares *Germinal*) les mœurs et les valeurs des classe privilégiées (fût-ce pour les satiriser), entraînée par la fuite en avant de la distinction esthétique vers des stratégies de plus en plus «autistiques» et un travail textuel de plus en plus raréfié, donner raison à cette partie critique (d'une critique du premier degré, du mode *'It ain't necessarily so'*) peut conduire à tous les volontarismes y compris les simplismes utilitaires: à quoi bon *Paludes* ou *La recherche du temps perdu*, si évidemment inutiles aux ouvriers en lutte! (Dire que cela peut y conduire ne conclut pas à une fatalité: les Martinet et Poulaille, optant pour la doctrine de la «culture prolétarienne» n'aboutissent pas à ces sortes de mots d'ordre.)

Mais sans redouter les enchaînements et les corrélations que ce constat peut suggérer à des esprits avides de cohérence, reconnaissons que ce constat **n'est pas faux** et que toute autre considération sur les fonctions récessives utilement critiques ou prometteuses de la production littéraire ne vient pas en *atténuer* le scandale. Ces autres considérations peuvent être tout aussi vraies, ou d'une vérité de plus longue portée, mais elles n'*atténuent* pas et ne changent rien.

Le militant, le critique militant a des raisons d'autant meilleures de partir de ce scandale irréductible qu'il lui est possible, en ne délogeant pas de là, de se dissimuler ses propres contradictions et de muer ses propres mythes («progressistes») en *justifications* a contrario. Faut-il rappeler que les critiques des années trente sont placés en face d'une littérature française canonique que hantent les ombres de Barrès et de Bourget, et d'une production contemporaine où censément brillent les Maurois, les Morand, les Drieu La Rochelle (et les Duhamel, mais Duhamel est absout comme «réaliste») et que cette production méritait un peu les jugements dont on l'accable — y compris les jugements moraux: frivolité, lâcheté, confort intellectuel, combines?... Les discours de certitude des procureurs révolutionnaires des lettres sont *inséparables* d'une juste suspicion à l'égard des doctrines à la mode et d'une critique souvent perspicace non seulement des platitudes de la production encensée à *Comœdia* ou aux *Nouvelles littéraires*, mais aussi de ce qui, chez les écrivains à qui on concède du «talent», vient perpétuellement *truquer* le rapport au monde.

L'énigmaticité du texte

Ce ne sont pas tant les espérances mises dans une esthétique à la mesure de l'«immense espoir révolutionnaire» et l'admiration pour les œuvres venues du pays de la Révolution qui font donc problème, c'est la volonté de récuser, de condamner la littérature «bourgeoise» *en bloc* — de Proust à Maurois. Peu s'apitoyent sur le jugement des révolutionnaires à l'égard de Maurois et consorts. Tout le monde soupçonne au contraire que le jugement négatif à l'égard de Proust, de Joyce, des cubistes, des surréalistes est un symptôme de ce «double jeu» et de cette rééducation sectaire dont je parlais plus haut.

Pour ne parler que de la prose, le roman comme «récit ironique d'une quête démonique de valeurs authentiques, menée par un héros problématique dans une société dégradée» (définition du jeune Lukàcs — lequel aura passé sa vie à chercher à réfuter cette puissante intuition) a cessé, en France depuis *Les mystères de Paris* et *Les misérables*, de pouvoir dire un sens positif et de conjecturer sur une société régénérée. (Il n'a persisté à le faire que dans la littérature dite «populaire»). Le roman en devenant ce genre de récit où, au moment où le chemin commence, le voyage est déjà terminé (pour paraphraser encore la *Théorie du Roman*) n'a cessé d'augmenter la part faite à l'opacité, l'indécidabilité, le tragique (pas le tragique au sens de Goldmann qui supposait le conflit, cornélien ou racinien, entre deux éclatantes vérités), l'absurde — en même temps que, dans l'apparence d'une thématisation civico-morale, il allait de Jean Valjean à Bardamu... Le texte moderne est un texte de l'*énigmaticité* — concept développé par Jean Bessière — et cette part de l'énigmatique y est toujours la part du lion: le peu de positivité signifiante que sauve le texte littéraire est à ce prix. Le «héros problématique» (qui se décomposera encore avec Meursault et avec Molloy), exotope, nie toute immanence du sens et toute communauté positive. Le problème de l'«évolution» littéraire se pose vers 1930 en des termes sans commune mesure avec le rapport entretenu par les lettres du temps des Voltaire et des Diderot avec la vie publique et avec un projet émancipateur.

Le modernisme est devenu peu à peu *conflit* constitutif entre le texte et l'apparence intelligible du monde. Or, dans une herméneutique militante, reconnaître l'énigmaticité et le désordre constitutifs du texte moderne reviendrait — homologiquement, — à reconnaître l'*opacité* irrémédiable du monde — c'est-à-dire, comme dans cette parfaite boutade attribuée à Lukàcs, en exil en Bulgarie, à s'exclamer que c'est peut-être finalement Franz Kafka, le réaliste! C'est pour ne pas aboutir à ceci, pour ne pas frôler obscurément cette hypothèse, que la critique ASDLR *a choisi ses lectures*, préférant de loin les écrivains qui avaient «choisi leur camp», *quel qu'il fût* : Drieu et le romantisme fasciste, Maurois et le charme discret de la bourgeoisie, Mauriac et le catholicisme de propriétaire landais, Barbusse et le prolétariat guidé par Staline. Ici, au moins, il y avait de la lisibilité roborative.

D'autre part, il importe de préciser que l'énigmaticité du texte demeure elle-même ambiguë et *impure*. À quelques œuvres-limites près, le texte travaille sur du discours institué et il reflète, brouillés, les images, les langages et les valeurs d'un temps. Et de ce fait, le travail «du texte» comme brouillage et opacification *va avec* la déréliction, l'immoralisme et, j'irais jusqu'à le dire, le «refus de l'histoire»: le texte moderne choisit toujours la Venise de Byron, de Musset, de Barrès et de Thomas Mann plutôt que Moscou-la-Rouge.

Immoraliste oui. Gide l'avait dit dans sa jeunesse en une formule décisive: «On ne fait pas de bonne littérature avec de bons sentiments». L'inverse est vrai. Il vaut mieux nourrir de mauvais sentiments pour écrire. Ensuite, le modernisme ne fonctionne que sur *un* axiome «structurel»: l'impossibilité de conclure, de tirer un sens univoque. Le malentendu semble total: alors que les critiques ASDLR croient que l'écriture doit se mettre au service de la vérité historique, au service de thèmes pleins et véridiques, tirés du «monde réel», dans l'écriture moderne, le sujet et le thème sont au service de l'écriture. Le «rien» (de Flaubert, de Proust, de Joyce) s'oppose au *plein* (à l'épopée des luttes de la C.G.T.U. par exemple).

Si le malentendu est total, c'est que d'une certaine façon les critiques communistes *ne se sont pas trompés*. Leur erreur n'est patente que dans l'idée (essentielle, il est vrai, à leur système) que la littérature moderne serait «au service» de la bourgeoisie, de la domination de la classe bourgeoise, fût-ce en proposant à la «rêveuse bourgeoisie» des moyens d'évasion et de dénégation. Mais pas du tout ou fort peu! Il n'y a pas de *service* de la déréliction, de l'opacité du monde, de la banalité, ni même (chez les modernistes «faisandés») de la déchéance et de l'abjection. Ce sont plutôt l'incivisme et le nihilisme qui sont au service de l'écriture moderne! La littérature moderne s'est développée **contre** le projet «bourgeois» (repris par les Grands récits socialistes) de domination du monde, par une mise en texte de l'opacité, du désordre, de l'embrouillement et en développant une écriture intransitive, en mettant au monde des livres «sur rien»[42].

Le second paralogisme des critiques communistes tient à la transposition de ces constats en un blâme moralisateur. Une littérature qui dit l'infigurable, l'improbable, l'énigme, la déréliction et ce qu'on nommera, dans les années 1950, «l'absurde» n'est simplement pas, comme avec suffisance pontifieront les Barbusse et autres, une littérature «pour les snobs et les femmes entretenues». Proust n'est pas un artiste «stérile», borné et impuissant, misérable quoique «intéressant» produit d'un monde qui se meurt[43].

Le paradigme «révolutionnaire» démontre paradoxalement, une excellente compréhension de la littérature moderne comme étant *intolérable*. Il était alors tout naturel que les

(42) Je me réfère aux livres récents de Jean Bessière, *Dire le littéraire* et *Énigmaticité de la littérature* (P.U.F., 1993).

(43) Voir encore sur ce thème, Jean Bessière, *Énigmaticité de la littérature*.

Belinsky, Lounatcharsky et Lukàcs remontassent à des thèses hegeliennes mises au service du communisme, c'est-à-dire à la conception de l'art comme *association nécessaire* du beau, du bien et du vrai. Un art libre n'est pas seulement inacceptable à la doctrine du *partiinost'*, l'art «énigmatique» est rebelle à toute obligation sociale, civique, historique positive qu'on voudrait lui intimer d'accepter.

Les critiques communistes ont voulu que la littérature se *justifiât*. La littérature moderne est injustifiable: elle n'est pas «sociale», elle ne veut le bien de rien ni de personne, et elle tourne bel et bien le dos à l'Histoire. À tous ces titres, elle n'est qu'une manie scandaleuse, sinon en soi (en quoi pourrait-on juger cette activité maniaque en soi?) du moins face aux scandales du monde. La littérature moderne, évoluant selon la logique de la fuite en avant (d'une évolution sans téléologie) a été une *self-fulfilling prophecy*, une prophétie performative. Elle n'est pas seulement indifférente, elle est hostile par nature à vouloir faire «le bien». Il est évident qu'«artistiquement» parlant, les luttes syndicales, les souffrances des filles-mères et les vertus des militants sont beaucoup moins intéressantes que les «mots» d'Oriane, duchesse de Guermantes et les vices de Palamède, baron de Charlus.

Poser que la littérature est *injustifiable* ce n'est pas faire de la conjecture morale, c'est commencer à expliquer cette *bizarrerie* qui est que les écrivains du siècle, des années trente par exemple — de Gide à Malraux — en dépit de leurs divergences éthiques et esthétiques, n'ont pu *supporter* leur propre scandale de maniaques de l'écriture. Ils ont donc mis, en catimini, avec des réticences, *un peu* de l'écriture littéraire — et la personne du scripteur — au service de ce qu'on leur présentait comme la Révolution. Mais ils ont réservé un domaine cependant — sans dire clairement pourquoi ce domaine réservé. Que les écrivains mêmes du XXème siècle, en leur grande majorité, n'aient jamais pu, en tant qu'être civiques, concilier sans problème l'activité d'écrire et la volonté de sortir de la déréliction, ni jamais pleinement justifier le divorce des deux, est attesté par le fait que presque tous les écrivains de renom (petits-bourgeois, individualistes, pessimistes, formalistes, tant qu'on voudra) des années trente ont rejoint le «camp antifasciste» sinon le Parti — quittes à conserver une marge pour la pratique d'écriture. Gide, Malraux, Dabit ont été à peine moins jobards les uns et les autres en leur *service inutile* offert à l'Histoire, que les oblatifs Romain Rolland et Barbusse... Ni Montherlant, ni Céline n'eurent bien entendu cette «jobardise» de parader au Kremlin ou de risquer leur peau en Espagne. Mais en dépit de tout, Gide et Malraux ont continué à assumer leur *injustifiable* servitude envers l'écriture littéraire, envers la manie d'écrire, dont ils eussent été bien incapables d'infléchir la logique.

Écrire est injustifiable et la misère du monde vous interpelle. Demander que la littérature serve à quelque chose, ce n'était pas poser une exigence oiseuse, c'était poser — avec une idéologie omnisciente à la clef — une question que l'«énigmaticité» moderniste n'a pas éliminée ni rendue obsolète et dont les écrivains eux-mêmes ne se sont pas débarrassés. Il n'y a qu'au Pays des Articoles que le langage littéraire se justifierait totalitairement, pour être devenu le seul possible. Peu importe que dans la condamnation de Joyce et de Proust au nom de la violence historique, des masses et de leurs «luttes», il soit entré du pathos oratoire et de la mauvaise foi. Qu'une objection soit aussi une forme de résistance ne la disqualifie pas comme telle. Confronter le texte au monde sans le pourvoir d'alibis aboutit à une situation aporétique. Les apories, la coexistence des incompatibles sont pensables; elles sont seulement scandaleuses et «psychologiquement» intolérables. Qu'elles puissent se transcender n'est qu'une conjecture pour apaiser la douleur d'une souffrance ou d'une colère impuissantes. Il y a un bon usage possible d'un mode textuel qui pluralise, opacifie et «sape les bases» (comme on dit dans *Bouvard et Pécuchet*), si on veut dire par là que la Société *a besoin* d'incertitudes, de doutes suspensifs, de conjectures, d'imaginaire, qu'elle en a *aussi* besoin. Mais si on voulait chercher sur ce seul plan une pleine justification du texte, on aboutirait à l'ataraxie «sociale». Si le modernisme avait «raison», toute volonté de changer le monde serait taxée d'insignifiance et de vanité? Nullement. On ne sort pas des situations aporétiques à si bas prix. Tout au plus peut-on dire que de telles confrontations renvoient aux apories inhérentes aux stratégies en présence. Les discours de certitude militante conduisent ceux qui se reconnaissent en eux plus sûrement à la déraison et au tragique qu'à l'accomplissement de son projet. La «carrière» de Paul Nizan, de l'adhésion au P.C.F. en 1929 à la mort inutile en 1940, en passant par la démission du Parti après le Pacte Staline-von Ribbentrop (et avec, en épilogue, la diffamation posthume inlassable) ressemble plus à l'ironie d'une intrigue moderniste des plus «pessimiste» qu'à l'épopée propagandiste à laquelle l'auteur de *La conspiration* n'a jamais complètement adhéré (tout en ayant été un parfait permanent sur le front culturel, restrictions mentales incluses).

Prétendre constater que l'écrivain et le militant sont, par l'essence de leurs activités, inconciliables et antagonistes est une chose[44]. Mais de ce constat, on peut tirer un tiède «c'est fort bien ainsi». Je vois au contraire que le scandale de ce divorce est *au cœur de la pratique textuelle moderne*, tiraillée entre l'activisme et l'ataraxie, entre la présence au monde et le «tourner le dos à la vie» mallarméen. La pratique du texte n'est pas pure négativité, déconstruction, le texte n'est pas hors du siècle ni indéfiniment polysémique, énigmatique. Il l'est

([44]) A. Karavaïeva, *VOKS*, 7-8: 1934, 116.

parce qu'aussi, en même temps, il refuse constamment de l'être, qu'il oscille entre une implication intense et un repli autistique. L'inhumanité du réalisme socialiste ne prouve pas l'humanité du modernisme, ni qu'il faille s'y résigner puisqu'il serait là pour longtemps en d'inépuisables avatars postmodernes, obsolète, contradictoire et indépassable (à la façon dont on dit aujourd'hui qu'il faut se résigner désormais au capitalisme pérenne). L'échec de la contre-proposition «révolutionnaire» — non de la littérature des luttes sociales et de la révolution qui, de Babel à Pilniak, à Dreiser et Malraux, a produit de grandes œuvres — ne prouve pas que la critique de ce qu'elle a (avec plus ou moins de flou et d'impasses) caractérisé comme du byzantinisme, du formalisme, du psychologisme, du pessimisme, du nihilisme (et autres concepts dénonciateurs issus du jargon militant) soit non avenue. Pas plus que l'hypothèse préalable que certains choix «formels» (du langage à la composition) imposent et restreignent les thèmes et les attitudes possibles face au monde n'est absurde en soi.

Ainsi, à mon sens, la critique ASDLR — avec ses œillères, avec son sectarisme — met en *évidence* un conflit constitutif, indépassable, qu'il n'est pas permis d'atténuer, d'édulcorer en mettant au seul compte de sa rigidité doctrinale ce qui relevait d'une «fuite en avant» face à cette aporie, à cette discordance de plus en plus profonde entre le travail du texte et la signifiance du monde, — processus qui forme une «évolution» sans finalité qu'on peut expliquer de façon contingente par l'autonomisation du champ artistique depuis le romantisme, mais non *expliquer* au sens plein. Ce sont à la fois l'autonomie, graduellement conquise dès le milieu du XIXème siècle, de la littérature, et la transformation ultérieure de l'idéologie du mouvement ouvrier en une «institution totale» imperméable aux objections et aux malencontres du réel qui se joue dans l'*erreur de jugement* généralisée que j'ai analysée dans ces pages. Une littérature de «bonne volonté» est concevable (si elle n'est pas toujours souhaitable), une critique littéraire répudiant tout critère social, historique, «humain», ne l'est simplement pas.

Un essayiste des années trente me semble avoir écrit à peu près ce que je développe ici, c'est Jean Grenier qui posait qu'il y avait un conflit irréductible «entre littérature pure et pensée révolutionnaire». Il a eu droit à une volée de bois vert. Georges Friedmann critique dans *Europe* ce passage de son *Essai sur l'esprit d'orthodoxie* en ces termes: «incompréhension des doctrines et des hommes qu'on voudrait juger et, sur soi-même, inacceptable aveuglement»[45]. Qui donc était aveuglé?

J'ai donc poursuivi dans ce livre l'analyse d'une erreur de jugement dont le scandale obsède tout le siècle. *Allodoxie* puisqu'il s'agit, à travers des malentendus, d'exiger de la littérature, au nom d'un espoir chimérique et de fortes évidences morales, des «services» dont elle est incapable. Inaccessible, énigmatique, immoraliste, incivique, négative, négatrice, on ne fait de bonne littérature moderne qu'avec de mauvais sentiments. On ne peint bien que les maisons à gros numéros de Montmartre et non le peuple travailleur sortant de l'usine. La littérature prolétarienne, réaliste, socialiste imaginée par les doctrinaires communistes ne s'oppose pas aux romans de Bourget, de Barrès, de Maurois, de Mauriac, de Montherlant et autres «bourgeois», elle met en cause l'essence même du génie moderne, Joyce, Proust, Kafka. Le fait est cependant qu'elle oppose à ce modernisme un *non possumus* **fondé** en humanité et en raison.

([45]) G. Friedmann, *Europe*, II 1936, 240. «...Le rapport du militantisme à l'art, [...] ce rapport est nécessairement antagonique. [...] L'art, révolte contre les désordres du monde, s'oppose — depuis le début du XIXe siècle au moins — à l'action politique.» (Verdès, *Somnambules*, 1987, 313).

Sans doute cette critique fut-elle rigide, sectaire et opportuniste. Sans doute dans son aveuglement militant finit-elle par juger des œuvres selon l'appartenance des auteurs à l'A.E.A.R. Mais eût-elle été plus souple et plus nuancée que le seul fait de présupposer un *sens* au monde, ou de réclamer un angle de positivité aux textes artistiques, que sa référence à une réalité connaissable, à une histoire humaine qui ne soit pas un maëlstrom où tout finit par se perdre corps et biens, à une quelconque valeur civique, conduisait automatiquement à entrer en un conflit irrémédiable avec la *logique* moderniste. Le pathos du «réel» et de l'«humain» dans la phraséologie de *Monde,* d'*Europe,* et de *Commune* est souvent niais, mais il cherche à dire *cela.* Les individus, les critiques militants qui *vivent* la contradiction récurrente entre l'évidence «historique» du communisme et la dynamique de l'art «moderne», ne peuvent compenser la mauvaise foi de leur «critique littéraire» que par une foi révolutionnaire qui ressemble à la foi du charbonnier doublée de celle du grand inquisiteur. *Condamnés par l'histoire* (on ne saurait autrement le dire) à devenir à la fois des dupes et des salauds. Aragon fondant l'esthétique réaliste-socialiste sur l'émancipation prochaine de l'humanité exploitée *et sur* l'apothéose du système esclavagiste que mettait en place le *Bielomorstroï* est un exemple de cet aveuglement qui, *a contrario*, donne raison à ce que, vertueusement, les critiques de *Commune* dénonçaient comme le «nihilisme» et le «pessimisme» de l'écriture moderne, son refus de transcrire l'abondance des certitudes qui émanaient des «masses».

Le critique comme Sœur Anne

Tout discours de certitude se renverse à l'analyse: on peut lire la critique communiste comme une interrogation volontariste face à tout ce qui *paraît.* La littérature, selon un des mythes de la modernité, est ce qui souvent anticipe ou annonce l'avenir pour qui sait lire et ceci, en dépit même des intentions avouées ou de la conscience qu'a eue l'auteur. Alors, la littérature va être chargée de *prouver*, de confirmer par avance que l'U.R.S.S. triomphera, que le stalinisme est un humanisme, que la bourgeoisie et sa culture pourrie s'effaceront demain. «Ce qui est nouveau, ce n'est pas que les grands artistes annonciateurs chantent le soleil avant le jour — c'est que le jour enfin se lève à leur appel. [...] Le rêve de l'art s'accomplit dans le réel», écrit Romain Rolland[46]. C'est la littérature nouvelle qui devait servir, si le monde était engagé dans la phase révolutionnaire, à prouver que l'«aube» était au bout de la nuit — et d'ailleurs, *a contrario*, les Massis, Maurras, Laubreaux, les «fascistes» proclamés et relaps servaient la démonstration par l'ignominie de leur sorte de politisation. J'ai montré à plusieurs reprises ce positionnement interprétatif de Sœur Anne à sa Tour. J'ai fait voir par exemple Paul Nizan «entrevo[yant] [...] ce que pourrait être une littérature du bonheur», mais forcé *in fine* de concéder que «le temps d'abandonner la littérature du malheur n'est pas encore venu»[47]. La littérature qui se fait paraît alors aux communistes tissue d'*intersignes.* Il ne s'agit pas tant de dogmatiser une littérature lisible, réaliste, pleine de sens que de poser qu'une telle littérature *ne peut* qu'apparaître et remplacer «l'autre» *si* l'histoire a un sens, une direction, *si* on est dans l'imminence d'un tournant ultime de l'histoire humaine. Toutes les mises au pinacle ou à la poubelle tiennent à ce que la littérature, pour les critiques ASDLR, devait *confirmer l'histoire en cours,* la certitude d'une évolution dans le «bon» sens, prouver que l'histoire n'est ni absurde ni tragique, ni noire

(46) Rolland, *Quinze ans*, LXI.
(47) Nizan, *Vendredi*, 23 nov. 1935, 5.

— car dans ce cas, d'ailleurs inenvisageable, la littérature moderniste serait au fond un *reflet* esthétique parfait d'une histoire-maëlstrom (je songe au petit conte de *Hans Pfall* d'Edgar A. Poe).

Le critique, *vox clamans in deserto*, annonce sinon la victoire de la révolution mondiale, du moins ce qui en forme les présages sûrs, les victoires du nouveau réalisme et l'enfoncement dans la boue des écrits de la bourgeoisie. Aragon dans un article de 1936 démontre les progrès du retour au réalisme qui est un signe des temps par les livres récents de... Barbusse + Céline + Guilloux + Malraux! Joli amalgame[48]. Il dira plusieurs fois, expressément — il en était convaincu comme du reste — que «la tendance réaliste dans l'art et dans la littérature dans les sociétés de classe appara[ît] toujours à ces moments de l'histoire où l'équilibre social est sur le point de se rompre, [...] ces poussées de réalisme correspondent à la montée historique de la bourgeoisie dans le premier cas, du prolétariat dans le second exemple. [...] [Or depuis quelques années, les œuvres réalistes apparaissent en masse...] Je veux voir dans ce fait, aux jours du Front populaire [...], le signe avant-coureur de la victoire de ces forces sociales qui se sont soudées ensemble contre les deux cents familles»[49].

La critique ASDLR a été une critique optimiste, mais ce fut aussi une critique où la théorie précédait largement les produits! De même que les bolcheviks guettaient le signal de la révolution mondiale, les critiques guettent l'apparition d'une littérature annonciatrice de l'avenir. À force, ils la voient surgir:

> Ils viennent, ils naissent de la foule prolétarienne les poètes révolutionnaires français[50].

(48) Aragon, *Commune*, janv. 1936, 566.
(49) Aragon, in *Querelle de réalisme*, 55.
(50) Aragon, *Commune*, oct. 1933, 93.

> L'époque que nous vivons doit avoir ses poètes ouvriers et ses grands chansonniers révolutionnaires[51].

Faute d'œuvres soviétiques pleinement satisfaisantes, Paul Nizan en vient à prophétiser une littérature potentielle, nécessaire et fatale:

> Le grand livre soviétique qui serait une réponse aux Karamazov n'est pas encore écrit. On imagine qu'il serait plutôt une acceptation qu'une mise en accusation du monde[52].

Puisque les œuvres conformes aux attentes n'apparaissent pas, il reste à se consoler en appréciant la surenchère d'ignominie chez les écrivains «fascistes» et à montrer dans les romans «anticommunistes» la preuve indirecte que l'heure a sonné au cadran de l'histoire. «Aussi assistons-nous à des efforts désespérés pour enrayer la marche des idées nouvelles fût-ce par la voie du roman…»[53]

Que sait le modernisme?

Le modernisme — contre l'espérance de signifiance émancipatrice qu'entretient le critique militant — *sait* quelque chose sur l'histoire des hommes, quelque chose, même chez un Céline ou chez un Drieu, qui, combinant connaissance et méconnaissance, menace terriblement toute position de lutte, toute volonté de changement rationnel d'un monde intolérable (changement hyperbolisé ou non comme «révolutionnaire») et tout espoir de clarification du sens du monde. Si les livres de talent sont obscurs, ambigus, anomiques, indécidables, c'est peut-être que le monde l'est aussi! La critique

([51]) Vaillant-Couturier, *Huma*, 17 avril 1937, 8.
([52]) Nizan, *Huma*, 12 avril 1936, 8.
([53]) Aragon, *Commune*, janv. 1936, 566.

au service de la révolution qui a souvent raison dans sa *pars destruens*, mais qui se met si régulièrement le doigt dans l'œil dans sa *pars construens*, conduit à ces réflexions de conclusion.

Somme toute, on pourrait retourner la logique du déterminisme *dit* marxiste: si le sens de l'histoire se dérobe, s'il n'y a pas d'«énigme résolue» de l'éternelle exploitation des hommes, si progrès et dialectique de l'histoire sont des mots creux, alors le texte moderniste pourrait bien «*refléter*», par son énigmaticité même, cette évolution négative. Le texte moderne serait un «juste reflet» d'une histoire pleine de bruit et de fureur et qui au bout du compte déçoit ses zélateurs et ne signifie rien. Si la barbarie présente est l'énigme irrésolue de l'histoire, alors la littérature du désespoir est pertinente dans sa négativité, et le réalisme dogmatique ne serait plus qu'une position «éthique» et, proprement, idéaliste.

La pratique littéraire moderne a tout son sens dans un monde dépourvu ultimement de sens, de direction, où toute espérance comporte sa perversion et son échec. La littérature moderne ne peut être vue en effet comme une «conversion à l'humain» qu'*a contrario*, c'est-à-dire dans un monde où les idéaux de justice, de communauté, n'engendrent que le meurtre, l'absurde et l'inhumain. Mais c'est bien d'un tel monde qu'il s'agit. Les critiques ASDLR ont jugé qu'il y avait un *scandale* d'une écriture qui se détourne du «monde réel», une littérature qui ne pouvait avoir d'autre fonction *réelle* que de fournir des alibis à la classe dominante. Ils faisaient une erreur de jugement en dépit de l'évidence du scandale qu'ils montraient du doigt: cette erreur de jugement peut être prouvée *a contrario*, et ce sont les échantillons de cette littérature réaliste-socialiste qu'ils espéraient voir s'épanouir qui la prouvent: l'écriture moderniste est scandaleuse dans son impuissance indifférente face aux scandales du monde, mais elle est un moindre scandale que celui qu'inflige les textes qui se mirent au service de ce que leur auteur voulait croire correspondre à la *vérité* du monde.

C'est Walter Benjamin qui a raison, dans ses «Thèses sur la philosophie de l'histoire (*Über den Begriff der Geschichte*)» en ce qu'il maintient *comme scandale* les termes de la contradiction:

> *Es ist niemals ein Dokument der Kultur, ohne zugleich ein solches der Barbarei zu sein* — Il n'y eut jamais de document de la culture qui ne fût en même temps témoignage de la barbarie[54].

Walter Benjamin a formulé la règle d'une *ambivalence* critique. Ni instrumental, ni irréductible et «subversif», le texte littéraire demeure positionné dans le discours social et, par là, mais par des médiations qui ne sont jamais simples — jamais aussi simples que la critique ASDLR l'eût voulu — dans ce que les années 1930 désignaient comme les «luttes». Indifférente à la misère des hommes et nécessairement inaccessible aux masses, la littérature moderne en bloc est **aussi** un monument de la barbarie — tout au plus pourrait-on dire que dans un monde qui ne s'achemine évidemment pas vers le Règne de la liberté, ceci n'a plus guère d'importance.

([54]) Benjamin, «Thèses sur la philosophie de l'histoire», VII (ma traduction) de «Über den Begriff der Geschichte», *Gesammelte Schriften*. Frankfurt: Suhrkamp, 1974, I, 2, p. 696.

BRÈVE CHRONOLOGIE[1]

25-30 décembre 1920
Au congrès de Tours, le Parti socialiste S.F.I.O. se scinde et donne naissance au Parti communiste.

Juillet 1921
Au congrès de Lille la C.G.T. éclate. Les minoritaires créent la C.G.T.U. en juin 1922.

26 décembre 1921
Premier congrès du Parti communiste français.

1er juillet 1925
Résolution du Comité central du P.C.U.S. sur la politique dans le domaine littéraire.

28 avril 1926
Barbusse prend la direction littéraire de *L'Humanité.*

Novembre 1927
Moscou: Première Conférence internationale des écrivains prolétariens et révolutionnaires. Naville et Barbusse y participent.

9 janvier 1928
Le Comité Central du P.C.F. adopte la tactique «classe contre classe» pour les législatives qui viennent.

4 août 1928
Monde lance son enquête sur la littérature prolétarienne.

31 mars 1929
Ouverture du Congrès du P.C.F. à St-Denis, autocritique de Jacques Doriot.

Juillet 1930
André Breton et Diego Rivera fondent au Mexique une Fédération internationale de l'art révolutionnaire indépendant.

(1) On trouvera une chronologie générale de l'évolution du mouvement ouvrier et du P.C.F. entre 1920 et 1940 dans Racine et Bodin, *1982.*

Novembre 1930
Congrés de Kharkov d'où sort l'Union internationale des écrivains révolutionnaires, U.I.E.R.

23 juillet 1931
Article de Maurice Thorez dans *L'Humanité:* «Le tournant décisif».

7 décembre 1931
Début du grand débat organisé par *Monde* sur la littérature prolétarienne.

5 janvier 1932
Fondation de l'Association [française] des écrivains et artistes révolutionnaires annoncée dans *L'Humanité.* Derrière il y a Fréville, Vaillant-Couturier, Moussinac et Nizan. Établie en mars sous le secrétariat de Paul Vaillant-Couturier. Suivent des attaques contre *Monde,* les surréalistes, *Nouvel âge.*

16 janvier 1932
Aragon est inculpé de provocation au meurtre pour son poème «Front rouge».

25 février 1932
André Gide dans son *Journal* se rallie «de tout cœur» au dernier discours de Staline.

10 mars 1932
Aragon, dans *L'Humanité,* se désolidarise publiquement des surréalistes déclarés «objectivement contre-révolutionnaire(s)».

11-19 mars 1932
VIIème Congrès du P.C.F. sur le thème «Pour une issue révolutionnaire à la crise».

23 avril 1932
Dissolution de la RAPP et des organisations d'écrivains «prolétariens» soviétiques. L'Union Internationale des Écrivains Révolutionnaires, dépendant du Komintern, se maintient, mais elle est mise au pas. Résolution du C.C. du P.C.U.S. créant une Union unique des écrivains soviétiques.

26 mai 1932
Appel de Rolland et Barbusse pour l'organisation d'un congrès contre la guerre (Mouvement d'Amsterdam).

3 juin 1932
Fondation du Groupe des écrivains prolétaires de langue française.

27-29 août 1932
Congrès international d'Amsterdam contre la guerre impérialiste. Initiative de Rolland et Barbusse à laquelle s'est rallié le P.C.F. Les attaques contre *Monde* cessent du même coup.

Septembre 1932
Troisième séjour de Barbusse en URSS.

11 septembre 1932
Vaillant-Couturier emploie pour la première fois dans les colonne de *L'Humanité* l'expression «Front unique littéraire».

mai 1933
Ferdinand Alquié dans le *Surréalisme ASDLR* parle du «vent de crétinisation systématique qui souffle sur l'URSS».

10 mai 1933
Allemagne. Les nazis brûlent les livres sur les places publiques.

23 juin 1933
À Paris, Salle Pleyel, Congrès antifasciste européen qui fait suite au congrès d'Amsterdam et d'où sort le Comité mondial contre la guerre et le fascisme. Mouvement Amsterdam-Pleyel.

Juillet 1933
Sortie du premier numéro de *Commune.*

14-17 juillet 1933
Congrès de la S.F.I.O. à la Mutualité.

24 juillet 1933
Léon Trotsky débarque à Marseille.

Novembre 1933
Scission des «néos» à la S.F.I.O., qui fondent le Parti socialiste de France.

Janvier 1934
Le 17ème congrès du P.C.U.S. confirme le changement de cap: de la ligne classe contre classe à l'union des forces de gauche antifascistes.

6 février 1934
Échauffourées fascistes suivie de manifestations de la gauche le 9 et d'une grève générale concertée par la C.G.T. et la C.G.T.U. le 12: c'est le début du mouvement unitaire vers le Front populaire.

Libération de Dimitroff, qualifiée de «victoire antifasciste».

5 mars 1934
Création par Alain, Paul Rivet et Paul Langevin du Comité de vigilance des intellectuels antifascistes.

Mai 1934
Campagne du P.C.F. sur le mot d'ordre «Libérez Thaelmann!»

20-23 mai 1934
Congrès de la S.F.I.O. à Toulouse.

24 juin 1934
Création du Front littéraire de gauche («prolétariens») à Bruxelles.

27 juin 1934
Jacques Doriot est exclu du P.C.F.

17 août 1934
Ouverture du Congrès mondial de Moscou «des écrivains pour la défense de la culture». (Compte rendu d'Udé dans *Monde*, 7. 9.1934 et dans *Commune*, # octobre 1934).Présidé par Gorki. Vote les statuts de l'Union des écrivains soviétiques. Français présents: Aragon, Nizan, Pozner représentant l'A.E.A.R., J.-R. Bloch et Malraux. Intervention de Jdanov au nom du Comité central du P.C. (b) de l'U.R.S.S. Interventions de Gorki, de Boukharine définissant le réalisme socialiste.

1er septembre 1934
Clôture du Congrès de Moscou.

9 octobre 1934
Maurice Thorez lance un appel à la formation du Front populaire.

1er décembre 1934
Assassinat de Kirov qui ouvre la période des Grands procès.

15 janvier 1935
Premier procès de Kamenev et Zinoviev pour complicité dans l'assassinat de Kirov.

4 mai 1935
Staline prononce le discours fameux sur «l'homme, le capital le plus précieux».

13-15 mai 1935
Entretiens Laval-Staline. Signature du Pacte d'assistance mutuelle entre la France et l'U.R.S.S.

21-25 juin 1935
Congrès international des écrivains pour la défense de la culture à la Mutualité. 35 pays sont représentés. Figures dominantes: Gide, Barbusse, Rolland, Giono, Malraux, Bloch. Suicide de René Crevel, le 25.

14 juillet 1935
14 juillet unitaire rassemblant communistes, socialistes et radicaux. Cinq cent mille participants scandent: «Le Pain, la Paix, la Liberté!»

30 août 1935
Mort de Barbusse à Moscou.

7 novembre 1935
Premier numéro de *Vendredi.*

Janvier 1936
Congrès du P.C.F. à Villeurbanne. Maurice Thorez devient secrétaire général.

3 mai 1936
Second tour des élections générales, victoire du Front populaire. Blum sera président du Conseil.

9 mai 1936
Signature des Accords Matignon.

17 juin 1936
André Gide arrive à Moscou.

20 juin 1936
Mort de Maksim Gorki.

18 juillet 1936
Insurrection du général Franco au Maroc contre la République espagnole.

Août 1936
Tenue des Jeux olympiques de Berlin.

15-16 août 1936
Congrès anarchiste de Toulouse.

18-23 août 1936
Premier procès de Moscou: Zinoviev, Kamenev, Evdokimov, Smirnov…

20 août 1936
Début de la campagne diffamatoire de *Gringoire* contre Roger Salengro.

25 août 1936
Discours de Maurice Thorez à Buffalo: «Des avions pour l'Espagne!»

5 novembre 1936
Parution de *Retour de l'U.R.S.S.* de Gide.

17 novembre 1936
Suicide de Roger Salengro, maire de Lille et ministre socialiste.

Décembre 1936
Le congrès des Soviets adopte la nouvelle constitution soviétique.

21 janvier 1937
Le gouvernement français interdit l'enrôlement pour l'Espagne.

23-29 janvier 1937
Second procès de Moscou: Radek, Piatakov, Serebriakov, Sokolnikov, Drobnis, Muralov et autres «trotskystes». Réquisitoire «écrasant» de Vychinski.

31 janvier 1937
Première Conférence des maisons de la culture de Paris et de sa banlieue.

2 mars 1937
Premier numéro de *Ce Soir.*

10 juin 1937
Léon Blum, en minorité devant le Sénat, démissionne. Le cabinet Chautemps marquera un virage à droite.

11 juin 1937
Procès de Moscou contre les dirigeants de l'Armée rouge.

4 juillet 1937
À Valence (Espagne), Deuxième congrès international des écrivains pour la défense de la culture. Benda, Malraux, Moussinac, Tzara parmi les délégués français. Le congrès se termine à Paris le 17 juillet.

14 août 1937
Les Japonais débarquent à Shanghaï et massacrent la population.

14 octobre 1937
Mort de Paul Vaillant-Couturier. Obsèques «grandioses» le 16/10.

Octobre 1937
Grand lancement de l'autobiographie de Maurice Thorez, *Fils du peuple*.

25-29 décembre 1937
Le P.C.F. tient son congrès à Arles.

Fin 1937
Boris Pilniak est fusillé à Moscou.

2-13 mars 1938
Troisième procès de Moscou: Boukharine, Rykov, Tchernov, Krestinski, Rakovski, Yagoda et autres au «service du fascisme international».

13 mars 1938
Anschluß de l'Autriche.

10 mars 1938
... jusqu'au 8 avril, deuxième et bref ministère Blum qui clôt l'expérience du Front populaire.

4-8 juin 1938
Scission au congrès de Royan: la «Gauche révolutionnaire» quitte la S.F.I.O.

27 septembre 1938
Le Groupe surréaliste signe un tract «Ni de votre guerre ni de votre paix».

23 août 1939
Signature à Moscou du Pacte germano-soviétique.

1er septembre 1939
Entrée des troupes nazies en Pologne.

17 septembre 1939
L'Armée soviétique envahit la Pologne.

26 septembre 1939
Le Conseil des ministres dissout par décret le P.C.F. *L'Humanité* et *Ce Soir* cessent de paraître.

7 octobre 1939
Dans la nuit, début des arrestations de députés communistes.

BIBLIOGRAPHIE

BIBLIOGRAPHIE PRIMAIRE

A. *Livres et publications non-périodiques*

ARAGON, [Louis]. *Pour un réalisme socialiste.* Paris: Denoël et Steele, 1935.

ARAGON, [Louis]. «Réalisme socialiste et réalisme français», *Europe,* 46: 15 mars 1938.

ARON, Robert et Arnaud DANDIEU. «Décadence de la nation française», *Europe,* 1931.

«Les Arts plastiques en URSS», *Recueils illustrés de V.O.K.S.,* 9-10: 1935.

BABY, Jean et *al. À la lumière du marxisme.* Préf. de Henri Wallon. Paris: ESI, 1936-1937.

BABY, Jean et *al. Cours de marxisme. Première année. 1935-36....* Paris: Bureau d'éditions, 1936.

BABY, Jean et *al. La jeunesse devant le fascisme.* Paris: Comité de vigilance des intellectuels antifascistes, 1936.

BARBUSSE, Henri et A. KURELLA, présent. *Lettres de Lénine à sa famille.* Paris: Rieder, 1936.

BARBUSSE, Henri. *Russie.* Paris: Flammarion, 1930.

BARBUSSE, Henri. *Staline. Un monde nouveau vu à travers un homme.* Paris: Flammarion, 1935.

BARBUSSE, Henri. *Zola.* Paris: Gallimard, 1932.

BENDA, Julien. «Une littérature communiste est-elle possible?», *Les Nouvelles littéraires,* 12 juin 1937.

BENDA, Julien. *Précisions (1930-1937).* Paris: Gallimard, 1937. [Recueil d'articles].

BERL, Emmanuel. *Mort de la morale bourgeoise.* Paris: Grasset, 1929. [Republ.: Paris: Pauvert, 1965]

BLOCH, Jean-Richard. *Destin du siècle.* Paris: Rieder, 1931.

BLOCH, Jean-Richard. *Destin du théâtre.* Paris: Gallimard, 1930.

BLOCH, Jean-Richard. *Naissance d'une culture.* Paris: Rieder, 1936.

BOIVIN, P. et *al. Révolution constructive.* Paris: Valois, 1932.

BRETON, André. *Légitime défense.* Paris: Editions surréalistes, 1932.

BRETON, André. *Misère de la poésie.* Paris: Editions surréalistes, 1932.

BRETON, André. *Position politique du surréalisme.* Paris: Sagittaire, 1935.

BRETON, André et *al. Violette Nozières.* Bruxelles: Nicolas Flamel, 1934.

CASSOU, Jean. *Cervantès.* Paris: ESI, 1936.

DABIT, Eugène, voir: *Des ouvriers écrivent,* 1934 (section C.)

DANDIEU, Arnaud, voir: ARON, Robert 1931.

De MAN, Henri. *L'idée socialiste.* Paris: Grasset, 1935.

DESCAVES, Lucien, voir: Ragon, Michel, 1937.

DUCLOS, Jacques. *Les Droits de l'intelligence.* Paris: ESI, 1938.

ENGELS, Friedrich voir: MARX, Karl.

FRÉVILLE, Jean, voir: LÉNINE, Vladimir, 1937; LAFARGUE, Paul, 1936; MARX, Karl, 1936.

GACHON, Lucien. *L'écrivain paysan.* Paris: Valois, 1932.

GERBE, Léon. *Cresson et la peinture prolétarienne.* Avant-propos de Henry POUCILLE. Paris: Orobitg, 1935.

GIDE, André. *Retouches à mon retour de l'U.R.S.S.* Paris: Gallimard, 1937.

GIDE, André. *Retour de l'U.R.S.S.* Paris: Gallimard, 1936.

GORKI, Maxime. *La culture et le peuple.* Paris: ESI, 1939.

GORKI, Maxime. *Eux et nous.* Préf. de Romain Rolland. Paris: ESI, 1931.

GUÉHENNO, Jean. *Caliban parle.* Paris: Grasset, 1928.

GORIÉLY, Benjamin. *Les poètes dans la révolution russe.* Paris: Gallimard, 1934.

Henri BARBUSSE, écrivain et révolutionnaire. Paris: ESI, 1935.

HUMBERT, Agnès. *Louis David, peintre et conventionnel.* Paris: ESI, 1936.

JOUVENEL, Renaud de. *Commune mesure.* Paris: ESI, 1938.

KURELLA A., voir: BARBUSSE, Henri, 1936.

LAFARGUE, Paul. *Critiques littéraires.* Introd. de Jean FRÉVILLE. Paris: ESI, 1936.

LANG, P. *L'alliance du trotskysme et du fascisme contre le socialisme.* Paris: Bureau d'éditions, 1937.

LEMONNIER, Léon. *Manifeste du roman populiste.* Paris: La Centaine, 1929.

LEMONNIER, Léon. *Populisme.* Paris, Bruxelles: La Renaissance du Livre, 1930.

LÉNINE, Vladimir I. et STALINE, J. *Sur la littérature et l'art.* Préf. de Jean FRÉVILLE. Paris: ESI, 1937. [Comparer avec la version ultérieure amputée, Lénine, Vladimir. *Sur la littérature et l'art.* Paris: Editions sociales, 1957.]

«La Littérature des peuples de l'URSS», *Recueils illustrés du V.O.K.S.*, 7-8: 1934.

LUC, Jean. *Diderot.* Paris: ESI, 1938.

LURÇAT, Jean et *al.*, voir: *Querelle du réalisme*, 1936.

MAN, Henri/Henrik de, voir: De Man.

MARTINET, Marcel. *Culture prolétarienne.* Paris: Librairie du travail, 1935.

MARX, Karl et Friedrich ENGELS. *Sur la littérature et l'art.* Préface de Jean FRÉVILLE. Paris: ESI, 1936.

NADEAU, Maurice, voir: TROTSKY, Léon, 1962.

NAVILLE, Claude. *André Gide et le communisme.* Préface de Pierre NAVILLE. Paris: Librairie du travail, 1936.

NAVILLE, Pierre. *La Révolution et les intellectuels. Mieux et moins bien. Que peuvent faire les surréalistes?* Paris: Gallimard, 1927.

NAVILLE, Pierre, voir: NAVILLE, Claude, 1936.

NIZAN, Paul. *Pour une nouvelle culture*, éd. Susan Suleiman. Paris: Grasset, 1971. [Recueil des articles et comptes rendus de 1930 à 1939].

POULAILLE, Henry. «Littérature de classe», *Nos documents* (Lyon), 6 avril 1935.

POULAILLE, Henry. *La littérature et le peuple.* Paris: Les Humbles, 1937.

POULAILLE, Henry. *Nouvel âge littéraire.* Paris: Valois, 1930.

POUCILLE, Henry, voir: GERBE, Léon, 1935.

La querelle du réalisme. Paris: ESI, 1936.

RAGON, Michel. *Les écrivains du peuple.* Préf. de Lucien DESCAVES. Paris: Vigneau, 1937.

RAPHAEL, Max. *Proudhon, Marx, Picasso. Trois études sur la sociologie de l'art.* Paris: Excelsior, 1933.

ROMAIN, Claude. *Nouvel âge littéraire (La littérature prolétarienne).* Paris: Victorion, s.d.

ROLLAND, Romain. *De Dimitrov à Thaelmann: échec du fascisme. Pour l'indivisible paix.* Paris, s.d. (plaqu. in 4°).

ROLLAND, Romain. *Par la révolution, la paix.* Paris: ESI, 1936.

ROLLAND, Romain. *Quinze ans de combat (1914-1934). Salut au monde nouveau.* Paris: Rieder, 1935.

ROLLAND, Romain, voir GORKI, Maxime, 1931.

SERGE, Victor. *Littérature et révolution.* Paris: Valois, 1932. [Rééd. suivie de *Littérature prolétarienne*, et *Une littérature prolétarienne est-elle possible?* Paris: Maspero, 1976]

SMEDLEY, Agnès. *La Chine rouge en marche.* Paris: ESI, 1937.

STALINE, voir: LÉNINE, Vladimir. I., 1937.

STALINE [Stalin, Iosif]. *Deux mondes: bilan capitaliste, bilan socialiste.* Paris: CDLP, 1934. (Broch.)

STALINE [Stalin, Iosif]. *L'Homme: le capital le plus précieux.* Paris: Bureau d'éditions, 1935.

STALINE [Stalin, Iosif]. *Le socialisme, c'est la paix!* Paris: Bureau d'éditions, 1936.

STALINE [Stalin, Iosif]. *Le socialisme et la science.* Paris: Bureau d'éditions, 1938.

STALINE [Stalin, Iosif]. *Sur la voie du communisme.* Paris: Bureau d'éditions, 1939.

SULEIMAN, Susan, voir: NIZAN, Paul, 1971.

THIBERT, Marguerite. *Le rôle social de l'art d'après Saint-Simon.* Paris: Rivière, 1925.

THOREZ, Maurice. «La décadence des lettres et des arts», *L'Union de la nation française*, s.l., 22-25 janvier 1936.

THOREZ, Maurice. *Discours*..., Paris: Comité de propagande, 1935, 1936, 1937...(Nombreuses brochures)

THOREZ, Maurice. *Fils du peuple.* Paris: ESI, 1937.

TROTSKY, Léon. *Littérature et révolution.* (1923). [Édité seulement en 1962 en français. Préf. de Maurice NADEAU. Paris: Julliard]

TROTSKY, Léon. *Histoire de la Révolution russe.* Paris: Rieder, 1934.

VAILLANT-COUTURIER, Paul. *Au service de l'esprit. Pour la convocation des Etats généraux de l'intelligence française.* Paris: ESI, 1936.

VAILLANT-COUTURIER, Paul. *Vers des lendemains qui chantent.* Paris: Editions sociales, 1962. [recueil de textes des années 1920-30].

VERMEIL, Edmond. *Henri Heine, ses vues sur l'Allemagne.* Paris: ESI, 1939.

Victor, SERGE, voir: SERGE, Victor.

WALLON, Henri, voir: BABY, Jean, 1936-37.

B. *Périodiques*

À contre courant, revue mensuelle. Dir. Henry Poulaille. Paris, juil. 1935-...

Acéphale. Religion, sociologie, philosophie. Publ. G. AMBROSINO, G. BATAILLE et Pierre KLOSSOWSKI. Paris, G.L.M., 1937 -...

L'Avant-garde ouvrière et communiste. Paris, 1920-1939.

Bifur. Réd. G. RIBEMONT-DESSAIGNES. Dir. Pierre G. LÉVY. Paris, 25.5.1929-juin 1931.

Bulletin des écrivains prolétariens. Dir. Henry POULAILLE. Vincennes, avril-juin 1932.

Bulletin du Front littéraire de gauche. Bruxelles, juil. 1934 - janv. 1935.

Bulletin international du surréalisme. Prague puis Bruxelles, puis Londres, 1935-1936 (4 n°).

Cahiers bleus, pour la république syndicale. Organe hebdomadaire de culture générale et d'organisation. Paris, août 1928-mai 1932.

Les Cahiers de contre-enseignement prolétarien. Paris, déc. 1931-mai 1937.

Les Cahiers de la jeunesse. Dir. Luc DURTAIN et Paul NIZAN. Paris, 15 juil. 1937-15 avril 1939.

Cahiers de littérature prolétarienne. Paris,...-1936. [Supplément d'*Esprit*]

Cahiers du bolchévisme. Organe théorique du Parti communiste français S.F.I.C. Paris, nov. 1924-août 1939.

Cahiers Spartacus, voir *Spartacus.*

Camarades. Revue littéraire internationale. [Revue d'éducation et d'action prolétariennes]. Bimensuel. Paris,...1936-...1937. [Remplace *Prémices*]

Le Canard enchaîné. Dir. Maurice MARÉCHAL. Paris, 4.9.1915 —

Ce Soir. Grand quotidien d'information indépendant. Dir. ARAGON. Paris, 2 mars 1937-26 août 1939.

Le Chef-d'œuvre, organe de littérature populaire. Mensuel. Paris, 1936-...

Clarté. Bulletin français de l'Internationale de la pensée. Dir. Henri BARBUSSE. Paris, 11 oct. 1919-janv. 1928.

Clarté. Paris, août 1936-... 1937.

Combat. Bruxelles,...1937[?].

Commune. Mensuel. Paris, juil. 1933-sept. 1939. [ultérieurement sous-titré: *Revue littéraire (...) pour la défense de la culture.*]

La Critique sociale. Dir. Boris SOUVARINE. Paris, mars 1931-mars 1934.

Documents 33, suivi de *Documents 34* suivi de *Documents 34, Nouvelle série trimestrielle, Documents 35.* [*Revue mensuelle de l'Association révolutionnaire culturelle*]. Mensuel. Bruxelles, 1933-36.

Les Dossiers de l'agitateur. Paris, 1933-1935. [Supplément aux *Cahiers du bolchévisme*]

L'Éducateur prolétarien. Vence, 1925/26 [?]-1939 [?].

L'Équipe des arts et des lettres. Réd. Henry POULAILLE et Joseph LACAZE. Paris, mai-juil. 1939.

L'Esprit. Dir. Pierre MORHANGE. Paris, 1926-janv. 1927.

Esprit du temps. Bruxelles: Éd. Labor, fév.-nov. 1933.

L'Etincelle. Lettres marxistes bimensuelles. Paris,...1939.

L'Etincelle, organe [de culture révolutionnaire] marxiste des Étudiants et des jeunes intellectuels. Lille,...1933-...1934. [Diffère du précédent].

L'Etudiant d'avant-garde. Organe des étudiants révolutionnaires publié par l'Union fédérale des étudiants. Paris,...1934-avril 1935.

Europe. Mensuel. Paris, 15. févr. 1923-août 1939. (# 1 à 200).

Feuilles rouges. Paris, [@1934]. (Feuilles volantes distribuées dans les rues de Paris par l'A.E.A.R. avant le lancement de *Commune*).

Front mondial. Organe du comité mondial contre la guerre et le fascisme. Bimensuel. Paris, 1933-nov. 1935.

Front mondial de la jeunesse. Dir. Henri BARBUSSE. Paris, sept. 1933. [3 numéros différents de même date].

Front universitaire. Organe du Comité mondial d'étudiants contre la guerre et le fascisme. Paris, [@ 1933-34].

Le Grand jeu. Paris, été 1928-automne 1930.

La Grande revue. Paris, nov. 1898-mai 1940. [Numéro d'octobre 1930 «Enquête internationale sur le populisme»]

L'Humanité. Fond. Jean JAURÈS. Quot. Paris, 8 avril 1904-25 août 1939.

Les Humbles. Réd. Marcel WULLENS. Roubaix, Paris, 1913- mars 1940.

Inquisitions. Paris, ESI, 1.6.1936. [numéro unique]

Jean-Jacques. Hebdomadaire. Dir. H. POULAILLE. Paris, nov. 1937-...1939

Le jeune Travailleur de l'enseignement. (Irrégulier). Paris, 1928-1933.

La jeune Révolution. Organe de liaison des jeunes ouvriers et étudiants révolutionnaires. Paris, oct. 1932-1934.

Le Journal de Moscou. Hebdomadaire politique, économique, social et littéraire. Moscou, 1934-avril 1939.

Lectures prolétariennes. Paris,...1936-...1937.

Légitime défense. Paris, juin 1932 (n° unique).

La littérature internationale. U.I.E.R. Mensuel. Moscou,... 1933-...1939 et 1942.

Littérature de la Révolution mondiale. Organe central de l'U.I.E.R. Moscou, juil.-oct. 1931. [Précède *La littérature internationale*].

La Lumière. Le grand hebdomadaire des gauches. Paris, mai 1927-...

Masses. Revue mensuelle d'action prolétarienne, puis *Revue de culture révolutionnaire.* Dir. R. LEFEUVRE. Paris, avril 1931-juil. 1934 et janv. 1939-... et 1946-47.

Le Minotaure. Revue artistique et littéraire. Paris, 1933 - mai 1939

Monde. Hebdomadaire d'information littéraire, artistique, scientifique, économique et sociale. Dir. H. BARBUSSE. Paris, juin 1928-oct. 1935. [puis *Hebdomadaire international...*].

Nouvel Âge. Revue mensuelle de littérature et de culture. Dir. Henry POULAILLE. Paris: Valois, 1er janv. 1931-déc. 1931.

La Nouvelle Revue socialiste. Revue mensuelle du Mouvement socialiste international. Dir. L. O. FROSSART, J. LONGUET. Paris, déc. 1925-janv./févr. 1931.

Philosophies. Dir. Pierre MORHANGE. Paris, 15.3.1924-mars 1925.

Prémices. Revue littéraire internationale. Paris,...1935-...

Les Primaires. Dir. Régis MESSAC. Issy, 1922-1939.

Prolétariat. Dir. H. POULAILLE. Paris,...1933-août/sept. 1933.

Publications de l'Institut supérieur ouvrier. Paris,...1932/33 -...1939 (# 1-26, 28-36).

Que faire? Revue communiste. Paris, nov. 1934-1939.

Regards. Hebdomadaire illustré. Paris, 1928-1939.

Révolte. Revue mensuelle pour l'émancipation du prolétariat. Paris, 1931-1935 [?].

La Révolution surréaliste. Dir. P. NAVILLE, B. PÉRET puis André BRETON. Alençon, 1er déc. 1924 - déc. 1929.

La Revue marxiste. Paris, février-août/sept. 1929.

Russie d'aujourd'hui. (Mensuel des Amis de l'Union Soviétique). Paris,...-1944.

Soutes. Paris, oct. 1936-janv. 1938.

Spartacus. Hebdomadaire pour la cuture révolutionnaire et l'action de masse. Dir. R. LEFEUVRE. Paris, 7.12.1934-avril 1935. (puis *Cahiers Spartacus*).

Spartacus. Nouvelle série. Paris, oct. 1936-juin 1938.

Le Surréalisme au service de la révolution. Paris: José Corti, juillet 1930-15 mai 1933.

Le Théâtre international. Revue du théâtre, de la musique, du cinéma et de la danse. Moscou,...1932-1935 [?].

La Vague. Bimensuel. Dir. Pierre BRIZON. Nouvelle Série. Paris, nov. 1936-nov. 1937.

Vendredi. Hebdomadaire. Réd. Jean GUÉHENNO. Paris, 1935-1938.

V.O.K.S. Revue mensuelle illustrée. Organe de la Société pour les relations culturelles entre l'U.R.S.S. et l'étranger. Moscou: V.O.K.S., 1930-1939.

Les Volontaires. Dir. Renaud DE JOUVENEL, Secr. Philippe LAMOUR. Paris, déc. 1938-sept. 1939.

C. *Œuvres de poésie et de fiction*

Œuvres littéraires «prolétariennes», «socialistes», ou «révolutionnaires» auxquelles il est fait occasionnellement référence.

ARAGON, Louis. *Les beaux quartiers.* Paris: Denoël et Steele, 1936.

ARAGON, Louis. *Les cloches de Bâle.* Paris: Denoël et Steele, 1934.

ARAGON, Louis. *Hourra l'Oural.* Paris: Denoël et Steele, 1934.

AYGUESPARSE, Albert-C. *La mainmorte.* Louvain: Lovanis, 1938.

BERNARD, Marc. *Au secours.* Paris: Gallimard, 1931.

BLOCH, Jean-Richard. *Espagne! Espagne!* Paris: Éditions sociales internationales, 1936.

BOURGEOIS, Lucien. *Faubourgs. Douze récits prolétariens.* Paris: Éditions sociales internationales, 1931.

CASSOU, Jean. *Les massacres de Paris.* Paris: Gallimard, 1936.

DABIT, Eugène. *La zone verte.* Paris: Gallimard, 1935.

DAVID, Georges. *Passage à niveau.* Paris: Éditions sociales internationales, 1935.

Des ouvriers écrivent, préf. d'Eugène DABIT. Paris: Éditions sociales internationales, 1934.

DURTAIN, Luc. *Captain O.K.*. Paris: Flammarion, 1931.

FRÉVILLE, Jean. *Pain de brique.* Paris: Flammarion, 1937.

GARMY, René. *Il était une mine.* Paris: Éditions sociales internationales, 1936.

GIDE, André. *Les nouvelles nourritures terrestres.* Paris: Gallimard, 1935.

GIONO, Jean. *Regain.* Paris: Grasset, 1930.

GUEGEN-DREYFUS, Georgette. *Tu seras ouvrier.* Paris: Éditions sociales internationales, 1935.

GUÉHENNO, Jean. *Conversion à l'humain.* Paris: Grasset, 1931.

GUÉHENNO, Jean. *Journal d'un homme de quarante ans.* Paris: Grasset, 1935.

GUILLAUMIN, Émile. *La vie d'un simple, au pays de ch'tits gas, la peine aux chaumières, tableaux champêtres.* Moulins: Crépin-le Blond, 1939.

GUILLOUX, Louis. *La Maison du peuple*. Paris: Grasset, 1927.
GUILLOUX, Louis. *La Maison du peuple, suivi de Compagnons*. Paris: Grasset, 1931.
GUILLOUX, Louis. *Le sang noir*. Paris: Gallimard, 1935.
HAMP, Pierre. *La peine des hommes: le rail*. Paris: Kieffer, 1926.
HUBERMONT, Pierre. *Treize hommes dans la mine*. Paris: Valois, 1930.
LUBIN, Georges. *Changer de peau*. Paris: Montaigne, 1936.
MALRAUX, André. *La condition humaine*. Paris: Gallimard, 1934 (et «Édition revue et corrigée», Paris: Gallimard, 1946).
MALRAUX, André. *Les conquérants*. Paris: Grasset, 1928.
MALRAUX, André. *L'espoir*. Paris: Gallimard, 1937.
MALRAUX, André. *Le temps du mépris*. Paris: Gallimard, 1935.
MALVA, Constant. *Histoire de ma mère et de mon oncle Fernand*. Paris: Cahiers bleus, Valois, 1932.
MALVA, Constant. *Un propr' à rien*. s.l.: Entre nous, 1935.
MASSÉ, Ludovic. *La flamme sauvage*. Paris: Grasset, 1935.
MORGAN, Claude. *Liberté*. Paris: Flammarion, 1937.
MOUSSINAC, Léon. *Manifestation interdite*. Paris: Éditions sociales internationales, 1935.
NIZAN, Paul. *Antoine Bloyé*. Paris: Grasset, 1971.
NIZAN, Paul. *Le cheval de Troie*. Paris, Gallimard, 1935.
NIZAN, Paul. *La conspiration*. Paris: N.R.F., 1938.
PHILIPPE, André. *L'acier*. Paris: Éditions sociales internationales, 1937.
PLISNIER, Charles. *Faux passeports, ou les mémoires d'un agitateur*. Paris: Corréa, 1937.
POTTIER, Eugène. *Poésies révolutionnaires*. Paris: Éditions sociales internationales, 1937.
POULAILLE, Henry. *Les damnés de la terre*. Paris: Grasset, 1935.
RÉMY, Tristan. *Faubourg Saint-Antoine*. Paris: Gallimard, 1935.
RÉMY, Tristan. *La grande lutte*. Paris: Éditions sociales internationales, 1937.
RÉMY, Tristan. *Porte Clignancourt*. Paris: Rieder, 1928.
ROUBAUD, Louis. *Dactylo*. Paris: Excelsior, 1934.
SEVRY, André. *Les mains*. Paris: Grasset, 1938.
SLONIM, Marc et Georges REAVEY, compil. *Anthologie de la littérature soviétique (1918-1934)*. Paris: Gallimard, 1935.
THOMAS, Édith. *Le refus*. Paris: Éditions sociales internationales, 1936.
TRIOLET, Elsa. *Bonsoir, Thérèse*. Paris: Denoël, 1938.

VAILLANT-COUTURIER, Paul. *Le malheur d'être jeune*. Paris: Éd. nouvelles, 1935.

VAILLANT-COUTURIER, Paul. *Poésie, œuvres choisies*. Paris, Éditions sociales internationales, 1938.

VERSOU, Jozef. *Prolétariat*. Bruxelles: De Wilder-Roos, 1934.

BIBLIOGRAPHIE SECONDAIRE

ADERETH, Maxwell. *The French Communist Party. A Critical History, 1920-1984 (from Comintern to the «Colours of France»)*. Manchester: Manchester U. P., 1984.

ALBERTINI, Jean. «Contre Munich (sur les textes de Nizan, Aragon et Jean-Richard Bloch)», *Philologica pragensia,* 1988. 156-167.

André Malraux et la guerre civile espagnole, s.l., 1988.

ANDREU, Pierre. *Révoltes de l'esprit: les revues des années 30.* Préf. de Thierry PAQUOT. Paris: Kimé, 1991.

ANGENOT, Marc. *Jules Guesde, ou l'Invention du marxisme orthodoxe.* Montréal: Ciadest, 1996.

ANGENOT, Marc. *La propagande socialiste: six essais d'analyse du discours.* Montréal: Éd. Balzac, L'Univers des discours, 1997.

ANGENOT, Marc «Que peut la littérature?»: voir plus loin dans NEEFS et ROPARS, 1992.

ANGENOT, Marc. *Topographie du socialisme français, 1889-1890.* Montréal: "Discours social", 1990.

ANGENOT, Marc. *L'utopie collectiviste. Le Grand récit socialiste sous la Deuxième Internationale.* Paris: P.U.F., 1993.

«Aragon romancier», *Europe*, 717-8: 1989.

ARON, Paul. *Les écrivains belges et le socialisme, 1880-1913.* Bruxelles: Labor, 1985.

ARON, Paul. *La littérature prolétarienne en Belgique francophone depuis 1900.* Bruxelles: Labor, 1995.

ARON, Paul, dir. *Charles Plisnier entre l'évangile et la révolution. Études et documents.* Bruxelles: Labor, 1988.

ARON, Raymond. *L'opium des intellectuels.* Paris: Calmann-Lévy, 1955.

ARTOUS, Antoine. «Trotsky et les trotskystes face au Front populaire», *Critique communiste*, 53: 1986. 4-13.

ARVIDSSON, Karl A. *Henry Poulaille et la littérature prolétarienne française des années 1930.* Paris: Touzot - Göteborg: Acta Universitatis Gothoborgensis, 1988.

BARROT, Olivier et Pascal ORY, dir. *Entre deux guerres: la création française entre 1919 et 1939.* Paris: Bourin, 1990.

BAUCHARD, Philippe. *Léon Blum: le pouvoir, pourquoi faire?* Paris: Artaud, 1976.

BENJAMIN, Walter. *Écrits français.* Paris: Gallimard, 1991.

BENJAMIN, Walter. *Poésie et révolution.* Paris: Lettres nouvelles, 1971.

BERELOWITCH, Wl. *Russie-URSS, 1914-1991, changement de regard.* Nanterre: B.D.I.C., 1991.

BERNARD, Jacqueline. *Aragon, la permanence du surréalisme dans le cycle du monde réel.* Paris: Corti, 1984.

BERNARD, J.-P. *Le Parti communiste français et la question littéraire.* Grenoble: P.U.G., 1972.

BESSEN, Joseph. *Un théâtre ouvrier révolutionnaire français.* Paris: Cahiers de l'animation, 1987.

BESSIÈRE, Jean. *Dire le littéraire.* Liège: Mardaga, 1990.

BESSIÈRE, Jean. *Énigmaticité de la littérature.* Paris: P.U.F., 1993.

BILIS, Michel. *Socialistes et pacifistes, 1933-1939, ou l'impossible dilemme des socialistes français.* Paris: Syros, 1979.

BODIN, Louis et Jean TOUCHARD. *Front populaire, 1936.* Paris: A. Colin, 1985.

BODIN, Louis voir: RACINE, Nicole, 1982.

BOLLÈME, Geneviève. *Le peuple par écrit.* Paris: Seuil, 1986.

BOURDÉ, Guy. *La défaite du Front populaire.* Paris: Maspero, 1977.

BOURGEOIS, Guillaume voir: KRIEGEL, Annie, 1985.

BRÉCY, Robert. *Florilège de la chanson révolutionnaire de 1789 au Front populaire.* Paris: Hier et Demain, 1978.

BRETT, Vladimir. *Henri Barbusse: sa marche vers la clarté, son mouvement Clarté.* Prague: Académie tchécoslovaque des sciences, 1963.

BROSSAT, Alain. *Le stalinisme entre l'histoire et la mémoire.* Paris: L'Aube, 1991.

BRUCE, Donald. *De l'intertextualité à l'interdiscursivité.* Toronto: Paratexte, 1995.

Cahiers Henry Poulaille. Bassac, 1989 —.

CAREDA, Giorgio. *Il Fronte popolare in Francia, 1934-1938.* Turin: Einaudi, 1977.

CASTOLDI, Alberto. *Intellettuali e Fronte popolare in Francia.* Bari: De Donato, 1978.

CAUTE, David. *Communism and the French Intellectuals, 1914-1960.* London: Deutsch, 1964. [Trad. française: Gallimard]

CAUTE, David, *Les compagnons de route, 1917-1968.* Paris: Laffont, 1979.

CHAMPARNAUD, François. *Révolution et contre-révolution culturelles en URSS: de Lénine à Jdanov.* Paris: Anthropos, 1975. [Textes de Bodganov, Boukharine, Lounatcharsky, Kollontaï...]

CHAVARDÈS, Maurice. *Été 1936: la victoire du Front populaire.* Paris: Calmann-Lévy, 1966.

CHKLOVSKY, Viktor B. *La Marche du cheval.* Paris: Champ libre, 1973.

CHRISTOPHE, Paul. *1936: Les catholiques et le Front populaire.* Paris: Éd. ouvrières, 1986.

CIMON, Joseph Arthur. *Les romans de Henri Barbusse: une évolution vers la propagande.* Thèse, Florida State University, 1970. [Microfilm]

CLARA, Hector et Jacques CORDIER, éd. *Littérature prolétarienne en Wallonie.* Bassac [France]: Plein Chant, 1985.

CLARK, Katerina. *The Social Novel: History as Ritual.* Chicago: Chicago U.P., 1981.

COGNIOT, Georges. «Maurice Thorez et les intellectuels», *Cahiers d'histoire de l'Institut Maurice Thorez.* 15: 1976. 89-110.

COHEN-SOLAL, Annie et Henriette NIZAN. *Paul Nizan, communiste impossible.* Paris: Grasset, 1980.

CORBET, Charles. *Une littérature aux fers: le pseudo-réalisme soviétique.* Paris: La Pensée universelle, 1975.

CRÉMIEUX, Benjamin. *Inquiétude et reconstruction.* Paris: Corrêa, 1931.

CORDIER, Jacques, voir: Clara, Hector, 1985.

«Culture prolétarienne et pratique révolutionnaire», *Politique aujourd'hui.* oct.-déc. 1974. 77 et suiv.

DAIX, Pierre. *Aragon, une vie à changer.* Paris: Seuil, 1975. [nouvelle version revue et corrigée: 1994]

DAIX, Pierre. *Les Hérétiques du P.C.F.* Paris: Laffont, 1980.

DASY, René. *Fusillez ces chiens enragés. Le Génocide des trotskystes.* Paris: Orban, 1981.

DEGÉE, Jean-Luc. *Le mouvement d'éducation ouvrière. Évolution de l'action éducative et culturelle du mouvement ouvrier socialiste en Belgique, des origines à 1940.* Bruxelles: Vie ouvrière, 1986.

Des années trente: groupes et ruptures. Actes du colloque... Paris: Éd. du C.N.R.S., 1985.

«Des poissardes au réalisme socialiste», no. spécial de la *Revue des sciences humaines*, 190: avril-juin 1983.

DESANTI, Dominique. *Les clés d'Elsa.* Paris: Ramsay, 1983.

DILLAZ, S. *La chanson française de contestation: des barricades de la Commune à celles de mai 68.* Paris: Seghers, 1973.

DIOUJEVA, Natacha et François GEORGE, dir. *Staline à Paris.* Paris: Ramsay, 1982.

DONNEUR, A. *L'alliance fragile. Socialistes et communistes français, 1922-1983.* Montréal: Nouvelle optique, 1984.

DUCLOS, Jacques, voir: FRÉVILLE, Jean, 1946.

EGBERT, Donald D. *Social Radicalism and the Arts, Western Europe from the French Revolution to 1968.* New-York: Knopf, 1970.

ELLENSTEIN, Jean, dir. *Histoire mondiale des socialismes, des origines à nos jours.* Paris: Colin, 1984.

Esthétiques du peuple. Paris: La Découverte, 1985.

ESTIER, Claude. *La gauche hebdomadaire, 1914-1962.* Paris: Colin, 1962.

European Socialist Realism. Oxford: Berg, 1988.

FAUCHEREAU, Serge, dir. *La querelle du réalisme. Léger, Gromaire, Le Corbusier, Lurçat [...].* Paris: Cercle d'art, 1987.

FAUVET, Jacques. *Histoire du Parti communiste français. I: de la guerre à la guerre, 1917-1939.* Paris: Fayard, 1964.

FAUVET, Jacques. *Histoire du Parti communiste français de 1920 à 1976.* Nouv. éd. revue et aug. Paris: Fayard, 1977.

FERLE, T. *Le communisme en France.* Paris: Documentation catholique, 1937.

FERRARINI, M. voir: VERONA, Luciano, 1984.

FERRO, Marc. *L'Occident devant la Révolution soviétique: l'histoire et ses mythes.* Bruxelles: Complexe, 1980.

FERRO, Marc et *al. Les révolutionnaires communistes à la conquête du pouvoir: l'espoir d'un siècle.* Romorantin: Martinsart, 1978.

FISHER, L. voir KOESTLER, Arthur, 1950.

FRACHON, Benoît. *Pour la C.G.T.: mémoires de lutte, 1901-1939.* Paris: Éd. sociales, 1981.

FRÉVILLE, Jean [pseud. de V. Schkaff] et Jacques DUCLOS. *Henri Barbusse.* Paris: Éd. sociales, 1946.

FRÉVILLE, Jean voir MARX, Karl, 1954.

FRIEDMANN, Georges. *La puissance et la sagesse.* Paris: Gallimard, 1970.

GALLICO, Loris. *Storia del partito comunista francese.* Milan: Teti, 1973.

GARAUDY, Roger. *Une littérature de fossoyeurs.* Paris: Éd. sociales, 1947.

GASCHIGNARD, Jean-Paul. «Un débat toujours ouvert», [dans la rééd. de] POULAILLE, *Nouvel âge littéraire.* Bassac: Plein Chant, 1986.

GAUCHER, Roland. *Histoire secrète du parti communiste français (1920-1974).* Paris: Albin-Michel, 1974.

GELLY, Jean-François. «À la recherche de l'unité organique: la démarche du parti communiste français (1934-1938)», *Le Mouvement social* (Courbevoie), 121: 1982. 97-116.

GEORGE, François, voir: Dioujeva, Natacha, 1982.

GERBER, John. «Dissident Communist Groups and Publications in France During the Interwar Period, 1920-1939», *Third Republic*, 9: 1980. 1-62.

GIDE, A., voir Koestler, Arthur, 1950.

GOLOMSTOCK, Igor. *L'Art totalitaire.* Paris: Carré, 1991.

GOULEMOT, Jean-Marie. «Quand *Monde* enquêtait sur la littérature prolétarienne», *Revue des sciences humaines*, 190: avril-juin 1983. 89-99.

GREENSPAN, Arthur. «*Le nouvel âge* de Poulaille et la littérature prolétarienne», *Revue des sciences humaines*, 190: avril-juin 1983.

GRENIER, Jean. «L'Âge des orthodoxies», *Nouvelle Revue française*, 44: avril 1936. 481-493.

GRENIER, Jean. *Essai sur l'esprit d'orthodoxie.* Paris: Gallimard, 1938.

GRINBAUM, Blanche et *al. Proletkult: littérature prolétarienne, Russie-URSS, 1905-1934.* Paris: Action poétique, 1974.

GROIS, Boris. *Staline, œuvre d'art totale.* Nîmes: Chambon, 1990. [trad. de *Gesamtkunstwerk Stalin*]

GRUBER, H. *Léon Blum, French Socialism and the Popular Front: a Case of Internal Contradictions.* Ithaca, Londres: Cornell U. P., 1986.

GUÉHENNO, Jean. *Journal d'une «Révolution», 1936-37.* Paris: Grasset, 1939.

GUÉRIN, Daniel. *Front populaire, révolution manquée.* Paris: Julliard, 1963.

GUILLAUME-GRIMAUD, Geneviève. *Le Cinéma du Front populaire.* Paris: Lherminier, 1986.

GUILLOUX, Louis. *Les batailles perdues.* Paris: Gallimard, 1944.

HAZAREESINGH, Sudhir. *Intellectuals and the French Communist Party. Disillusion and Decline.* Oxford: Clarendon, 1991.

HARAUT, Alain. *Louis Aragon, prisonnier politique.* Paris: Balland, 1970.

IBARROLA, Jésus. *Introduction à l'histoire du mouvement ouvrier: problèmes méthodologiques. Le Front populaire, l'affrontement des classes et la victoire ouvrière, 1934-1938.* Grenoble: Univ. des Sciences sociales, Faculté des Sciences économiques, 1985.

ISHAGHPOUR, Youssef. *Paul Nizan: L'intellectuel et le politique entre les deux guerres.* Paris: La Différence, 1990.

ISTRATI, Panaït. *Vers l'autre flamme. Après seize mois dans l'U.R.S.S.* Paris: Riëder, 1929.[Rééd. Paris: U.G.E., 1980.]

JAMET, Claude. *Notre Front populaire. Journal d'un militant, 1934-1939.* Paris: La Table ronde, 1977.

JDANOV, Andreï. *Sur la littérature, la philosophie et la musique.* Paris: Nouvelle critique, 1950.

JUDT, Tony. *Le marxisme et la gauche française, 1830-1981.* Paris: Hachette, 1987.

JUDT, Tony. *Un passé imparfait: les intellectuels en France, 1944-1956.* Paris: Fayard, 1992.

KEMP-WELCH, A. *Stalin and the Literary Intelligentsia, 1928-1939.* New York, London: Macmillan, 1991.

KERGOAT, Jacques. *La France du Front populaire.* Paris: La Découverte, 1986.

KING, Adèle. *Paul Nizan, écrivain.* Paris: Didier, 1976.

KLEIN, Wolfgang. ***Commune**: revue pour la défense de la culture.* Paris: Édit. du C.N.R.S., 1988. [Version réécrite de *Schriftsteller in der französischen Volksfront: die Zeitschrift* **Commune**. Berlin, DDR: Akademis Verlag, 1978].

KOESTLER, Arthur, avec I. SILONE, A. GIDE, R. WRIGHT, L. FISHER, [...] *Le Dieu des ténèbres.* Paris: Calmann-Lévy, 1950.

KRIEGEL, Annie. *Ce que j'ai cru comprendre.* Paris: Laffont, 1991.

KRIEGEL, Annie. *Communismes au miroir français: temps, cultures et société en France devant le communisme.* Paris: Gallimard, 1974.

KRIEGEL, Annie. *Les grands procès dans le système communiste. La pédagogie infernale.* Paris: Gallimard, 1972.

KRIEGEL, Annie et Guillaume BOURGEOIS. *Les communistes français (1920-1970).* Paris: Seuil, 1985.

KUPFERMAN, Fred. *Au pays des Soviets. Le voyage français en URSS, 1917-1939.* Paris: Julliard, 1979. [coll. «Archives»]

LACOUTURE, Jean. *Léon Blum.* Paris: Seuil, 1977.

LAVERDANT, [Désiré]. *De la mission de l'art et du rôle des artistes. Salon de 1845.* Paris: La Phalange, 1845.

LAZAR, Marc. «Ouvrier, histoire et littérature de parti», *Revue des sciences humaines*, 190: avril-juin 1983. 101-111.

LAZARE, Bernard. *L'écrivain et l'art social.* Paris: Bibl. de l'art social, [1896].

LEFEBVRE, Henri. *La somme et le reste.* Paris: Le Nef de Paris, 1959. 2 vol. [Rééd. Klincksieck, 1989.]

LEFRANC, Georges. *Histoire du Front populaire, 1934-1938.* 2e édition revue et augm. Paris: Payot, 1974.

LEFRANC, Georges. *Le mouvement socialiste sous la Troisième République. T. 1: de 1875 à 1919. T. 2: de 1920 à 1940.* 2e édition revue et augm. Paris: Payot, 1977.

LEINER, Jacqueline. *Le destin littéraire de Paul Nizan.* Paris: Klincksieck, 1970.

LEROY, Gaylord. *Preserve and Create: Essays in Marxist Literary Criticism.* New York: Humanities Press, 1973.

LEROY, Géraldi et Anne ROCHE. *Les écrivains et le Front populaire.* Paris: Presses de la F.N.S.P., 1986.

LEROY, Géraldi «Le pacifisme des écrivains français dans les années trente», *Le Pacifisme dans les lettres françaises de la Belle époque aux années 30.* Orléans: Centre Charles Péguy, 1985.

LÉVI-VALENSI, Jacqueline. *Aragon, romancier.* Paris: Sedès, 1989.

LOFFLER, Paul A. *Chronique de la littérature prolétarienne de 1930 à 1939.* Rodez: Subervie, 1967.

LOTTMAN, Herbert, R. *La Rive gauche, du Front populaire à la guerre froide.* Trad. de l'américain par Marianne Véron. Paris: Seuil, 1981.

LUKÁCS, Georges. *Histoire et conscience de classe.* Trad. de l'allemand. Paris: Minuit, 1960.

LUKÁCS, Georges. *La théorie du roman.* Trad. de l'allemand. Paris: Gonthier, [1968].

MARICOURT, Thierry. *Histoire de la littérature libertaire en France.* Paris: Albin Michel, 1990.

MARTELLI, Roger. *Communisme français: histoire sincère du P.C.F, 1920-1984.* Paris: Éd. sociales-Messidor, 1984.

MARTINET, Marcel, voir: THOMAS, Edmond.

MARX, Karl et Friedrich ENGELS. *Sur la littérature et l'art.* Textes choisis et présentés par Jean FRÉVILLE. Introd. Maurice THOREZ. Paris: Éd. sociales, 1954.

MAURER, Rudolf. *André Gide et l'U.R.S.S.* Berne: Tillier, 1983.

MAZAURIC, Lucie. *Avec André Chamson. T. 1: Ah! Dieu! que la paix est jolie. T. 2: Vive le Front populaire! 1934-1936.* Paris: Plon, 1972 et 1976.

MCCAULEY, Martin. *Stalin and Stalinism.* Burnt Mill: Longman, 1938.

Mémoires d'ex: le P.C.F. de 1920 à 1989. Préf. de Pierre MOSCO. Paris: Ramsay, 1991.

MER, Jacqueline. *Le Parti de Maurice Thorez ou le bonheur communiste français. Étude anthropologique.* Paris: Payot, 1973.

MOREL, Jean-Pierre. «Portrait de groupe avec *Monde*, Moscou, 1927», *Revue des sciences humaines*, 190: avril-juin 1983. 77-88.

MOREL, Jean-Pierre. *Le roman insupportable, l'Internationale littéraire et la France (1920-1932).* Paris: Gallimard, 1985.

MORELLE, Paul. *Un nouveau cadavre: Aragon.* Paris: La Table ronde, 1984.

MOSCO, Pierre, voir *Mémoires d'ex [...]*, 1991.

MOSSUZ-LAVAU, Janine. *André Malraux.* Lyon: Manufacture, 1987.

MOUTOTE, Daniel. *André Gide: l'engagement, 1926-1939.* Paris: Sedès, 1991.

MOZEJKO, Edward. *Der sozialistische Realismus.* Bonn: Bouvier, 1977.

NAVILLE, Pierre. *L'entre-deux-guerres.* Paris: E.D.I., 1975.

NEEFS, Jacques et M.-C. ROPARS, dir. *La politique du texte.* Lille: P.U. de Lille, 1992.

NIZAN, Henriette, voir: COHEN-SOLAL, Annie, 1980.

NOGUERES, Henri. *La vie quotidienne en France au temps du Front populaire, 1935-1938.* Paris: Hachette, 1977.

NORMAND, Guessler M. *Henri Barbusse, «Monde» and the Dimensions of Commitment, 1928-1935.* Ph. D., U. of Kentucky, 1970.

Oakland Symposium on Socialist Realism in Literature. Rochester: Oakland University, 1975.

ORY, Pascal. *La belle illusion: culture et politique sous le signe du Front populaire.* Paris: Plon, 1994.

ORY, Pascal. *La France allemande, 1933-1945: paroles du collaborationnisme français.* Paris: Gallimard/Julliard, 1977.

ORY, Pascal. *Les intellectuels en France de l'Affaire Dreyfus à nos jours.* Paris: Colin, 1986. [Mise à jour: 1992]

ORY, Pascal. *Nizan: destin d'un révolté.* Paris: Ramsay, 1980.

ORY, Pascal, voir: BARROT, Olivier, 1990.

PAQUOT, Thierry, voir: ANDREU, Pierre, 1991.

PERUS, Jean. *À la recherche d'une esthétique socialiste.* Paris: Éd. du C.N.R.S., 1986.

PESCHANSKI, Denis. *Et pourtant ils tournent: vocabulaire et stratégie du P.C.F., 1934-36.* Paris: Klincksieck, 1988.

POULAILLE, H., voir: GASCHIGNARD, Jean-Paul, 1986.

POUJOL, Geneviève. *Les militants culturels: notes pour une recherche.* Marly-le-Roi: Inst. nat. d'éducation populaire, 1987.

PUDAL, Bernard. *Prendre parti: pour une sociologie historique du P.C.F.* Paris: Presses de la F.N.S.P., 1989.

RABAUT, Jean. *Tout est possible: les gauchistes français, 1929-1944.* Paris: Denoël, 1974.

RACINE, Nicole. *Intellectuels engagés, d'une guerre à l'autre.* Paris: Éd. du C.N.R.S., 1994.

RACINE, Nicole et Louis BODIN. *Le Parti communiste français pendant l'entre-deux-guerres.* Paris: Presses de la F.N.S.P. 1982.

RAGON, Michel. *Histoire de la littérature prolétarienne en France: littérature ouvrière, littérature paysanne, littérature d'expression populaire.* Paris: Albin Michel, 1974.

REBÉRIOUX, Madeleine, voir: SCOFFHAM-PEUFLY, François, 1970.

RELINGER, Jean. *Henri Barbusse, écrivain combattant.* Paris: P.U.F., 1994.

RÉMOND, René. *Les catholiques, le communisme et les crises, 1929-1939.* Paris: Colin, 1960.

RIEUNEAU, Maurice. *Guerre et révolution dans le roman français 1919-1939.* Paris: Klincksieck, 1974.

RIGOULOT, Pierre. *Les paupières lourdes. Les Français face au goulag: aveuglements et indignations.* Paris: Éd. universitaires, 1991.

ROBIN, Régine. *Le réalisme socialiste.* Paris: Payot, 1986.

ROBIN, Régine. *Le roman mémoriel.* Longueuil: Le Préambule, 1990.

ROBRIEUX, Philippe. *Histoire intérieure du Parti communiste. I: 1920-1945.* Paris: Fayard, 1980.

ROBRIEUX, Philippe. *Maurice Thorez, vie secrète et vie publique.* Paris: Fayard, 1975.

ROCHE, Anne et Christian TARTING, dir. *Des années trente: groupes et ruptures.* Paris: Éd. du C.N.R.S., 1985.

ROCHE, Anne voir LEROY, Géraldi, 1986.

ROSSEL, André. *Été 36: 100 jours du Front populaire.* Paris: Éd. de la Courtille, 1976.

SADOUL, Georges. *Aragon.* Paris: Seghers, 1988.

SCRIVEN, Michael. *Paul Nizan: Communist Novelist.* Londres: Macmillan, 1988.

SCRIVEN, Michael et D. TATE, dir. *European Socialist Realism.* Oxford: Berg, 1988. [Chap. de J. E. FLOWER sur «The French Experience»]

SEIGEL, Jerrold. *Paris bohème: culture et politique aux marges de la vie bourgeoise, 1830-1930.* Paris: Gallimard, 1991.

SILONE, I., voir: KOESTLER, Arthur, 1950.

Stalinism: Its Nature and Aftermath. Houndmills, Basingstoke: Macmillan, 1992.

STEEL, James. *Paul Nizan, un révolutionnaire conformiste?* Paris: Presses de la F.N.S.P., 1987.

STIL, André. *Vers le réalisme socialiste.* Paris: Nouvelle critique, 1952.

SULEIMAN, Susan. *Authoritarian Fictions.* New York: Columbia U.P., 1983.

TARTAKOWSKY, Danielle. *Une histoire du P.C.F.* Paris: PUF, 1982.

TARTAKOWSKY, Danielle et Claude PRÉVOST. «Les Intellectuels et le P.C.F., 1920-1940», *Cahiers d'histoire de l'Institut Maurice-Thorez.* XV, 43:1976. 35-46

TARTING C., voir: ROCHE, Anne, 1985.

TATE, D., voir: SCRIVEN, Michael, 1988.

TERTULIAN, Nicolas. *Georges Lukàcs. Étapes de sa pensée esthétique.* Paris: Le Sycomore, 1980.

THOMAS, Edmond. «Note pour l'édition de 1976» de *Culture prolétarienne* de Marcel Martinet. pp. 5-8.

THOREZ, Maurice, voir: MARX, Karl, 1954.

TIERSKY, Ronald. *Le mouvement communiste en France (1920-1972).* Paris: Fayard, 1973.

TILLON, Charles. *On chantait rouge.* Paris: Laffont, 1977.

TROTSKY [Lev D.] *Literature and Revolution.* New York, 1925. [Rééd. Ann Arbor MI: Ann Arbor Parperback, 1960]

VARIN, Jacques. *Jeunes comme J.C. Sur la jeunesse communiste. T.1: de 1920 à 1939.* Paris: Éd. sociales, 1975.

VERDÈS-LEROUX, Jeannine. *Au service du Parti. Le parti communiste, les intellectuels et la culture (1944-1956).* Paris: Fayard/Minuit, 1983.

VERDÈS-LEROUX, Jeannine. *Le réveil des somnambules. Le parti communiste, les intellectuels et la culture (1956-1985).* Paris: Fayard/Minuit, 1987.

VERDÈS-LEROUX, Jeannine. «Une institution totale auto-perpétuée: le parti communiste français», *Actes de la recherche*, 36-37: 1981.

VERONA, Luciano et M. Ferrarini. *Antoine Bloyé de Paul Nizan. Analyse socio-critique.* Milano: Libraria I.U.L.M., 1984.

VINH, Dao. *André Malraux, ou la quête de la fraternité.* Genève: Droz, 1991.

VOLKER. Eckhard. *Schriftsteller und Arbeiterbewegung in Frankreich. Literaturprogrammatik und Kulturpolitik zwischen Dreyfus-Affaire und Volksfront.* Köhr, 1980.

WHITE, Stephen. *The Bolshevik Poster*. New Haven: Yale U.P., 1988.

WRIGHT, R., voir: KOESTLER, Arthur, 1950.

WURMSER, André. *Fidèlement vôtre. Soixante ans de vie politique et littéraire.* Paris: Grasset, 1979.

YMONET, Marie. «Les héritiers du Capital: l'invention du marxisme en France au lendemain de la Commune», *Actes de la recherche en sciences sociales,* 55: 1984. 3-14.

"ACCENT"

Reeds verschenen:
Dans la même collection:

Bernard BAAS

Le désir pur. Parcours philosophiques dans les parages de J. Lacan

L'Adoration des Bergers ou de la dignité d'un clair-obscur

De la chose à l'objet

Jan BAETENS

L'éthique de la contrainte (Essai sur la poésie moderne)

Formes et politique de la bande dessinée

Antoon BRAECKMAN

De waarheid van de kunst. Over de rol van het esthetische in Schellings romantische moderniteitskritiek

Stefaan E. CUYPERS

Stoffige geesten. Essay over het materialisme in de analytische psychologie

Dirk DE GEEST

Literatuur als systeem, literatuur als vertoog. Bouwstenen voor een functionalistische benadering van literaire verschijnselen

Mark DE KESEL

Wij modernen. Essays over subjectiviteit & moderniteit

Dirk DE SCHUTTER

Opgave van het proza. Over Hegel, Heidegger en de ethiek van het lezen

Pascal DURAND

Crises. Mallarmé via Manet

Koenraad GELDOF

Analytiques du sens. Essais sur la sociologie de la culture

Kritische profielen. Opstellen over politieke filosofie, esthetiek en (Franse) literatuur

Sylvette GIET

«Nous Deux», 1947-1997: apprendre la langue du cœur

Dieter LESAGE

Namen als gezichten (essay over de faam)

"ACCENT"

Steve G. LOFTS

Ernst Cassirer: La vie de l'esprit. Essai sur l'unité systématique de la philosophie des formes symboliques

Jack A. POST

Optische effecten in de film. Aanzetten tot een semiotische analyse

Hendrik VAN GORP

Grensverkeer. Literatuurwetenschap • tekstinterpretatie • cultuurstudie

Philippe VAN HAUTE

Psychoanalyse en filosofie. Het imaginaire en het symbolische in het werk van Jacques Lacan

Ludo VERBEECK

Franz Kafka. Portret van schrijver als goochelaar

"ACCENT"

Onder redactie van • Dirigée par:
Jan Baetens, Dirk De Schutter, Koenraad Geldof.

De reeks "Accent" biedt de lezer een verscheidenheid aan interventies in de contemporaine menswetenschappen. Met essays waarvan de leesbaarheid en de actualiteit geen afbreuk doen aan nauwkeurigheid en waarin psychoanalyse, filosofie, literaire theorie, geschiedenis en sociologie elkaar kruisen, wil "Accent" de ruimte vrijmaken voor kritiek en reflectie. Dankzij deze multidisciplinaire benadering en haar strikt tweetalig karakter kan "Accent" beter inspelen op de diversiteit van de hedendaagse cultuur. De veelstemmigheid van analytische accenten zal uitmonden in een voorzichtige dialoog die onuitgegeven syntheses exploreert en zo nieuwe vragen oproept.

Adres van de redactie:
Adresse de rédaction:

Koenraad Geldof
KU Leuven
Dept. Literatuurwetenschap
PB 33
B-3000 LEUVEN
Tel: 00 32 16 32 48 29
Fax: 00 32 16 32 50 68
E-mail: koen.geldof@arts.kuleuven.ac.be

Adres van de uitgever:
Adresse de l'éditeur:

PEETERS
Bondgenotenlaan 153
B-3000 LEUVEN
Fax: +32 16 22 85 00
E-mail: peeters@peeters-leuven.be

PRINTED ON PERMANENT PAPER • IMPRIME SUR PAPIER PERMANENT • GEDRUKT OP DUURZAAM PAPIER - ISO 970
ORIENTALISTE, KLEIN DALENSTRAAT 42, B-3020 HERENT